国家社科基金
后期资助项目
GUOJIA SHEKE JIJIN HOUQI ZIZHU XIANGMU

张树声奏稿校证

Textual Criticism on The Memorials of Zhangshusheng

杜宏春　著

中国社会科学出版社

图书在版编目（CIP）数据

张树声奏稿校证／杜宏春著．—北京：中国社会科学出版社，2022.11
ISBN 978 - 7 - 5227 - 1119 - 5

Ⅰ.①张… Ⅱ.①杜… Ⅲ.①奏议—中国—清代 Ⅳ.①K250.65

中国版本图书馆 CIP 数据核字（2022）第 230810 号

出 版 人	赵剑英
责任编辑	郭 鹏
责任校对	刘 俊
责任印制	李寡寡

出 版	中国社会科学出版社
社 址	北京鼓楼西大街甲 158 号
邮 编	100720
网 址	http://www.csspw.cn
发 行 部	010 - 84083685
门 市 部	010 - 84029450
经 销	新华书店及其他书店

印 刷	北京君升印刷有限公司
装 订	廊坊市广阳区广增装订厂
版 次	2022 年 11 月第 1 版
印 次	2022 年 11 月第 1 次印刷

开 本	710×1000 1/16
印 张	23
字 数	408 千字
定 价	128.00 元

凡购买中国社会科学出版社图书，如有质量问题请与本社营销中心联系调换
电话:010 - 84083683

国家社科基金后期资助项目

出　版　说　明

　　后期资助项目是国家社科基金设立的一类重要项目，旨在鼓励广大社科研究者潜心治学，支持基础研究多出优秀成果。它是经过严格评审，从接近完成的科研成果中遴选立项的。为扩大后期资助项目的影响，更好地推动学术发展，促进成果转化，全国哲学社会科学工作办公室按照"统一设计、统一标识、统一版式、形成系列"的总体要求，组织出版国家社科基金后期资助项目成果。

全国哲学社会科学工作办公室

前　言

本书为首次对淮军重要人物两广总督张树声所著《张靖达公（树声）奏议》的标点、校勘、注释与补证。

张树声（1824—1884），字振轩，安徽合肥人，廪生，卓勇巴图鲁。咸丰三年（1853），在籍办团。同治元年（1862），随李鸿章入沪，分领淮军。三年（1864），统六营驻镇江。四年（1865），署江苏徐海道。同年，升直隶按察使。八年（1869），署直隶布政使。同年，调山西按察使。九年（1870），迁山西布政使。同年，护理山西巡抚。十年（1871），补授漕运总督。十一年（1872），署江苏巡抚。同年，署理两江总督兼办理通商事务大臣。十二年（1873），补授江苏巡抚。光绪五年（1879），调补贵州巡抚，转广西巡抚。同年，擢两广总督。八年（1882），署理直隶总督，时值朝鲜内乱，以日本驻朝公使花房义质率兵侵朝，朝鲜王室请求中国出兵帮助平乱，调淮军吴长庆部自山东入朝，迫使日本签约撤兵。同年，加太子少保衔。九年（1883），署北洋通商大臣。十年（1884），法军侵越，派军入越南，驻守越南谅山、高平等省，旋以北宁失守，自请解除总督职务，专治军事，训练部伍。同年，病卒于广州。谥靖达。著有《张靖达公奏议》《张靖达公杂著》，编《庐阳三贤集》等行世。

《张靖达公奏议》八卷，首一卷，光绪二十五年刻本，收入《近代中国史料丛刊》第一辑，内含《吴中稿》10 篇、《桂海稿》32 篇、《岭南前稿》37 篇、《畿辅稿》31 篇、《岭南后稿》33 篇，凡 143 篇，涉及政治、经济、军事、外交、民族、民生、地方治安等一系列重大问题。全书真实地记录了张树声任江苏巡抚、两广总督以及署理直隶总督兼理北洋大臣期间在稳定海疆、察吏安民、发展生产、兴办实业、奖励农桑、捐资助赈、关注民生、改革军事、完善边备、废除旧制、兴修铁路、完具城池、出兵朝鲜、抵御外侮等方面所做的贡献和取得的成就，充分显示了清王朝与地方官吏对边疆地区的治理情况，其内容涉及相当广泛，史料丰富齐备。

由于这些档案庋藏于两岸馆所，查考麻烦，伤财费时，苦心劳力，实属非易，故研究者望而却步，是以迄今为止海内外尚未发现有关张树声文献点校、考辨等方面系统的研究成果梓行。其内容涉及广泛，史料丰富翔实。

本项目属于基础研究，以历史学、文献学理论与实践，采用对校、理校、补证及考辨之法对文本进行整理和研究。即以《张靖达公奏议》为底本，以中国第一历史档案馆藏《朱批奏折》《军机处录副奏折》和台北"故宫博物院"藏《军机及宫中档》及台北"中央研究院"档案馆藏《总理各国事务衙门档案》为校本，并查照《上谕档》和《清实录》，采用对校、理校、补证及考辨之法，对原文进行标点、校勘与补证。

本项目为首次对《张靖达公奏议》进行整理与研究。采用宫中档还原奏稿的原始面貌，使文献具有权威性；利用档案、史志等材料对原稿进行校勘与注释，对重要人物之履历，则通过宫中档案及史志材料重新编写，纠正了一般史书、词典诸多舛误；并运用档案、史志等文献进行校勘、注释和补证，使内容更加翔实精当，以期提高古籍整理与研究的质量。

一、张树声文献的整理与研究有助于晚清海疆制度的研究。其文献真实地体现了晚清朝廷的内外政策和在边疆、民族问题上的方针，是研究晚清外交、民族政策，尤其是有关边疆民族治理、民族关系等重大问题不可或缺的重要文献。

二、张树声文献的整理与研究能为晚清山西、江苏、直隶、两广等地区的社会制度、社会阶层的变动及近代以来边陲的自然环境变迁的研究提供第一手史料，在促进中国近代史、边疆史及民族政策等方面的研究亦具有重要的史料价值和学术意义。

总之，本项目为首次对张树声文献进行全面搜集、整理与研究，采用宫中档还原奏稿的原始面貌，使文献具有权威性，并运用档案、史志等文献进行梳理和补证，力争资料翔实，体例严谨，为中国近代史、中国边疆史研究提供一部内容可靠而又完备的研究文本。

凡　例

一、底本与校本。本书以刊本《张靖达公（树声）奏议》①为底本，以中国第一历史档案馆藏《军机录副》、台北"故宫博物院"藏《军机处折件》以及刊本《光绪朝朱批奏折汇编》②《宫中档光绪朝奏折》③为校本，并查照《上谕档》《清实录》等典籍，采用对校、理校、补证及考辨之法，逐件逐字对照，相互校勘。

二、标点。本书一律采用新式标点。

三、校勘。以校本校底本，采用校勘、补正及考辨之法，逐字校勘，并于页脚出校。

四、补证。对折件所涉之事件或文献，查找出处，并补录，以资参考；重要人物予以注释，相关文献全文照录，以保证文献的准确与完整。

五、为便于研究起见，特将"卷首"移置于文末，作为附录。

六、本书按时间先后编序，并于标题后附清帝纪年并公历日期，俾资查照。

七、为方便查考起见，文献出处一般只注明两岸馆藏档案编号。

八、本书引用缩略语如下：

1. 中国第一历史档案馆藏《朱批奏折》《朱批奏片》与《录副奏折》《录副奏片》统一简称为《朱批原件》与《军机录副》，正文部分一律简称"原件"与"录副"。

2. 台北"故宫博物院"藏《宫中档光绪朝奏折》《军机处折件》《清单》等，统一简称为《军机及宫中档》。

3. 台北"中央研究院"近代史研究所藏《总理各国事务衙门档案》《外务部档案》，统一简称为《外交档案》。

---

① 沈云龙主编，何嗣焜编：《张靖达公（树声）奏议》，文海出版社1966年版。
② 中国第一历史档案馆编：《光绪朝朱批奏折汇编》，中华书局1996年版。
③ 台北"故宫博物院"编：《宫中档光绪朝奏折》，东亚制本所，1973—1975年。

目　　录

卷一　吴中稿

〇一　捐修崇明县城垣折

同治十一年八月十九日（1872 年 9 月 21 日）

署理江苏巡抚漕运总督臣张树声跪●1 奏，为捐修崇明县城垣以资保障，委员勘估，取结咨部，恭折先行奏祈圣鉴事。

窃照崇明县城孤悬海外，地势平衍。溯自前明万历年间，创作砖城。国初加筑土城，依为唇齿。道光二十年、咸丰十年两次告警，事在仓猝，均止奏修土城。所有原建砖城自明迄今二百八十余年，坍塌实甚。据前署知县林达泉周历查勘，禀请筹捐修整，由司委员会勘，撙节估计，实需工料钱三万八千五百九十四千零，劝谕各捐户陆续捐输，集有成数。因前准部行捐修城工，应于议修、议筑之始先行奏明存案，并委司道大员前往查勘，出结送部，方准给奖等因。复据接署知县谭泰来禀经署督臣何璟①在

---

① 何璟（1818—1888），字伯玉，号小宋，广东香山县人。道光二十三年（1843），由监生中举。二十七年（1847），中式进士，选庶吉士。三十年（1850），授翰林院编修。咸丰二年（1852），充顺天乡试同考官。七年（1857），补江南道监察御史。八年（1858），授巡城御史。九年（1859），升户科给事中。十年（1860），授工科掌印给事中。十一年（1861），简安徽庐凤道。同治二年（1863），署理安徽按察使。三年（1864），加布政使衔。同年，补安徽按察使，兼署安徽布政使。四年（1865），调补湖北布政使。六年（1867），护理湖北巡抚。八年（1869），调山西布政使。九年（1870），擢福建巡抚，补授山西巡抚。十年（1871），调补江苏巡抚。十一年（1872），署理两江总督，兼署办理通商事务大臣。光绪二年（1876），补授闽浙总督。同年，兼署福州将军。五年（1879），兼署福建巡抚。十年（1884），革职归里。十四年（1888），卒于籍。著有《春秋大义录》《通鉴大战录》《奏议》《事余轩诗》等行世。

巡抚任内，饬委苏松太道沈秉成①前往覆勘确估去后。今据署苏州布政使应宝时②、署江苏按察使杜文澜③转准苏松太道沈秉成出具印结，声明原估工料并无浮冒，会详请奏，前署抚臣恩锡④未及核办，移交前来。

---

① 沈秉成（1823—1894），初名秉辉，字仲复，号玉汝、耦园，浙江湖州人。道光二十九年（1849），中举。咸丰二年（1852），选实录馆汉誊录。六年（1856），中式进士，改庶吉士，散馆授翰林院编修，补实录馆协修。同年，加五品衔。十年（1860），充会试同考官。十一年（1861），简山西乡试副考官。同治元年（1862），选翰林院侍讲、侍读。同年，署日讲起居注官，历国史馆协修、功臣馆纂修。二年（1863），授日讲起居注官。同年，迁咸安宫总裁、武英殿总纂、文渊阁校理。三年（1864），放云南迤东道。八年（1869），补授江苏常镇通海道。十年（1871），调苏松太道，加按察使衔。十三年（1874），升河南按察使。光绪元年（1875），调补四川按察使。同年，以病乞休。光绪十一年（1885），补顺天府府尹。十二年（1886），授内阁学士兼礼部侍郎衔。十三年（1887），署刑部左侍郎。同年，补授广西巡抚。十五年（1889），调补安徽巡抚。十七年（1891），署两江总督。二十年（1894），奉旨开缺进京陛见，于七月十八日病卒苏州。著有《中泠泉记》《重修江天寺大殿碑记》《重修金山江天寺大殿碑记》《重建秦公祠碑》《重修秦公墓祠记》《蚕桑辑要》等行世。

② 应宝时（1821—1890），浙江永康县人，附生。道光二十四年（1844），中式举人。咸丰二年（1852），拣选知县。三年（1853），考取国子监学正。八年（1858），补江苏直隶州州同。九年（1859），加知州衔。十年（1860），保直隶州知州，赏戴花翎。同治二年（1863），保升知府，帮同上海道筹办洋务。三年（1864），代理江苏苏松太道。四年（1865），迁江苏苏松太道。五年（1866），晋按察使衔。七年（1868），加布政使衔。八年（1869），擢江苏按察使。同年，署江苏布政使。光绪十六年（1890），卒。著有《直省释奠礼乐记》《射雕词》等行世。

③ 杜文澜（1815—1881），字小舫，浙江秀水人，举人出身。咸丰三年（1853），签掣同知。七年（1857），署理泰州分司运判。同治元年（1862），丁忧回籍。六年（1867），代理江宁布政使。七年（1868），署理江苏布政使。八年（1869），署理苏松太道。同年，署理江苏按察使。十一年（1872），再署江苏臬司篆务。十三年（1874），署理常镇通海兵备道。光绪七年（1881），卒。著有《宋香词》《憩园词话》《曼陀罗华阁琐记》《古谣谚》等行世。

④ 恩锡（1816—1877），字竹樵，满洲正黄旗人。道光十五年（1835），以一品荫生引见，签分刑部，补缺后荐升郎中。二十七年（1847），充叶尔羌回务章京。二十八年（1848），补喀什噶尔粮饷章京。二十九年（1849），补授山东沂州府知府。三十年（1850），调补济南府知府。咸丰元年（1851），兼署济东泰武临道。同年，丁母忧，回旗。三年（1853），经刑部侍郎奕经奏赴军营，办理文案。同年，署理安徽布政使。四年（1854），署安徽按察使，以军功赏戴花翎。六年（1856），兼署安徽布政使。同年，补授安徽按察使。七年（1857），兼署安徽藩司。同年，丁父忧，回籍。八年（1858），署理安徽按察使，办理粮台。十年（1860），服阕，具疏请饷，以措辞有乖大体议处降三级调用。同治元年（1862），铨出，开复按察使原官。同年，署理山东盐运使。三年（1864），补授斯缺。同年，补山东按察使。四年（1865），署理山东布政使。同年，补升奉天府尹。九年（1870），擢江苏布政使。十一年（1872），补授江苏巡抚。十二年（1873），署理漕运总督。光绪三年（1877），卒。著有《承恩堂诗集》《蕴兰吟馆诗余》《曼陀罗馆消寒集》《吴中倡和集》等行世。

臣伏查崇明城垣环海为疆，介乎狼、福、宝、畲四山之中，锁钥长江，实为形势重地，是以国初特设总兵，统师一万重镇于此。嗣虽裁兵减饷，而总兵仍旧驻扎，城垣久坍，工难刻缓。第需费甚巨，当此饷需支绌之际，未便请拨帑项，自应劝捐兴办。幸各捐户踊跃输将，实属急公好义，应俟事竣查明捐资各户以及在事出力员董，分别奏明给予奖叙，俾昭激劝。

除将勘估印结咨部查核外，谨会同署两江总督臣何璟，恭折具奏，伏乞皇太后、皇上圣鉴训示。谨奏。八月十九日●2。

同治十一年九月初四日，军机大臣奉旨：该部知道。钦此●3。

【案】此折原件查无下落，录副①现藏于中国第一历史档案馆，兹据校正。

1.【署理江苏巡抚漕运总督臣张树声跪】张树声于同治十年以山西布政使补授漕运总督。《同治朝上谕档》载曰：同治十年十二月二十九日，内阁奉上谕：张树声着补授漕运总督，陕西布政使着李庆翱补授，陕西按察使着蒋凝学补授。钦此②。又张树声于同治十一年七月署理江苏巡抚。《同治朝上谕档》载曰：同治十一年七月初四日，内阁奉上谕：江苏巡抚着张树声署理，恩锡着回江苏布政使本任，漕运总督仍着文彬署理。钦此③。刊本无此前衔，兹据校补。

2.【八月十九日】刊本无此具奏日期，兹据录副校补。

3.【同治十一年九月初四日，军机大臣奉旨：该部知道。钦此】此奉旨日期与内容，据录副校补。

○二　运河浅阻江北新漕暂归海运折

同治十一年十一月十四日（1873年12月14日）

署理江苏巡抚漕运总督臣张树声跪●1奏，为运河节节浅阻，粮艘碍难

---

① 中国第一历史档案馆藏：《军机录副》，档案编号：03-4992-020。
② 中国第一历史档案馆编：《咸丰同治两朝上谕档》，第21册（同治十年），广西师范大学出版社1998年版，第397页。
③ 中国第一历史档案馆编：《咸丰同治两朝上谕档》，第22册（同治十一年），广西师范大学出版社1998年版，第134页。

试行，拟请将来年江北新漕查照成案，暂归海运，以重仓储而免迟误，恭折仰祈圣鉴事。

窃臣准户部咨：江北来年起运新漕，应饬江安粮道循案办理河运，务将起运米数设法多筹，冬兑冬开，乘来年伏汛，赶赴张秋，渡黄北上。奏奉谕旨，恭录飞咨到臣，即经转饬江安粮道王大经①钦遵办理去后。旋据该道禀称：运河年久失修，本年漕运绕坡走险，待汛未通，势已竭蹶万状，若来年再办河运，约举其端，盖有三虑：黄水散漫，多从冲缺之口分趋大清河，势愈分则力愈弱，运道间段淤垫日多，可虑者一。今年绕行之坡河内八里庄一带忽又淤塞，不能再行，可虑者二。大汛乏水，偶藉天雨灌引，未可习以为常，可虑者三。如果冒昧循办，必至徘徊中道，欲进无由，办理殊行掣肘。查上海现议购造轮船，招商转运，以之派装江北新漕，两有裨益。请将同治十一年江北漕米暂归海运，以俟运河修复，再办河运，禀请核明具奏前来。

臣查河渠系南北往来之脉，漕运乃国家经久之规，但能设法试行，俾一线咽喉随时疏瀹流通，源源不绝，方能规复承平旧制，何敢避难趋易，率议更张？惟漕、运河工相为表里，未有运河难涩而漕船得以畅行，即未有黄水漫流而运道可无羁阻。自丰工溃决、黄河北徙之后，始因军务孔亟，继因工费巨繁，年复一年，修防久废，运道即因之渐梗。同治四年，部臣建议规复河运，行令江北漕粮雇船试办，阅今五次，不得已而为借黄济运之计，业已节节阻滞，艰险备尝。近则黄水日益泛滥，运河愈形淤塞，由安山至张秋八里庄，河流穿运，缺口纷歧，水落沙停，几成平陆。本年漕船绕行坡河，竭力磨浅起剥，以达八里庄，复由八里庄筑坝，抢蓄坡水，以达临清。沿途奇险百出，尚赖天雨浮送，仅而获济，实未可恃以为常。且坡河八里庄一带又已干涸，来岁漕行恐

---

① 王大经（1811—1885），字晓莲，又字小莲，号柳衣，浙江平湖（今浙江省平湖市）人，优贡生。道光二十三年（1843），中式举人。二十四年（1844），考取宗学教习。二十七年（1847），挑取誊录，因国使馆书成议叙，以知县选用。咸丰三年（1853），拣发安徽。五年（1855），以克复庐州出力，保同知。六年（1856），以克复庐江、无为等处出力，保知府。七年（1857），以守庐州城出力，保道员，留皖补用。同治元年（1862），经苏抚李鸿章奏调江苏军营差遣。二年（1863），以军功加盐运使衔。三年（1864），经李鸿章奏改江苏补用。四年（1865），署理江苏按察使，赏戴花翎。五年（1866），署理江苏布政使。同年，补授江安粮道。六年（1867），交卸藩篆，到江安粮道任。七年（1868），因海运出力，加二品顶戴。八年（1869），以押运漕粮三次，经吏部带领引见，回粮道任。十二年（1873），补授湖北按察使。光绪元年（1875），署理湖北布政使。二年（1876），回按察使本任。四年（1878），补授湖北布政使。十一年（1885），卒。著有《丁漕指掌》《哀生阁初集》等行世。

八里庙亦不能到，何况临清？该道所请暂归海运之处，揆时度势，实非获已。

查东河督臣乔松年①覆奏黄、运两河折片，内称黄水至张秋八里庙一股来源，故难分流入运，借黄济运，固非善策，将来欲求借黄而不可得，明年坡河亦难绕行等语②，诚为洞悉利害之言。原奏议请先堵霍家桥等口，并于南北两岸筑堤束黄，奉旨敕议，至今能否兴办，尚无把握。现已十一月中旬，新漕开兑，为日无多，若不速议变通，实未敢以天庾正供轻存尝试之心，致蹈迟误之咎，通盘筹画，不得不将迫切情形历陈圣主之前。所有同治十一年淮、扬、徐、通等四属新漕●2，相应仰恳天恩俯准查照同治六年成案，暂行归并海运，以免贻误，即乘此停运一年，专力治河，庶几运道疏通，一劳永逸。是否有当？伏候圣明训示遵行。

至海运以雇船为先务，上海新购轮船能否试装米石●3，有无窒碍，即经饬据苏松太道沈秉成查覆，并据招商局委员朱其昂等禀，奉委购办轮船，配运漕粮，以补沙宁船之不足，业经禀由直隶督臣李鸿章附片奏明，此项轮船现已购定三只，自明年正月至六月，约可装运三十余万担，除承装江、浙漕米二十万担外，兼运江北新漕，不致临时延误各等语。是雇船一项业已无虞缺乏，可期迅速抵通。

除饬将起运米数宽为筹备，妥议章程，另行会详核奏，并咨户部查照外，所有运河淤阻，拟请将来岁江北新漕暂归海运缘由，先经臣与前署督臣何璟往返函商，意见相同，谨会同署漕运督臣文彬③，合词恭折，由驿

---

① 乔松年（1815—1875），字鹤侪、健侯，山西徐沟人。道光十五年（1835），中式进士。二十九年（1849），补工部主事。咸丰元年（1851），升工部员外郎。同年，充湖南乡试副考官。二年（1852），充琉璃窑监督。同年，迁工部郎中。三年（1853），放松江府知府。四年（1854），调苏州府知府。五年（1855），加盐运使衔。六年（1856），迁常镇通海兵备道。八年（1858），丁外艰。九年（1859），升补江苏两淮盐运使，办理江南北粮台事务，晋按察使衔。十年（1860），赏二品顶戴。同治二年（1863），补授江宁布政使。同年，擢安徽巡抚。五年（1866），调补陕西巡抚。九年（1870），授仓场侍郎。十年（1871），补授河东河道总督。光绪元年（1875），卒于任。赠太子少保，谥勤恪。著有《萝藦亭传记》《萝藦亭遗诗》《新建金山书院记》《盐宗庙碑记》等行世。
② 详见河东河道总督乔松年同治十一年八月二十七日奏报《遵议黄运两河情形折》（中国第一历史档案馆藏：《军机录副》，档案编号：03 - 9582 - 050）。
③ 文彬（1825—1880），字质夫，那拉氏。道光二十九年（1839），中举。咸丰二年（1852），中式进士。八年（1858），选户部主事。同年，补户部员外郎。九年（1859），加知府衔。十年（1860），补内务府正白旗满洲佐领，加三品衔，赏戴花翎。十一年（1861），补云南司员外郎，兼南档房八旗俸饷处行走。同治元年（1862），简山东沂州府知府。四年（1865），升山东兖沂曹济道，加布政使衔。五年（1866），兼署山东按察使。六年（1867），补授山东按察使。七年（1868），署理山东布政使。八年（1869），补授山东布政使。九年（1870），署理山东巡抚。十年（1871），补授山东巡抚。十一年（1872），署漕运总督。十二年（1873），擢漕运总督。光绪六年（1880），卒于任。赠太子少保。

驰陈，伏乞皇太后、皇上圣鉴，训示。

再，两江总督篆务，钦奉谕旨，令臣署理，现在尚未到任，是以未经会衔，合并陈明。谨奏。同治十一年十一月十四日●4。

（朱批）：户部速议具奏，片并发●5。

同治十一年十一月二十三日，军机大臣奉旨：户部速议具奏，片并发。钦此●6。

【案】此折原件查无下落，录副①现藏于中国第一历史档案馆，兹据校正。

1.【署理江苏巡抚漕运总督臣张树声跪】刊本无此前衔，兹据补。

2.【淮、扬、徐、通等四属新漕】刊本作"江北淮、扬、通三属新漕"，兹据校正。

3.【米石】刊本作"米担"，兹据校正。

4.【同治十一年十一月十四日】此折刊本无具奏日期，录副具奏日期脱落，后开奉旨日期为"同治十一年十一月二十三日"。兹据奉旨日期查《军机处随手登记档》②张树声折，载有"报四百里、十一月十四日苏州发"等字样。据此，此折具奏日期应为"同治十一年十一月十四日"无疑，兹据校补。

5.【户部速议具奏，片并发】此朱批据《军机处随手登记档》补。

6.【同治十一年十一月二十三日，军机大臣奉旨：户部速议具奏，片并发。钦此】此奉旨日期与内容，据录副补。

○三　淮商请建曾国藩专祠折

同治十二年二月初十日（1873 年 3 月 8 日）

署理两江总督管理两淮盐政江苏巡抚臣张树声跪●1奏，为淮南北商贩请建已故督臣专祠，恭折仰祈圣鉴事。

窃前督臣曾国藩于上年二月因病出缺，经各省奏请建立专祠，均荷圣

---

① 中国第一历史档案馆藏：《军机录副》，档案编号：03 - 44869 - 167。
② 中国第一历史档案馆藏：《军机处随手登记档》，档案编号：03 - 0209 - 4 - 1111 - 306。

恩允准。又于同治十一年五月初六日奉上谕：此外立功省分，并着准其一体建祠等因。钦此●2。仰见皇上眷念荩臣，饰终之典，有加无已，凡在臣工同深钦感！曾国藩历年战功播闻中外，其任两江总督前后十年之久，政绩亦多可传。而于两淮盐务苦心整顿，成效尤著，感人尤深。盖自兵燹以后，淮南运道梗阻，引岸废弛，商逃灶困，几于片引不行。淮北亦迭遭匪扰，票法全坏。加以军营提盐充饷，梦如乱丝。曾国藩于同治二年将南北两鹾次第整理，三年正月奏定淮南新章①，八月奏定淮北新章②。以运商运盐到岸，弊在争售，则立督销总局，以整轮规；场商收盐入垣，弊在抢跌，则立售盐总栈，以保盐价。而大要尤在明于用人，凡设一局卡，必求廉正练达之员，不拘资格，推心倚畀，一主唐臣刘晏任用士人之意，故能同心勷助，无弊不剔，无利不兴。新章开办不及一年，远近商贩趋之若鹜。利厚则商聚，商聚则课充，计自同治三年起至九年十二月止，前后七年之间，淮南北共收盐课厘银二千万两以外，又收盐厘钱七百万串以外，均分上下半年奏报有案。

湘、淮各军转战数省，削平巨寇，而军饷不致缺乏者，半皆取资于两淮课厘。曾国藩又以淮南引地为国家大纲所系，七年九月●3、十年三月两次奏禁川私，虽一时未能全堵，而为南商广筹销路不遗余力。至淮北开纲验资，易启卖号渔利之弊，曾与前督臣马新贻③商议奏停验资，令票贩循环转运，至今称便。各商贩追念旧德，历久不忘，同沾乐利之休，冀图馨香之报，情愿集资在于扬州城内建立专祠，现已购定基地，禀经两淮盐运

---

① 详见同治三年正月十二日两江总督曾国藩奏报《淮南盐运畅通力筹整顿缘由折》（中国第一历史档案馆藏：《朱批原件》，档案编号：04-01-35-0521-062。又曾国藩著，李瀚章编，李鸿章校刊：《曾国藩奏折》，中国致公出版社2011年版，第301—302页）。

② 详见同治三年八月二十七日两江总督曾国藩具奏《截停淮北饷盐设法整理缘由折》（中国第一历史档案馆藏：《朱批原件》，档案编号：04-01-35-050522-007。又李瀚章、李鸿章编纂：《曾国藩全集·奏稿（3）》，中国华侨出版社2003年版，第964—967页）。

③ 马新贻（1821—1870），字谷山，号燕门，又号铁舫，山东菏泽县人。道光二十六年（1846）中举。二十七年（1847）中式进士。咸丰元年（1851），选安徽建平县知县。五年（1855），署安徽合肥县知县。六年（1856），升补安徽安庆府知府。七年（1857），调安徽庐州府知府，并加道衔。同年，署安徽庐凤颍道。八年（1858），署安徽按察使。九年（1859），丁忧回籍。十一年（1861），保道员。同治元年（1862），加按察使衔。同年，署安徽布政使。二年（1863），补授安徽按察使。同年，迁安徽布政使。三年（1864），擢浙江巡抚。六年（1867），授闽浙总督。七年（1868），调补两江总督，兼办通商事务大臣。九年（1870），遇刺身亡。谥端愍。赠太子太保、骑都尉兼云骑尉世职。

使方浚颐①详请具奏前来。

臣查扬州为盐商辐辏之区，近数年来，各商遵章办运，财赋重地渐复旧规，皆由曾国藩所定盐章法良意美，商贩闻风争趋，纳课既充，获利甚溥。此次公吁建祠，委实出于至诚，合无仰恳天恩俯准淮南北商贩在于扬州建立曾国藩专祠，每年春、秋二季由运司率同官商致祭，以隆食报而顺商情。

所有请建已故督臣专祠缘由，理合恭折具奏，伏乞皇上圣鉴，训示。谨奏。同治十二年二月初十日●4。

（朱批）：着照所请，该部知道●5。

同治十二年二月二十六日，奉朱批：着照所请，该部知道。钦此●6。

【案】此折原件②、录副③均现藏于中国第一历史档案馆，兹据校正。

1.【署理两江总督管理两淮盐政江苏巡抚臣张树声跪】张树声于同治十一年十月署理两江总督。《同治朝上谕档》载曰：同治十一年十月二十五日，内阁奉上谕：两江总督着张树声署理，江苏巡抚着恩锡署理。钦此④。刊本无此前衔，兹据补。

2.【案】此谕旨《咸丰同治两朝上谕档》载曰：同治十一年四月二十六日，内阁奉上谕：

大学士两江总督曾国藩于本年二月间因病出缺，当降旨优予恤典，并于湖南原籍、江宁省城建立专祠，生平政迹事实宣付史馆，一等侯爵即令伊子曾纪泽承袭。其余子孙几人，令何璟查明具奏，候旨施恩。旋据何璟、英翰、李瀚章先后胪陈曾国藩历年勋绩，英翰、李

---

① 方浚颐（1815—1889），字子箴，号饮茗，安徽定远人。道光二十四年（1844），中式进士，改庶吉士。二十五年（1845），授翰林院编修。二十七年（1847），充会试同考官。二十九年（1849），授云南乡试正考官。同年，丁忧，回籍终制。咸丰五年（1855），补御史。六年（1856），授山东道监察御史。七年（1857），升掌山东道监察御史。九年（1859），迁给事中。同治元年（1862），放广东南韶连道。三年（1864），迁两广盐运使。七年（1868），署两淮盐运使。光绪二年（1876），补授四川按察使。五年（1879），因案革职。十三年（1887），开复原职衔翎。十五年（1889），卒于籍。著述有《梦园书画录》《韵诂》《梦园丛说内篇》《转徙余生记》《二知轩诗钞》《二知轩集》《北行日记》《蜀程小记》《忍斋诗文集》《古香凹词》《朝天录》《东瀛唱答诗》《淮南盐法纪略》等行世。

② 中国第一历史档案馆藏：《朱批原件》，档案编号：04-01-14-0075-035。

③ 中国第一历史档案馆藏：《军机录副》，档案编号：03-4676-114。

④ 中国第一历史档案馆编：《咸丰同治两朝上谕档》，第22册（同治十一年），广西师范大学出版社1998年版，第223页。

瀚章并请于安徽、湖北省城建立专祠，又据何璟遵查该故督子孙详晰覆奏。披览之余，弥增悼惜！曾国藩器识过人，尽瘁报国，当湘、鄂、江、皖军务棘手之际，倡练水师，矢志灭贼，虽屡经困阨，坚忍卓绝，曾不少渝，卒能万众一心，削平逋寇，功成之后，寅畏小心，始终冈懈。其荐拔贤才，如恐不及，尤得以人事君之义。忠诚克效，功德在民，允宜叠沛恩施，以彰忠荩。曾国藩着于安徽、湖北省城建立专祠。此外立功省分，并着准其一并建祠。伊次子附贡生曾纪鸿、伊孙曾广钧，均着赏给举人，准其一体会试。曾广镕着赏给员外郎，曾广铨着赏给主事，均俟及岁时分部学习行走。何璟、英翰、李瀚章折三件，均着宣付史馆，用示睠念勋臣有加无已至意！钦此。①

3.【七年九月】刊本、原件均作"七年九月"。查曾国藩原奏②，具奏日期则为"同治七年十月初五日"。据此，原件、刊本具奏日期均误。

4.【同治十二年二月初十日】刊本无具奏日期，兹据原件补。

5.【着照所请，该部知道】此朱批据原件补。

6.【同治十二年二月二十六日，奉朱批：着照所请，该部知道。钦此】此奉旨日期与内容，据录副补。

【附】同治三年正月十二日，两江总督曾国藩奏报淮南盐运畅通力筹整顿缘由，曰：

钦差大臣协办大学士两江总督两淮盐政臣曾国藩跪奏，为淮南盐务运道畅通，力筹整顿，以冀规复旧制，恭折仰祈圣鉴事。

窃臣于上年九月二十二日复奏京仓需米折内，曾将筹办南醴情形略陈大概在案。伏查淮南盐课甲于天下，自长江梗阻，引岸废弛，迭经前督臣于咸丰四年奏办就场抽税，贩户下场捆盐，收课甚微。又于七年奏改设局征税，令水贩就栈采买，稍有成效。但每年所征课银较全盛时尚不及十分之一，总因楚、西引地未通，盐无去路，是以课无来源。现在江路肃清，运道畅行无阻，所有楚、西各岸自应赶紧设法运盐济售，力图整理。而筹办之难，大端有二：一在邻盐之侵灌太久。西岸则食浙私、粤私而兼以闽私，楚岸则食川私、粤私而兼以潞私。引地被占将及十年，民既借此以济食，官亦借此以抽厘，积重难返，久假不归，势不能骤行禁绝。一在厘卡之设立太多。淮盐出江，

① 中国第一历史档案馆编：《咸丰同治两朝上谕档》，第22册（同治十一年），广西师范大学出版社1998年版，第90—91页。又《穆宗毅皇帝实录（七）》，卷三百三十二，同治十一年四月下，第396页。

② 中国第一历史档案馆藏：《朱批原件》，档案编号：04-01-35-0523-003。

自仪征而金柱关，而荻港，而大通，而安庆，而华阳镇，以达于楚、西，层层设卡，处处报税，均以盐厘为大宗。诸军仰食，性命相依，势不能概行裁撤。臣博访众论，核定新章，按切今日之时势，仍仿昔年之成法，大致不外乎疏销、轻本、保价、杜私四者，请为我皇上粗陈其略。

自邻盐侵占淮界，本轻利厚，淮盐不能与之相敌。江、楚百余州县，遍地皆是，查之不胜其烦，堵之且恐生变。计惟重税邻私，俾邻本重而淮本轻，庶邻盐可以化私为官，而淮盐亦得逐渐进步。现已咨明湖广、江西各督抚，将邻私厘金酌量加抽，听邻盐与淮盐并行不悖。譬之田产被客民占据，田主初归，姑与客分耕而食，待至淮运日多，销路日畅，然后逐占田之客，申邻盐之禁。此疏销之略也。

近年楚、西之盐，每引完厘约共在十五两以上。所分济者，下游为都兴阿之饷、冯子材之饷、李世忠之饷，上游为臣与官文部下之饷，皆万不可停者。臣与各处咨商，盐厘不能全停，未始不可暂缓，除扬、镇两防宜照旧额外，其余未始不可少减。臣酌定新章，前之逢卡抽收者，今改为到岸售销后，汇总完厘，分解各军。前之收十五两有奇者，今改为楚岸每引抽银十一两九钱八分，西岸每引抽银九两四钱四分，皖岸每引抽银四两四钱。既减厘以便商，又先售而后纳。此轻本之略也。

商贩挟资求利，无不愿价值常昂，保而勿失。然不由官为主持，往往见小欲速跌价抢售。其始一二奸商零贩，但求卸货而先销，不肯守日而赔利。其后彼此争先，愈跌愈贱，如风卷潮退，虽欲挽回以保成本，而不可得，官与商俱受其害。现于楚、西各岸设立督销局，派委大员驻局经理，盐运到岸，令商贩投局挂号，悬牌定价，挨次轮销，时而盐少，小民无食贵之虞。时而销滞，商贾无亏本之虑。此保价之略也。

盐法首重缉私，大伙私枭，明目张胆，犹不难派兵捕拿。最易偷漏者，包内之重斤，船户之夹带，所谓官中之私，查禁尤难。现经改复道光三十年旧章，每引正盐六百斤，分捆八包，每包另给卤耗七斤半，包索三斤半，共重八十六斤。由臣刊发大票，随时填给。并于大胜关、大通、安庆等处派员验票截角，如有重斤夹带，立即严加惩究，提盐允公。其各岸之兼行邻盐者，亦必另给税单。苟无单而贩私，即按律而科罪。此杜私之略也。

兹四者，均就目前之要务及道光年间之成规，参酌而损益之。无论官运营运，悉照商运一律办理。至应完课银，因盐厘为数过重，未能遽议加增，仍照咸丰七年奏案征收。向来盐课按半年奏报一次，今拟将各处汇收之厘亦分上下半年，随课并报，以便部臣有所稽考。惟兵燹之余，户口大减，以今日之民数，照承平之引额，恐运销不及一半。加以邻私充斥，挽复非易，殷商绝少，招徕尤难，能否渐有起色，殊无把握。臣惟有督饬署运使忠廉，实力请求，以期国课、军需两有裨益。

所有淮南盐务运道畅通，力筹整顿缘由，理合恭折具奏，伏乞皇太后、皇上圣鉴，训示。再，淮北以盐抵课，紊乱旧章，疲坏已极。经部臣奏奉谕旨，饬令设法办理，容俟办有头绪，另行复奏，合并陈明。谨奏。同治三年正月十二日。

（墨批）：议政王军机大臣奉旨：户部议奏。钦此。①

【附】同治三年八月二十七日，两江总督曾国藩具奏截停淮北饷盐设法整理缘由，曰：

钦差大臣协办大学士两江总督两淮盐政一等侯臣曾国藩跪奏，为遵旨截停淮北饷盐，设法整理，以复票盐旧制，恭折仰祈圣鉴事。

窃臣承准议政王军机大臣字寄：同治二年十一月十八日，奉上谕：本日，据户部奏淮北票盐提充军饷，请分别截留，以保正课一折。亦因苗逆伏诛，皖、徐平静，淮北销路渐通，亟应将饷盐分别截留，以挽颓纲而裕正课。着曾国藩严饬盐运司忠廉，设法遵照办理。户部折并着抄给阅看，等因。钦此。

伏查淮北盐务，自前督臣陶澍改行票盐，意美法良，商民称便，果能率由旧章行之，百年不敝。无如军兴以后，运道之通塞靡常，销数之畅滞无定，盐既不能如额运售，课即不能按纲造报，拖延套搭，已觉年不如年。然未办饷盐以前，票贩虽日形竭蹶，而尚能勉力从公。池商虽难免偷漏，而未敢任意售私。迨军营提盐抵课，变易旧规，营员日出于其途，商贩遂闻而却步。李世忠部下赴坝领盐，尤属桀骜，一不遂欲，百般恐吓。甚至因栈盐不足，下场自捆。一营开端，各营效尤，护私夹私之弊，遂至不可穷诘。现在李世忠业经开缺回籍，其部下兵勇亦皆遣散。当此淮甸澄清，自宜恪遵圣谕，将饷盐截停，招集新旧票贩，照常请票运盐，完纳现课，出湖销售。臣旁咨博访，参考成法，核议新章，约有必须停止者三，急宜整理者四，请

① 中国第一历史档案馆藏：《朱批原件》，档案编号：04-01-35-0521-062。又曾国藩著，李瀚章编，李鸿章校刊：《曾国藩奏折》，中国致公出版社2011年版，第301—302页。

为我皇上陈之。

漕臣以清淮防费支绌，先令场商每包捐盐五斤，每引共二十斤。旋因逐包捐缴，诸多未便，由海分司详改每运盐百包，带缴五包。其应完课银及售出盐价，虽经吴棠奏明作为清淮军需，但锱铢而取之，琐屑而派之，殊非政体所宜。此必须停止者一也。

徐州本山东引地，前因捻氛梗阻，东引未能到岸，经督办徐宿军务田在田奏准，借运北盐，划收东课，原系暂时权宜之计，行之日久，流弊滋多。采买则私自赴场，售销则旁侵皖界。刻下东引业已通行，徐民无虞淡食，不能再托借运之虚名，贻侵销之实患。此必须停止者二也。

北盐向有净盐、毛盐之分，已改捆者为净盐，未改捆者为毛盐，皆须纳课，方准出湖。近来私枭勾串营弁，朋贩毛盐，结队横行，连樯闯越。堵之严，则营员出而包庇；缉之疏，则官引尽被占销。此必须停止者三也。

夫榷盐之法，革其弊而利自兴，饷盐停，则强封害贩之弊除；捐盐停，则科敛病商之弊除；借运朋贩之盐停，则引界混淆营私充斥之弊无不除。

臣所谓整理之四端，盖亦就诸弊既去，因势利导耳。淮北纲引，前系奏至戊午纲为止。今于五月初八日，接开己未新纲。惟兵燹以后户口大减，断不能销四十六万引之数，应循照近年奏案，先办正额二十九万六千九百八十二引，每引例收报部正课一两五分一厘，杂课二钱，又外办经费四钱，仓谷、河费、盐捕营各一分。此外如团练、坝工、缉费、号项等款，名目太繁，一概删除，以纾贩力。此现筹整理者一也。

近来军饷皆赖盐厘接济，势不能概行裁撤，而长、淮处处设卡，商贩视为畏途，且从前各卡总计每包约须完厘钱二千余文，为数过重，自应大加核减。今拟仿淮南总收分解办法，归并两处，自西坝出湖，先在五河设卡，每包收厘钱五百文，运赴上游，再于正阳关设卡，每包收厘钱五百文。他卡只准验票，不准重抽，统由臣选派委员，驻卡经理，盖非减厘不足以轻本，非裁卡不足以恤商。此现筹整理者二也。

淮北解饷原案向以十成分摊，临淮军营分四成，滁州李营分四成，安徽抚营分二成。今临、滁两营业已分别裁并，自可将该两营旧有之饷改拨金陵一军，稍解燃眉之急。惟漕臣停止捐盐，亦应量予拨济，以资贴补，嗣后所收课厘，臣已咨明吴棠、乔松年，应仍以十成分派，臣营派五成，抚营派四成，漕营派一成。论兵数则小有赢绌，论旧例则无甚更张。此现筹整理者三也。

北盐每引例定正盐四百斤，分捆四包，每包连卤耗重一百十斤。近来栈盐出湖，皆在西坝改捆大包，重一百二三十斤不等，以省运脚及按包抽厘之费。换包后盐票不符，丛生弊窦，臣已严申禁令，不准改捆大包，并于例给大票外将每船装盐包数亦仿淮南之例，填给舱口清单，庶盐与票符，可杜就重而避轻，不致以多而报少。此现筹整理者四也。

以上各条系就户部原奏及御史刘毓楠之条陈，悉心参酌，力挽近年之秕政，悉复畴昔之成规，而又恐积弊已深，一旦改收现课，各贩不甚踊跃，更议辅以官运，照商贩一律办理，以示倡导。淮北近年以来，纲法紊乱，开纲既无定期，奏销亦无定限。目下新章既定，臣严饬运司督同海州分司，广为招徕，源源认运，仍限一年造报奏销，以符定制。但例销北盐口岸迭被苗捻蹂躏之后，不但烟户凋零，人民稀少，且未经开纲以前，存积饷盐，捐盐贩盐，为数不少，旧盐之占压太多，新盐之售销难速，势有必然。又皖之颍、六、庐、凤，豫之信、罗、光、固，逼近捻氛，军情变幻，刻刻可忧，课项能否如额收足，奏销能否依限造报，未敢信有把握。其五河正阳关所收盐厘，将来自当随同正课，一并报部，以重款项。惟因饷需紧要，此时所收盐课只能支应军需，未能先运京饷，私衷耿耿，抱疚良深！臣惟有督饬署运司忠廉，殚尽血忱，实力经理，以仰副皇上整饬鹾纲之至意。

所有截停淮北饷盐，设法整理缘由，理合恭具奏，伏乞皇太后、皇上圣鉴，训示。再，户部饬查历年各营抵饷数目，已饬运司逐细确查，造册详送，容俟送到清册，另行咨部，合并声明。谨奏。同治十年八月二十七日。

（墨批）：议政王军机大臣奉旨：户部核议具奏。钦此。①

○四 善后动用厘金按成酌提折

同治十二年四月十八日（1873 年 5 月 14 日）

江苏巡抚臣张树声跪●¹奏，为苏省历年办理善后动用厘金，现在需款尚多，拟请按成酌提，以示限制，恭折具陈，仰祈圣鉴事。

---

① 中国第一历史档案馆藏：《朱批原件》，档案编号：04 - 01 - 35 - 050522 - 007。又李瀚章、李鸿章编纂：《曾国藩全集·奏稿（3）》，中国华侨出版社 2003 年版，第 964—967 页。

　　窃查江苏省城自同治二年十月克复后，即经前抚臣李鸿章奏明开办善后，设局经理。先之以资遣降众，抚恤灾黎；继之以开垦荒田，散给牛种，定兵勇犒赏之项，筹文武办公之资，以及修城池，浚河道，设书院，立善堂，葺祠宇，建衙署，或及时修举，或次第兴办，均所以下拯颠危之众，上溥浩荡之仁。吴民处水火涂炭中者，始有更生之庆。无如灾伤太酷，百物荡然，缔构经营，委曲繁重，历时既久，需费浩繁，均经各前抚臣督饬司道，权衡缓急，铢积寸累而为之。阅今十载，虽规模略具，而兴废举坠，其事尚多，不能不接续筹办，如巡防水陆要隘弁兵役津贴、薪资，转运西北各路饷需、军火、制造川费以及重建祀典祠庙、公廨，各府州县修葺城垣、衙署、桥梁、沟渠等项工程，省城文武月课加奖。此外，采访忠义，搜辑志乘，会办洋务，刊刻舆图、书籍，总核善后收支，分别派员设局，皆系地方因时补救之计，即为目前万难停待之需，分用虽属无多，并计即成巨款。

　　查初办善后时，即●²经李鸿章奏拨饷捐并苏属租捐作为善后之用，旋以各属钱漕次第启征，捐款日少，用款日增，不得已随时提用苏、沪两局厘金，历任抚臣无不循照办理。臣上年八月到苏未久，即蒙圣恩调署两江，苏省善后收支头绪纠纷，未能周悉，当于赴宁时派员会同藩、臬两司，分年分案，督局清查。兹臣回苏任事，据司道开折呈送，详加复核，一切均照前督臣曾国藩、前抚臣李鸿章定章，无论所发何款，手批饬局按月列报。虽于例案未能尽符，而出入互相稽考，事事核实，毫无虚糜。惟前项经费并无专款动支，而随时提用厘捐，亦未定有画一章程，正恐漫无限制。

　　伏查金陵、清淮善后用款，均经前督臣、漕臣先后奏明，免其造册报销，并经张之万①在漕督任内请于厘金项下按月酌提二成，留办清江善后，奉旨允准各在案②。苏省事同一律，而局面较广，需用尤多，拟请援案按

----

① 张之万（1811—1897），字子青，号銮坡，直隶南皮人。道光八年（1828），取秀才。十七年（1837），拔贡，送国子监读书。十九年（1839），以七品京官分发到刑部浙江司学习行走。二十年（1840），中举人。二十七年（1847）中式进士第一名（状元），授翰林院修撰。二十九年（1849），充湖北乡试副考官。咸丰二年（1852），授河南学政，迁内阁学士。同治元年（1862），擢礼部侍郎。四年（1865），擢河道总督。五年（1866），移漕运总督。六年（1867），赐花翎，晋头品顶戴。九年（1870），补江苏巡抚。同年，调补闽浙总督。光绪八年（1882），授兵部、刑部尚书。十年（1884），入军机处，兼署吏部，充任上书房总师傅、协办大学士。十五年（1889），拜体仁阁大学士、东阁大学士。同年，因病致仕。二十三年（1897），卒。赠太保，谥文达。有《张文达公遗集》行世。

② 详见同治五年五月十五日漕运总督张之万具奏《酌提清淮厘捐筹办善后事宜请免造报折》（中国第一历史档案馆藏：《军机录副》，档案编号：03-4907-020）。

月酌提苏、沪两局厘金一成，以济要需而免旷误，仍由臣督饬司局各员逐加厘定，格外撙节，只准以按月一成为率。倘实在不敷给发，留待下月动支，总期实力实心，任劳任怨，将苏省应办各事从容经画，渐复旧观，以仰副皇上垂厪南疆之至意！如蒙俞允，应请查照金陵、清淮善后成案，邀免造册报销，以省纠葛而昭核实。

所有查明苏省善后事宜，拟请按成提用厘捐，接续办理各缘由，理合恭折具陈，伏乞皇上圣鉴，训示。谨奏。同治十二年四月十八日●³。

（朱批）：户部知道●⁴。

同治十二年五月初八日，奉朱批：户部知道。钦此●⁵。

【案】此折原件①、录副②均现藏于中国第一历史档案馆，兹据校正。

1.【江苏巡抚臣张树声跪】张树声于同治十二年正月补授江苏巡抚。《同治朝上谕档》载曰：同治十二年正月初六日，内阁奉上谕：张树声着补授江苏巡抚，漕运总督着文彬补授，李元华着补授山东布政使，山东按察使着长赓补授。钦此③。刊本无此前衔，兹据校补。

2.【即】刊本夺，兹据补。

3.【同治十二年四月十八日】刊本无此具奏日期，兹据原件校补。

4.【户部知道】此朱批据原件补。

5.【同治十二年五月初八日，奉朱批：户部知道。钦此】此奉旨日期与内容，据录副补。

〇五　整顿省城水陆练勇折

同治十二年六月二十二日（1873年7月16日）

江苏巡抚臣张树声跪●¹奏，为省城水陆练勇变通营制，整顿成军，谨将办理大概情形恭折具陈，仰祈圣鉴事。

---

① 中国第一历史档案馆藏：《朱批原件》，档案编号：04 - 01 - 35 - 0974 - 075。

② 中国第一历史档案馆藏：《军机录副》，档案编号：03 - 4924 - 055。

③ 中国第一历史档案馆编：《咸丰同治两朝上谕档》，第23册（同治十二年），广西师范大学出版社1998年版，第8页。

　　窃苏省襟带江、湖，接壤皖、浙，系东南第一奥区。自上海通商，番舶客民，往来窥伺，形势更为吃重。省城根本之地，绿营定额本自无多，兵燹以还，益形寡薄。从前尚有升任抚臣李鸿章留驻淮勇十余营并提臣李朝斌①所练陆营●2，藉资控扼。未及数年，陆续调征、遣撤，现在仅留淮勇两营，分驻溧阳、青浦等处，设有缓急，运掉欠灵。苏、松水陆纷歧，民情浮动。就目前而论，会匪、枪船、盐枭、游勇刻思乘间窃发，重以他族逼处，肘腋单露，尤属可虞。

　　查臣标中军城守额兵，经前抚臣丁日昌②奏明改定一千名，为抚标左、右两营，分驻省城内外③。其余陆师则有前护抚臣刘郇膏④所设亲兵营，先后增募至四百二十余员，并升任抚臣张之万先锋小队一百余名；水师则有丁日昌所设亲兵炮船十号，又张之万续增四号，均系随时建置，专为弹压巡查之用。

　　臣上年八月蒙恩署理抚篆，察看左、右二营，规模、纪律尚属整齐。惟亲兵小队散漫畸零，将领亦未能得力。炮艇本以旧船充数，哨防、缉捕均不相宜，当经选派营官接带亲兵营，严定营规，设法整顿。旋以调署两江，未

---

①　李朝斌（1824—1894），字质堂、资堂，湖南善化（今湖南长沙）人，行伍出身。咸丰四年（1854），充水师中营哨官。七年（1857），保参将，管带外江水师新右营。八年（1858），保副将。十一年（1861），保总兵，加固勇巴图鲁勇号。同年，补湖北竹山协副将，晋提督衔。同治元年（1862），升浙江处州镇总兵。二年（1863），封云骑尉。同年，署江南提督。三年（1864），擢江南提督。光绪五年（1879），授外海兵轮统领。十二年（1886），因病开缺。二十年（1894），卒于籍。

②　丁日昌（1823—1882），字禹生、雨生，号雨笙，广东丰顺县人。道光二十二年（1842），取生员。二十三年（1843），补廪生。咸丰四年（1854），在籍办团。六年（1856），选琼州府学训导。九年（1859），补江西万安县知县，加同知衔。十一年（1861），坐吉安不守罢免。同治元年（1862），复补万安县知县。二年（1863），迁直隶州知州。三年（1864），保知府。四年（1865），升补江苏苏松太道。同年，晋两淮盐运使。六年（1867），升授江苏布政使。同年，擢江苏巡抚。十年（1871），丁母忧，回籍终制。光绪元年（1875），补授福建巡抚兼船政大臣。三年（1877），兼理台湾学政。五年（1879），加总督衔，兼理各国事务大臣。八年（1882），卒于任。著有《抚吴公牍》《保甲书辑要》《百兰山馆诗》《奏稿》《五洲政要通考》《百将图传》《巡沪政书》《丁禹生政书》《百兰山馆古今体诗》，编《牧令书辑要》等传世。

③　详见同治八年三月二十三日江苏巡抚丁日昌《奏报苏省抚标酌量裁兵增饷试办情形折》（中国第一历史档案馆藏：《军机录副》，档案编号：03 - 4703 - 009）。

④　刘郇膏（1818—1867），字松岩，河南太康县人。道光二十年（1840），中举。二十七年（1847），中式进士。咸丰三年（1853），署江苏娄县知县。四年（1854），署江苏嘉定县知县。五年（1855），补江苏青浦县知县。六年（1856），捐加同知衔。八年（1858），调江苏上海县知县。九年（1859），升直隶州同知。十年（1860），晋道衔。十一年（1861），升知府。同治元年（1862），署江苏按察使。二年（1863），补授江苏藩司。同年，擢江苏布政使。四年（1865），护理江苏巡抚，旋丁母忧，回籍终制。六年（1867），卒于籍。

及竣事。本年奉命抚苏，抵任后悉心简阅，就原定名、粮饷额，酌照湘、淮营制，以原设亲兵小队归并挑募，编成抚标亲兵洋枪队一营；另设炮队一哨，共员弁勇夫七百余员名，专练西洋开花炮、洋枪、火箭等项杂技，与左、右二营练兵互相砥砺，俾成劲旅。以原设亲军炮船酌照太湖水师营制，钉造长龙先锋舢板枪船十八号，安设洋枪、炮位，编成抚标亲兵水师一营，共员弁勇丁二百二十余员名。选派久经战阵、能耐劳苦之尽先参将刘光才、补用副将董大鉴等，分别管带，水陆兼操。所有官弁勇夫薪费、口粮，由臣搏节厘定，共月需银三千七百余两。比较原领之数，所增无几。核与湘、淮营制，尚属有绌无盈。前项饷需向在厘金项下按月给领，应即照章办理。

伏查海疆要地，内患外侮，密伺潜滋，非量设重兵，绸缪未雨，不足以固根本，是以丁日昌原奏先将经制绿营变通试办，声明将来尚须添调二三营驻省训练，弭患无形等语①，所筹实今日当务之急。臣以凡材忝膺疆寄，有沿海练兵之责，当国家闲暇之时，不敢不早作夜思，亟图整饬。惟饷需有限，增募维艰。现就原有各队经营补辑，为得寸则尺计。一切营规军纪，臣当随时督饬各将弁，申明赏罚，实力讲求，务使练一兵即得一兵之用，储养精锐，保卫地方，以冀仰副圣主整军经武、有备无患之至意！

所有整练水陆各营办理缘由，谨会同两江总督臣李宗羲②，恭折具陈，伏乞皇上圣鉴，训示。谨奏。六月二十二日●³。

同治十二年闰六月十二日，奉朱批：知道了。钦此●⁴。

【案】此折原件查无下落，录副③现藏于中国第一历史档案馆，兹据校正。

1.【江苏巡抚臣张树声跪】刊本无此前衔，兹据补。

2.【陆营】刊本作"绿营"，兹据录副校正。

---

① 详见同治八年三月二十三日江苏巡抚丁日昌《奏报苏省抚标酌量裁兵增饷试办情形折》（中国第一历史档案馆藏：《军机录副》，档案编号：03-4703-009）。

② 李宗羲（1818—1884），字雨亭，又禹亭，号耐轩主人，四川开县人。道光二十三年（1843），取举人。二十七年（1847），中式进士。三十年（1850），选湖北英山县知县。同年，调补安徽婺源县知县，转安徽太平县知县。咸丰五年（1855），以军功保同知，戴花翎。七年（1857），保知府。十年（1860），署安徽安庆府知府，旋因病回籍。同治元年（1862），保道员。二年（1863），代理荆州府事。三年（1864），署江苏苏松太道。四年（1865），署两淮盐运使，升安徽按察使，迁江宁布政使。同年，署漕运总督。八年（1869），擢山西巡抚。十二年（1873），补授两江总督，办理南洋大臣事务，加太子少保。光绪元年（1875），因病休致。十年（1884），卒于籍。著有《开县李尚书政书》行世。

③ 中国第一历史档案馆藏：《军机录副》，档案编号：03-4703-118。

3.【六月二十二日】刊本无此具奏日期，兹据录副校补。

4.【同治十二年闰六月十二日，奉朱批：知道了。钦此】此奉旨日期与内容，据录副补。

〇六　暂停分拨折

同治十二年闰六月十一日（1873 年 8 月 3 日）

江苏巡抚臣张树声跪●¹奏，为江苏候补、试用人员拥挤甚于他省，请旨饬部暂停分发，以资吏治而励人才，恭折仰祈圣鉴事。

窃查吏部定制：凡道府以至杂流，例准先行分发试用。诚以省会之地政事殷繁，此等学习人员，督抚可以量材器使，藉供指臂，遇有现任员缺，随时酌量委署，不至民社虚悬，无非为历练人才、裨益吏治起见。然必有缺可补而后有候补之人，有功可试而后有试用之人，是以从前边远省份以及军务、河工事机繁剧之区，往往奏请拣发正、佐各员，用资差遣。自筹饷例开，准由各捐生自行指省，无论该处是否需员，但经赴部报捐，立即照例分发，重以军营劳绩保留指省，纷至沓来。

江苏地势适中，官斯土者，利其舟楫之安、服食之便。溯从同治三年克复省城至今，各班指省人员业经验看引见，分发到省。道府以至未入流，现计不下二千余员，内州县一班多至六七百人，壅滞情形为各省所未有。核以年、劳、资、序，不独终身无可补之缺，亦终岁无可派之差。投闲久而贤愚何所区分，冗散多而察看难于遍及，甚至斧资乏绝，俯仰无以自存，逆旅穷途，尤堪矜悯！况天之生人中材居多，各该员需次无聊，进退维谷，而欲望其激发志气，讲求地方公事，即贤哲或亦未遑，似于吏治隆污、人才消长均属大有关系。

伏查指省事例，原以度支孔绌，不得已为权宜济急之计。事关筹饷全局，何敢率议更张？惟江苏候补、试用各班就目前而论，业已无缺可补，无事可差，此后源源到省，尚不可以数计。多一分发之人，即多一向隅之人。臣目击情形，深愧疏通乏术！合无仰恳皇上俯念江苏候补、试用人员较他省独多，恩准饬部暂停分发，俾得截清界限，未到者无虞冗废，已到者逐渐清厘，以冀仰副圣朝澄叙官方、孜孜求治之至意！

如蒙俞允，应请从奉旨之日起将指分签掣江苏捐纳、劳绩两班大小各员一律暂行停止，俟数年后再行查看情形，酌核办理。其先经指分保留尚未到省之员，如有情愿改发他省者，准其免缴离省等项银两，以示体恤。

是否有当？谨会同两江总督臣李宗羲，恭折具陈，伏乞皇上圣鉴，训示。谨奏。同治十二年闰六月十一日●²。

（朱批）：着照所请，吏部知道●³。

同治十二年七月初二日，奉朱批：着照所请，吏部知道。钦此●⁴。

【案】　此折原件①、录副②现藏于中国第一历史档案馆，兹据校正。

1.【江苏巡抚臣张树声跪】刊本无此前衔，兹据补。

2.【同治十二年闰六月十一日】刊本无具奏日期，兹据原件补。

3.【着照所请，吏部知道】此朱批据原件补。

4.【同治十二年七月初二日，奉朱批：着照所请，吏部知道。钦此】此奉旨日期与内容，据录副补。

○七　丈田步弓新旧分用折

同治十二年闰六月十一日（1873 年 8 月 3 日）

江苏巡抚臣张树声跪●¹奏，为苏省丈田步弓拟请新旧分用，恭折仰祈圣鉴事。

案据苏州绅士前右春坊右中允冯桂芬等具呈：苏省新复各州县清丈地亩，业经工部颁发弓尺式样，自应遵照办理。惟查各省弓尺长短不同，有应用部弓者，有应用本地旧弓者，各州县应备两弓，遇有土田词讼，方可分别遵用。现当重修《赋役全书》，尚有必须通境丈量之处，所用弓尺自应详查例案，画一办理。恭查《大清会典》开载：乾隆十五年，奏准各省旧用弓尺开明到部，江苏等省均未遵照部颁弓尺，或三尺二三寸或七尺五寸为一弓，或二百六十弓或七百二十步为一亩。若令各省均以部定五尺之弓二百四十步为一亩，倘大于旧用之弓，势必田多缺额，正赋有亏。小于旧用之弓，又须履亩加征，与民生未便。且经年久远，一时骤难更张，已据开明报部存案，亦毋庸再议增减。嗣后有新涨、新垦之田，务遵部颁弓尺丈量，不得仍用本处大小不齐之弓等因。又查《皇朝文献通考·户部则例》，语有详略，大指相同，自宜永远遵守。是所丈苟非新涨、新垦之田，

---

① 中国第一历史档案馆藏：《朱批原件》，档案编号：04－01－12－0516－130。

② 中国第一历史档案馆藏：《军机录副》，档案编号：03－4666－094。

应用江苏省旧用弓尺之确证也。

　　现在苏省办理清粮厘正科则，应请申明旧例，于前颁部弓之外兼用苏省六尺旧弓，一具通饬各属，将旧有之田仍用六尺旧弓，新涨之田遵用五尺部弓。似此分别办理，庶免混淆滋弊等情，由苏藩司详经前升抚臣张之万咨部立案。旋准工部咨复：如此画清办理，似属平允。惟丈量田亩事宜，赢缩多寡，国赋攸关，仍令酌核奏明遵办等因，当经转行遵照去后。

　　兹据苏州藩司恩锡详称：伏查部颁新弓系用营造尺五尺，苏省旧弓系用鲁班尺六尺。以尺数论，旧弓较多一尺，实则鲁班一尺合营造尺仅八寸八分。以六尺计之，合营造尺仅五尺二寸八分，并不足六尺之数。该绅士冯桂芬等所请拟将新垦、新涨升科各田概用新颁五尺部弓，原存旧田仍用六尺旧弓，分别清丈，尚属公允，且●²系恪遵我朝会典成案。所有苏省各属田地现在清丈，应请循照办理，以期画一而免混淆，详请具奏前来。

　　臣复核无异，除咨明户、工二部查照外，理合恭折具奏，伏乞皇上圣鉴，饬部核覆，施行。谨奏。同治十二年闰六月十一日●³。

　　（朱批）：该部议奏●⁴。

　　同治十二年七月初二日，奉朱批：该部议奏。钦此●⁵。

　　【案】此折原件①、录副②均现藏于中国第一历史档案馆，兹据校正。

　　1.【江苏巡抚臣张树声跪】刊本无此前衔，兹据补。

　　2.【且】刊本无"且"，兹据原件校补。

　　3.【同治十二年闰六月十一日】刊本无具奏日期，兹据原件补。

　　4.【该部议奏】此朱批据原件补。

　　5.【同治十二年七月初二日，奉朱批：该部议奏。钦此】此奉旨日期与内容，据录副补。

○八　疏浚太湖河港工竣折

同治十二年八月十三日（1873年10月4日）

江苏巡抚臣张树声跪●¹奏，为遵旨疏浚苏省太湖等处河港，并修建桥

---

①　中国第一历史档案馆藏：《朱批原件》，档案编号：04-01-35-0089-016。

②　中国第一历史档案馆藏：《军机录副》，档案编号：03-4960-124。

梁、水窦各工一律告竣，恭折仰祈圣鉴事。

窃照前奉寄谕：江浙溇港关系水利，着曾国藩、张之万迅即派员查勘吴江县长桥及太湖出水各口，设法疏通，与浙江同时并举，以期一律疏畅，有裨民田等因。钦此。当经前督抚臣钦遵设局，委令苏藩司、臬司应宝时[1]会同总办苏省牙厘内阁中书何慎修，专司其事。所有派员筹办勘验情形，均经张之万先后奏明在案。

查太湖为苏、浙两省巨浸，在浙惟疏导各水以入于湖，即可无虞漫溢；在苏则必使入湖之水分出各港，畅流达海，方不致下壅上溢。以病苏者病浙，事虽同举，工费倍多，即经督饬水利局员统筹上下游全局，循干达支，悉心规画。至湖水汇注之吴淞、刘河、白茆诸处，为三江水利之枢纽，何处壅遏应与开宽，何处淤浅应与深浚。此外濒湖穿运，沿塘桥梁、水窦，关系农田、运道，均须分别缓急，次第兴工。江苏本为泽国，各州县支河汊港甚多，皆与正工脉络相通，势难一一代为挑浚，应饬各地方官察看情形，自行设法筹办，以收全益。

兹据苏州布政使恩锡、江苏按察使应宝时会详：勘得震泽县境之七十二港，紧承浙省来源，为苏省太湖首宜宣导之处。各港通塞不一，内惟胡溇、薛埠港、丁家港、吴溇、张港、叶港、蒋家港、双板石桥港、西邱庙港、徐杨港、南盛港、大庙港、鸿雁港等十三港最为淤浅。又震泽县境之十八港为太湖腹胁、出水要道，除吴家南溆、中溆、陆家四港，现俱通畅，梅里、石里等港量加捞挖●[2]外，计应挑南仁、唐家、马家、西港、湖墓等五港。又吴江县境之长桥内外横直六港及上元圩港，沿塘夹河，并吴江、震泽境内之烧香河，均多湮塞。此濒湖各港之亟应择要挑浚者。

由此迤东，则泖湖、吴淞江，上承各湖荡之港以入黄浦，为分泄湖水之要道。泖湖自东泖进口之拦路港起至小独圩港止，吴淞自西口起至黄渡以上止，淤浅甚多。该二处河面极宽，无从筑坝，当用机器捞挖。其吴淞江、黄渡以东至曹家渡迤西四十里，河身淤垫，高于上游，从前旋开旋淤，实因曹家渡迤东、上海新闸迤西二十里为吴淞入黄浦之下口，河底尤

---

① 应宝时（1821—1890），浙江永康县人，附生。道光二十四年（1844），中式举人。咸丰二年（1852），拣选知县。三年（1853），考取国子监学正。八年（1858），补江苏直隶州州同。九年（1859），加知州衔。十年（1860），保直隶州知州，赏戴花翎。同治二年（1863），保升知府，帮同上海道筹办洋务。三年（1864），代理江苏苏松太道。四年（1865），迁江苏苏松太道。五年（1866），晋按察使衔。七年（1868），加布政使衔。八年（1869），擢江苏按察使。同年，署江苏布政使。光绪十六年（1890），卒。著有《直省释奠礼乐记》《射雕词》等行世。

形高仰，必须一律加挑，下游庶能畅驶。又太仓州境之七浦河道长五十余里，西泄太湖，巴城、阳城诸湖之水，东出七鸦口以入于海。同治五年曾经地方开浚，迄今数载，潮汐往来，沙泥停积，日形淤浅。又昭文县境之徐六泾河与泄湖之白茆湖●3相为表里，河身淤塞，几成平陆，均应开浚深通。此太湖下游宣泄水口以及出海口河道之亟应择要挑浚者。

至缘湖、沿塘、运河各岸桥窦，均为通泄湖水要口，如、江、镇、元、和境内大小桥梁五十余座，沿塘环平水窦一百余座。又苏省盘门外之吴门桥为胥江湖●4尾汇入运河之路，溧阳县境之南渡桥为东坝以下诸水汇入太湖之咽喉，皆因历年久远，及兵燹残毁，坍塌填积，阻塞水道，以及无锡县境内沿塘坍损桥梁二十三座，均应分别捞清、拆修、重建，以资巩固而利宣泄。

以上各工，由该司等督同委员、董事，撙节估计，陆续兴办，现已一律完竣，均系如式宽深，工坚料实，并无草率偷减。各属自行筹办之处，据报随时疏浚，以佐正工所未及，亦已到处深通。所用经费计太湖溇港等工共用银二万二千四百余两，泖湖、黄渡机器捞挖工程共用银一万二千余两，吴淞江工程共用银十二万五千一百余两，七浦河工共用银二万六千三百余两，徐六泾河工共用银一万三千八百余两，桥窦各工共用银九万五千二百余两，总计共用银二十九万五千余两，悉照原估数目，核实撙节，毫无浮滥。除徐六泾河工用款系由藩库垫发归入白茆河工经费案内照章分派得沾水利各州县摊捐归款外，其余均以苏、沪二厘局厘捐银两通筹济用，并未动支正项钱粮，应请邀免造册报销。在事出力各员董，拟请择尤量予奖励，以酬劳勋等情，由司会详请奏前来。

臣伏查此次兴办太湖等处河港暨桥窦各工，地段绵长，工程浩大，自开办至今，未及三年，全工告蒇。苏、浙两省农田、运道从兹宣泄有资，洵足以下利民生，上纾宸顾。应需工费，均在厘金项下撙节拨用，并未动支库款，合无仰恳天恩俯准免予造册报销。至承办工员臬司应宝时，始终一手经理，实心任事，劳勋倍常，惟系现任大员，不敢仰邀议叙。此外在事各员董及同时开浚支河各县，莫不殚力奉公，迅速集事，均属著有微劳，可否容臣择其尤为出力者奏请奖叙，出力稍次者由外酌奖，以示鼓励之处，伏候谕旨遵行！

所有太湖水利一律报竣缘由，谨会同两江总督臣李宗羲，恭折具陈，伏乞皇上圣鉴，训示。谨奏。同治十二年八月十三日●5。

（朱批）：着照所请，该部知道●6。

同治十二年九月初二日，奉朱批：着照所请，该部知道。钦此●7。

【案】此折原件①现藏于中国第一历史档案馆，录副②现藏于台北"故宫博物院"，兹据校正。

1. 【江苏巡抚臣张树声跪】刊本无此前衔，兹据补。

2. 【捞挖】刊本作"挑挖"，兹据原件校正。

3. 【白茆湖】刊本作"白茆河"，兹据原件校正。

4. 【江湖】刊本作"江河"，兹据校正。

5. 【同治十二年八月十三日】刊本无具奏日期，兹据原件补。

6. 【着照所请，该部知道】此朱批据原件补。

7. 【同治十二年九月初二日，奉朱批：着照所请，该部知道。钦此】此奉旨日期与内容，据录副校补。

○九　请建淮军昭忠祠折

同治十二年十二月十九日（1874 年 2 月 5 日）

江苏巡抚臣张树声跪●1奏，为苏郡绅士请建淮军昭忠祠，并列入春秋祀典，以广国恩而慰民望，恭折具奏，仰祈圣鉴事。

窃据苏郡绅士三品衔前詹事府右中允冯桂芬③、翰林院侍读衔编修潘遵祁④等呈称：当发逆窜踞三吴，漫地纵横，恣行荼毒，浸成滔天巨患，仰蒙朝议募立淮军，航海而东，遂拔苏、松、嘉、常诸郡县，复归版籍，孑遗相顾，始有更生之年。其时将士效死行间，指不胜屈，而提督江西南

---

① 中国第一历史档案馆藏：《朱批原件》，档案编号：04 - 01 - 05 - 0174 - 012。

② 台北"故宫博物院"藏：《军机及宫中档》，文献编号：111412。

③ 冯桂芬（1809—1874），字林一，号景亭，江苏吴县（今苏州）人。道光八年（1828），取生员。十二年（1832），中举人。二十年（1840），中式一甲第二名进士（榜眼），授翰林院编修。二十三年（1843），充顺天乡试同考官。二十四年（1844），充广西乡试正考官，旋丁母忧。咸丰三年（1853），在籍办团。十年（1860），入李鸿章幕。晚年开修志局，纂修成《苏州府志》，先后主讲金陵、上海、苏州诸书院，讲求舆地、算学、小学、水利、农田诸学。同治十三年（1874），卒于籍。著有《校邠庐抗议》《说文解字段注考证》《显志堂诗文集》等传世。

④ 潘遵祁（1808—1892），字觉夫，又字顺之，号西圃、简缘退士、抱冲居士等，江苏吴县（今苏州）人。道光二十五年（1845），中式进士，选翰林院庶吉士。二十七年（1847），授编修。二十八年（1848），回籍，主讲紫阳书院，工画花卉。光绪十八年（1892），卒。著有《西圃集》行世。

赣镇总兵程学启①则为统将死事之始。厥后淮军日盛，号称天下劲旅，东、西捻逆应时荡平。然自统将下逮队卒，以奋勇致命者，随地胥有，而皆系三吴始事立功之人，固斯民所共感念不忘者也。

程学启前已呈请在苏省城内建立专祠，列入祀典，钦奉谕旨在案，而阵亡将士未能附入。其各统将出师他省，捐躯殒命，并奉特旨立功地方建立专祠者亦未举行，既无以称朝廷励节褒忠之典，亦无以慰斯民报功崇德之心。今拟请于程学启祠西隙地捐建淮军昭忠祠一所，凡淮军统将奉旨建立专祠者列于正祀，各部将士以次附祀，并请奏列祀典，归地方官春秋致祭，以昭慎重而垂久远。旋准大学士直隶总督臣李鸿章函称：据统领淮军诸将记名提督广西右江镇总兵周盛传②、记名提督吴长庆③、记名按察使刘盛藻④、记名

---

① 程学启（1829—1864），字方忠，安徽桐城人。咸丰三年（1853），投效太平军陈玉成部，守安庆。十一年（1861），降清，从曾国荃破安庆。同治元年（1862），随李鸿章剿办太平军，以功升副将，加勃勇巴图鲁名号，同治二年（1863），擢江西南赣镇总兵，予一品封典。同年，封骑尉世职，赏穿黄马褂。三年（1864），攻嘉兴，中弹负伤，卒于苏州。谥忠烈，予骑都尉兼云骑尉世职，又予三等轻车都尉世职，并为三等男爵。

② 周盛传（1833—1885），字薪如，晚号北海老农，安徽省肥西人。咸丰三年（1853），率众抵御太平军。五年（1855），以防战有功，奖叙把总。九年（1859），拔补把总。十一年（1861），赴援寿州，擢千总。同治元年（1862），升守备。二年（1863），赏戴蓝翎，晋游击，加勋勇巴图鲁名号。同年，升参将，戴花翎，加副将衔。三年（1864），加提督衔。五年（1866），补游击。六年（1867），升授广西右江镇总兵。七年（1868），总理神机营事务，兼办巡访事宜。九年（1870），换拉理巴图鲁勇号。十三年（1874），管津沽屯田事。光绪元年（1875），调补直隶天津镇总兵。八年（1882），擢湖南提督。十一年（1885），丁母忧，以哀毁伤发卒。谥武壮。著有《操枪章程》行世。

③ 吴长庆（1829—1884），字筱轩，号小轩，安徽庐江县人。咸丰五年（1855），袭云骑尉世职发标学习。六年（1856），办理庐州团练。七年（1857），戴蓝翎。八年（1858），保守备。同年，办理合肥东乡团练。九年（1859），统带舒、合练勇。十年（1860），加都司衔，换花翎。同治元年（1862），管带淮军驻扎上海。同年，保游击。二年（1863），保副将，加力勇巴图鲁勇号。三年（1864），保总兵。七年（1868），充亲兵马步统领，换瑚敦巴图鲁名号。光绪元年（1875），补授直隶正定镇总兵。六年（1880），帮办山东全省军务。同年，擢浙江提督，调补广东水师提督。八年（1882），统带淮军出兵朝鲜。同年，封三等轻车都尉世职。十年（1884），因病出缺。谥武壮。

④ 刘盛藻（1828—1883），字子务，安徽合肥人。同治元年（1862），由俊秀投效提督刘铭传军营，随江苏巡抚李鸿章转战江苏、浙江、安徽、河南、湖北、山东、陕西等省，以功保从九品，以县丞选缺即选，赏戴蓝翎。二年（1863），保知县，加知州衔。同年，保同知，升知府，加恒勇巴图鲁勇号，换花翎。三年（1864），保道员，晋按察使衔。五年（1866），加布政使衔。七年（1868），换法克精阿巴图鲁勇号，以按察使遇缺题奏。十一年（1872），赴陕接统铭军。十二年（1873），丁父忧，回籍葬亲。十三年（1874），回营。光绪元年（1875），回籍终制。五年（1879），补授直隶大顺广道。九年（1883），署理直隶按察使，调补浙江按察使。同年，卒于任。

提督唐定奎①等禀议苏郡建立淮军昭忠祠，所需工费应由淮军公助银两，以伸袍泽之谊，毋烦绅民筹捐各等情前来。

臣查淮军始事，首在规复三吴。其先后死事文武将士，迭蒙圣恩褒恤，已极优隆。此次建祠合祀，出于苏郡绅民爱戴之诚，重以淮军统将周盛传等共愿竭力助资，均足仰体圣朝为臣教忠、有加无已之至意。而臣追溯昔领淮军偏师，荐登仕籍，渥荷圣慈高厚，命抚是邦，循行旧时战垒，慨念同事驰驱患难之人十不存五，霜露届时，倍增感怆！合无仰恳天恩，俯遂舆情，准将淮军昭忠祠建于苏城程学启专祠西首，并列入祀典，由地方官春秋致祭，出自逾格鸿慈！

理合会同大学士直隶总督臣李鸿章、两江总督臣李宗羲，恭折具奏，伏乞皇上圣鉴，训示，施行。谨奏。同治十二年十二月十九日●²。

（朱批）：着照所请，该部知道●³。

同治十三年正月十三日，奉朱批：着照所请，该部知道。钦此●⁴。

【案】此折原件②现藏于中国第一历史档案馆，录副③现藏于台北"故宫博物院"，兹据校正。

1.【江苏巡抚臣张树声跪】刊本无此前衔，兹据补。

2.【同治十二年十二月十九日】刊本无具奏日期，兹据原件补。

3.【着照所请，该部知道】此朱批据原件补。

4.【同治十三年正月十三日，奉朱批：着照所请，该部知道。钦此】此奉旨日期与内容，据录副补。

一〇　沥陈苏省度支短绌情形折

同治十三年二月二十七日（1874 年 4 月 13 日）

江苏巡抚臣张树声跪●¹奏，为苏省度支异常短绌，现奉增拨各款，措

---

①　唐定奎（1833—1887），字俊侯，谱名家祥，安徽合肥人，团首，借兄以团首投效淮军铭字营，转战江苏。旋从刘铭传剿捻于山东、河南、安徽、湖北，积功累擢副将，赐花翎、清字勇号。同治六年（1867），兄殿魁战殁永隆河，遂统兄部，转战河南、山东，以功保提督记名。七年（1868），赐号呼敦巴图鲁，旋号归终养。九年（1870），丁母忧，回籍终制。十年（1871），回防徐州。十三年（1874），经李鸿章举荐，率部赴台。光绪元年（1875），以定台南功授直隶正定镇总兵，寻擢福建陆路提督。九年（1883），乞休未允。十一年（1885），因病开缺。十三年（1887），卒，谥果介。

②　中国第一历史档案馆藏：《朱批原件》，档案编号：04 - 01 - 14 - 0075 - 028。

③　台北"故宫博物院"藏：《军机及宫中档》，文献编号：113486。

画维艰，谨将竭蹶筹办情形恭折沥陈，仰祈圣鉴事。

窃照东南为财赋之区，江苏赋税尤重，而收数虽巨，出款亦因之增繁。军兴以来，民物凋残，元气亏耗，历任督抚臣无不竭忱理财，为开源节流之计，先后严饬开垦荒地以供钱漕，确核牙税厘捐以供杂款。无如生财只有此数，而用项则按年递增，此中拮据情形实有缕述难罄者。现在江省地丁已办奏销，有册可考。厘捐有历届册报可稽，洋税亦随时按结造册请销。臣谨将出入总数为我皇上一一陈之。

查江省入款，除两淮盐课厘金分隶江、皖、湘、鄂各境，各有抵支要款，向由督臣经理外，臣所督办司、关厘务，上年综计备拨各收数，宁、苏两藩司地丁、屯折、芦课、捐脚、杂税等项，除灾歉蠲缓，实收银一百二十余万两，江海、镇江两关六成洋税暨常税二百四十余万两，苏省松、沪两厘局连闰计收二百一十余万两，总共五百七十余万两。终年认真收纳，尽其利源，计及锱铢，仅获此数，推原其故，盖由江、宁、常、镇等府被扰最重，户口萧条，劝垦不易。即招徕客民承种，多方体恤，稍遇荒歉，即弃业而去。赋额充盈，委难骤致。

厘捐以客商聚散为盛衰，本无定额可恃。从前滨海沿江各省尚未全复，巨商大贾群聚松沪一隅，密迩烽烟，情殷敌忾，大宗济饷，赖以支持。今则各省码头均各复旧，客商既散，市面亦衰。又况抽厘裕饷本不得已之一策，自同治三年迄今，遵照部文将分卡铺捐各项分别减免十数次，收数已大绌于前，加以洋舶暗占来源，沙船逐渐消耗。七年，前抚臣丁日昌曾将厘捐日短一日，将来只有减少，断无加增情形，剀切奏陈在案。

现以前数年收款衡之，委系逐年短少，所赖洋税近稍充裕，藉资腾挪。然关税之盈究不能抵赋厘之绌，且上年岁收荒歉，各货滞销，上海华、洋各商纷纷倒闭，亏银二三百万，市廛顿行萧索。本年税数能否照征，毫无把握。而核计苏省通年出款，如京饷、固本饷、陕、甘、滇、黔、湘、淮各军协饷，添买漕粮，并织造大运解京工料，暨奉拨各省河工、赈垦各协款，又洋关税司并幼童出洋各经费，约需五百数十万两。本省旗、绿各营兵饷，江海水陆防军军装、制造并善后、海塘、水利工程要需，文武廉俸、年例、杂支各款，约需银一百数十万两，无不取给于兹，计共每年用款非七百余万两不可。以入抵出，通岁不敷，以致延展虚悬，积欠累累，然此尚就常年旧额言之也。

臣自上春迄今，迭准部咨陆续新拨各款，如万年吉地工需，特谕传办工料，内务府织造各衙门绸缎、布匹、飞金、玉器办差各款，并伊犁、乌城、哈密、荣全①、杜嘎尔②各月饷、军需，暨金顺③出关月饷、驼价、运费等项，共加拨银二百二十余万两。先后饬据藩司、关、道、局员，均称款关紧要，敢不设法勉筹。惟苏省历年以来收放不敷甚巨，各库罗掘已空，除钦奉万年吉地工需特谕传办工料，毋论如何为难，遵当竭力筹解，其新拨中外各款可否陈请酌量免派等情前来。

臣查江苏以一省之力供西北各路剿贼之需，时阅十年，实已筋疲力尽。且海疆要地，居安不可忘危，宜如何预为绸缪，以备缓急？今乃仓箱并竭，终岁兴仰屋之嗟，设有不虞，何以取资应变？此微臣所日夜疚心而不遑安处者也。

惟查新拨各项，非宫府要款，体制攸关，即边外饷需，士卒待哺。臣忝膺疆寄，渥受重恩，敢不力竭驽骀，殚心规画？独是进款短绌至于数百余万之多，虽欲百计搜罗，苦于库藏久罄，明知各省均非有余，部臣统筹大局，别无制用之方，何敢吁请改拨？臣惟有将出入不敷之数沥陈于圣主之前，一面会同督臣督饬司道，各矢公忠，设法攒凑，先其所急，力求挹注，断不任稍涉推诿，但恳宽以限期，或冀迟以补绌；并乞逾格天恩，饬

① 荣全（？—1880），满洲正黄旗人，瓜尔佳氏。咸丰元年（1851），承袭一等威勇侯。二年（1852），补二等侍卫。四年（1854），晋头等侍卫。六年（1856），补乾清门侍卫。七年（1857），任侍卫副班长。九年（1859），署尚茶正。十一年（1861），授塔尔巴哈台额鲁特领队大臣，加副都统衔。同治三年（1864），调补喀拉沙尔办事大臣，同年，转伊犁额鲁特领队大臣。四年（1865），迁伊犁参赞大臣。五年（1866），兼署镶红旗蒙古副都统、伊犁将军。六年（1867），擢乌里雅苏台参赞大臣。光绪四年（1878），补镶红旗蒙古副都统，兼镶白旗护军统领、右翼监督。五年（1879），授右翼前锋统领，管理健锐营事务。同年，授三旗虎枪领。六年（1880），卒于任。

② 杜嘎尔（1827—1889），哈勒斌氏，满洲正蓝旗人。初从都兴阿剿办太平军，充领催。咸丰二年（1852），补蓝翎委参领。七年（1857），升齐齐哈尔镶白旗骁骑校，转黑龙江正白旗防御委参领。同年，补佐领，加蟒费巴图鲁勇号。八年（1858），授呼伦贝尔公中佐领。十年（1860），补授墨尔根城镶白旗协领。十一年（1861），授翼长。同治元年（1862），擢京口副都统。三年（1864），调补宁夏副都统。五年（1866），补正蓝旗蒙古副都统。六年（1867），补授盛京副都统。同年，署察哈尔都统。十二年（1873），署乌里雅苏台参赞大臣。光绪二年（1876），补授乌里雅苏台参赞大臣。六年（1880），擢乌里雅苏台将军。十四年（1888），以病乞休。十五年（1889），卒。谥武靖。

③ 金顺（1831—1886），字和甫，伊尔根觉罗氏，世居吉林，隶满洲镶蓝旗，图尔格齐巴图鲁。咸丰四年（1854），充领催。六年（1856），补吉林骁骑校。八年（1858），升吉林防御。十年（1860），授协领，加副都统衔。同治三年（1864），补镶黄旗汉军副都统。同年，调补西安左翼副都统。五年（1866），迁宁夏副都统。同年，署宁夏将军。九年（1870），率军下金积堡，平定夏。十年（1871），擢乌里雅苏台将军。十二年（1873），授正白旗汉军都统。十三年（1874），充帮办新疆军务大臣。光绪元年（1875），调补乌鲁木齐都统。二年（1876），授伊犁将军，封云骑尉。十二年（1886），回京述职，卒于途。赠太子太保，谥忠介。

下部臣嗣后遇有京外用款，暂免派拨，俾得稍苏喘息，以免贻误之虞，感沐鸿慈，实无既极！

　　谨会同两江总督臣李宗羲，恭折具奏，伏乞皇上圣鉴，训示。谨奏。同治十三年二月二十七日●2。

　　（朱批）：户部知道●3。

　　同治十三年三月十五日，奉朱批：户部知道。钦此●4。

　　【案】此折原件①现藏于中国第一历史档案馆，录副②现藏于台北"故宫博物院"，兹据校正。

　　1.【江苏巡抚臣张树声跪】刊本无此前衔，兹据补。

　　2.【同治十三年二月二十七日】刊本无具奏日期，兹据原件补。

　　3.【户部知道】此朱批据原件补。

　　4.【同治十三年三月十五日，奉朱批：户部知道。钦此】此奉旨日期与内容，据录副补。

---

　　①　中国第一历史档案馆藏：《朱批原件》，档案编号：04－01－35－0977－056。
　　②　台北"故宫博物院"藏：《军机及宫中档》，文献编号：114299。

卷二 桂海稿一

○一 关外官军攻克者岩贼巢情形折

光绪五年五月二十五日（1879 年 7 月 14 日）

广西巡抚臣张树声跪●¹奏，为谨将关外官军攻克者岩贼巢详细情形，恭折驰陈，仰祈圣鉴事。

窃臣蒙恩调补广西巡抚，懔遵谕旨，迅赴新任，于光绪五年五月初九日驰抵广西省城，初十日接篆任事，当经恭折叩谢天恩，并将抵粤后前抚臣杨重雅①接提臣冯子材②函报亲督各军攻克者岩各巢大略情由附片具陈，其详细情形，请俟接准提臣来咨，再行分晰具奏在案。

---

① 杨重雅（1815—1879），字元白，号庆伯，江西德兴人，拔贡。道光十九年（1839），中举。二十一年（1841），中式进士，改庶吉士。二十五年（1845），补行散馆，授职检讨。二十七年（1847），充武英殿纂修。咸丰二年（1852），授武英殿总纂。三年（1853），任武英殿提调、文渊阁校理。四年（1854），补河南道御史。五年（1855），捐免历俸，以繁缺知府用。同年，授四川顺庆府知府。十年（1860），调补成都府知府。同治元年（1862），经川督骆秉章奏保道员。二年（1863），署川北道。四年（1865），升四川按察使，赏戴花翎。六年（1867），丁母忧，回籍守制。八年（1869），服满。九年（1870），进京，补授甘肃按察使。十三年（1874），加布政使衔。光绪元年（1875），补授广西布政使。三年（1877），擢广西巡抚。五年（1879），进京陛见，因病告假回籍调理。同年十一月，卒于途。著有《管斑集》等存世。

② 冯子材（1819—1903），字翠亭，又字南干，号渊亭，色尔固楞巴图鲁，广东钦州人。咸丰元年（1851），充广东高州镇标外委，历拔把总、千总、守备，升广西梧州协中军都司，授广东陆路提标前营游击。七年（1857），迁甘肃西宁镇总兵，加提督衔。同治元年（1862），擢广西提督。三年（1864），封骑都尉。九年（1870），加云骑尉。光绪元年（1875），调补贵州提督。十一年（1885），晋太子少保，加三等轻车都尉。十二年（1886），转云南提督。二十年（1894），加尚书衔。二十九年（1903），卒于南宁行辕，谥勇毅。

兹准提臣冯子材咨称：查者岩之陇章为该逆李扬才巢穴，积匪陆之平等分踞陇章左右之扣锦、陇登等垒为之应援。陇章之前有安马栅扼守湖中，后为马鞍山闸卡，石壁嶙峋，天生奇险。湖边一带又有垒卡、竹筏、炮船，水陆相连，十分坚密。该逆利于据守，伏匿不出。我军远涉，粮运维艰，利在速战，未可稍事旷持。提臣当即驰赴前敌，察看形势，亲督进攻。

四月初三日，集齐将领，授以机宜，令知府陈以谟率所部奋武各营，直取安马、陇登、陇章、扣锦。都司林凤鸣率所部振武各营，越岭上攻马鞍山，逼撼者岩。副将吴天兴率所部骧武各营，从湖旁滩头沙洲力击水陆栅卡。已革副将马云标率所部雄武各营由那角攻取那阳等处，以杜贼窜。各带干粮，努力并进，期于必克。一面飞饬记名提督黄仲庆、总兵陈朝纲统带毅武等营，分布严防，以固太、镇两府边境；游击国梁带提标弁兵分防新街、狼嘞，以护后路粮运；知府张桐熙①催趱军火接济。

四月初四日黎明，陈以谟派游击冯兆金、哨弁梁振基带队，驾艒潜由湖口进攻马鞍之左；知州符璋率队乘筏，抄攻安马之后；陈以谟自督游击周炳林、陈德朝，各带弁勇，驾艒由湖面直逼安马之前。频施火器，贼众惊乱，欲向左边渡湖而逃，适遇冯兆金、梁振基督队截击，复退入栅。周炳林乘势挥军进薄，先有首民陈有廉在贼巢约为内应，至是反戈相向，与官军内外夹攻，遂克之。匪众乱窜，歼毙及落湖死者甚众。

当克巢之际，突有陇登匪党驾艒蜂拥来援，刀矛攒刺，凶悍异常。从九品罗梅祚仓卒驾筏，争先迎敌，被拒落水，登时殒命。我勇亦多受伤。陈德朝督队连开抬炮，向贼横击，轰毙无算，贼艒十余架亦纷纷沉没。陈以谟即饬陈有廉率降人数十，充当向导，乘胜进攻陇登贼巢。陈德朝、周炳林各率勇队，咸由湖尾而进，或绕至山腰，或绕过山顶。

维时，都司林凤鸣、杨瑞山、黄忠立、张永清与已革知府朱胜伟等分率提标弁兵并振武各营，由后龙山攀藤附葛，攻袭马鞍山，已将垒卡踏平，移师合攻陇登，分中、左、右三路进捣。同知冯相华等持令分投督阵，各弁勇奋力猛扑，施放喷筒，毙贼多名，立将陇登攻克，匪众张惶逃

① 张桐熙（1828—?），甘肃古浪人，监生。道光二十九年（1849），取副贡生。三十年（1850），考取八旗官学汉教习，报捐员外郎，签分刑部。咸丰二年（1852），到部。三年（1853），经前任长芦盐政文谦调赴天津，办理防务。同年，旋经正蓝旗汉军都统胜保保留军营差遣。四年（1854），补刑部山东司员外郎。同年，以军功保知府，戴花翎。五年（1855），奉旨开缺，以知府尽先选用。七年（1857），因引见迟误部议降调，复经捐复知府。同治元年（1862），补授福建建宁府知府，二年四月到任。四年（1865），丁母忧，开缺。六年（1867），服阕。七年（1868），进京引见。八年（1869），补授广西柳州府知府。光绪七年（1881），保道员。九年（1883），试用期满，留广西补用。

遁。陈德朝挥队在山腰截住，擒斩甚多，余匪向陇章奔去。两军即合力追剿。

该处为李逆坚巢，前后炮台、贼垒二十余处，湖旁船箅数十张，加之羊肠小径，进取尤难。首民陈有廉引周炳林、梁振基各队由后山抄过陇章之前，以断逆党陆之平来援之路。陈德朝率哨弁李群等从山脚直上，冯兆金、杨瑞山率哨弁冯骧等挨湖岸左旁进，黄忠立率哨弁陈之极等由湖边右路进，陈以谟偕参将杨逢春、陈宗虞直捣正栅，枪炮连环施放，约攻一时之久，我军被伤多名，未能得手。提臣飞派同知冯相荣等持令严催各将弁奋不顾身，斩闸直入，遂于午刻攻克陇章。该匪仓皇鼠窜，为我军追杀几尽，生擒伪职先锋及逆属族党二十余名。惟首逆未获，诸将会议分军搜剿，即派振武各营入山搜捕，奋武各营移剿扣锦。其地系积匪陆之平老巢，水陆堵守，坚固难攻。陈以谟、周炳林等带队翻山越岭，由后而进；陈德朝、冯兆金等乘舟驾筏，渡湖攻击。适吴天兴督骧武各营由沙滩一路扫荡而来，已革总兵陈得贵、副将侯勉忠、刘应高、王正明亦各带部勇，直逼湖旁水卡，斩栅夺闸，势如破竹，贼匪纷纷落湖淹毙，山寨之贼犹恃险抗拒。周炳林由岭顶率队而下，陈德朝维筏岸前，摩壁而上，陈得贵、侯勉忠驾箅继至。该逆陆之平见官军四集，知势不敌，遂弃扣锦而遁，党众扒山越险，坠岩死者不可胜计，立毁其巢。

时已申刻，各军心雄力果，复移攻者岩。陈德朝、杨瑞山、林凤鸣、陈宗虞等率队由马鞍山下攻岩后，吴天兴、陈得贵、侯勉忠等率队进攻岩右，陈以谟、周炳林、冯兆金、符璋、梁振基、陈之极等进攻岩左，力破卡垒十余座，绕至岩前，又夺炮台四座。周炳林、贾勇斫破栅闸，首先入岩。各军一拥而进，枪击矛刺，连毙悍贼数十名，余匪拼命奔突，悉被歼擒，并将积年巨匪伪元帅钟万新擒获，者岩各巢一律荡平。已革副将马云标亦率所部弁勇于初四日午刻攻拔那阳、那殿、叫宵贼垒，均有斩获。

计是役生擒伪丞相李春芳、伪军师李世献、伪元帅钟万新、伪中军刘永胜、伪先锋李扬佳、李世宣、李世环、李世彬、李世生、伪总理营务刘廷光等及李逆之家属族党男妇二十七名口，并获匪伙三百三十二名，斩首八百九十二级，夺获枪炮、旗械无数，起出伪王印一颗●2。惟据报该逆李扬才、陆之平犹伏匿扣锦后山一带，当经札饬各军严密围拿搜捕，勿任漏逸。现获首伙各匪，容分别解省审办，就地正法。

此次各营将士努力用命，不避艰险，一日之间，攻克安马、陇登、陇章、扣锦、者岩各巢穴，平毁水陆贼垒、卡、闸百余处，横亘二百余里，全行荡平。所有在事尤为出力文武各员弁，尚有微劳足录，开单咨送，可否随折保奖等因，咨请会奏前来。

臣查官军攻克者岩各巢，先阅提臣函报大略情由，李逆扬才及其死党遁匿扣锦后山之巅，只有一线险径可通，现经密围，设法擒捕等语，臣即已飞致提臣，严督各军实力围拿，务期弋获。兹准将攻剿者岩详细情形咨会核奏，臣复加查核，者岩在越南太原省属，该处丛山峻岭，林箐深密，湖溪洄互二百余里，素称天险。李逆等据为巢穴，守御尤严，攻之不易。今凭仗天威，各营将弁竟一日之力，悉数捣平，斩馘尤众，并获著名要匪及该逆死党族属数十名之多，洵属异常出力。除候选同知冯相华、候选同知冯相荣系提臣之子，由提臣随带行营差遣，来函声明不敢仰邀奖叙外，其余文武各员弁，拟恳天恩俯准择尤存记，汇案请奖，以示鼓励。从九品罗梅祚御贼捐躯，相应请旨先行交部从优议恤。至提臣来咨李、陆二逆伏匿扣锦后山一带，核与前次来函报匿于扣锦山之巅稍有参差，询之前敌来弁，据称前因搜剿吃紧之际，匆遽函报，未能详晰。

除飞咨提臣确查办理，无论该逆窜匿何处，总须勒限严拿，务期速获，毋任漏网而留余孽外，所有攻克者岩各巢详细情形，理合会同两广总督臣刘坤一①、广西提督臣冯子材，恭折由驿驰陈，伏乞皇太后、皇上圣鉴，训示。

再，提臣来函声称，连日在前敌亲督大军搜捕，复值山溪泛涨，道途多梗，以是咨报稍迟，合并陈明。谨奏。五月二十五日●3。

军机大臣奉旨：另有旨。钦此●4。

光绪五年六月十三日，军机大臣奉旨：另有旨。钦此●5。

---

① 刘坤一（1830—1902），字岘庄，湖南省新宁县人，廪生。咸丰五年（1855），叙功以教谕即选，旋丁父艰。六年（1856），加同知衔。七年（1857），升道衔。十年（1860），晋盐运使衔，同年，再升按察使衔。十一年（1861），补广东按察使，加布政使衔，赏硕勇巴图鲁名号。同治元年（1862），补授广西布政使。四年（1865），擢江西巡抚。五年（1866），加头品顶戴。六年（1867），监临文闱乡试，充武闱乡试主考。九年（1870），充文闱乡试监临、武闱乡试主考。十二年（1873），任文闱乡试监临、武闱乡试主考。十三年（1874），授两江总督，兼署办理通商事务大臣。光绪元年（1875），调补两广总督。同年，充江南武闱乡试主考。二年（1876），兼理粤海关监督。五年（1879），兼署广东巡抚。是年，充广东武闱乡试监临主考。同年，调两江总督，兼办理通商事务大臣。十二年（1886），丁继母忧。十六年（1890），权两江总督，兼办理通商事务南洋大臣。十七年（1891），任江南武闱乡试监临。十九年（1893），任江南武闱乡试主试。二十年（1894），拜钦差大臣，兼署江宁京口将军，赏双眼花翎。二十三年（1897），充江南武闱乡试主试。二十六年（1900），加太子少保。二十七年（1901），晋太子太保。二十八年（1902），卒于任。追封一等男，赠太傅，谥忠诚。著述有《两淮盐法志》《奏议公牍》《补过斋文集》《补过斋诗集》《刘坤一遗集》《刘忠诚公奏疏》，修《安徽通志》《江西通志》等行世。

【案】此折原件查无下落，录副①现藏于中国第一历史档案馆，兹据校正。

1.【广西巡抚臣张树声跪】张树声于光绪五年闰三月由贵州巡抚调补广西巡抚，《光绪朝上谕档》载曰：光绪五年闰三月十三日，内阁奉上谕：杨重雅着来京，另候简用。广西巡抚着张树声调补，即赴新任，毋庸来京请训。贵州巡抚着岑毓英补授。钦此②。刊本无此前衔，兹据补。

2.【颗】刊本误作"伙"，兹据校正。

3.【五月二十五日】刊本无具奏日期，兹据录副补。

4.【军机大臣奉旨：另有旨。钦此】此奉旨内容据《军机处随手登记档》③校补。

5.【光绪五年六月十三日，军机大臣奉旨：另有旨。钦此】此奉旨日期与内容，据录副及《军机处随手登记档》校补。

【案】此奏于是年六月十三日得清廷批旨，饬令张树声、冯子材确切查明李扬才等实在伏匿何处，督饬各军乘此声威，迅速围剿，就地歼除。《清实录》载曰：

谕军机大臣等：张树声奏，官军攻克者岩贼巢详细情形一折。逆匪李扬才，据守者岩之陇章，恃险伏匿；积匪陆之平等分踞陇章左右之扣锦、陇登等垒为之应接，经冯子材亲督官军，分路进攻，将安马、陇登、陇章、扣锦、者岩各巢穴悉行攻克，平毁水陆贼垒、卡闸百余处，横亘二百余里，全行荡平，剿办尚为得手。前据杨重雅奏，接冯子材函开李扬才、陆之平二逆遁匿扣锦后山之巅，现已重重密围。兹据奏，接该提督咨称，李、陆二逆犹伏匿扣锦后山一带，与前次所报稍有不符，着张树声、冯子材确切查明该逆等实在伏匿何处，督饬各军乘此声威，迅速围剿，就地歼除，毋任再行他窜。此次出力各员，准其择尤存记，汇案请奖。阵亡之从九品罗梅祚，着交部从优议恤。赵沃被参各节，究竟虚实若何，着张树声懔遵前旨，迅即查明，据实具奏，毋稍含混。将此由五百里各谕令知之。④

---

① 中国第一历史档案馆藏：《军机录副》，档案编号：03-6013-050。

② 中国第一历史档案馆编：《光绪朝上谕档》，第3册（光绪三年），广西师范大学出版社1996年版，第129页。

③ 中国第一历史档案馆藏：《军机处随手登记档》，档案编号：03-0225-2-1205-187。

④ 《德宗景皇帝实录（二）》，卷九十六，光绪五年六月上，第438—439页。

○二 统筹关外剿匪事宜折

光绪五年六月初二日（1879 年 7 月 20 日）

广西巡抚臣张树声跪奏●1，为接据越南国王来咨，统筹关外剿匪事宜，恭折驰陈，仰祈圣鉴事。

窃臣前在途次钦奉谕旨，饬即速赴新任，会商冯子材●2，将剿匪事宜妥筹办理等因。钦此。当于行抵湖北时，先派记名提督黄桂兰①驰往越南察看军情，并专函令其赍赴提臣冯子材大营，谒商一切。迨臣抵省接篆，即得扫平者岩巢穴之报，业将大略及详细情形两次奏陈在案。现在事机顺手，自当乘此兵势，专力擒渠。捕剿愈殷，粮饷愈亟，西省虽支绌万状，总当将月饷、赏恤各项竭力凑筹，提前赶解，以赴关外之急，期早一日藏事，得早一日息肩。然暑雨载涂，劳师绝域，臣犹无日不私心忧之。乃接据越南国王咨呈，以者岩既克，恐一旦逆渠授首急于回军，预作尽剿诸匪之请。省城距提臣太原行营往返兼月，阃外军情倏忽无定，非后路所可遥度。至全局所关，利害所系●3，臣亦不敢不勉竭其愚，通盘筹画。

越南山川险恶，水土毒淫●4，从来大众徂征，必因天时之宜，审地利之便，出有余之全力，鼓行奏凯，役不逾时。若穷搜远讨，日久劳师，供馈艰难，疾疫继作，未有能善其后者。乾隆五十三年，前督臣孙士毅②既

---

① 黄桂兰（1836—1884），安徽肥东人。初入团练，嗣随淮军剿办太平军、捻军，以功历保都司、游击。同治十三年（1874），率部战于安南。光绪七年（1881），率部再战安南，后以军功保记名提督。九年（1883），擢广西提督。光绪十年（1884），中法之战，因越南北部北宁等地失守，在营自尽。

② 孙士毅（1720—1796），字智治，又字致远，号补山，浙江仁和（今浙江杭州市）人。乾隆二十四年（1759），中举。二十六年（1761），中式进士。二十七年（1762），补内阁中书，嗣选军机章京，升侍读。三十三年（1768），充四川乡试考官。三十五年（1770），授户部郎中。同年，简贵州学政。四十年（1775），升大理寺少卿。四十一年（1776），补授广西布政使。同年，调补云南布政使。四十四年（1779），擢云南巡抚，嗣以李侍尧夺职。四十五年（1780），补翰林院编修。四十七年（1782），授太常寺少卿。同年，补山东布政使。四十八年（1783），补授广西巡抚。四十九年（1784），调补广东巡抚。五十年（1785），署理两广总督，赏戴花翎。五十一年（1786），拜两广总督。五十二年（1787），加太子太保。五十三年（1788），封一等谋勇公，授工部尚书。五十四年（1789），补授兵部尚书、军机大臣。同年，署四川总督。五十五年（1790），补授两江总督，兼署江苏巡抚。五十六年（1791），授吏部尚书、协办大学士，兼署四川总督。五十七年（1792），拜文渊阁大学士，兼礼部尚书。嘉庆元年（1796），封三等男。同年，卒于任。谥文靖，赠一等谋勇公。著有《百一山房诗集》，纂校《四库全书》等。

定安南，阮惠遁还巢穴。高宗纯皇帝以安南屡世屡弱，道远饷艰，无旷日老师代其搜捕理，诏即班师入关。孙士毅悬师轻敌，明年正月朔，遂有富良江失律之事。兹事未远，可为前鉴。同治十年，海阳、太原之役，升任抚臣刘长佑①亦有"扼边要以固本根，其河阳、兴化距边较远，仍传知该国自行攻剿"之奏，曾奉谕旨饬遵，列圣庙谟，昭昭垂示，诚明于虚内事外之戒也。现在夏潦方盛，瘴疠繁兴。我军自冬徂夏，荷戈转战，罗掘馈饷●⁵，杼轴已空。以天时、地利、兵力、财力审之，皆犯兵家之忌。而大军在外，边隘空虚，内地伏莽乘衅，乱者踵起。绸缪吾圉，中夜彷徨。

臣愚以为李扬才，中国叛将，窜扰藩封，义不能纵。该逆授首之后，果能霆击风驱●⁶，歼除余匪，提臣冯子材老于戎行，必能审度机宜，乘势荡定，以宏圣主怀远之仁。臣已将越南来牒咨请提臣核办在案。倘需大举深入，戡定无期，则越南积匪实繁有徒，无不依险负固。该国时剿时抚，叛服不常●⁷，蛮触之争，为日久矣。似当恪遵前旨，仍传知该国王自行攻剿，以清余孽。提臣冯子材即一面班师凯旋，由臣等商派得力营队，扼边关之要隘，杜奸民之出入，如昔年设防故事，严饬●⁸将领及地方有司●⁹，不准稍涉松懈。若余匪窜扰边境，即行随时协剿，以逸待劳，不敢存漠视之心●¹⁰，亦不失万全之计。

除将升任抚臣刘长佑原奏并钦奉谕旨，暨此次越南国王来咨录送军机处查核外，所有统筹越南剿匪事宜，理合会同两广总督臣刘坤一、广西提督臣●¹¹冯子材，恭折由驿驰陈●¹²。是否有当？伏乞皇太后、皇上圣鉴，训示●¹³。谨奏。光绪五年六月初二日●¹⁴。

光绪五年六月二十一日，军机大臣奉旨：另有旨。钦此●¹⁵。

【案】此折原件、录副查无下落，而抄件收于《清季外交史料》②，兹据校正。

---

① 刘长佑（1818—1887），字尔眷、子默、印渠，号荫渠，湖南新宁人。道光二十九年（1849），拔贡。咸丰二年（1852），充教谕，选知县。六年（1856），加按察使衔。七年（1857），晋布政使衔，加齐普图巴图鲁勇号。九年（1859），补广西按察使。同年，授广西布政使。十年（1860），擢广西巡抚。十一年（1861），兼署广西提督。同治元年（1862），补授两广总督。同年，调补直隶总督。十年（1871），补广东巡抚。同年，调广西巡抚。光绪元年（1875），补云贵总督。九年（1883），开缺回籍。十三年（1887），卒于里。赠太子太保，谥武慎。著有《刘武慎奏稿》《禀牍》《尺牍》《札谕营规》《杂文诗札记》等行世。

② 王彦威、王亮辑编，李育民、刘利民、李传斌、伍成泉点校整理：《清季外交史料2》，湖南师范大学出版社2015年版，第305—306页。

1.【广西巡抚臣张树声跪奏】刊本无此前衔，兹据校补。

2.【会商冯子材】抄件作"会商李瀚章、冯子材"。

3.【利害所系】抄件作"关外利害所系"。

4.【水土毒淫】抄件作"水土毒深"。

5.【罗掘馈餫】抄件作"罗掘馈饷"。

6.【果能霆击风驱】抄件作"果新霆击风殄"。

7.【时剿时抚，叛服不常】抄件作"抚叛不常"。

8.【严饬】抄件作"当饬"。

9.【地方有司】抄件作"地方官"。

10.【不敢存漠视之心】抄件作"不敢存袒纵之心"。

11.【提督臣】抄件作"提臣"。

12.【恭折由驿驰陈】抄件作"恭折驰陈"。

13.【是否有当？伏乞皇太后、皇上圣鉴，训示】此句抄件缺。

14.【光绪五年六月初二日】刊本与抄件均无具奏日期，兹据抄件所载奉旨日期，查光绪五年六月二十一日《军机处随手登记档》①张树声折，署有"报五百里，六月初二日桂林省城发"等字样。据此，此折具奏日期当为"光绪五年六月初二日"无疑，兹据校补。

15.【光绪五年六月二十一日，军机大臣奉旨：另有旨。钦此】此奉旨日期与内容，据抄件及《军机处随手登记档》校补。

【案】光绪五年六月二十一日，清廷颁布谕旨曰：

谕军机大臣等：张树声奏，接据越南国王来咨，现在统筹关外剿匪事宜一折。逆匪李扬才以中国叛将窜扰藩封，势不能不振旅出关，速行剿办，现经冯子材亲督各军，次第攻剿，将者岩等处巢穴一律扫平，并将李扬才家属拿获。该逆以釜鱼槛兽拒守一隅，谅不难克期授首，着刘坤一、张树声、冯子材饬令各军，乘此声威，扫穴擒渠，立将李扬才、陆之平等逆悉数擒拿，迅图藏事，毋得日久劳师远地，糜费饷需。在该国王咨呈张树声，有请留官军尽剿诸匪之语。该国伏莽甚众，防不胜防，断无以中国兵力代为剿捕之理，仍着刘坤一等饬令各官军，迅将李、陆股匪殄除后即行班师。越南积匪尚多，刘坤一等即传知该国王自行攻剿，肃清余孽。广西边境各要隘，该督等当妥派得力营队，扼守防堵，一遇余匪窜近，即随时剿灭，以靖边疆。将此

---

① 中国第一历史档案馆藏：《军机处随手登记档》，档案编号：03-0225-2-1205-195。

由五百里各谕令知之。①

○三　察看地方情形及拟办事宜折

光绪五年六月初二日（1879 年 7 月 20 日）

广西巡抚臣张树声跪奏●1，为敬陈广西地方情形及拟办事宜，恭折仰祈圣鉴事。

窃臣钦承恩命，调补广西巡抚，并奉谕旨迅赴新任等因。钦此。钦遵驰抵广西省城，接篆任事，当经恭折叩谢天恩在案。猥以樗栎之才，渥蒙委任之重，悚惶夙夜，冀效涓埃。到任后，体察情形，询访利弊。

窃查广西兵燹之后，地方应办事宜尚多，而目前情形尤以剿除关外叛贼、肃清内地伏莽为首务。斯二者，权衡缓急，外寇不殄，则兵勇疲于远役而腹地益虚，粮饷匮于转输而度支愈竭，自以早清关外为先。度量重轻，内匪不靖，则莽民肆其凶暴，良儒将何以为生？小丑习惯跳梁，大患恐因之而起，应以绥戢内地为本。除关外军事业经先后奏报并另折恭呈外，所有内地伏莽情形及应办事宜，敬为我皇上缕陈之。

粤西界在边陲，幅员辽阔，苗、猺杂处，箐密山深，承平以前即为奸匪所窟穴，加之积乱相仍，人情浮动。而柳州、庆远、泗城、南宁、梧浔、百色、郁林等属，或交界滇黔，或接壤粤东，更多游匪出没，频年聚众抢劫，拒捕抗官之案，不一而足。甚至树旗调马，图扑城垣，肆无顾忌。经历任抚臣迭加惩创，通省十三府厅州，多半设有水陆营勇，驻防巡缉。每值匪徒蠢动，即由该地方文武会同营员，督队剿办。上年自春迄秋，全州、怀远等属竖旗滋事之案已不下八九起。自李扬才出关后，南路营勇调防单薄。冬季三月，来宾、兴业等属相率啸聚，接续而起。今正宣化匪首潘振家等竟敢蓄谋倡乱，纠结粤东、西两省党羽，捏造伪札，图扑征越大军后路粮台之南宁府城，并图转窜关外，投入李逆伙内，幸经破获，大局无虞，经督臣及前抚臣节次奏报在案。

臣于五月初十日接任，即据南路之武宣、来宾两县禀称：该处积匪黄老受等现在聚众数百，竖旗滋事，已于端阳节前接仗两次，因勇队过单，未能得手。当经臣飞饬提督蔡金章率带省防副将蔡简宸营队驰往会剿，所

---

① 《德宗景皇帝实录（二）》，卷九十七，光绪五年六月下，第445—446 页。

有办理情形，容俟接禀另行奏报。

查核向来办匪情形，虽云旋起旋灭，亦复旋灭旋起。论者谓粤人相攻击之俗，自昔已然，无足为怪。然臣窃私忧过计，深虑涓涓不塞，终为江河。近年粤西偶有偏灾，岁尚中稔，而揭竿而起者犹踵背相属，设遇大祲，如晋、豫等省，则饿民益易裹从，情事何堪设想？且朝廷设官以为民也。每值匪案一起，小者虐及数村，大者荼毒一乡，甚至蔓延邻境，焚杀劫掠之状，惨不忍言，妇孺号泣于道途，强壮逃徙而辍业。为民父母，顾委诸向来习俗而莫为之所，扪心午夜，能无疚惭！

然疾深则元气宜培，而病久则急方难觅。臣熟思审计，一拟治其标，一拟治其本。治标之法不外分队驻巡，遇警会剿，如历任向章也。广西旧额营兵，裁存一半，勉敷城守。所恃勇队二万余，罗布扼防，其中精壮不乏耐苦敢战之士，而招抚降众、流寓客民，亦强半糅杂，其间纪律不甚讲求，操练亦欠严整。省章每勇月饷二两有余，食物昂贵，仅资●[2]糊口。自大军出关后，供亿繁多，饷需日绌，往往发不如数，各营因此借口，于是因循、废弛之弊逐渐而生，即器械、军装亦多痲钝难用。

臣到任后，分饬营局认真整顿。然经费不充，动多掣肘，拟俟关外大军凯旋后，将疲羸营队分别裁撤，腾出饷需，择其健壮可用者，薪费、口粮稍从优给，严杜虚冒，勤督操防，庶纪律不厌求精而剿捕益期得力。至向来股匪起事，其中悍目甚夥，往往全获者少，幸逸者多，盖广为搜捕，恐波及或累无辜，然竟致稽诛，则乘间又虞窃发。臣已饬通省牧令将保甲一事实力编查，不准借端扰民，无论本属、邻境逸出匪目，擒送者优赏，窝纵者重惩，必严首恶之诛，免嘘已灰之烬。此治之于已病，所谓标也。

本计所存，吏治尤重。西省聚众滋事之风，固由犷悍相沿，易动难静，亦多两造词讼，官不速了，因而逞忿械斗，集党争强，无赖、亡命悉入其中，遂致酿成巨案。臣到任浃旬，查阅各属命、盗等案，有迟至月余始行上报，并风闻尚有不报者。词讼案件，各前任亦饬各属立有循环册簿，输送查考，近则有四年冬月之簿，现已五月甫行送到者。似此相率玩延，安望政平讼理？臣前随故大学士曾国藩在直隶臬司任内办理清讼事宜，一切章程随时禀商厘定，颇悉其详，先拟将所定刊章参核广西情形，酌量增减，颁发各属，一体饬遵，督同两司互相稽核，如有积压、讳饰，即予严参不贷。衙门果无不白之冤，民间或渐少不平之气。

广西兵燹迭经，居民逃避失业，各前任虽时加抚辑，而疮痍未尽复，流亡未尽归，省南各属膏沃之区尚多成为荒废，应督各牧令设法招徕，实力劝垦，筹积储以备荒赈，兴水利以便灌输，毋任游惰饥寒，庶免流为盗贼。又苗、獞、猺多不读书识字，故于伦纪犹属懵然。即各属书院、义学亦多圮废，前抚臣涂宗瀛①通饬兴复，加增筹款，办理未及告藏，卸任而去。应令各牧令实力举行，并会同各教职剀切劝导，庶渐知爱亲敬长之风，或可弭犯上作乱之渐。此治之于未病，所谓本也。

夫标本兼治，端在整军、饬吏之交修；而庶政举行，必以理财、用人为扼要。广西粮赋本属无多，又因兵荒未复，民力拮据，历年征收，迄未如额。即扫数批解，亦仅敷绿营俸饷之需。剿贼军饷全仗厘金捐输，本年捐案已停，只赖厘金济用。臣当严饬局员，务令涓滴归公，毋任丝毫弊漏。惟越南一役，增费浩繁，倍形竭蹶，奉拨协饷，提解无几。若海关洋单、洋照再行来西，弥缝补苴，更非易易。臣惟有督同司道共体时艰，凡稍有可节省之处，即行加意裁节，勉力供支，所望越事早藏，方勉贻误。

至鉴别人材，尤为当务之急，将领不得人，则剿匪无效，标病难望速瘳；牧令不得人，则绥靖无方，本原何从培养？广西省会偏驻东北，属郡远者至二千数百里。现南路防务方殷，文武员弁一时未便调省考察，臣已密饬两司、道府及该管将领，将守、牧、县令及在防将弁分别优劣，据实开报。臣再访诸舆论，以征其素望；稽诸事迹，以验其设施。优者奖之，劣者绌之，循分供职者，勉励之。秉公务实，分别劝惩，庶几观感激发，资以整理庶务，即期以力挽浇风。其余一切应办事宜，臣才识庸暗，履任方新，尚未能真知灼见，惟有随时随事尽力尽心，次第规划，以期稍裨地方，仰答高厚鸿慈于万一！

所有察看地方情形及拟办事宜，理合恭折附驿缕陈。伏乞皇太后、皇上圣鉴，训示。谨奏。六月初二日●³。

光绪五年六月二十一日，军机大臣奉旨：览奏，已悉。所陈整军、捕匪、察吏、清讼及招垦荒地、振兴学校各事宜，该抚务即认真筹划，实力办理，以副委任。钦此●⁴。

① 涂宗瀛（1812—1894），字朗轩，安徽六安人。道光二十四年（1844），中式举人。二十七年（1847），入江苏华亭县幕。咸丰三年（1853），在籍办团，建义仓。六年（1856），以军功戴蓝翎，历保江苏补用知县、补用直隶州知州。八年（1858），主讲泰安书院。同治元年（1862），大挑一等，签分江苏知县，嗣以功保知府。七年（1868），保道员，赏戴花翎。九年（1870），补苏松太道。十年（1871），升湖南按察使。十三年（1874），迁湖南布政使。光绪三年（1877），擢广西巡抚。四年（1878），调补河南巡抚。七年（1881），调补湖南巡抚。同年，授湖广总督。二十年（1894），卒于籍。著有《涂大司马年谱》《涂朗轩尚书政书》《重建江宁普育堂志》《童蒙必读书》等行世。

【案】此折原件查无下落，录副①现藏于中国第一历史档案馆，兹据校正。

1.【广西巡抚臣张树声跪奏】刊本无此前衔，兹据补。

2.【资】刊本误作"咨"，兹据校正。

3.【六月初二日】刊本无具奏日期，兹据录副校补。

4.【案】此奉旨日期与内容，据录副校补。

【案】此奏之批复，《清实录》载曰：

广西巡抚张树声奏陈广西地方情形及拟治标治本办法。得旨：所陈整军、捕匪、察吏、清讼及招垦荒地、振兴学校各事宜，该抚务即认真筹划，实力办理，以副委任。②

○四 请调李用清凌彝铭片

光绪五年六月初二日（1879 年 7 月 20 日）

再，臣以非材渥荷圣明委任，深念粤西岭外穷边，易以为乱，难使从治，平时弭患无形，全赖地方有司精白乃心，实力任事。而军兴以后，各属瘠苦尤甚，中材鲜能自励，苟且相承，刬敝难振，非藉助同心相与，讲求治理，无以收绥靖边圉之效；非得有气识志节、坚苦卓绝之人，亦无以为澄清倡导之资。

伏查翰林院编修李用清，山西人，识量宏远，通知时事，究心经世之学，植品甚峻，行谊气节，迈绝一时。去年在山西办理振务，劳身焦思，救民水火，尤为远近所称述。贵州补用道凌彝铭，体用兼备，风力遒上，由贵州知县荐保道员，亮节政声，卓卓可纪，萧然宦况，无异寒儒。臣昔官晋省，即闻李用清之贤，后以入觐，屡至京师，辄闻都人士言其刻苦守道，如出一口，然臣与李用清固未尝识面也。

凌彝铭与臣同乡，素非亲友，绝无夙昔之故，第尝闻乡里中皆盛推凌彝铭之敦品励行。自蒙恩简授黔抚，时从黔人及曾游黔中者咨访人材，又皆盛推凌彝铭之廉正干局。臣于本年二月间陛辞出京，至山东遇凌彝铭于逆旅，与谈黔事，议论纯实，益心佩之。该员本以道员入都引见，嗣闻因病中止。现在西省关外未靖，内地未平，治军理财固目前之急，安民察吏

---

① 中国第一历史档案馆藏：《军机录副》，档案编号：03－7425－007。

② 《德宗景皇帝实录（二）》，卷九十七，光绪五年六月下，第 446 页。

尤正本所先。是亟需群策群力之时，非可为已治已安之境。诚得如李用
清、凌彝铭者，藉其风裁以式浮振靡，资其猷画以除弊兴利，必能整齐吏
治，康济民生，固圉绥边，乱庶遄已。

臣自惭庸劣，无补时艰，不敢忘以人事君之义。惟该二员一系京职，
一系黔省候补人员，于例未符，亦不敢擅行请调，伏维皇太后、皇上立贤
无方，倘蒙垂念粤民之久困，边事之需才，仰荷特旨将翰林院编修李用
清、贵州补用道凌彝铭饬发广西差遣委用。

其李用清一员，或遇有广西道府缺出，简放前来，俾微臣收指臂之助。至
凌彝铭在籍、在黔，均未能悉，应否饬下贵州、安徽抚臣转饬来西之处，皆出
自圣主逾格鸿慈，非臣所敢妄请，谨附片密陈。伏乞圣鉴，训示。谨奏。

光绪五年六月二十一日，军机大臣奉旨：另有旨。钦此●[1]。

【案】此奏原件查无下落，录副①现藏于中国第一历史档案馆，兹
据校正。再，此片具奏日期录副存疑，兹据奉旨日期查光绪五年六月
二十一日《军机处随手登记档》②张树声折，署有"报五百里、六月
初二日桂林省城发"等字样，据此，此片具奏日期应为"光绪五年六
月初二日"无疑，兹据校补。

1.【光绪五年六月二十一日，军机大臣奉旨：另有旨。钦此】此
奉旨日期与内容，据录副及《军机处随手登记档》校补。

【案】此奏之批复，《清实录》载曰：

又奏调翰林院编修李用清、贵州补用道凌彝铭，发往差遣委用。
从之。③

○五　剿除武宣来宾等处积匪折

光绪五年六月三十日（1879 年 8 月 17 日）

广西巡抚臣张树声跪奏●[1]，为官军剿办武宣、来宾等处积匪，现已擒
获著名匪首，从乱余党一并歼除，恭折仰祈圣鉴事。

窃本年闰三月间，武宣、来宾两县积匪黄老受纠结李亚土四、蒙四、

---

①　中国第一历史档案馆藏：《军机录副》，档案编号：03-5139-089。
②　中国第一历史档案馆藏：《军机处随手登记档》，档案编号：03-0225-2-1205-195。
③　《德宗景皇帝实录（二）》，卷九十七，光绪五年六月下，第446页。

蒙老忿、黄洛吉、黄老珠、黄老华、杨金养、蒙老苟、黄老家、蒙老奸等，竖旗滋事，聚众数百人。地方文武督带勇练查拿，于端阳节前接仗两次，因兵力过单，颇有伤亡，未能得手。臣抵任后，当经飞饬南路各属防营齐集兜拿，并派奏调来粤之记名提督蔡金章率带副将蔡简宸营队驰往督剿，业于察看地方情形折内附奏在案。

查武宣西南与来宾壤地相接，崇山叠嶂，箐密林深，匪徒恃为窟穴。武宣境内之六村、合江、思布等村，来宾境内之东瓜等村，皆各匪纵横出没地也。当蔡金章之未至也，黄老受等分踞合江、思布等村，四出焚掠，扬言欲攻县城，出关应李扬才，远近汹汹，居民迁徙。适浔州防营都司李逢桢、林大魁赶至，会同武宣县知县冯灏，各带勇练，三路并进。

五月十四日黎明，直捣思布，枪毙悍匪多名。匪不能敌，齐奔合江。我军蹑而薄之。合江皆茅屋，掷以火包，火起甚烈，匪众奔逃，追杀数里，斩级十四颗，生擒匪党蒙四等七名，匪众皆窜往东瓜村。

二十三日，南宁防军参将何流恕驰至，会同署来宾县知县唐济民，督饬勇练，毁墙而入。该匪狙伏墙屋，排放枪炮。先入之勇，猝不及防，多伤亡者。后队奋力继进，立破栅门。悍目黄洛吉据栅力拒，登时格毙，杀贼甚多，余匪从村后翻山越岭窜走。我勇乘胜追击。每至山径险隘处，该匪仍整队相拒。薄暮大雨，岩谷阻深，遂未能穷追。

二十四日，蔡金章等驰抵六村，询知此股贼匪虽受创两次，而悍目死党多未就获，仍复纠结不散，所在裹胁，因选派干勇，购觅土人，日夜分路侦探，一面会同地方官出示，解散胁从，晓谕居民，使皆复业。

六月初五日，探悉黄老受率党窜踞来宾所属之逢山中，依坳垒石，为负嵎计。此山延袤甚广，峰峦险峻，曲径旁通。蔡金章与浔州善后局员同知曾毓璠暨地方文武熟商，合力仰攻，虑损精锐，此击彼窜，搜剿更难，惟有分攻合击之法。计议既定，先令来宾、武宣、贵县三属官绅练勇分扎山下村隘，以杜窜越。是夜五鼓蓐食，天微明，行至逢笋山下，即闻山上炮响。蔡金章先率勇沿山东南从石隙间蚁附潜登，游击蒋大彰、都司李逢桢督队由西北蹑石磴奋勇猛攻。该匪当山坳，开炮抵拒。正相持间，副将蔡简宸、参将何流恕督队由东南攀藤附葛，越岭而下，群匪即分党迎战。蔡金章已延缘至东边坳口，乘虚疾入。三面合击，短兵相接，立毙匪目李亚土四、黄老珠、蒙老奸三名。该匪退上山巅，踞高守险，炮石乱击如雨。我军伤者相继，连被击毙四五人，军稍却。

蔡金章严令以徇，并督同各员躬冒矢石，为士卒先。各勇亦奋不顾身，肉薄环击，一鼓而登，阵斩积匪黄老家、杨金养二名，匪众奔溃，斩杀及追逐落崖死者无数，匪首黄老受力竭受伤被擒。山半有岩洞，匪目蒙老苟、黄老华率余党二十余人窜入，四面斗绝，依险死拒，相持一时之久。蔡金章商令蒋大彰选勇掷火药包入洞，烟焰涨满，匪不得出。各勇猱升而上，遂聚歼之。我勇亦被火药伤亡四名。黄老受受伤垂毙，无从讯供，经居民及生擒各匪指认无讹，未便令稽显戮，即斩于阵前。并据生匪供称，蒙老忿已先期逃逸，不知何往等语。

是役也，自卯至申，力战六时之久，将该山踞匪扫荡无遗，共斩悍匪首级五十余颗，夺获洋枪、器械、旗帜多件，迭据右江道、浔州府暨在事文武禀报前来。

臣查黄老受本积年著名匪首，历在武宣、来宾等处纠党肆扰。此次窥伺大军出关，遂敢竖旗滋事，聚党数百，抗拒官兵，四出焚杀，意图大举。该二县交界各处，几于遍地匪踪。浔郡介左、右两江之间，山林险阻，民气浮动，昔年发逆所由倡乱，若令日久蔓延，必至燎原难扑。今记名提督蔡金章等与地方文武绅练先后督勇剿办，应机疾赴，凿险缒幽，将首、从悍匪戮力歼除，实足以定民心而昭炯戒。

除仍督饬将在逃未获之逸匪蒙老忿，并查明有无漏网余匪，严密搜捕，责令务获惩办，以绝根株，并饬该道府暨善后局员督同各属官绅将该处善后事宜认真筹办，务须力行保甲，整顿团练，以清奸宄而致乂安外，此次在事出力文武员弁不无微劳足录，可否由臣查明择尤酌保数员，以示鼓励，出自逾格恩施！

所有剿平武宣、来宾滋事积匪情形，谨会同两广总督臣刘坤一，恭折由驿具奏，伏乞皇太后、皇上圣鉴，训示。谨奏。光绪五年六月三十日●2。

光绪五年七月十八日，军机大臣奉旨：另有旨。钦此●3。

【案】此奏原件、录副现查无下落，待考。再，刊本缺具奏日期，查光绪五年七月十八日《军机处随手登记档》①张树声折，署有"报五百里、六月三十日省城发"等字样，据此，此折具奏日期应为"光绪五年六月三十日"无疑，兹据校补。

1.【广西巡抚臣张树声跪奏】刊本无此前衔，兹据推补。

2.【光绪五年六月三十日】此具奏日期，据《军机处随手登记档》校补。

3.【光绪五年七月十八日，军机大臣奉旨：另有旨。钦此】此奉

① 中国第一历史档案馆藏：《军机处随手登记档》，档案编号：03-0226-1-1205-220。

旨日期与内容，据《军机处随手登记档》校补。

○六　官军触暑疲病挑集精壮分布查缉片

光绪五年六月三十日（1879 年 8 月 17 日）

再，臣前于五月二十五日接准提臣冯子材咨报关外官军攻克者岩贼巢详细情形，嗣接越南国王咨请尽剿诸匪，复就现在天时、地利、兵力、财力，统筹剿匪事宜，均经先后驰陈圣鉴。并以者岩后山一带连亘甚广，箐密山深，炎瘴日盛，迭次咨函并达，商催提臣专力擒渠，务期速竟全功，各在案。

近日，连接提臣咨称：匝月以来，严督各军入山，四处搜捕，斩擒不少。山坑、岩谷多有死匪，臭烂不堪，迄未得李扬才踪迹。虽经悬赏购探，每有风闻，随即密会南官引导围缉，驰抵该处，又已无踪。获匪细讯，有"李扬才曾由左良、左鸾、东园一带匿逃"之语。该处皆在者岩西南，深林歧径，跬步皆山。搜捕与攻剿不同，殊形费力。河阳、安边匪巢已据越南统督黄佐炎禀报攻克，翁七、覃四娣等窜向大沔等处。当派记名提督黄仲庆率毅武等四营，由西路镇安关外□①卜一带驰往截击。各军弁勇出关数月，未尝稍息，现在炎暑涨潦，触冒瘴疠，大半疲病，各统领皆恳请暂移水土平和地方。现饬将病勇带赴宁太医治，其余精壮仍分布查缉。提臣亦以水土不服，头晕腹泻，于六月初一日回太原行营调理。越南国王谆请留营赶紧与该国官军出力剿办积年逋匪，而南官统督黄佐炎、参赞张登憻、赞襄陈廷廉等均以官军远涉穷搜，节届暑雨，水深瘴盛，兵夫多病，深虑饷阻，恳俟秋闲潦落，再行请办各等情，并咨请核奏前来。

伏查越南积弱不振，以致群匪依为巢穴。翁七、覃四娣、叶成林等虽本系中国之人，在越南业已多年，该国曾经招抚，叛服靡常，即有窜扰近边，惟当以防为剿。此次我军大举出关，义不可释者，惟李扬才耳。臣惟用兵之道，审将士之强弱，以为进止迟速之准，所谓知己也。察贼情之聚散，以定围攻袭击之宜，所谓知彼也。今关外各军疾役疲劳，十病七八；将领以征进为难，度支以匮乏为虑。而李扬才党与销亡，仅据探报、匪供

---

① 此字"左氵右磊"。

影响，疑似若有若无。不特我军不能悉其行踪，即越南君臣痛甚切肤，亦无能指其下落。知己则虽有兵而无可用之力，知彼则虽有贼而无用兵之地。

目前太原等省已无李逆股匪盘踞，若以一夫亡命，驱万千呻吟疾痛之勇四处穷搜，恐法令不能鼓奋往之气，所至地方官吏不胜办运之役，百姓必以惊扰为疑，岂惟兵事无此办法，亦殊非圣主绥靖藩封之意。臣已飞咨提臣，令将移扎太原各营病勇酌汰疲羸，上紧医治，仍挑集精壮，驻扎要隘；一面督同南官悬赏购线，确探李扬才下落，咨行越南国王严饬地方官查谕各社总，勿得容隐纵逸，一俟探明李扬才实在窜匿何处，即速驰往围拿，庶免捉影捕风，徒劳无益。

除将近接提臣咨文四件录送军机处查核外，所有近日关外情形并筹办缘由，谨会同两广总督臣刘坤一、广西提督臣冯子材，附片由驿驰陈，伏乞圣鉴，训示。谨奏。

光绪五年七月十八日，军机大臣奉旨：另有旨。钦此●[1]。

【案】此奏原件、录副现查无下落，待考。再，刊本缺具奏日期，查光绪五年七月十八日《军机处随手登记档》① 张树声折，署有"报五百里、六月三十日省城发"等字样，据此，此片具奏日期应为"光绪五年六月三十日"无疑，兹据校补。

1.【光绪五年七月十八日，军机大臣奉旨：另有旨。钦此】此奉旨日期与内容，据《军机处随手登记档》校补。

○七 参革中军参将邓应祥片

光绪五年六月三十日（1879 年 8 月 17 日）

再，粤西岭外岩疆，武备最重。当此外有边防，内有伏莽，尤在简练军实，以为镇抚之资。查臣标中军参将邓应祥，操守平常，声名甚劣，性耽嗜好，营中诸务无不废弛。窃惟营武之强弱全系将领之贤否，中军为通省武营观瞻之地，臣既真知确见，岂敢以到任未久拘泥姑容。除先行撤任遴员接署外，相应请旨将广西抚标中军参将邓应祥即行革职，以肃戎行。

---

① 中国第一历史档案馆藏：《军机处随手登记档》，档案编号：03－0226－1－1205－220。

此外文职暨各营员弁如查有实在恶劣者，当续行专折奏陈，不敢苛刻以示风厉，亦不敢宽纵以误地方。

所有查明臣标中军参将庸劣不职缘由，谨会同两广总督臣刘坤一，附片奏参。伏乞圣鉴，训示。谨奏。

光绪五年七月十八日，军机大臣奉旨：另有旨。钦此●1。

【案】此奏原件查无下落，录副①现藏于中国第一历史档案馆，兹据校正。再，刊本缺具奏日期，录副具奏日期存疑，兹据奉旨日期查光绪五年七月十八日《军机处随手登记档》②张树声折，署有"报五百里、六月三十日省城发"等字样，据此，此片具奏日期应为"光绪五年六月三十日"无疑，兹据校补。

1.【光绪五年七月十八日，军机大臣奉旨：另有旨。钦此】此奉旨日期与内容，据录副及《军机处随手登记档》校补。

【案】此奏旋于光绪五年七月十八日得旨允行，《光绪朝上谕档》载曰：

光绪五年七月十八日，内阁奉上谕：张树声奏参庸劣不职之参将，请旨革职等语。广西抚标中军参将邓应祥，操守平常，声名甚劣，嗜好亦深，营务废弛，着即行革职，以肃戎行。该部知道。钦此。③

○八　查明已革道员赵沃被参各节折

光绪五年七月二十四日（1879 年 9 月 10 日）

广西巡抚臣张树声跪●1奏，为已革道员被参各节遵旨查明，恭折驰陈，仰祈圣鉴事。

窃臣于闰三月十八日安徽途次，承准军机大臣字寄：光绪五年闰三月十三日，奉上谕：前据杨重雅奏道员赵沃禀报不实，毋庸留营督军，当经降旨将该员革职查办；嗣据刘坤一奏，赵沃所禀获胜擒贼情形与越南国王咨呈及营员禀报相符等语。赵沃被参各节虚实均应确查，即着张树声详细

---

① 中国第一历史档案馆藏：《军机录副》，档案编号：03 - 6013 - 054。
② 中国第一历史档案馆藏：《军机处随手登记档》，档案编号：03 - 0226 - 1 - 1205 - 220。
③ 中国第一历史档案馆编：《光绪朝上谕档》，第 5 册（光绪五年），广西师范大学出版社 1996 年版，第 234 页。

查明，据实具奏。刘坤一片一件、杨重雅折片三件①，着抄给阅看。将此由五百里谕令知之。钦此。

臣查前抚臣杨重雅奏参赵沃禀报不实、以降为擒各节，均须身历其地，方能剖辨虚实。当于行抵湖北时，先行饬派记名提督黄桂兰驰赴越南，一面察看军情，一面密查禀报。臣到粤接篆后，准前抚臣移交卷内，有光绪五年四月二十八日拜发查明所参赵沃各节遵旨覆陈一折，虽未钦奉谕旨，自应仍遵前旨，将被参各节详细查奏，以期水落石出。

正在逐款确查间，续于七月初一日钦奉六月十三日寄谕：赵沃被参各节究竟虚实若何，着张树声懔遵前旨，迅即查明，据实具奏，毋稍含混。钦此。仰见圣明核实功罪之至意，钦悚莫名！遵即赶紧核办。适派赴越南之黄桂兰亦于七月十七日回省禀称：奉委密查赵沃各节，遵即束装趱程前进，由龙州一路出关，行抵越南，周历谅山及太原等处，沿途遍加询访。李四本与李扬才同宗，向在越南州峏地方开广隆店。上年，李扬才遣人到州峏与李四勾结，李四于九月间带人攻打燕雄、从周等处，赵沃派营往剿，于十一月攻克州峏。李四先已逃出，至十五日在板琴山岗搜获，解至龙州，经赵沃讯明后，闻以患病甚重，恐稽显戮，即行正法，委非来降被杀。

陈佐邦系李扬才●²所派伪统领，扬才既陷买市新街，佐邦即为守之，与北口②等处联络响应。赵沃派副将党敏宣等各营会合南军，于十二月十五日分路力攻，连夺多垒，直至夜间，始将匪巢攻克。我军颇有伤亡，斩获亦复不少。十六日，经都司黄忠立在狼硝山口生擒陈佐邦，解交提督大营讯办，委非自行来投之人。新街既克，各军乘势进逼北口③，贼匪势不能拒。二十日，即将北口④及白通州收复。各该处官民之言如此，据实禀复等情前来。

臣查前抚臣杨重雅前折所参赵沃先后禀报擒获李四疑有杀降冒功情弊，陈佐邦系逃出自投之人，赵沃所部党敏宣、李云梯禀报攻克买市新街

---

① 详情请参阅广西巡抚杨重雅于光绪五年二月十五日具奏《带勇道员赵沃等员禀报不实杀降冒功请革职缘由折》（中国第一历史档案馆藏《军机录副》，档案编号：03－5136－001）与是年四月二十八日奏报《遵旨查明已革道员赵沃等员办事不力各款案据实复陈折》（中国第一历史档案馆藏《军机录副》，档案编号：03－5138－110）及同日奏参《留营帮办赵沃禀报不实若仍留差遣实难协心共济片》（中国第一历史档案馆藏《军机录副》，档案编号：03－5136－002）。

② 此字"左氵右件"。

③ 此字"左氵右件"。

④ 此字"左氵右件"。

及北口①、白通州皆有虚捏等情，不特此次黄桂兰前赴越南周访确查，称无其事。证之本案卷宗、前此沿边道府及越南国王咨呈，与黄桂兰所禀详略不同，情节无异。即杨重雅覆奏折内亦称赵沃将李四一犯正法系为慎重起见，尚非杀降冒功。其禀报迟延有因，情亦可恕。并称党敏宣、李云梯自带勇出关以来时有胜捷，攻克买布即新街及收复北口②、白通州等处，禀辞尚非全属子虚。其陈佐邦一犯已经提臣冯子材讯系屡为李逆勾结匪党，当即正法，自系悉其怙恶不悛，委非诚心投归之人。以上各节应请毋庸置议。

惟杨重雅初参折称李扬才窜出越南，赵沃责任边防，不能阻截，咎无可辞；覆参折称李扬才潜谋起事，该道早有风闻，并不指名禀报，且代禀督臣筹一位置，于臣处绝不禀请防范。似此玩视军情，直欲置粤西于不顾。海渊本近越南边界，即当日驻勇无多，计该道防军十余营，不难移缓就急，极力堵御。乃任李逆从容过境，又将原驻防勇三哨预嘱谢洲回驻宁明。是徒知拥兵于贼未至之宁明，甘弃贼匪已至之海渊于不守，借口持重，冀保内地，竟不惜及藩封。迨贼窜关外，臣屡伤该道率营追剿，越南恐提臣师行需时，咨请该道员迅图藏事，乃始终未出关一步。是其悾怯无能，已可概见等语。情节较重，自应一一彻查，以免含混。臣前于接管卷内查出杨重雅覆疏印稿，即经摘出以上应查各节，密行两司转行该革道赵沃逐款禀复去后。兹催据两司详据赵沃一一声覆，移由藩、臬两司转详前来。臣恐赵沃所禀或有不实不尽，即经传讯该道面加驳诘，并调查全案卷据，确核相符，尚非事后捏饰。臣复参之两月以来周咨密访，悉心考核，备悉梗概。

伏查粤西太平、镇安等郡沿边各属设立左、右两路防军，专派统领督筹防务，原以地界越南，往往多事。赵沃身膺委任，所部副将党敏宣、李云梯分统两军，边防是其专责。叛镇李扬才既由广东钦州、灵山一带窜入西省防境，即应率军迎击，俾免蔓延。前抚臣杨重雅初次奏参，责以任听外窜，不能阻截，奉旨将该道员等革职，自属咎有应得。惟沿途防段一千八百余里，通越南要道一百六十余处，留防仅止九营，平时分扎太、镇各属汉土各州县及关外近边之高平、谅山二省辖境，零星散布，藉资镇慑。李扬才以二品大员卸任未久，忽传谋叛，非情非理，本难遽信。该道得自风闻，虽未敢指名揭报，立即具函通禀，一面即伤关内外各营队不动声色，密探严防，并知会南官预为戒备。缘东省钦、灵亦与越南接壤，一时道路传闻李逆由籍募勇，径赴越南，故该道于越南防务尤为代虑也。

① 此字"左氵右件"。
② 此字"左氵右件"。

及得确报，忽入西境，数日即至思州，仓卒征调，近处防营尚不敷城守，远者皆在数百里外，权衡轻重，则宁明、南关为中外冲要，较之海渊一小墟落自有区别。既不能厚集其势力挫凶锋，则该逆声东击西，飘忽靡定，与其以零队委贼，何如并扎宁明，犄犄南关，尚属咽喉重地。是该道疏防之咎固无可逭，谓其不惜藩封，借口保重内地，其情亦尚可原。李扬才出关后，内外伏莽勾结，在在堪虞。该道权度缓急，南官告警，不待奉檄，立即拨队驰援，一面就地募勇，先派党敏宣一军由东路进攻，继派李云梯所部由西路续发，内防外剿，统筹兼顾，会合南军，节节进逼，迭破匪垒，迅解谅山之围，钦奉谕旨嘉奖，卒能保全北、宁等省膏腴腹地，内外城池未有所失。其买市即新街一捷，尤夺贼气，越南军民众口如一，与所报尚无参差，故该国王一闻赵沃被参，即备咨牍，盛称其功，代为扼腕，其劳勋自不可没。

查该道前署镇安府及办理田州阳万改土归流各事宜，深得边民之心。自同治十三年接统防军，已历五载，于边情亦最熟悉。光绪元年，督师出关，攻克河阳，生擒巨逆黄崇英，功绩尤为卓著。臣函询前抚臣张凯嵩①、刘长佑、涂宗瀛，皆称赵沃朴诚廉洁，晓畅戎机，为西省道府中不可多得之员。此次虽有疏防之失，功过似足相抵。已革副将党敏宣、李云梯二员已由前抚臣查明所参各节，请旨留营效力。已革道员赵沃情事相同，贤劳尤著，业经遵旨将被参各节据实查奏，可否仰恳天恩俯念边疆多故，人材难得，将该革道一并留于广西军营效力以观后效之处，出自逾格鸿慈！

除抄藩、臬两司详文一件，随送前抚臣杨重雅原信十一纸，并抄越南国王咨呈四件咨送军机处备核外，理合由驿●³五百里驰陈，伏乞皇太后、皇上圣训，施行。

再，臣派提督黄桂兰驰赴越南，周历查询，甫经回省禀报，是以覆奏稍稽，合并陈明。谨奏。七月二十四日●⁴。

光绪五年八月十一日，军机大臣奉旨：另有旨。钦此●⁵。

---

① 张凯嵩（1820—1886），字云卿、粤卿，号复园，湖北江夏（今湖北武汉）人。道光二十五年（1845），中式进士，选广西知县。三十年（1850），补宣化县知县。咸丰元年（1851），调怀集县知县，同年，保知州。二年（1852），补授临桂县知县。四年（1854），升同知直隶州知州。五年（1855），补授郁林直隶州知州。同年，迁庆远府知府。七年（1857），晋广西左江道，署右江道。九年（1859），署理广西按察使。同年，实授斯缺。十年（1860），升广西布政使。同治元年（1862），擢广西巡抚。六年（1867），授云贵总督，嗣称病请罢，坐规避褫职。光绪六年（1880），以五品京堂起用，补通政使司参议，充内阁侍读学士。七年（1881），署理顺天府尹。同年，补授四川按察使。九年（1883），补四川布政使。同年，补授贵州巡抚。十年（1884），调补云南巡抚。十一年（1885），办理中越勘界事宜。十二年（1886），卒于任。著有《奏疏》《退卢文牍诗存》等行世。

【案】此折原件查无下落，录副①现藏于中国第一历史档案馆，兹据校正。

1.【广西巡抚臣张树声跪】刊本无此前衔，兹据录副校补。

2.【李扬才】刊本此处作"李扬才"，兹据校正。

3.【驿】刊本作"驲"，兹据校正。

4.【七月二十四日】刊本无具奏日期，兹据录副校补。

5.【光绪五年八月十一日，军机大臣奉旨：另有旨。钦此】此奉旨日期与内容，据录副及《军机处随手登记档》② 校补。

【案】此奏旋于是年八月十一日得旨允行。《清实录》载曰：

谕军机大臣等：张树声奏，遵查道员被参各节，请旨留营，并勒限查拿逆酋，请将提臣免议各折片。已革道员赵沃被参各节，即据该抚查明功过尚足相抵，且平日朴诚廉洁，晓畅戎机，自可稍从宽宥，赵沃着准其留于广西军营效力，以观后效。逆酋李扬才、陆之平，罪大恶极，岂容日久稽诛！纵使地方辽阔，林密山深，似此著名巨酋，何至搜捕无获？着刘坤一、张树声、冯子材速咨越南国王饬地方官，确查李逆等实在下落，指出藏匿处所，即派营围拿，期于必获，务于两月内咨复，以免劳师糜饷。该提督自请议处并张树声奏请免议之处，着俟续奏到日再降谕旨。将此由五百里各谕令知之。③

〇九　遵查奏报攻克者岩情形与前报不符片

光绪五年七月二十四日（1879 年 9 月 10 日）

再，臣于光绪五年六月三十日将关外情形并筹办缘由附片驰陈。七月初一日，承准军机大臣字寄：光绪五年六月十三日，奉上谕：张树声奏，官军攻克者岩贼巢详细情形一折。据奏，接提督咨称，李、陆二逆犹伏匿扣锦后山一带，与前次所报稍有不符，着张树声、冯子材确切查明该逆实在伏匿何处，督饬各军乘此声威，迅速围剿，就地歼除，毋任再行他窜。钦此。当经飞咨提臣冯子材钦遵在案。

七月十五日，接提臣咨称：四月初四日，攻克者岩各巢，正在分军搜

---

① 中国第一历史档案馆藏：《军机录副》，档案编号：03 - 5802 - 052。

② 中国第一历史档案馆藏：《军机处随手登记档》，档案编号：03 - 0226 - 1 - 1205 - 241。

③ 《德宗景皇帝实录（二）》，卷九十九，光绪五年八月，第477—478 页。

捕，突有悍匪成群遁走，直上扣锦后山。将弁皆以为首逆在内，加队围拿，以其地据山顶，仰攻经句，始能得手，擒获伪总元帅陆哥蒙一名，其余悍贼均立即歼毙，始知此股仍系陆之平逆党。讯问李逆所在，俱称巢破走散，不知去向。者岩前后左右数百里间，各军穷搜累月，斩获三百余名，而李逆仍无踪迹。窃料非已填沟壑，即为土蛮山人包藏，皆由臣子材督军不力，逆首尚在逭诛，应自行检举，请旨交部议处等情，咨请核奏前来。

臣查自攻克者岩至今已三月有余，提臣严督各军无日不四出穷搜，南官无日不分投踩探，灭影消声，杳无踪迹。昔宋臣狄青①宁失侬智高，不敢诬朝廷以贪功。李扬才虽无下落，臣等亦何敢昧狄青之义，委为已死？第就令深藏伏匿，势不能使官军比户搜拿，骚扰百姓，亦不能使大军守株待兔，糜饷老帅。且太原一带深山穷僻，荒乱之余，百物匮乏，营中添备物件须至河内，该处洋人聚集，尤虑滋生事端。虽屡经函致提臣谆诫各营员弁严加约束，但恐人多口众，日久懈生，不可不思善始善终之道。臣已咨行越南国王，令其飞饬地方各官迅速确查李扬才实在下落，限于两月内回复。如指出藏匿之处，即当派营围拿，期于必获；如仍无消息，即当班师入关，分别裁撤，布置边防，并咨请提臣就近檄行该国北圻各省夷官一体严拿禀办。

从前黄宗英之乱，官军两次出关，未能弋获。相隔六年，仍由右路防营进克河阳，始经就缚。万一凯撤之后李扬才死灰复燃，亦可以剿办，黄宗英一案为前事之师也。提臣自本年正月初一日督师出关，节节扫荡，至于者岩，躬履炎瘴之地，率先士卒，指挥群将，举积年窟穴，一鼓荡平，虽李扬才尚未授首，而太原、谅山、北宁一带现在均已肃清，洵足以宣畅国威，恤彼藩服。其自行检举之处，应否仰乞圣恩免其置议，出自逾格鸿慈！

臣谨会同两广总督臣刘坤一，附片陈明。是否有当？伏乞圣鉴，训示。谨奏。

光绪五年八月十一日，军机大臣奉旨：另有旨。钦此●1。

【案】此片原件查无下落，录副②现藏于台北"中央研究院"近

---

① 狄青（1008—1057），字汉臣，汾州西河（今山西）人，北宋名将，宋仁宗时累官延州指挥使，死后追赠中书令，谥武襄。
② 台北"中央研究院"近史所藏：《外交档案》，馆藏号：01 - 24 - 001 - 05 - 023。

史所，兹据校正。再，刊本缺具奏日期，兹据录副奉旨日期查光绪五年八月十一日《军机处随手登记档》①张树声折，署有"报五百里、七月二十四日发"等字样，据此，此片具奏日期应为"光绪五年七月二十四日"无疑，兹据校补。

1.【光绪五年八月十一日，军机大臣奉旨：另有旨。钦此】此奉旨日期与内容，据录副及《军机处随手登记档》校补。

【案】此奏旋于是年八月十一日得旨，《清实录》载曰：

谕军机大臣等：张树声奏，……逆酋李扬才、陆之平，罪大恶极，岂容日久稽诛！纵使地方辽阔，林密山深，似此著名巨首，何至搜捕无获？着刘坤一、张树声、冯子材速咨越南国王饬地方官，确查李逆等实在下落，指出藏匿处所，即派营围拿，期于必获，务于两月内咨复，以免劳师糜饷。该提督自请议处并张树声奏请免议之处，着俟续奏到日，再降谕旨。将此由五百里各谕令知之。②

一〇　覆陈严搜李陆二逆片

光绪五年八月十九日（1879 年 10 月 4 日）

再，臣于光绪五年八月初八日承准军机大臣字寄：光绪五年七月十八日，奉上谕：冯子材督军剿办关外贼匪业经得手，惟李扬才、陆之平二逆尚在稽诛，前经谕令刘坤一等督饬官军迅将李、陆二逆擒拿，即行回军防守边界。兹据张树声奏称，该处官兵因炎暑瘴疠，大半疲病，现经冯子材饬将病勇带赴宁、太医治，该提督亦因病回至太原行营等语。李扬才被剿穷蹙，窜亡逃匿，势所必然。惟我军振旅出关，原因内地叛将扰及藩封，必须迅图剿灭。且该逆系冯子材旧部，该提督尤应设法剿除，勿任幸逃显戮。倘令该匪远飏，再行滋蔓，必惟冯子材是问！断不准以该逆查无下落即为藏事。张树声现经咨行冯子材酌汰疲羸，挑集精壮，驻扎要隘，督同越南官军探拿李扬才等逆，即着刘坤一等严饬各军，务将李扬才、陆之平二逆克日擒获，即行回兵入关。当此功在垂成，不得稍行松劲。将此由五百里各谕令知之。钦此。跪聆之下，钦服莫名！

臣自五月间抵任后，即深惟李扬才以中国叛将窜扰外藩，义不容纵，

---

① 中国第一历史档案馆藏：《军机处随手登记档》，档案编号：03 - 0226 - 1 - 1205 - 241。

② 《德宗景皇帝实录（二）》，卷九十九，光绪五年八月，第477—478 页。

此次军事必以擒渠为结束。每与提臣冯子材函牍咨商，无不申明兹议。迨者岩荡平数月以来，尽力搜捕逆首，尚杳无踪迹。迭准提臣函称，该国太原、者岩一带，陆之平屯踞日久。该逆素能笼络人心，李、陆等逆兔脱窜伏，到处皆有，土人容隐纵逸。北圻各省山深箐密，兼之夏泛未落，秋潦又生，沟浍皆盈，粮运多阻。官军人地生疏，东西驰逐，既迷于路径之分歧；逼饬居民，又将以扰累为借口。屡饬南官派出乡导，引兵兜拿，乃该南官等阳奉阴违，不肯代为出力，令人焦急已极等语。

臣再四熟筹，现在逆首藏匿，与攻巢夺隘不同，非借助地方官民不能得劲，若不乘此声威，中外合力，将李扬才刻期擒获，使得迁延岁月，潜相煽结，而我军师老财匮，主客势异，为忧方深，当经臣照会越南国王，令其通饬该国北圻各省夷官，限于两月内确查李扬才实在下落回复，示以期限，使知惕而尽力，庶几可得逆首踪迹，设法擒拿，业经七月二十四日附片奏陈圣鉴。兹复钦奉谕旨严饬，俾各军益知上懔天威，不敢松劲，可冀蒇事有期。

臣现接提臣文函，据南官七月十三日禀报，有李、陆二逆仍在太原等省辖境山谷窜匿之信，提臣已裁汰疲弱之勇，招募该国山人五百名，配入各营，分投引兵入山，严行搜拿。

除再飞咨提臣严督各军，刻日将李、陆二逆设法擒获，班师入关，断不可再令远飏外，所有近日关外情形，臣谨会同两广总督臣刘坤一，附片由驿驰陈，伏乞圣鉴，训示。谨奏。

光绪五年九月初九日，军机大臣奉旨：另有旨。钦此●¹。

【案】此片原件查无下落，录副①现藏于中国第一历史档案馆，兹据校正。再，刊本缺具奏日期，兹据录副奉旨日期查光绪五年九月初九日《军机处随手登记档》②张树声折，署有"报四百里、八月十九日发"等字样，据此，此片具奏日期应为"光绪五年八月十九日"无疑，兹据校补。

1.【光绪五年九月初九日，军机大臣奉旨：另有旨。钦此】此奉旨日期与内容，据录副及《军机处随手登记档》校补。

【案】此奏旋于是年九月初九日得旨，《清实录》载曰：

己卯，谕军机大臣等：张树声奏，现接提臣冯子材函称，据越南

① 中国第一历史档案馆藏：《军机录副》，档案编号：03-6013-067。

② 中国第一历史档案馆藏：《军机处随手登记档》，档案编号：03-0226-1-1205-266。

官禀报，李、陆二逆仍在太原等省辖境山谷窜匿，业经派兵分投搜拿等语。官军剿办关外贼匪，必须将李扬才、陆之平二逆首克期擒获，始竟全功。现既据越南官禀报该二逆仍在太原等省辖境山谷藏匿，冯子材已招募该国山人五百名，配入各营，分投引兵入山搜捕，即着刘坤一、张树声、冯子材严饬官军等克日将该二逆迅速擒获，即行班师入关。当此功亏一篑之时，万不可稍形松劲，倘任该逆远飏，致贻后患，必惟冯子材是问！将此由五百里各谕令知之。①

一一　擒获首逆李扬才折

光绪五年九月二十一日（1879 年 11 月 4 日）

广西巡抚臣张树声跪●¹奏，为提臣督军搜捕，已将首逆李扬才擒获，先行恭折驰报，仰慰圣廑事。

窃臣于光绪五年八月十九日将关外情形附片驰陈在案。九月初一日，承准军机大臣字寄：光绪五年八月十一日，奉上谕：逆酋李扬才、陆之平罪大恶极，岂容日久稽诛！纵使地方辽阔，林密山深，似此著名巨酋，何至搜捕无获？刘坤一、张树声、冯子材速咨越南国王，饬地方官确查李逆等实在下落，指出藏匿处所，即派营围拿，期于必获，务于两月内咨复，以免劳师糜饷，等因。钦此。当经屡次函商咨催，请提臣赶紧招募山人，引兵入山，严督各军乘此秋潦渐退，尽力搜捕，务期必获。

九月二十日，接准提臣冯子材飞函报称：李扬才在逃日久，未能弋获。各营将士入山搜捕，连月雨水阻滞，力尽筋疲。近幸天色稍霁，各处河汉亦稍消涸，当即委派差官持令督催去后。兹于九月初六日寅刻，据统领奋武各营道衔试用知府陈以谟插翼飞报：九月初三日午刻，督率各营在者岩附近将逆首李扬才擒获，俟陈以谟将该逆解抵大营后，再将确实情形备文咨会等情前来。

准此，伏查李扬才狡焉思逞，窜扰南藩。提臣奉命出关，自四月间攻克者岩，覆其巢穴，李扬才亡命窜匿，各军触冒炎瘴，百计搜捕，不遗余力。迭蒙谕旨训督，将士用命，今两月之限未满，遂得深入擒渠，洵足伸天讨而恤藩服。

---

① 《德宗景皇帝实录（二）》，卷一百，光绪五年九月，第 493—494 页。

除俟提臣续咨到日再行详晰会奏，并飞嘱提臣督饬各军乘此声威，迅将陆之平一并擒获，以便克日班师外，所有关外官军擒获李扬才大概情形，臣谨会同两广总督臣刘坤一，恭折由驿六百里先行驰报，仰慰宸廑。伏乞皇太后、皇上圣鉴，训示。谨奏。九月二十一日●2。

光绪五年十月初六日，军机大臣奉旨：另有旨。钦此●3。

【案】此折原件查无下落，录副①现藏于中国第一历史档案馆，兹据校正。

1.【广西巡抚臣张树声】刊本无此前衔，兹据录副补。

2.【九月二十一日】刊本无具奏日期，兹据录副校补。

3.【光绪五年十月初六日，军机大臣奉旨：另有旨。钦此】此奉旨日期与内容，据录副及《军机处随手登记档》② 校补。

【案】此奏旋于是年十月初六日得旨，《清实录》载曰：

又谕：张树声奏，官兵擒获首逆李扬才大概情形一折。逆匪李扬才以中国叛将窜扰藩封，实属罪大恶极。兹据该抚奏称，接据冯子材函报，知府陈以谟已于九月初三日督率各营，在者岩附近地方将李扬才擒获等语。所有详细情形，着张树声等查明具奏。逆匪陆之平伏匿何处，如查有实在下落，仍当设法擒拿，以净根株。现在关外各军，即着刘坤一、张树声、冯子材饬令陆续凯旋，以节饷需。将此由五百里各谕令知之。③

一二 特参知州阮长庚折

光绪五年九月二十五日（1879 年 11 月 8 日）

广西巡抚臣张树声跪●1奏，为特参纵容丁役索诈毙命之署任知州，请旨革职提问，恭折仰祈圣鉴事。

窃臣接据署西隆州知州阮长庚禀称：州属浪光村民人陆卜相具控黄卜文、黄卜富等谋死伊妻弟李亚转一案，该州先有访闻，拘获黄卜文，讯供游移，勒传黄卜富等未至。本年三月二十八日，忽据坡桑村林尚发呈控：

① 中国第一历史档案馆藏：《军机录副》，档案编号：03 - 7344 - 068。
② 中国第一历史档案馆藏：《军机处随手登记档》，档案编号：03 - 0226 - 2 - 1205 - 293。
③ 《德宗景皇帝实录（二）》，卷一百一，光绪五年十月上，第 511 页。

三月二十六日，团长班世盛勾串差役，将其妻林王氏杀死。时值炎热，未及申请委验，当饬吏目吴世仁驰往，眼同验明，尸伤不符，系属生前被缢，死后加伤，移尸图害。现在传提一干查讯，先将本案情形禀陈查核等情。

臣查核所禀情词，显有差役藉案索诈、威逼毙命情弊，当经批行该管泗城府提讯，一面飞札左江道就近遴派干员，密加访察去后。兹据该道员周星誉①禀复：遵札遴委补用知州傅衡，改装易服，驰往查访，已得实情。本案系因村民李亚转游荡出外，不知下落，团长班世盛藉图渔利，唆使陆卜相诬告黄卜文弟兄谋死，并先向该州门丁告知，怂恿该州阮长庚出票访拿。差役黄标等遂藉票需索，将林王氏之子林亚玉捉拿诈钱。因该氏求释争闹，致将该氏戳伤殒命。该差将尸装缢捏报，移尸图害。并据泗城府知府陈善均②将提讯尸亲人等供词禀复，核与委员访查情形大略相同，未到犯证已由该府勒限严提各等情，到臣。

臣查署西隆州知州阮长庚，于诬告图诈之案轻信门丁怂恿，出票访拿，已属愦愦。迨差役藉票诈赃，致毙人命，犹复漫不加察，率据该役等捏报之词，混行通禀，荒谬糊涂，莫此为甚。其不照例禀请上司委员相验，更难保非有心纵容，冀图掩饰。据两司行据该管道府揭报前来。

除饬严提该州丁役及一干人证来省确审究办外，相应请旨将前署西隆州事准补平南县知县阮长庚革职提问，归案讯办。州吏目吴世仁违例相

---

① 周星誉（1826—1884），初名周誉芬，字叔云，又字容之，号昀叔，河南祥符县（今河南开封市）人，祖籍浙江山阴。道光二十四年（1844），中举。三十年（1850），中式进士，改庶吉士。同年，丁父忧。咸丰六年（1856），授翰林院编修。同年，丁母忧。十一年（1861），充实录馆纂修官。同治二年（1863），补江南道监察御史。三年（1864），升掌江南道监察御史。四年（1865），授稽查北新仓御史。同年，充会试同考官。五年（1866），授理科给事中。八年（1869），经吏部截取引见，以道员用。九年（1870），补授广西左江道。十年（1871），补广西盐法桂平梧郁道。同年，署理广西盐法道。十三年（1874），署理广西右江道。光绪元年（1875），署广西按察使。二年（1876），赏戴花翎。八年（1882），补授广东盐运使。九年（1883），署广东按察使，加二品顶戴。十年（1884），被参休致。同年，卒于里。著有《传忠堂古文》《东鸥草堂词》《鸥堂日记》《沤堂诗》等行世。

② 陈善均（1837—），湖南郴州人。咸丰十一年（1861），选拔贡生。同治元年（1862），朝考三等就职教谕，随报捐教谕分缺简选用。同年，考取八旗官学教习。二年（1863），选授靖州通道县教谕。九年（1870），报捐内阁中书。同年，经湖南学政温忠翰保奏，赏加五品衔。十一年（1872），报捐知府，分发指省广西试用。光绪二年（1876），署理广西泗城府知府。三年（1877），补授泗城府知府。十二年（1886），署理镇安府知府。十三年（1887），署理南宁府知府。同年，补授梧州府知府。十五年（1889），被参以通判降补。

验，虽由印官饬委，并非擅往。惟该州禀称委验王林氏尸身系生前被缢，死后加伤，是否该州随意混禀，抑该吏目扶同捏饰，应请一并撤任查讯，以成信谳。所遗平南县知县员缺，系内地腹俸选缺，广西现有应补人员，拟请扣留外补，合并陈明。

谨会同两广总督臣刘坤一，恭折具奏，伏乞皇太后、皇上圣鉴，训示。谨奏。九月二十五日●2。

光绪五年十一月初一日，军机大臣奉旨：着照所请，该部知道。钦此●3。

【案】此折原件查无下落，录副①现藏于中国第一历史档案馆，兹据校正。

1.【广西巡抚臣张树声跪】刊本无此前衔，兹据录副补。

2.【九月二十五日】刊本无具奏日期，兹据录副校补。

3.【光绪五年十一月初一日，军机大臣奉旨：着照所请，该部知道。钦此】此奉旨日期与内容，据录副补。

一三　请调副将刘光才片

光绪五年九月二十五日（1879 年 11 月 8 日）

再，越南军事将藏，固圉重在边防，内地伏莽时兴，镇慑尤资武备，粤西营勇大率疏于纪律。臣夙夜熟筹，拟俟关外班师后，将通省营勇汰弱留强，讲求训练，以期有备无患。

惟整顿营伍必以选将为先，查升用副将两江候补参将刘光才，志行坚卓，治军严整，且籍隶湖南，束发从军，即在岭右，于西省情形最为熟悉。臣前于苏抚任内曾调该将委带营勇，现在仍留苏营，仰恳天恩俯准饬调来西，俾收指臂之效。并恳饬下江苏抚臣催令交代清楚，酌带弁目，赶紧束装就道，出自逾格鸿慈！

臣谨会同两广总督臣刘坤一，附片具陈，伏乞圣鉴，训示。谨奏。

光绪五年十一月初一日，军机大臣奉旨：即着张树声咨调刘光才前赴广西差委，兵部知道。钦此●1。

----

① 中国第一历史档案馆藏：《军机录副》，档案编号：03－5142－087。

【案】此片原件查无下落，录副①现藏于中国第一历史档案馆，兹据校正。再，刊本缺具奏日期，录副具奏日期存疑，兹据奉旨日期查光绪五年十一月初一日《军机处随手登记档》②张树声折，据同批折件可知，此片具奏日期应为"光绪五年九月二十五日"无疑，兹据校补。

1.【光绪五年十一月初一日，军机大臣奉旨：即着张树声咨调刘光才前赴广西差委，兵部知道。钦此】此奉旨日期与内容，据录副校补。

一四　擒获逆匪蒙老岔片
光绪五年九月二十五日（1879年11月8日）

再，臣于光绪五年八月初八日钦奉寄谕：广西武宣、来宾两县著名匪首黄老受迭在该处纠党肆扰，竖旗焚杀，抗拒官兵。张树声饬令提督蔡金章等带领官兵，会同地方文武绅练协力剿捕，当将匪首黄老受擒斩，并杀毙匪目多名，余党悉经扫荡剿办，尚为得力。惟逆匪蒙老岔在逃未获，此外余匪有无漏网，着张树声饬令派出各军，务将蒙老岔拿获惩办，其余匪党搜拿净尽，俾绝根株。该处善后事宜，并饬地方文武认真筹办，以清奸宄。此次出力各员，准由张树声择尤酌保，毋许冒滥等因。钦此。

伏查自黄老受既平，蒙老岔窜匿不出。提督蔡金章以来宾县南乡寺脚墟为适中要地，与武宣、贵县毗连，即令副将蔡简宸移营驻扎，探明搜捕。各营会同地方官捕获悍党要目黄老祥、黄老愿、黄老爱、石思珠、区招弟、罗特柱等四十三名，半多拒捕立毙。其绅练捆献者，均经讯明，的系多年漏匪，就地正法。

七月二十六日，据绅士萧绍渠等报称，蒙老岔带党二十余人，屯住来宾县下旺村后双髻山。蔡简宸当与浔州善后局员曾毓璠会同参将何流恕、都司李逢桢、游击蒋大彰，率队驰往合围。武宣县知县冯灏、署来宾县知县唐济民亦调集团练，分路堵截。次日天明，四面登山，匪党凭险力拒，阵斩悍贼九名，立将首匪蒙老岔擒获，余党深匿崖洞，掷以火药，无得脱者。讯据蒙老岔供称，与黄老受等结党招码，焚杀村庄，拒敌官军等情不讳，当经地方文武禀报验明，斩枭示众，以快人心。

---

① 中国第一历史档案馆藏：《军机录副》，档案编号：03-5803-080。
② 中国第一历史档案馆藏：《军机处随手登记档》，档案编号：03-0226-2-1205-316。

浔州各属山谷阻深，始乱之地，伏莽最多，率视犯上作乱为固然，非使之革面洗心，无以为长治久安之计。现在督饬地方官力行保甲，以清其源，凡莠民苟能自新，咸与宽其既往。提督蔡金章先已调回省城，整顿省防营队，另派记名提督黄桂兰前赴浔州，统领浔防各营，认真训练，如有积匪怙恶不悛，必当猛以济宽，次第透彻查办，庶免姑息养奸，以副圣慈绥靖岩疆之至意！

除此次擒获逆匪蒙老忿出力各员仍并归前案择尤酌保外，谨会同两广总督臣刘坤一，附片具陈，伏乞圣鉴，训示。谨奏。

光绪五年十一月初一日，军机大臣奉旨：知道了。钦此●¹。

【案】此片原件、录副查无下落，待考。再，刊本缺具奏日期，兹查光绪五年十一月初一日《军机处随手登记档》①张树声折，据同批折件可知，此片具奏日期应为"光绪五年九月二十五日"无疑，兹据校补。

1.【光绪五年十一月初一日，军机大臣奉旨：知道了。钦此】此奉旨日期与内容，据《军机处随手登记档》校补。

---

① 中国第一历史档案馆藏：《军机处随手登记档》，档案编号：03－0226－2－1205－316。

卷三　桂海稿二

○一　特参庸劣各员折

光绪五年七月二十八日（1879 年 9 月 14 日）

广西巡抚臣张树声跪●¹奏，为特参庸劣各员，请旨分别革职、改教，以饬官方，恭折仰祈圣鉴事。

窃惟牧令为亲民之官，佐杂有分职之任。昏庸贪酷，固流毒于地方；废弛因循，亦酿患于民社。粤西幅员辽阔，地险民穷，将欲绥靖边隅，亟须讲求吏治。至于学校，风俗所关，苟教职不得其人，尤无以为易俗移风之本。各属距省窎远，往往以上司耳目难周，纵暴营私，无所不至。忽而不察，则承其弊者一隅；激而生事，则受其害者大局。

臣到任后，随时访闻，每日接见僚属，无不留心考察，选据藩、臬两司及各该管道府将劣员列款密禀前来。臣复就见闻所及，采之众论，核之事状，悉心体察，择其劣迹尤著者，先行核实奏参，谨分缮清单二件●²，恭呈御览。

吏事久弊，中材实多。此外各员臣惟当以民生之休戚，政教之措施，随时讨论，积诚训诫。如有不堪造就，庸劣著闻，但俟察核既明，当再续行纠劾，必不敢姑息见好，亦不敢苛刻深文，以期仰副圣主澄叙官方之意。

所有特参庸劣各员缘由，谨恭折具奏，伏乞皇太后、皇上圣鉴，训示。谨奏。七月二十八日●³。

光绪五年九月十五日，军机大臣奉旨：另有旨。钦此●⁴。

　　【案】此奏原件查无下落，录副①现藏于中国第一历史档案馆，兹据校正。

　　2.【案】此折随附清单二件，均现藏于中国第一历史档案馆，兹补录如下：

　　●呈特参现任通判陈绍奎等候补同通州县十二员清单：

　　谨将特参现任、候补同、通、州、县十二员，开具清单，恭呈御览。

　　计开：

　　龙胜通判陈绍奎。该员办事荒谬，众论哗然，有被控差役致毙人命之案，现在严训彻究。

　　署凌云县事补用同知陈泰裕。该员性情浮躁，日在醉乡，纵差虐民，怨声载道。

　　补用通判李可权。该员居心险诈，罔顾法纪，有闽省咨提被控拐逃公款之案，现在咨行严缉。

　　补用知县张海平。该员行止不端，迹类市井，实属有玷官箴。

　　以上四员均请革职，永不叙用。

　　前署贵县事归顺州知州何应祥。该员于署任内措置乖方，群情怨怼。

　　卸任凌云县事试用同知罗长华。该员于署任内信任门丁，滥押无辜。

　　署富川县事试用同知崔桐。该员钻营取巧，言不顾行。

　　署灵川县事试用同知方功浚。该员任役舞弊，罔恤民艰。

　　补用同知梁学义。该员前在全州署任，官声平常；承办备荒仓谷，尤不核实。

　　候补通判程铣。该员办理厘务，操守不谨，声名甚劣。

　　以上六员，均请即行革职。

　　卸署陆川县事补用知县王瑞霖。该员于署任内屡审要案，草率胡涂。

　　崇善县知县陈荣洙。该员习气太重，难期振作。

　　以上二员，均不堪民社之任。惟俱系正途出身，文理尚优，应请改以教职归部铨选。

　　军机大臣奉旨：览。钦此。②

---

① 中国第一历史档案馆藏：《军机录副》，档案编号：03－5141－114。
② 中国第一历史档案馆藏：《清单》，档案编号：03－5141－115。

●呈特参现任候补教职佐杂各员清单

谨将特参现任、候补教职、佐杂十一员，开具清单，恭呈御览。

计开：

新宁州学正张灿奎。该员嗜利无耻，情同无赖，物议沸腾。

陆川县温水巡检马中骏。该员违例讯押，借端勒索，几酿重案。

前署灌阳县崇顺巡检试用从九窦尔树。该员行事荒谬，有被控弓兵致毙人命之事，现在讯究。

浔州善后局员试用从九品雷献廷。该员违例擅更，藉案勒罚。

以上四员，均请革职，永不叙用。

永福县教谕邱静观。该员贪鄙近利，不堪师表。

候补布政司经历刘楷。该员任性妄为，不知检束。

试用巡检罗福亮。该员天性残刻，操守平常。

宁明州吏目王汝植。该员性情躁妄，不洽舆论。

候补县丞李宗浩。该员举止乖戾。

候补典史刘承澄。该员不安本分。

以上七员，均请即行革职。

军机大臣奉旨：览。钦此。①

3.【七月二十八日】刊本无具奏日期，兹据录副校补。

4.【光绪五年九月十五日，军机大臣奉旨：另有旨。钦此】此奉旨日期与内容，据录副及《军机处随手登记档》校补。

【案】此奏旋于是年九月十五日得旨允行。《光绪朝上谕档》载曰：

光绪五年九月十五日，内阁奉上谕：张树声奏，特参庸劣各员，请旨分别革职、改教，开单呈览一折。广西龙胜通判陈绍奎，办事荒谬，众论哗然；署凌云县知县补用同知陈泰裕，性情浮躁，纵差虐民；补用通判李可权，居心险诈，罔顾法纪；补用知县张海平，行止不端，迹类市井；新宁州学正张灿奎，嗜利无耻，物议沸腾；陆川县温水巡检马中骏，违例讯押，借端勒索；前署灌阳县崇顺巡检试用从九品窦尔树，行事荒谬；浔州善后局委员试用从九品雷献廷，昏庸躁妄。以上八员，均着革职永不叙用。

前署贵县知县归顺州知州何应祥，措置乖方，群情怨怼；卸任凌云县知县试用同知罗长华，信任门丁，滥押无辜；署富川县知县试用

①　中国第一历史档案馆藏：《清单》，档案编号：03-5144-002。

同知崔桐，钻营取巧，言不顾行；署灵川县知县试用知州方功浚，任役舞弊，罔恤民艰；补用同知梁学义，前在全州署任，官声平常，承办仓谷，尤不核实；候补通判程铣，办理厘务，操守不谨；柳州府学训导周发春，违例擅更，藉案勒罚；永福县教谕邱静观，贪鄙近利，不堪师表；候补布政司经历刘楷，任性妄为，不知检束；试用巡检罗福亮，天性残刻，操守平常；宁明州吏目王汝植，性情躁妄，不洽舆论；候补县丞李宗浩，举止乖戾；候补典史刘承澄，不安本分。以上十三员，均着即行革职。

卸署陆川县知县补用知县王瑞霖，屡审要案，草率糊涂；崇善县知县陈荣洙，习气太重，难期振作。以上二员，着改以教职铨选。余着照所议办理，该部知道，单二件并发。钦此。①

○二　关外官军合围搜捕生擒首逆折

光绪五年十月初三日（1879 年 11 月 16 日）

广西巡抚臣张树声跪●¹奏，为关外官军合围搜捕生擒首逆详细情形，恭折仰祈圣鉴事。

窃臣前准提臣冯子材函报擒获首逆李扬才大概情形，业于光绪五年九月二十一日先行恭折驰报在案。兹准提臣咨称：李扬才自者崖覆巢之后，狡狯异常，迭据贼供、探报及南官来禀，佥称该逆尚在太原等省境内。盖者崖一役，擒斩匪党千数百名，随后各军陆续搜捕，所获又不下数百，而当时坠崖坠湖而死与匿避山谷饥饿而死者不计焉。李逆党类殆尽，窜伏穷荒，往来无定，嗣经探悉该逆踪迹不出者崖附近一带。

查该处箐密山深，周围数百里，虑其此拿彼窜，当即飞派道衔广西补用知府陈以谟率所部奋武各营分扎陇登湖尾、丘瓜、板徂、者良、大小陇章等处，副将侯勉忠率所部骧武各营分扎板道坑、凤横门、三角塘、沙洲、扣锦等处，都司林凤鸣率所部振武各营分扎大小丘瓜、马鞍山、丘锦等处，四面合围，各扼要隘。一面挑选劲旅，各带干粮，分投踩缉，节节搜进。布置既定，适八月以后天气晴霁，复加派差官花翎广东督标水师补

---

① 中国第一历史档案馆编：《光绪朝上谕档》，第 5 册（光绪五年），广西师范大学出版社 1996 年版，第 285—286 页。又《德宗景皇帝实录（二）》，卷一百，光绪五年九月，第 496 页。

用游击冯钰涢赍持大令，前赴各军督催。陈以谟当派游击周炳林带队由陇登、陇章后山搜下，游击陈德朝派哨弁蓝翎都司李群带队由谷毒渡湖逆搜而上，陈以谟亲率队伍由陇登搜其旁侧，穷日达旦，层层进逼。

至九月初三日午刻，李扬才窜至陇登山上窥探，我军百道兜拿，势已穷蹙，正拟下山觅路潜窜，适周炳林从后山瞭见，衔尾疾追。陈以谟率队横抄，李群自山脚迎上，振骧各营亦跟踪而来。该逆进退无路，当经李群率六品军功李宗德、陈绍安奋勇直前，登时擒获，解抵大营，传集各南官以及随营文武员弁，眼同验明属实。该逆现患疟症，俟调治痊愈，录供解省。各营将士涉寒冒暑，捣穴攻坚，前此克复左舍等处，攻破者崖老巢，擒获贼目各案，已著辛劳。兹幸渠魁就缚，仅积匪陆之平在逃未获，已饬各军迅速搜拿。所有在事出力文武各员弁，俟汇案另请核保。此次擒获李扬才各员弁军功等，咨请先行随折保奏，以昭激劝等情，到臣。

伏查李扬才桀黠异常，夙与越南诸匪声气相通，累从征伐，熟悉该国情形。此次纠众出关，期逞大欲。皇上命将出师，风行扫穴，歼其精锐。该逆脱身潜窜，其死灰复燃之志未能忘也。夏间，越南大雨连月，平地水深数丈，粮运不前，跬步艰险，潦瘴交侵，疫疠大作。在事各员弁扶病冒险，跋涉山谷，殒命者相踵。提臣以忠义激励将士，未尝稍懈，复经挑集精壮，分扎要隘。李逆虽偷息数月，未能远飏而去。今者天威遐播，合力擒渠，回念辛苦，良不可没。

提臣来咨内开：道衔广西补用知府陈以谟，前于攻克左舍等处贼巢案内随折保请免补知府，以道员仍留广西遇缺尽先补用，并请赏戴花翎，业经奉旨存记在案。嗣后攻克者崖及此次生擒李逆，智勇俱备，实为诸将之冠，拟恳天恩将前案照准，并请赏加布政使衔，赏给清字勇号。

花翎尽先补用游击周炳林、陈德朝，前于攻克左舍等处贼巢案内随折保请免补游击、参将，以副将补用，业经奉旨存记在案。嗣后攻克者崖及此次生擒李逆，奋勇当先，尤为异常出力，拟均请免补副将，以总兵交军机处记名，遇有总兵缺出，请旨简放，并请赏给勇号。

蓝翎尽先补用都司李群，前于攻克者崖案内以带队打仗尤为出力，经提臣咨会到臣，拟保请免补都司，以游击尽先补用，并请赏换花翎。此次亲率队勇，生擒李逆，尤为异常出力，拟请免补都司、游击，以参将尽先补用，仍请赏换花翎。

六品军功李宗德、陈绍安，手擒李逆，实属异常出力，李宗德拟请免拔千、把、外委，以守备尽先补用，并请赏戴花翎；陈绍安拟请免拔把总、外委，以千总尽先拔补，并请赏戴蓝翎。

花翎广东督标水师补用游击冯钰濑，持令督催各军生擒李逆，尤为异常出力，拟请免补游击，以参将仍留广东大洋水师尽先补用，并请赏加副将衔。

以上七员名，可否仰乞圣慈俯准奖励，以彰国家军赏不逾时之意，出自逾格鸿施！其余在事出力及因公殒殁文武各员弁，容与提臣查明汇案，分别应奖、应恤，再行奏恳圣恩。

所有擒获首逆详细情形，臣谨会同两广总督臣刘坤一、广西提督臣冯子材，恭折由驿驰陈，伏乞皇太后皇上圣鉴，训示。谨奏。光绪五年十月初三日●2。

光绪五年十月二十日，军机大臣奉旨：另有旨。钦此●3。

【案】此奏原件、录副查无下落，兹据《清实录》及《军机处随手登记档》校补。再，刊本缺具奏日期，兹查光绪五年十月二十日《军机处随手登记档》①张树声折，即此折，且署有"报五百里、十月初三日发"等字样，据此，此片具奏日期应为"光绪五年十月初三日"无疑，兹据校补。

1. 【广西巡抚臣张树声跪】刊本无此前衔，兹据推补。

2. 【光绪五年十月初三日】刊本无具奏日期，兹据《军机处随手登记档》校补。

3. 【光绪五年十月二十日，军机大臣奉旨：另有旨。钦此】此奉旨日期与内容，据《军机处随手登记档》校补。

【案】此奏旋于是年十月二十日得旨，《清实录》载曰：

又谕：张树声奏，拿获李扬才详细情形，出力各员弁请奖一折。已明降谕旨，照所请奖励，并将冯子材免其议处，交部从优议叙矣。……以关外官军搜擒首逆出力，予提督冯子材优叙；赏道员陈以谟等勇号，游击李群等花翎，把总陈绍安蓝翎，余升叙加衔有差。②

○三　展限查拿陆之平片

光绪五年十月初三日（1879 年 11 月 16 日）

再，提臣此次振旅出关，奉命讨贼，惟李扬才一逆。至陆之平向系越

---

① 中国第一历史档案馆藏：《军机处随手登记档》，档案编号：03 - 0226 - 2 - 1205 - 306。
② 《德宗景皇帝实录（二）》，卷一百二，光绪五年十月下，第 521—522 页。

南积匪，李逆退入者崖，该匪出而助之，同恶相济，于是不得不一并歼除，亦以其与李逆狼狈相依，若不一体搜捕，虑李逆亦未易得也。自者崖既破，陆之平积年老巢一旦扫荡，党众散亡，脱身鼠窜，遂与李扬才各不相顾。今李逆就擒，该逆踪迹前准提臣咨据越南各官探禀，似亦在太原一带。惟越南赋敛繁重，民恶其上。陆之平久踞者崖，颇能反南官之政，要结民心。提臣冯子材专函相商，恐其与土民久习，未易力捕。

查李扬才出关后，曾经督臣与前广东抚臣张兆栋①、前抚臣杨重雅会同悬赏银二万两购捕在案。陆之平一逆，臣近与提臣商定，仍悬赏银一万两。臣于本年七月间奏准，令越南国王饬地方官确查李逆等实在下落，限于两月内咨复，以该国王接准行文后起限计之，应扣至十月底两月限满。现在李扬才虽已擒获，臣等仰体圣朝字小之仁，期得除恶务尽，仍予展缓一月，至十一月底为限；一面由提臣将各营●¹勇丁汰弱留强，督饬扼要搜捕，一面仍严催该国君臣确切严查，指出陆之平藏匿处所，合力相助，以期乘此声威，一并弋获。重赏在前，兵力在后，当不致日久稽诛。

西省物力艰窘，大军远役经年，悉索供支，实不能继。内地沿边各属伏莽潜滋，尤亟需整顿武备，消●²患未萌。苟或限满无获，则陆之平本系该国积匪，势不能劳师縻饷，即当遵旨班师入关，布置边防，用固吾圉。此虽逆料未然之虑，缘边疆辽阔，文报稽延，亦不敢不预陈于圣主之前者也。

臣谨会同两广总督臣刘坤一、广西提臣●³冯子材，附片具陈，伏乞圣鉴，训示。谨奏。

光绪五年十月二十日，军机大臣奉旨：另有旨。钦此●⁴。

【案】此奏原件查无下落，录副②现藏于中国第一历史档案馆，兹

---

① 张兆栋（1821—1887），字友山，号伯龙、伯隆，山东潍县（今潍坊市）人。道光二十三年（1843），中举。二十五年（1845），中式进士。咸丰三年（1853），补刑部广西司主事。五年（1855），升直隶司员外郎。六年（1856），晋直隶司郎中。七年（1857），简知府。同治元年（1862），补授陕西凤翔知府。三年（1864），升四川按察使。四年（1865），补授广东按察使。同年，升广东布政使。五年（1866），调补安徽布政使。七年（1868），调江苏布政使，护理江苏巡抚。九年（1870），擢漕运总督。十年（1871），补授广东巡抚。十三年（1874），兼署两广总督。光绪四年（1878），丁母忧，回籍终制。八年（1882），署理福建巡抚。九年（1883），补授福建巡抚。十年（1884），兼署闽浙总督，嗣以中法战争马尾失守革职。十三年（1887），病卒于闽。著有《凤翔纪事诗存》《守岐公牍汇存》《守岐汇记》等行世。
② 中国第一历史档案馆藏：《军机录副》，档案编号：03–6013–090。

据校正。再，刊本缺具奏日期，录副具奏日期存疑，兹据奉旨日期查光绪五年十月二十日《军机处随手登记档》①张树声折，署有"报五百里、十月初三日发"等字样，据此，此片具奏日期应为"光绪五年十月初三日"无疑，兹据校补。

1.【各营】刊本作"合营"，兹据录副校正。

2.【消】刊本作"销"，兹据校正

3.【提臣】刊本作"提督臣"，兹据校正。

4.【光绪五年十月二十日，军机大臣奉旨：另有旨。钦此】此奉旨日期与内容，据录副及《军机处随手登记档》校补。

【案】此片亦于是年十月二十日得旨，《清实录》载曰：

另片奏，现筹购捕陆之平等语。陆之平与李逆同恶相济，该督等自当设法擒获，以期净绝根株，一面严催该国依限确切查出该逆藏匿处所，迅速弋获，毋任漏网。关外各军，经年远役，供亿浩繁，着刘坤一、张树声、冯子材懔遵本月初六日谕旨，饬令陆续凯旋，以节糜费。将此由五百里各谕令知之。②

○四　李扬才应否就地办理折

光绪五年十月十九日（1879年12月2日）

广西巡抚臣张树声跪●¹奏，为提臣起解逆首李扬才现已在途，到省后应否就地办理，恭折仰祈圣鉴事。

窃关外官军合围擒获李扬才，详细情形业于十月初三日由驿会奏在案。十月十七日，准提臣冯子材咨称：九月二十五、六等日，李逆患病稍瘥，遂于三十日饬提到堂，亲自研讯。该逆面呈亲供，据称：扬才自浔州协卸任后，进退无路，迫得归家，忽接叶成林真心投诚之信，故招聚二三千人，声言出关招抚。本年正月初间入水崖，四月初四日官兵打开，扬才直入后山，乘夜逃出藏匿，经官兵扎营搜山，扬才自愿出来投死等情。当饬南官张登憻等暨随营文武将该逆正身验明，饬交委员，带领兵勇，即于是日由太原大营起解等因，咨会到臣。

准此，伏查李扬才纠众出关，夺隘踞险，声势甚张。自官军节节进剿，

---

① 中国第一历史档案馆藏：《军机处随手登记档》，档案编号：03－0226－2－1205－306。

② 《德宗景皇帝实录（二）》，卷一百二，光绪五年十月下，第521页。

攻克水崖，覆其巢穴，自此穷力搜捕，更涉五月，釜鱼槛兽，遁无所之，始以势穷就缚，实为罪不容诛。惟该逆以叛将窜扰藩封，与寻常逆匪肆乱内地者有别，应否俟到省城由臣提案讯明，即恭请王命，就地处决，并传首越南，以昭炯戒？臣未敢擅便，相应奏请圣裁，恭候命下，钦遵办理。

除将提臣咨会、李扬才亲供照录咨送军机处查核外，谨会同两广总督臣刘坤一、广西提督臣冯子材，恭折由驿五百里驰陈，伏乞皇太后、皇上圣鉴，训示。谨奏。光绪五年十月十九日●2。

光绪五年十一月初六日，军机大臣奉旨：另有旨。钦此●3。

【案】此奏原件、录副查无下落，兹据《军机处随手登记档》①校补。再，刊本缺具奏日期，兹查光绪五年十一月初六日《军机处随手登记档》张树声折，署有"报五百里、十月十九日桂林省城发"等字样。据此，此折具奏日期应为"光绪五年十月十九日"无疑，兹据校补。

1.【广西巡抚臣张树声跪】刊本无此前衔，兹据推补。

2.【光绪五年十月十九日】刊本无此具奏日期，兹据《军机处随手登记档》校补。

3.【光绪五年十一月初六日，军机大臣奉旨：另有旨。钦此】此奉旨日期与内容，据《军机处随手登记档》校补。

【案】此奏于是年十一月初六日得旨，《清实录》载曰：

又谕：前据张树声奏，官军搜擒逆首李扬才情形，业经降旨宣示。兹据该抚奏称，现经提督冯子材将李扬才讯供解省，请旨办理等语。逆首李扬才以武职谋叛，辄敢纠众出关，肆扰越南，夺隘踞险，抗拒官军，实属罪大恶极！现在既经擒获，着将该犯即在广西省城正法，并传首越南地方，悬竿示众，以昭炯戒。②

○五　参革同知杨永龄经历陈廷英片

光绪五年十月二十八日（1879 年 12 月 11 日）

再，粤西边远之区，居官者习于偷纵。吏治不饬，地方何以乂安？臣

---

① 中国第一历史档案馆藏：《军机处随手登记档》，档案编号：03－0226－2－1205－321。
② 《德宗景皇帝实录（二）》，卷一百三，光绪五年十一月上，第532页。

与僚属勤勤劝诫，宽其既往，策效将来，苟再劣迹昭彰，必当随时纠劾。兹查有试用同知杨永龄，卑鄙巧诈，一意钻营，实为官常之玷。浔州府经历陈廷英，于代理平南县任内，办事荒谬，擅放要犯，尤属任意妄为。据藩、臬两司详请奏参前来。

相应请旨将广西试用同知杨永龄即行革职，永不叙用；浔州府经历陈廷英即行革职，以儆官邪。除饬提陈廷英归案讯明有无贿纵情弊，另行办理外，所遗浔州府经历员缺系内地腹俸选缺，西省现有应补人员，应请扣留外部，合并声明。

臣谨附片具陈，伏乞圣鉴，训示。谨奏。

光绪五年十二月十二日，军机大臣奉旨：另有旨。钦此●[1]。

【案】此奏原件查无下落，录副①现藏于中国第一历史档案馆，兹据校正。再，刊本缺具奏日期，录副具奏日期存疑，兹据奉旨日期查光绪五年十二月十二日《军机处随手登记档》②张树声折，内有此片。据同批折件判断，此片具奏日期应为"光绪五年十月二十八日"，兹据校补。

1.【光绪五年十二月十二日，军机大臣奉旨：另有旨。钦此】此奉旨日期与内容，据录副及《军机处随手登记档》校补。

【案】此奏于是年十二月十二日得旨允行。《清实录》载曰：

以卑鄙巧诈，革广西试用同知杨永龄职，永不叙用。以办事荒谬，革广西经历代理平南县知县陈廷英职。③

○六　武宣县知县冯灏请恤片

光绪五年十一月二十八日（1880年1月5日）

再，本年夏间，武宣县积匪黄老受等乘关外有事，纠党竖旗，意图大举。该县及交界之来宾、贵县等处伏莽最多，群起汹汹，扬言有扑城之举。武宣县知县冯灏不动声色，星夜调团，扼要严防，密筹堵御。迨臣飞调各营并派记名提督蔡金章率带队勇驰往督剿，该令亲历行间，会

---

① 中国第一历史档案馆藏：《军机录副》，档案编号：03-5143-050。
② 中国第一历史档案馆藏：《军机处随手登记档》，档案编号：03-0226-2-1205-357。
③ 《德宗景皇帝实录（二）》，卷一百五，光绪五年十二月上，第558页。

同剿捕，既除首恶，复遍历各乡，查办保甲，搜捕余匪。计半年以来，无日不驰驱于暑雨烈日之中。夏秋之间，疾疫盛行，该令积劳传染，犹力疾从公。九月中，亲赴浔州商办善后事宜，病势增剧，遂于九月十五日在旅馆病故，身后萧然，该县士民同声感悼！据藩、臬两司详请奏恤前来。

臣查粤西边疆险远，居官者往往纵逸自安，一切苟且易乱难治之由未必不根柢于此。该故令冯灏剿匪安民，劳勚卓著。此次擒获匪首，歼除从乱余党，在事出力人员业经臣奏奉谕旨准其择尤保奖。该故令本有应奖之功，以死勤事，尤堪悯恻！可否仰恳天恩俯准饬部将已故知州衔兼袭云骑尉武宣县知县冯灏，照军营立功后病故例从优议叙，以为地方官实力任事者劝，出自逾格鸿施！

除分咨吏、兵二部外，谨会同两广总督臣刘坤一，附片具奏，伏乞圣鉴，训示。谨奏。

光绪六年正月初十日，军机大臣奉旨：冯灏着交部照军营立功后病故例，从优议恤。钦此。

【案】此奏原件查无下落，录副①现藏于中国第一历史档案馆，兹据校正。再，刊本缺具奏日期，录副具奏日期存疑，兹据奉旨日期查光绪六年正月初十日《军机处随手登记档》②张树声折，内有此片。据同批折件判断，此片具奏日期应为"光绪五年十一月二十八日"，兹据校补。

1.【光绪六年正月初十日，军机大臣奉旨：冯灏着交部照军营立功后病故例，从优议恤。钦此】此奉旨日期与内容，据录副及《军机处随手登记档》校补。

○七　剿平西林县边界苗匪折

光绪五年十二月十七日（1880 年 1 月 28 日）

广西巡抚臣张树声跪●1奏，为边界苗匪窜扰西林县境，僭号踞险，经地方文武迅速剿办，擒斩首要各逆，全股荡平，恭折驰陈，仰祈圣鉴事。

---

① 中国第一历史档案馆藏：《军机录副》，档案编号：03 - 5807 - 004。
② 中国第一历史档案馆藏：《军机处随手登记档》，档案编号：03 - 0226 - 1 - 1205 - 220。

　　窃前因苗匪窜扰西林，地方文武剿办获胜，业经臣于光绪五年十二月初二日附片驰奏在案。查西林县西北与隆州毗连，西南与滇省广南府属之宝宁县、土富州犬牙相错。苗人在西林者甚少，而宝宁、土富之苗与西林三份之白苗皆环西林而居。诸苗良莠不齐，其愚蠢而易惑、顽悍而轻乱则同。自内地耆定，田阳改流，稔恶积匪又多以苗为逋逃薮。

　　西林边境大槽地方在县治西百一十里，多崇山峻岭，南有水坎曰"大艳沟"，沟外荒山老林，绵亘数十里，直通滇境。本年九月间，白苗王幺在大槽种山掘地，得废炮，妄生觊觎。因诡言得无字天书，命在大槽为苗王，潜煽广南及西隆苗人同踞大槽起事，谋劫附近民团，进攻县城。

　　十月初旬，各苗乘夜由山僻小路陆续齐集大槽，到处粘贴伪示。王幺自称为王，其党马三、马四、窦三、李富、陈三等伪称元帅，窦小六、王二大等伪称大先锋。伪示内有"能撒豆成兵，飞蛊射人"等语。边民信畏鬼神，讹言四起，苗来愈众，遂聚至二千余人。西林无城，县中四百余户，可充练勇者百人，合以县营兵勇不过二百数十人，仓卒闻警，人心怵惧。署该县知县曾传均邀同署上林营都司翁长春，一面传集绅士，齐团堵剿，多张告示，声言大兵将至，但诛首要各逆，胁从者概予勿治；一面清查内奸，晓谕百姓，以主客劳逸之势，使释疑惧；并议筑土垒，躬亲板筑，六昼夜工成，众志益固。此苗僭号聚众踞险起事及该县布置守御之情形也。

　　正在调派间，十八、九等日，该匪蜂拥而来，连破革列、板达、渭闷等寨，逼近高角山，距县城三十余里。曾传均与翁长春议曰：寇深矣，无兵无饷，株守将益困。遂定计出攻苗寨，激励勇练，出县官衣物备赏，众皆感奋。并招致良苗潜入贼寨中，散其党羽。苗逆以大槽、大艳沟为巢穴，自此至高角山七八十里中，复分据渌里、昂丛、那马、平夏、脑寨等处各数百人，声势联络。二十七日，翁长春率兵练夜扑脑寨。曾传均拨县署壮勇，并调齐附近团丁助之。苗备甚严，未克。二十八日，又力攻竟日，伤勇练八名，仍未得手。

　　二十九日黎明，翁长春率所部猛攻中路，该逆整队迎敌，被伤兵丁二名、勇练三名。督战益力，移时轰毙黄旗贼帅窦三并悍匪数十名，贼披靡。团总军功黎兆富、向懋秀由旁径横击而入，阵斩蓝旗贼帅陈三。短兵相接，毙贼多名，兵、练亦有伤亡。纵火焚寨，贼奔平夏，我兵乘之。平夏贼出生力军锐甚，伤勇练五名。我军燃抬炮轰击，贼队分避，我军就势扑进，遂破平夏。尾追至那马，贼已丧胆，不战自溃。追斩伪元帅马四一名，歼擒无算。

十一月初一日，进攻距那马二十里之昂岩，克之，毙贼十余名。团总岑玉清亦先一日攻克渌里，斩级六颗，伤毙苗匪四十余名，于是苗匪皆遁归大槽一带矣。首逆王幺以官军日逼，退守大艳沟，留数十人守大槽。适守备卢士杰带泗城府防勇于初一日驰至，与把总王霖、团总何国栋觅土人前导。夜初鼓，带勇练衔枚行五十里，登大槽山，天明入其巢。守贼不虞官军骤至，惊起四窜，追斩殆尽。时与大艳沟犄角者曰"渭马寨"，贼以全力守之，险固异常。

初二日，翁长春督所部攻之，王幺自大艳沟率众来援，我军邀击，鏖战二时之久，斩悍党十余名，毙匪甚夥，兵、练亦伤亡四名。贼收队入寨，作负嵎势。是日，把总彭得才带泗城府防勇并解铅药到县。曾传均连夜裹火药包，多备铅药，即派彭得才解赴渭马助剿。泗城府右营守备曾庆祥亦奉檄率兵丁昼夜兼行，初四日抵渭马，与翁长春合营攻寨。贼凭险旅拒，枪炮如雨。我军火药罄尽，相持正急，彭得才驰解铅药适至，随以火药包齐力奋掷，栅立焚，勇练肉薄环登，贼溃走。乡导有指示伪苗王者，翁长春商令曾庆祥、督县亲兵队长李文彬、团总何国柱等，各带勇练，分道截击。

该逆王幺率数十人奔龙背山，官军四面追逼，匪众多坠岩死，仅余死党八人，犹持枪械，拥护王幺，据地作画符状。练总李得兴等悉力围杀，生擒伪苗王王幺及伪元帅李富。大艳沟守贼已闻风惊窜，皆逃赴土富州。官军穷追十余里，复毙匪多名。者暮团总何国栋亦于是日诱擒伪大先锋窦小六、王二大，解县讯办。王幺伤重将死，仅能言"本主是天神教伊为王，授以神法"数语。翁长春恐其幸逃显戮，即在行营处斩，将首级解县悬示，合县聚观，同声称快，西林县境已一律平靖。迭据该处地方镇、道驰报前来。

臣查西林远界穷边，地本荒余，野多伏莽。此次苗逆王幺乘虚构乱，僭称名号，多有山丁土匪依附其中，聚众数千人，深入百余里，连破民寨，近窥县治，不仅意在劫掠而已。其时关外大军尚未凯撤，边防未固，该县道路险远，臣飞调各营多未能速达。若令迁延时日，应变无方，泗城、镇安、田阳一带匪类生心，内而蔓延各属，外而分窜出边，皆将燎原难扑。署该县知县曾传均处公私赤立之地，悉集境内兵勇不及三百人，徒以信义号召绅民，急起部署，与都司翁长春且守且战，反弱为强，未匝月而尽克险寨，覆其巢穴，擒渠歼丑，边城晏然，洵足以震耀皇威，奢慄殊俗。

臣惟边地人才难得，地方官不能任事，偶有蠢动，辄因措置失宜，酿成大患。今曾传均等应机定乱，实有御侮之才、固圉之绩，非寻常剿捕内地土匪可比，似应论功行赏，以奖勤能。可否仰恳天恩俯准将同知衔候补知县署西林县知县曾传均免补本班，以同知直隶州仍留广西尽先补用，并赏戴花翎；尽先补用游击署上林营都司翁长春免补游击、参将，以副将仍留广西尽先补用，并赏给勇号，用昭国家懋赏策励、激扬鼓舞之至意。其余在事出力员弁绅董，并拟请由臣择尤酌保，以示奖励，尤出自圣主鸿慈！

除饬将未获要逆马三一名查明何处苗人，设法捕获，务绝根株，并将治苗、备苗善后事宜督饬体察情形，讲求举办，以期永息边患外，谨会同两广总督臣刘坤一、广西提督臣冯子材，恭折由驿具奏，伏乞皇太后、皇上圣鉴，训示。谨奏。光绪五年十二月十七日●²。

光绪六年正月初七日，军机大臣奉旨：另有旨。钦此●³。

【案】此奏原件、录副查无下落，兹据《军机处随手登记档》校补。再，刊本缺具奏日期，兹查光绪六年正月初七日《军机处随手登记档》①张树声折，署有"报四百里、五年十二月十七日发"等字样。据此，此折具奏日期应为"光绪五年十二月十七日"无疑，兹据校补。

1.【广西巡抚臣张树声跪】刊本无此前衔，兹据推补。

2.【光绪五年十二月十七日】刊本无具奏日期，兹据《军机处随手登记档》校补。

3.【光绪六年正月初七日，军机大臣奉旨：另有旨。钦此】此奉旨日期与内容，据《军机处随手登记档》校补。

【案】此奏于是年正月初七日得旨允行。《光绪朝上谕档》载曰：

光绪六年正月初七日，内阁奉上谕：张树声奏，苗匪窜扰西林县境，剿办完竣，请将出力之地方官奖励一折。上年苗匪王幺在广西、云南边境纠党滋事，窜踞西林县属大槽地方，谋劫附近民团，进攻县城，经署知县曾传均会同署上林营都司翁长春，布置防守，齐团堵剿。匪众逼近高角山，分踞渌里等处。该地方官等督率勇练，将贼寨次第攻克，歼擒首逆王幺及匪党伪元帅窦三等多名，西林县境一律肃清，办理尚为迅速。惟马三一犯现尚在逃，着张树声督饬该地方官设

———————————————

① 中国第一历史档案馆藏：《军机处随手登记档》，档案编号：03 - 0229 - 1 - 1206 - 007。

法严拿务获，以净根株。所有尤为出力之知县曾传均，着免补本班，以同知直隶州知州仍留广西尽先补用，并赏戴花翎。游击翁长春着免补游击、参将，以副将仍留广西尽先补用，并赏给骁勇巴图鲁名号，以示鼓励。其余出力员弁绅董，准其择尤酌保数员，毋许冒滥。该部知道。钦此。①

〇八　参革同知元忍容黎桢片

光绪五年十二月二十八日（1880年2月8日）

再，粤西省城向设军火局，收发军火、军装并司制造、采买之事。臣夏间抵任后，提验账房军械各件，率痂薄不堪，节经严饬局员核实购制，毋再虚糜。兹据善后总局司道查得该局委员捐纳试用同知元忍容，开报采办土布银二千六百余两，布薄价昂，每丈较市价多开银七分，显系串同行店，浮冒侵渔；置备他物，亦多不实不尽。

又准提臣冯子材函称：关外米局委员试用同知黎桢，携带诸子入营，纵容舞弊，浮开米数，并有托名招摇、需索各军银两之事。近因大军凯撤，与南官清厘米银，该局数目混淆，致不能迅速核给归款各等情。

臣惟武备以器械为重，师行以粮米为先。西省岩疆，饷源方绌。年来外有征军●¹，内有防勇，方省衣缩食以应度支，承办军械、军米各员宜如何洁己奉公，极力撙节，以期务济实用，乃该委员等狃于积习，仍敢任意弊混，实属居心贪劣，胆大妄为。

除饬善后总局将元忍容采办土布银两勒限追还，并咨请提臣查明黎桢浮开米数曾否侵吞入己，另行办理外，相应请旨将广西试用同知元忍容、广西试用同知黎桢即行革职，以为营私肥己、罔顾军需者戒。谨附片具陈，伏乞圣鉴，训示。谨奏。

光绪六年二月初八日，军机大臣奉旨：另有旨。钦此●²。

【案】此奏原件查无下落，录副②现藏于中国第一历史档案馆，兹据校正。再，刊本缺具奏日期，兹据录副校补。

---

① 中国第一历史档案馆编：《光绪朝上谕档》，第6册（光绪六年），第7—8页。又《德宗景皇帝实录（二）》，卷一百七，光绪六年正月上，第577—578页。

② 中国第一历史档案馆藏：《军机录副》，档案编号：03–6079–039。

1.【征军】刊本作"征兵"，兹据录副校正。

2.【光绪六年二月初八日，军机大臣奉旨：另有旨。钦此】此奉旨日期与内容，据录副及《军机处随手登记档》①校补。

【案】此案旋于是年二月初八日得旨，《光绪朝上谕档》载曰：

光绪六年二月初八日，内阁奉上谕：张树声奏，局员任意弊混，请旨革职等语。广西试用同知元忍容，采办土布，浮开价值，置备他物，亦多不实不尽；试用同知黎桢，携子入营，纵容舞弊，并有浮开米数及招摇需索情事，实属居心贪劣，胆大妄为。元忍容、黎桢均着即行革职，以示惩儆。该部知道。钦此。②

○九　关外大军凯撤裁留营队分扎防边折

光绪六年正月二十日（1880 年 2 月 29 日）

新授两广总督广西巡抚臣张树声跪●¹奏，为大军又越南凯撤入关，提臣卸统各营业经裁留营队，循旧分扎边防，恭折驰报，仰祈圣鉴事。

窃照李扬才窜扰越南，提臣冯子材督军剿办，荡平巢垒，擒获首逆，遵旨班师，业经臣于上年十二月将提臣由太原夷省起程入关日期附片奏报，声明檄派记名提督黄桂兰先期驰赴龙洲，将左江边防察度布置在案。兹准提臣咨会，已率领各营于光绪五年十二月初十日入关。先经臣饬令黄桂兰商请提臣挑留得力勇队十二营，分布太平、镇安各属沿边卡隘并越南近边之高平、牧马一带，慎固封守，均经调扎就绪，于十二月二十七日移交黄桂兰接统。所有遣撤各勇并已由省委员候补知府任应庚等会同各营官补给欠饷，缴清军械，酌量程途远近，加给路费，分起遣送归农，一律藏事，均极安静。

此次出关大军，前已奏明裁勇二千人，现在库储空乏，除挑留外，又将内外营勇陆续裁撤三千人，以节糜费。左右两江边界延长，处处皆须设险。而内地各郡山深箐密，多有伏莽。浔州尤为积乱之区，劫杀频仍，动辄依险负嵎，抗官滋事。去年剿办武宣土匪后，本当依次彻查，以方有越南军务未遑及此。岁杪，贵县、桂平皆有匪徒聚众抢劫押铺，不服拿捕。

① 中国第一历史档案馆藏：《军机处随手登记档》，档案编号：03－0229－1－1206－038。

② 中国第一历史档案馆编：《光绪朝上谕档》，第 6 册（光绪六年），广西师范大学出版社1996年版，第 37 页。又《德宗景皇帝实录（二）》，卷一百九，光绪六年二月上，第 605 页。

此则粤西几为数见之事，敷衍日久，将长乱萌。今外患既除，即拟督饬认真查办，除莠安良，始可力求治理。通筹全局，现存营勇不敢再事裁撤，借期内外备御之有资，庶几整饬巡防，仰副宵旰筹边之至意！其陆之平一逆，越南夷官至今查无踪迹，如将来出扰近边，当饬在防各营会督南官，随时剿捕，以静边氛。

除将凯撤时臣与前两广督臣刘坤一照覆越南国王文件并提臣来咨录送军机处查核外，所有大军凯撤入关，提臣卸统各营日期及分别撤留营队、布置边防缘由，理合会同兼署两广总督广东巡抚臣裕宽①、广西提督臣冯子材，恭折由驿奏报。伏乞皇上圣鉴，训示。谨奏。光绪六年正月二十日●2。

光绪六年二月初七日，军机大臣奉旨：知道了。钦此●3。

【案】此奏原件、录副查无下落，兹据《军机处随手登记档》②校补。再，刊本缺具奏日期，兹查光绪六年二月初七日《军机处随手登记档》③张树声折，署有"报五百里、正月二十日桂林省城发"等字样。据此，此片具奏日期应为"光绪六年正月二十日"无疑，兹据校补。

1.【新授两广总督广西巡抚臣张树声跪】刊本无此前衔，兹据《军机处随手登记档》校补。再，光绪五年十一月十五日，清廷令张树声补授两广总督。《光绪朝上谕档》载曰：

光绪五年十一月十五日，内阁奉上谕：刘坤一着调补两江总督，兼充办理通商事务大臣，未到任以前，着吴元炳署理。江苏巡抚着谭钧培暂行护理。两广总督着张树声补授，庆裕着补授广西巡抚，福建布政使着梁肇煌补授。钦此。④

2.【光绪六年正月二十日】此具奏日期，据《军机处随手登记

① 裕宽（？—1902），满洲正白旗官学生，荫生。同治四年（1865），补员外郎。十一年（1872），补授福建盐法道。十二年（1873），署陕西按察使。光绪元年（1875），补授陕西按察使。四年（1878），声补河南布政使。同年，擢福建巡抚。五年（1879），调补广东巡抚。八年（1882），署两广总督，兼署办理通商事务大臣。十六年（1890），补授河南巡抚，兼署河南学政。十八年（1892），署理河东河道总督。二十八年（1902），卒。
② 中国第一历史档案馆藏：《军机处随手登记档》，档案编号：03－0229－1－1206－037。
③ 中国第一历史档案馆藏：《军机处随手登记档》，档案编号：03－0226－1－1205－220。
④ 中国第一历史档案馆编：《光绪朝上谕档》，第5册（光绪五年），广西师范大学出版社1996年版，第384页。又《德宗景皇帝实录（二）》，卷一百三，光绪五年十一月上，第539页。

档》校补。

3.【光绪六年二月初七日，军机大臣奉旨：知道了。钦此】此奉旨日期与内容，据《军机处随手登记档》校补。

【案】此奏之报闻亦载于《清实录》：

乙巳，两广总督张树声奏，大军由越南凯撤入关，提臣冯子材卸统各营，挑留得力勇队十二营，分布太平、镇安各属沿边卡隘并越南近边之高平、牧马一带，调扎就绪，饬令记名提督黄桂兰接统。所有遣撤各勇一律蒇事，报闻。①

一〇　查办贵县桂平等处滋事匪巢折

光绪六年二月初三日（1880 年 3 月 13 日）

新授两广总督广西巡抚臣张树声跪●1奏，为查办贵县、桂平等处滋事拒捕匪巢一律剿平，并陈办理地方事宜情形，恭折仰祈圣鉴事。

窃臣前于奏报大军由越南凯撤入关折内附陈浔州积乱之区，劫杀频仍，动辄依险负嵎，抗官滋事，去岁秒，贵县、桂平皆有匪徒聚众抢劫，不服捕拿，声明即拟督饬认真查办在案。查贵县与左江所属之横州交界地方，山险岩深，绵亘百数十里，为积匪窟穴。而贵县周馨弟、周绍记等为之首，所居峒心村垒石围墙，安设炮楼，群匪依为逋逃薮。去年十二月，迭据左江道周星誉、右江道启庄、署浔州府知府叶葆元先后驰禀：周馨弟等纠党抢劫西山村民人三里墟押铺，掳去男妇多口，伤毙团练二十余名，经该县连饬乡团、地保入村开道，诱令解散，以便查拿。该匪等竟置若罔闻，并竖旗闭栅，横施枪炮，请兵剿办等情。

同时，桂平县苍茂村寨有劣绅捐纳守备覃启瑞，其子捐纳广东试用府经历覃迪，与穆乐墟押铺挟口角微嫌，突领死党四五百人，游手附和者复数百人，蜂拥至墟。覃迪首先督众焚烧栅门，直入押铺。其众乘势将货物抢掠一空，纵火焚毁该铺门楼、客厅、两旁廊房，仍逼勒该铺给银五百两，并立欠单银一千七百两，勒限补给，始率众回寨。覃启瑞父子者，本系恶棍，曾当练总，倚恃势力，横行一乡，尝以睚眦嫌怨，与廖姓纠众寻殴，致毙多命，乡民不敢诉冤，官吏不敢追究。此次滋事

① 《德宗景皇帝实录（二）》，卷一百九，光绪六年二月上，第 604 页。

后，该县知县寿祝尧会营驰往勘验，传谕覃启瑞自来诉理，并屡次饬派团绅亲往该寨劝导，舌敝唇焦。覃启瑞父子仍拥众鸥张，负固不服，并派人密赴各处购买火药、军械，制造旗帜。羁縻、化导，均无所施。由叶葆元会同浔州协副将达三、统领浔州防军记名总兵董履高禀请拔营剿办前来。

臣以两处皆抗官拒捕，显然为逆，而覃启瑞、覃迪身为职官，悖谬至此，尤出意料之外，当即批令将覃启瑞父子职衔先行斥革，并派统领省城防营之记名提督蔡金章，酌带兵勇，驰赴横、贵交界，会商周星誉，督同该州县先将著匪周馨弟等所踞峒心村认真查办。原冀凭借声威以戢不逞之志，一面调派营队，分扎桂平穆乐墟一带要隘，严防覃启瑞父子四出蔓延，一面令浔州地方文武设法开谕，徐俟其悟而解散，或可将该逆绅父子归案办理，免烦兵力也。

正月二十二日，据周星誉等禀称：正月十三日，蔡金章驰抵距峒心村五里之石罅墟，董履高亦自浔州来会，即与署贵县知县何昭然、横州知州龚启藩同赴该村，谕令散众自首。甫近围墙，该匪从内开放大炮，止之不应。蔡金章等乃调集参将余雄飞、游击蒋大彰等各营弁勇，四面环攻。该匪等负嵎死拒，枪炮子落如雨。什长陈兆坤首先登围，与悍贼短兵相接，力竭阵亡。官军并力夺险，复阵亡勇丁三名，受伤十六名，始将匪巢攻破，阵斩首要各匪周馨弟、周绍记等二十余名。寨中药房火发，死党毙于火者亦多名。生擒周十六一名，经该州县讯明正法。其余胁从均已释放，围墙一律平毁，大炮、洋枪数十具尽数收清。由县遍谕各团，清查漏匪，招抚逃亡，均令复业。此剿办贵县峒心村匪巢情形也。

正月二十七日，据浔州地方文武禀报：十九日，蔡金章等移师至桂平县穆乐墟，时距覃启瑞滋事之始已四十日矣。该地方官遣人反复诱说，该逆绅父子恣睢如故，并竖旗鸣炮，纠结各村，互相援应。苍茂依山为村，围墙三重，炮楼四座，守御甚固。蔡金章、董履高于二十日各带小队十余人，亲抵寨门，传谕出首，以免攻剿。瞥见一少年戎服急装，带悍党三四十名，各执洋枪，出立栅口，喝称伊父已出外齐码。游击蒋大彰识为覃迪，正欲上前晓谕。该逆骤令燃炮向外轰击，伤我队勇数名。粤西土匪谓纠众曰"齐码"。该文武等会同计议，皆以覃迪内恃其围栅之坚，外恃有救援之众，甘心抗逆，不得不剿。

蔡金章等遂传令各营出队进逼，村后山顶有老寨为犄角，先督副将宋德炳夺而据之，总兵万自本、副将吴可玉、署抚标右营游击龙殿扬、参将夏如斌等分路合围。寨内枪炮齐放，自巳至申，相持四时之久，兵勇被伤者数十人，阵亡者一人。蔡金章等乃悬赏发号，挑选精锐扑栅，飞掷药包。栅内火起，乘势踏入，匪不能拒，立将该村捣破，生擒覃迪及悍党二十余名，阵斩四十余名，死于乱军及火攻者复数十名，夺获大小炮位八尊、洋枪一百数十杆、刀茅数百件，旗帜无算。当即搜捕余匪，并由府县出示，安辑乡民，妥为抚御。随经叶葆元督同该县亲提覃迪，讯据供认带党焚劫、抗敌官军等情不讳，当就军前斩讫。此剿办桂平苍茂村匪巢之情形也。

窃惟浔州属境本发逆倡乱之地，眘定以来，强凌众暴，事故滋多，盖扰攘历年，人习犷悍。其始由吏治未讲，或政不能平，讼不能理，民间有事，往往不求官断，而为私斗，因循日久，遂成风气。抢掳劫杀，习为故然。筑围抗官，莫敢过问。而良懦被其荼毒，饮恨吞声者不知凡几。其后即有贤吏欲平其政，理其讼，而力不能制，且恐激成事变，亦只有一味敷衍而已。臣虽久在兵间，常以心粗手滑为戒。自来粤西，熟观民瘼，深恐涓涓不塞，将成江河。思挽其流，不得不以整齐法纪为先，以严厉难犯为治。当经清厘狱讼，刊颁章程，有案不报者必究；饬办保甲，一体编查，藐法犯上者必诛。因积弊以浔为最重，故行法亦自浔始。此次惩一儆百，纲纪稍张，劝诫斯著，此后尤当慎选牧令，分别良莠，扶持正气，修明政刑，以期旧染渐除，乱庶遄已。臣受事经年，甫施瞑眩之药，未及培补之方，又所为惕惕焉抱疚于治理之无状者也。

所有覃启瑞捐纳都司衔守备，请旨即行革职。臣仍当督饬该处地方文武，悬赏购线严捕，务获惩办。其子捐纳州同衔指发广东府经历覃迪业经伏法，仍请革职，以昭炯戒。

除饬左、右江两道暨浔州府督饬会同防军查明有无漏网余匪、失业良民，分别搜捕、安抚，并妥筹善后事宜，次第举办外，理合将剿平贵县、桂平匪巢，并饬办地方事宜情形，会同兼署两广总督臣裕宽、广西提督臣冯子材，恭折由驿驰陈，伏乞皇太后、皇上圣鉴，训示。谨奏。光绪六年二月初三日●2。

光绪六年二月二十日，军机大臣奉旨：另有旨。钦此●3。

【案】此奏原件查无下落，录副①现藏于中国第一历史档案馆，兹据校正。再，刊本缺具奏日期，录副具奏日期存疑，兹据奉旨日期查

① 中国第一历史档案馆藏：《军机录副》，档案编号：03-5807-082。

光绪六年二月二十日《军机处随手登记档》①张树声折，署有"报四百里、二月初三日桂林省城发"等字样。据此，此片具奏日期应为"光绪六年二月初三日"无疑，兹据校补。

1.【新授两广总督广西巡抚臣张树声跪】刊本无此前衔，兹据录副校补。

2.【光绪六年二月初三日】刊本无具奏日期，兹据《军机处随手登记档》校补。

3.【光绪六年二月二十日，军机大臣奉旨：另有旨。钦此】此奉旨日期与内容，据录副及《军机处随手登记档》校补。

【案】此奏旋于是年二月得旨，"廷寄"曰：

军机大臣字寄：两广总督张、广西巡抚庆：光绪六年二月二十日，奉上谕：张树声奏，贵县、桂平等处匪徒滋事，现在剿平，并陈办理地方情形一折。广西贵县匪徒周馨弟等，桂平县捐职守备覃启瑞，与其子捐职府经历覃迪，胆敢聚众抢劫，抗拒官军，经张树声派提督蔡金章带队前往，会同该处地方官分别剿办，将峒心村、苍茂村两处匪巢一律剿平，阵斩匪首周馨弟、周绍记及要匪多名，逆首覃迪及各悍党亦经擒斩，地方一律肃清，剿办尚为得手。都司衔守备覃启瑞着即行革职，仍着张树声、庆裕督饬地方文武，迅将该逆严拿，务获惩办，无任漏网。其子州同衔广东府经历覃迪业经伏法，仍着革职。该督等即饬该地方官，会同防军，搜捕余匪，安抚良民，将善后事宜妥筹办理。粤西地方，山深林密，积匪甚多，全在地方官实力稽查，随时防剿。张树声向来办事认真，现在庆裕计已到任，着张树声将地方情形及应办事宜详细告知，庆裕惟当悉心经理，以副委任。将此各谕令知之。钦此。遵旨寄信前来。②

一一　补用道陈以谟请恤片

光绪六年二月初三日（1880年3月13日）

再，接准提臣冯子材咨称：二品衔广西补用道陈以谟，自咨调来营，

---

① 中国第一历史档案馆藏：《军机处随手登记档》，档案编号：03-0229-1-1206-050。

② 中国第一历史档案馆编：《光绪朝上谕档》，第6册（光绪六年），广西师范大学出版社1996年版，第34页。又《德宗景皇帝实录（二）》，卷一百十，光绪六年二月下，第612—613页。

统领奋武各营，历破坚巢，生俘首要，战功卓著，为诸军之冠。以督剿经年，触受瘴湿，于光绪五年九月二十四日在越南太原营次病故，咨请奏恤前来。

臣查陈以谟，久治军事，熟习边情。此次出关援剿，亲督所部，跋涉暑雨瘴雾间，指挥攻剿，悉合机宜。方幸该员历练渐深，可任边围之寄，乃以积劳太过，捷书甫奏，遽殒其身，哀动三军，良堪悯惜！相应仰恳天恩俯准饬部将已故二品衔广西遇缺尽先补用道吉勒通阿巴图鲁陈以谟，照军营立功后积劳病故例从优议恤，用示以死勤事之劝，出自逾格鸿慈！

谨会同兼署两广总督臣裕宽、广西提督臣冯子材，附片具陈，伏乞圣鉴，训示。谨奏。

光绪六年二月二十日，军机大臣奉旨：陈以谟着照所请，交部从优议恤。钦此●1。

【案】此奏原件查无下落，录副①现藏于中国第一历史档案馆，兹据校正。再，刊本缺具奏日期，录副具奏日期存疑，兹据奉旨日期查光绪六年二月二十日《军机处随手登记档》②张树声折，署有"报四百里、二月初三日桂林省城发"等字样。据此，此片具奏日期应为"光绪六年二月初三日"无疑，兹据校补。

1.【光绪六年二月二十日，军机大臣奉旨：陈以谟着照所请，交部从优议恤。钦此】此奉旨日期与内容，据录副校补。

一二　援剿越南及剿捕武宣南宁逆匪员弁官绅汇请奖恤折

光绪六年二月十九日（1880年3月29日）

新授两广总督广西巡抚臣张树声跪●1奏，为官军援剿越南，克平巨憝，及剿捕武宣、南宁等处谋应关外逆匪尤为出力及伤亡员弁官绅，遵旨汇请奖恤，恭折吁恳天恩，仰祈圣鉴事。

窃叛将李扬才窜扰越南，提臣冯子材奉命出关督师。前抚臣杨重雅曾

---

① 中国第一历史档案馆藏：《军机录副》，档案编号：03-5807-082。
② 中国第一历史档案馆藏：《军机处随手登记档》，档案编号：03-0229-1-1206-050。

奏保进剿者岩大胜、克复安隆县城、攻下左舍等处贼垒尤为出力各员，钦奉谕旨准其存记。嗣即攻克者岩老巢，擒获逆目族属，经臣奏明将出力人员择尤存记。最后合围生擒李逆，复驰陈详细情形，声明在事出力及因公殒殁文武各员弁，容查明汇请奖叙，节次奉旨允准。

先是李逆出关后，又有宣化县匪首潘振家纠约东省匪徒，图扑南宁府城、谋窜出关、地方文武歼获首伙之案，由前督臣刘坤一奏请汇奖。武宣、来宾等县匪首黄老受、蒙老忿竖旗聚众，欲攻县城，出关应李扬才，经臣派员督剿，于歼除黄老受全股时请将在事员弁择尤酌保，旋报获蒙老忿，又请将出力各员并归前案酌保，均先后钦奉谕旨钦遵各在案。

伏查西军大举援剿越南，十余年来，已历三次。吴亚终内地土匪，被击外窜，黄崇英余烬复燃，皆劳师数年而后定，然其才力皆非李扬才比也。李逆宿将桀黠，声气甚广，累征越南，悉其形势虚实，一旦号召党众，鼓行而前，外有摧枯拉朽之势，内有应求煽结之徒。南宁控制边关，粮饷重地，宣化不靖，则扼吾吭矣。浔州居中要区，绾毂两江，武宣不定，则溃吾腹矣。提臣亲督各军，节节进剿，稍纵即逝，将成燎原，非如吴、黄两逆可以徐图进取，亦非如吴、黄两案尚无牵制内忧。

去年夏秋之间，越南淫潦盛涨，炎毒郁蒸，北圻灾荒，粮运艰阻。各军将士以及前敌支放、转运各员弁无日不驰逐于暑雨泥淖之中，枵腹攻坚，前者蹶而后者继；触瘴搜险，病者没而壮者羸。马革在途，减灶相望。斯时省中悉索供支，又值万分竭蹶，臣每与督、提两臣军书咨度，汲汲焉望其事之速济，尤惴惴不敢必其谋之有成。幸仰借天威，卒诛巨逆，底定藩封，而宣化先转危为安，武宣则刻期蒇事，得以绝李逆之援，专官军之力，计为时仅及一年，克巢垒不下百余，擒斩降散之贼不下万余，死于战、死于病之员弁兵勇亦不下千数百人。成功之速，伤亡之惨，皆前届所未有也。兹准提臣暨该统将并在省司道将应保各员弁分别开单咨详到臣。南宁一案，西省应保各员亦经前督臣刘坤一批饬藩、臬两司详请由臣汇奏前来。

臣悉心查核，复大加删减，谨即分缮清单，吁恳恩施。此次用兵经年，前后获捷，皆并作一案列保。所开人数，合之稍觉其多，分之仍见其少，委皆核实，并无虚冒。粤西岩疆，边防未竣，伏莽未清，正以用人为亟，将举策勋行赏之典，必录微劳；追惟死亡疾疫之余，尤堪悯念！合无仰乞天恩俯准照奖，以宏鼓舞而昭激劝，出自逾格鸿施！其在事伤亡员弁一并开单，恳恩饬部议恤。

除将其次出力官兵绅团咨部核奖，并查明各营伤亡兵勇及有无遗漏员弁另行汇咨请恤外，所有遵查援剿越南及剿捕武宣、南宁等处谋应关外逆匪尤为出力及伤亡员弁，汇请奖恤缘由，谨会同兼署两广总督臣裕宽、广西提督臣冯子材，合词恭折具奏，伏乞皇上圣鉴，训示。谨奏。光绪六年二月十九日●2。

光绪六年三月初九日，军机大臣奉旨：另有旨。钦此●3。

【案】此奏原件、录副查无下落，兹据《军机处随手登记档》《清实录》等校补。再，刊本缺具奏日期，兹查光绪六年三月初九日《军机处随手登记档》① 张树声折，署有"报四百里、二月十九日桂林省城发"等字样。据此，此折具奏日期应为"光绪六年二月十九日"无疑，兹据校补。

1.【新授两广总督广西巡抚臣张树声跪】刊本无此前衔，兹据推补。

2.【光绪六年二月十九日】此具奏日期，据《军机处随手登记档》校补。

3.【光绪六年三月初九日，军机大臣奉旨：另有旨。钦此】此奉旨日期与内容，据《军机处随手登记档》校补。

【案】此折于是年三月初九日得旨允行。《清实录》载曰：

丙子，以剿平窜扰越南巨憝及歼除武宣、南宁等处匪徒出力，予游击国梁等升叙加衔有差。②

一三　同知冯相华冯相荣请奖片
光绪六年二月十九日（1880年3月29日）

再，候选同知冯相华、冯相荣系提臣冯子材之子。此次随同出关，靡役不与，持令督战，士气百倍。各军虽疾疫饥疲，无不踊跃争先，克平巨憝。去年攻克者岩之捷，曾经臣奏明提臣函称不敢仰邀奖叙，今全功告藏，在事员弁皆仰荷恩旨，甄录微劳。冯相华、冯相荣以主将之子身在行

---

① 中国第一历史档案馆藏：《军机处随手登记档》，档案编号：03-0229-1-1206-068。

② 《德宗景皇帝实录（二）》，卷一百十一，光绪六年三月，第624页。

间，勋绩最伟，虽提臣小心寅畏，口不言功，而前敌将士众论交推，似未便没其劳勋，可否仰乞天恩将候选同知冯相华、候选同知冯相荣均请以同知分发省分，归候补班前先即补，并均赏戴花翎，以示国家赏必逮功之意。

臣未敢擅便列单请奖，谨会同兼署督臣裕宽，附片具陈，伏乞圣鉴，训示。谨奏。

光绪六年三月初九日，军机大臣奉旨：另有旨。钦此●[1]。

【案】此奏原件查无下落，录副①现藏于中国第一历史档案馆，兹据校正。

1.【光绪六年三月初九日，军机大臣奉旨：另有旨。钦此】此奉旨日期与内容，据录副及《军机处随手登记档》②校补。

一四　查参厘卡委员片

光绪六年二月二十八日（1880 年 4 月 7 日）

再，设卡抽厘，济军饷之需，亦当存恤商之意。利归中饱，则上下皆病。臣自去年莅任，屡申禁令，严饬各局卡力除积弊，务期涓滴归公。并密派妥员周历访察，闻有试用通判陶用中，办理梧州分卡，接臣严谕后，谬以除弊为名，暗将竹木厘金私行动用情事，复经臣遴委大员前往彻查，起出号簿，核对存票，去年冬、腊两月抽收款目，果有不归正厘开报银二百余两。虽据禀称支销局中伙食、杂费，其为私行挪用，已属确凿有据。

又该员所派司事孙仲裘即孙新原，系丁忧湖北试用巡检，管收商贾厘银，暗用松香粘贴平码，每百两加重二钱，致滋物议，亦经讯据该司事供称，自本年正月十七日起至二十六日，即被总局查获其得平余银十一两零等情不讳。

臣查陶用中挟言伪行伪之智，为自私自利之谋，舞弊之术最属狡诞；孙新原加平收银，重累商贾，胆大营私，情殊可恶！相应请旨将广西试用通判陶用中、湖北试用巡检孙新原即孙仲裘即行革职，一面由臣提省督饬

---

① 中国第一历史档案馆藏：《军机录副》，档案编号：03-5148-036。

② 中国第一历史档案馆藏：《军机处随手登记档》，档案编号：03-0229-1-1206-068。

藩、臬两司，严讯陶用中私用银两是否侵吞入己，孙新原所得加重平余银两是否实止此数，陶用中有无通同分肥，此外有无别项营私舞弊情事，逐一彻讯究追，从重拟办，以为贪劣骫法者戒。

谨附片具陈，伏乞圣鉴，训示。谨奏。

光绪六年四月初七日，军机大臣奉旨：陶用中、孙新原均着即行革职严讯，该部知道。钦此●¹。

【案】此片原件查无下落，录副①现藏于中国第一历史档案馆，兹据校正。再，刊本缺具奏日期，录副具奏日期存疑。兹据奉旨日期查光绪六年四月初七日《军机处随手登记档》②张树声折，据同批折件《奏报广西光绪六年正月雨水粮价情形折》③推断，此片具奏日期应为"光绪六年二月二十八日"无疑，兹据校补。

1.【光绪六年四月初七日，军机大臣奉旨：陶用中、孙新原均着即行革职严讯，该部知道。钦此】此奉旨日期与内容，据录副校补。

一五　察举贤员折

光绪六年三月二十八日（1880年5月6日）

新授两广总督广西巡抚臣张树声跪●¹奏，为察举贤员，以劝循能而饬吏治，恭折仰祈圣鉴事。

窃州县为亲民之官，政教所自起，即治理所由基。粤西远界穷边，吏习废弛，闾阎由之困苦，奸宄因此萌芽。虽抚顺无状责在长官，而欲舍察吏以求安民，其道亦无由也。臣莅事经年，自审庸下，惟以区区实心与各牧令勤求民隐。窃见敷衍苟且，积玩已深，不得不先厉风裁●²，冀以挽回积习，察有庸劣不职之员，均经随时参劾，亦既屡渎圣聪矣。

惟是错枉先于举直，斯有以示之趋向。瘅恶而不彰善，亦无以树之风声。迩来察看僚属，中虽多循分供职之员，不乏讲求吏治之选，或著有政绩，或加之事任，历试有效，考核非虚，谨择其贤者九员，开列清单，略注考语，进呈御览。

---

① 中国第一历史档案馆藏：《军机录副》，档案编号：03-6489-011。
② 中国第一历史档案馆藏：《军机处随手登记档》，档案编号：03-0229-2-1206-096。
③ 中国第一历史档案馆藏：《军机录副》，档案编号：03-6795-008。

近世仕宦之途，躁进无已，浮竞成风，吏道所以日下。汉代察举循良，非即迁官增秩。昔年原任大学士曾国藩督畿疆时，开呈贤员，亦只表其政绩。微臣窃取其义，并不敢为各该员骤乞恩施。西省岭表瘴乡，州县类多瘠苦，有刻厉图治之员，不可无鼓舞作兴之举。但使边裔小臣亦得以循声上达天听，一言褒异，华衮同荣，庶几益勉廉能，不至颓然自废，并饬下该部无庸调取引见，俾得专意勤民，上副圣主整饬吏治、惠此边方之至意！

谨恭折具陈，伏乞皇太后、皇上圣鉴，训示。谨奏。光绪六年三月二十八日●[3]。

光绪六年五月初四日，奉旨：原折、单归籖●[4]。

●谨将察举牧令贤员分晰，开具清单，恭呈御览。

计开：

请补郁林直隶州知州调署横州临桂县知县何昭然。该员血诚任事，公而忘私，调署贵县积弊之区，除暴安良，实力整饬，勤奋耐劳，有不容已于民物之心，士庶同声爱戴。

准补上思州知州怀集县知县张垲。该员勤政爱民，才能敏达，整顿书差需索积弊，裁革净尽。巨匪卢卓勋出没东、西两省，久为民害。该员设法捕获，事事认真，颂声载道。

宾州知州杨椿。该员练习吏事，守洁才优，历任横州、宣化、永淳等州县，清理田赋，均能独为其难。前年办理州境八卦村争水械斗之案，悉臻妥洽。此次清讼，该员断结最多，为通省冠。

调署临桂县兴业县知县黄玉柱。该员伉直明决，嫉恶如仇，办事切实，绝无官场习气。前在兴业任内办理金钩岭滋事土匪，迅速平定，尤能绥靖地方。

思恩县知县周材芳。该员一尘不染，慈惠之师，于地方利弊认真兴除，皆以培养元气为务。到任两年，辖境绥谧，可称悃愊之吏●[5]。

署北流县知县候补知县任玉森。该员廉勤明笃，趋向甚正，整顿地方积弊，不为操切而自革除；设诚致行，民乐其政。

署贺县知县题补武宣县知县熊继轩。该员朴诚亮直，任事以勤，革除吏役积弊，民困以苏，舆论称善。

署融县知县即用知县杨先俊。该员通达和平，中有条理，整顿缉捕、词讼等事，能推见利弊源流，实心经画。

补用同知直隶州候补知县向万鑅。该员品学俱优，精勤缜密，研究吏治，能得其所以然之故。派委稽核各属清讼事宜，亦极为详慎。

【案】此奏原件查无下落，录副①及清单②现藏于中国第一历史档案馆，兹据校正。

1.【新授两广总督广西巡抚臣张树声跪】刊本无此前衔，兹据录副校补。

2.【风裁】刊本误作"丰裁"，兹据录副校正。

3.【光绪六年三月二十八日】刊本无具奏日期，兹据校补。

4.【光绪六年五月初四日，奉旨：原折、单归籍】此奉旨日期与内容，据《军机处随手登记档》③校补。

5.【悃愊之吏】刊本作"悃愊之员"，兹据原单校正。

一六 保荐人才折

光绪六年三月二十九日（1880年5月7日）

新授两广总督广西巡抚臣张树声跪●1奏，为遵旨保荐人才，恭折仰祈圣鉴事。

窃上年迭奉诏书，责成各省督抚保荐人才，以备任使。本年正月，复钦奉谕旨饬令加意访求，无论文武两途已仕、未仕，均各举所知，出具切实考语，秉公保荐，不得徒采虚名，滥竽充数，亦不得以无人可保一奏塞责等因。钦此。仰见皇太后、皇上旁求俊乂，惟恐野有遗贤，务在简拔才能，以备器使，薄海观听，钦服同深！

臣重忝疆寄，兹已经年，迟回审顾，未敢遽陈荐剡，诚以知人则哲古圣●2犹难，若徒窃附急于荐贤之名，或贻朝廷轻于用人之悔，非臣心所敢安也。

夫以天下之大，国家涵濡作养之深，必当不乏贤能可以匡时济治。臣本庸暗，无灼见之识，无储才之素，未能搜幽达隐，远揽旁招，而文武诸臣其才望已达圣聪业经委用者，又无事赘陈。比来专就平昔所见闻，历年所考察，参之事迹以观其实在，采之舆论以核其声名，有识量宏深，具任重致远之器而不变节于初终；有志行坚卓，笃忠君爱民之心而不驰骛于荣进。真知确见，得有三人。其志趣不必同，要不至躁妄偾事；其才具亦各

---

① 中国第一历史档案馆藏：《军机录副》，档案编号：03-5150-013。

② 中国第一历史档案馆藏：《清单》，档案编号：03-5150-014。

③ 中国第一历史档案馆藏：《军机处随手登记档》，档案编号：03-0229-2-1206-123。

异，要不以势利熏心，固臣之所可信也。

至武职中亦有四人，皆淮军部将，为臣袍泽之旧，实有忠勇奋发之诚，可寄折冲御侮之任。此外，臣之所不知与虽知而未审，概不敢采听虚名，致长浮竞。

谨分晰开单，出具切实考语，专折保荐，仰求圣明俯加查核。倘所举非谬，即予量材录用。人才由奖借而出，期仰慰圣主求贤若渴之心，事功以历练而成，庶稍尽微臣以人事君之意！是否有当？伏乞皇太后、皇上圣鉴，训示，施行。谨奏。光绪六年三月二十九日●³。

光绪六年五月初五日，奉旨：归簌●⁴。

●谨将遵旨保荐文职三员分晰，出具切实考语，开列清单，恭呈御览。

计开：

布政使衔前任江南徐州道段起，湖南清泉县人，由布衣从戎，转战广西、江西、浙江等省，荐擢江西粮道。同治之季，该员方退归家居，经前船政大臣沈葆桢①奏调办理台湾军务。沈葆桢督两江，复调江南，旋坐补原缺，调补徐州道，丁忧开缺。该员沉毅明笃，识达才闳，于军务历练甚深，为政能持大体。事关国计民生，则忠诚奋发，不稍趋避。莅徐州数月，整理地方，化戢顽梗，声施烂然。臣去年出都，道经徐境，士庶犹啧啧称道。过衡州时，访其居乡行谊，亦翕然无间。就与谈论，智虑豁然，现任盐司中罕有其匹，加以事任，必能负重行远。现经奏请调赴粤东，该员本系实缺丁忧●⁵人员，现已服阙，例应赴都候简，可否遇有广东道员缺出，蒙恩简放，俾微臣收指臂之助！

湖北荆州府知府倪文蔚，安徽望江县人，由庶吉士改官刑部主事，保

① 沈葆桢（1820—1879），初名振宗，字翰宇，号幼丹，福建侯官人。道光十九年（1839），中举。二十七年（1847），中式进士，改庶吉士。三十年（1850），授翰林院编修。咸丰元年（1851），补武英殿纂修官。二年（1852），充顺天乡试同考官。四年（1854），补江南道监察御史。五年（1855），升掌贵州道监察御史。同年，放江西九江府知府。六年（1856），署江西广信府知府。七年（1857），迁江西广饶九南道。八年（1858），兼管粮台。九年（1859），加按察使衔。十年（1860），补江西吉南赣宁道。十一年（1861），擢江西巡抚。同治元年（1862），兼办广信粮台。三年（1864），封一等轻车都尉，晋头品顶戴。四年（1865），丁母忧，回籍终制，六年（1867），授福建船政大臣。九年（1870），丁父忧。十一年（1872），回福建船政大臣本任。十三年（1874），兼办各国通商事务。是年，巡视台湾。光绪元年（1875），调补两江总督，兼理通商事务大臣。五年（1879），卒于任。赠太子太保，谥文肃。著有《沈文肃公政书》等行世。

升郎中，递经前任湖北抚臣胡林翼①、严树森②奏调军营，后在现任大学士直隶督臣李鸿章幕中，从戎十年，力辞保荐。出守荆州，办理堤工，实心实力，措注施设，皆能规画远大，历久不懈。而不侈干办●6，不事声名。臣与该员同乡雅故，后又同在军营，常与讲道问学，议论往复，极服其根柢蟠深，体用兼备，既无轻浮自喜之心，亦无俯仰随人之见，实属器识闳远，可备大用。

记名御史翰林院编修李用清，山西平定州人，上年经臣奏调广西差遣。该员恳诚廉笃，志节贞亮，皆出于天性，深见官场骪骳之习，惧性非所宜，颇不愿浮沉于外。臣迭次敦趣，于本年三月来粤，连日晤谈，与论山西灾赈事宜，创巨痛深，惩前毖后。其一种饥溺由己之心，实自肺腑流出。于古今利弊、源流、时事、得失，亦能洞见表里，持之有故。该员于外省各事虽历练未深，若令居表率之地，讲求●7吏治，勤恤民隐，其耿介之风，恻怛之意，必堪矜式浮廉，造福苍赤。臣现已奏带赴东。粤东宦途猥杂，以瞻徇贪缘为能事，以侈糜纵逸相夸尚，得该员以风厉之冀，可挽回习气。惟以京秩参错外僚，从众则不能有所设施，认真则又皆疑其越俎。该员考取御史，本将传到，可否以道府特发广东委用，事违成例，非敢擅请。现当朝廷破格用人之际，如该员之志趣操守，实不易觏，特陈管见，伏候圣裁●8。

---

① 胡林翼（1812—1861），字润之，又字贶生，号咏之，湖南益阳县人。道光十五年（1835），中举。十六年（1836），中式进士，改庶吉士。十八年（1838），授翰林院编修。十九年（1839），充国史馆协修。二十年（1840），任会试同考官、江南乡试副考官。二十一年（1841），丁父忧，回籍守制，改捐中书。二十六年（1846），以知府分发贵州补用。二十八年（1848），署安顺府知府。三十年（1850），署镇远府知府。同年，调署思南府知府，赏戴花翎。咸丰元年（1851），补贵州黎平府知府。四年（1854），升贵州贵东道。同年，升四川按察使，调补湖北按察使。五年（1855），迁湖北布政使，署湖北巡抚。六年（1856），擢湖北巡抚。八年（1858），加太子少保。是年，丁母忧。十一年（1861），卒于任。授太子太保，赠骑都尉。谥文忠。著有《读史兵略》《胡文忠公奏议》《大清中外一统舆图》《宦黔书牍》《长沙府益阳县箴言书院志》《弟子箴言》《抚鄂书牍》《抚鄂批札》等行世。

② 严树森（1814—1876），初名澍森，字渭春，重庆綦江人。道光二十年（1840），中式举人，后捐纳内阁中书，改知县。咸丰元年（1851），补湖北东湖县知县。五年（1855），捐升同知，以功晋秩知府。六年（1856），署武昌府知府。八年（1858），擢湖北荆宜施道。九年（1859），升授湖北按察使。十年（1860），迁湖北布政使。同年，擢河南巡抚。十一年（1861），调补湖北巡抚。同治三年（1864），及经官文奏劾，降为道员。四年（1865），补广西按察使。五年（1866），调补贵州布政使，因逗留被参。六年（1867），疏请开缺，诏斥褫职，发往云南差遣。十一年（1872），予四品顶戴，署广西按察使。光绪元年（1875），补广西布政使，是年，授广西巡抚。二年（1876），卒于任。著有《皇朝中外一统舆图》《大清中外一统舆图》《大清一统舆图》等。

●谨将遵旨保荐武职四员分晰，出具切实考语，分列清单，恭呈御览。

计开：

头品顶戴记名提督王孝祺①，安徽庐州人。该员从征江南，进剿捻股，艰难百战，功绩最伟。臣与其共事甚久，深知该员忠勇朴诚，沉毅坚定。其在营治军，平时有隐若敌国之形，临事有猝然难撼之势，夷险一节，缓急可恃。

记名提督吴宏洛②，安徽合肥人。该员束发从军，转战江南，屡建奇绩。剿捻山东，最为出力。潍县之战，论功尤多。臣在苏抚任内调该员率所部驻防吴淞，督筑洋式炮台，迭经江南督抚臣暨前兵部右侍郎臣彭玉麟勘验，皆称为长江各炮台之最。该员忠信勇敢，天性笃挚，御众严整而能厚恤其士卒，临敌奋往而能不挠于险艰。

记名提督蔡金章，安徽寿州人。该员于咸丰、同治间投效江南军营，派守宝山县，力战却贼●9，卒保危城。嗣隶淮军，克平发、捻各逆，大小

---

① 王孝祺（1835—1899），本名德胜，安徽合肥人。咸丰二年（1852），投效淮军，从李鸿章规三吴，积劳至守备。八年（1858），加六品顶戴。同治元年（1862），赏戴蓝翎。二年（1863），帮带树字正营。三年（1864），帮带树字左营。同年，赏换花翎。四年（1865），加壮勇巴图鲁。五年（1866），晋提督衔。八年（1869），换博奇巴图鲁勇号。光绪六年（1880），署广西右江镇总兵，历署广东碣石镇总兵、潮州镇总兵。九年（1883），补授广西右江镇总兵。十一年（1885），封云骑尉，兼署广东高州镇总兵。十二年（1886），调补广东北海镇总兵，兼署高州镇总兵。十三年（1887），署理广东水师提督。十四年（1888），兼署广东潮州镇总兵。十七年（1891），署广东水师提督，兼署广东潮州镇总兵。二十年（1894），赏戴双眼花翎。二十一年（1895），以病辞归。二十五年（1899），卒于籍。

② 吴宏洛（1843—1897），字瑞生，安徽合肥人，武童。本姓刘氏，过继于母舅吴氏。咸丰七年（1857），投效淮军铭字营。八年（1858），以功赏六品功牌。同治元年（1862），获五品功牌，赏戴蓝翎。二年（1863），保千总，加守备衔。同年，保尽先都司，赏换花翎。三年（1864），保游击，晋副将衔。四年（1865），保副将。五年（1866），保记名总兵。六年（1867），保参将，加利勇巴图鲁勇号。同年，充淮军树字营官。七年（1868），保记名提督，赏一品封典。八年（1869），统带铭字左军六营。九年（1870），随刘铭传入陕，驻防耀州延安北山一带。十三年（1874），调防吴淞海口，监造炮台。光绪二年（1876），丁嗣父忧。九年（1883），调防广东长州，筑炮台十二座。十年（1884），统带宏字五营驻防台湾。十一年（1885），经刘铭传奏调援台。十二年（1886），总理澎湖防务，攻剿台湾中路番社。十三年（1887），补福建澎湖镇总兵。十四年（1888），赏头品顶戴。十六年（1890），总统攻剿台北大嵙崁、宜兰两处叛番滋事前敌各军。十九年（1893），丁嗣母忧。二十年（1894），经李鸿章奏调，统带宏字六营驻防直隶。二十一年（1895），补授直隶正定镇总兵。同年，调补直隶通永镇总兵，兼统直隶通永镇练军。二十三年（1897），卒于军。

数百战，卓著勋劳。上年经臣奏调来粤，统领省防勇营，认真训练，纪律严明，迭次剿平武宣、来宾、贵县、桂平、横州等处土匪，迅速藏事，办理悉合机宜。该员气韵沉雄，精勤朴实，不以利害为趋避，故勇往无敌；能以公廉御士卒，故所向有功。

记名总兵林成兴，江苏江浦县人。该员于咸丰间在扬防军营素称骁将，后入淮军，从征南北，所至立功。近年从臣弟太原镇总兵张树屏①，管带山西防营，屡建劳绩。该员气骨神骏，腾骧奋发，御师勒阵，可以凌厉无前。

以上四员，皆堪胜总兵之任。

【案】此奏原件查无下落，录副②及清单一③、清单二④现藏于中国第一历史档案馆，兹据校正。

1.【新授两广总督广西巡抚臣张树声跪】刊本无此前衔，兹据录副校补。

2.【古圣】刊本作"古帝"，兹据校正。

3.【光绪六年三月二十九日】刊本无具奏日期，兹据校补。

4.【光绪六年五月初五日，奉旨：归箍】此奉旨日期与内容，据《军机处随手登记档》⑤校补。

5.【丁忧】刊本夺"丁忧"，兹据《清单》校补。

6.【干办】刊本误作"干辨"，兹据校正。

7.【讲求】刊本误作"购求"，兹据校正。

8.【案】此外刊本置于首段，兹据《清单》改校。

9.【力战却贼】刊本作"力战却敌"，兹据《清单》校正。

---

① 张树屏（1839—1891），字建侯，安徽合肥人。咸丰间，在乡办团，以功保至千总。同治元年（1862），升守备。三年（1864），迁副将，管带树字副营。四年（1865），加总兵衔。光绪四年（1878），署太原镇总兵。同年，实授斯缺。七年（1881），加额腾额巴图鲁勇号。九年（1883），调补大同镇总兵。十三年（1887），因病辞归。十七年（1891），卒于里。

② 中国第一历史档案馆藏：《军机录副》，档案编号：03-5150-032。

③ 中国第一历史档案馆藏：《清单》，档案编号：03-5155-003。

④ 中国第一历史档案馆藏：《清单》，档案编号：03-5155-005。

⑤ 中国第一历史档案馆藏：《军机处随手登记档》，档案编号：03-0229-2-1206-124。

一七　请调编修李用清道员段起片

光绪六年三月二十九日（1880年5月7日）

再，记名御史翰林院编修李用清①，上年经臣奏调于本年三月抵粤。臣现在交卸赴东，该编修本系奉旨交臣差遣委用人员，拟仍带赴粤东，藉资差遣。东省南洋冲要，交涉中外，事务殷繁，当兹筹办海防，尤须群策群力，查有布政司衔前任江苏徐州道段起②，才猷练达，深识戎机，曾在台湾办理军事，于洋务亦经阅历。该员系丁忧回里，现已服阕。

仰恳圣慈俯念两广防务、洋务在在需才，准将记名御史翰林院编修李用清、布政使衔前任江苏徐州道段起调赴广东差委，俾收指臂之助，并恳饬下湖南抚臣转饬段起迅速来粤，实出自逾格恩施！谨附片奏请，伏乞圣鉴，训示。谨奏。

光绪六年五月初五日，军机大臣奉旨：知道了。钦此●1。

【案】此奏原件查无下落，录副③现藏于中国第一历史档案馆，兹据校正。再，刊本无具奏日期，录副日期署"光绪六年四月二十九日"，显误。兹据奉旨日期查光绪六年五月初五日《军机处随手登记档》④张树声折，即有此片。据同批折件《保荐人才折》⑤可知，此

---

① 李用清（1829—1898），字澄斋，号菊圃，山西平定州人。同治三年（1864），中举。四年（1865），中式进士，改庶吉士。七年（1868），授翰林院编修，历充国史馆协修、国史馆纂修，兼武英殿协修。十一年（1872），加侍读衔。十二年（1873），丁父忧，回籍葬亲。光绪二年（1876），充武英殿纂修。五年（1879），署国史馆总纂。六年（1880），留广东差委。七年（1881），补授广东惠州府知府。八年（1882），升贵州贵西兵备道。九年（1883），迁贵州布政使。十年（1884），署理贵州巡抚。十一年（1885），署理陕西布政使。十四年（1888），赏花翎，晋头品顶戴。同年，以疾归，主讲晋阳书院。二十四年（1898），卒。

② 段起（？—1882），字小湖，湖南清泉（今湖南衡阳）人，监生。咸丰初，以入资助饷，叙道员，旋佐广西左江道王昔相幕。九年（1859），加盐运使衔。十一年（1861），晋布政使衔。同治元年（1862），补江西督粮道。四年（1865），兼署江西按察使。六年（1867），以疾归里。九年（1870），丁父忧。光绪三年（1877），补授江苏徐州道。六年（1880），经两广总督张树声奏调赴粤，擢广东盐运使。八年（1882），卒于任。

③ 中国第一历史档案馆藏：《军机录副》，档案编号：03-5150-032。

④ 中国第一历史档案馆藏：《军机处随手登记档》，档案编号：03-0229-2-1206-124。

⑤ 中国第一历史档案馆藏：《军机录副》，档案编号：03-5150-032。

具奏日期应为"光绪六年三月二十九日"无疑，兹据校正。

　　1.【光绪六年五月初五日，军机大臣奉旨：知道了。钦此】此奉旨日期与内容，据录副及《军机处随手登记档》校补。

一八　覆陈将地方应办事宜详细告知庆裕片

光绪六年三月二十九日（1880 年 5 月 7 日）

　　再，臣于本年三月十五日钦奉寄谕：粤西地方山深林密，积匪甚多，全在地方官实力稽查，随时防剿。张树声向来办事认真，现在庆裕①计已到任，着张树声将地方情形及应办事宜详细告知等因。钦此。臣奉职无状，仰荷圣慈优容训勉，惶悚曷胜！臣惟广西远在岭外，自为风气，土地多瘠，而民复习于惰游，教养未遑，而吏每安于骳骭，行省偏居东北，各属相去动逾千里或二千余里，苟太吏之精神不能贯注，下情壅隔，斯长乱萌。今外患既平，边防亦布置就绪，内治之要所亟应办理者，约有数端。

　　西省各州县积习疲玩，刑名讼狱尤为苟简，宿案尘积，辗转推延，有历十数年未结者，而各属寝阁不报之案更不可究结。滥传私押，百弊丛生；积忿不平，铤而走险●¹；匪徒勾结，往往由此滋事。当经酌定清讼事宜，刊颁饬办，立限期以清旧案，计功过以剔勤惰，定月报册，以资稽核；悬牌头门，书明押犯，以除凌虐、私押诸弊。数月以来，臣与臬司督属照办，查有玩忽，分别撤参。近日稍有振刷之机，命、盗等件积案一千余起陆续完结，仅存十分之一。此后尤须随时督率查察，方不致奉行故事。此清讼之亟应讲求者也。

　　西省额兵二万二千四百余名，现在裁存一万一千数百名，而巡防地方

① 庆裕（？—1894），字兰圃，喜塔腊氏，满洲正白旗人，翻译生员。咸丰六年（1856），考取内阁中书。八年（1858），充军机章京。九年（1859），补贴写中书。同治元年（1862），任方略馆纂修官。三年（1864），加侍读衔。四年（1865），兼总理各国事务衙门行走。五年（1866），补内阁汉本堂侍读。六年（1867），充玉牒馆督催。七年（1868），授方略馆提调官、军机领班章京。九年（1870），放湖北郧阳府知府。光绪元年（1875），授奉天府府尹。光绪三年（1877），升陕西按察使。四年（1878），署理陕西布政使。五年（1879），补授福建布政使。同年，擢广西巡抚。八年（1882），授漕运总督。九年（1883），补授河东河道总督。同年，拜盛京将军。十年（1884），兼署盛京刑部侍郎。十九年（1893），调补热河都统。二十年（1894），补授福州将军。同年。卒于任。

及每月剿捕之事，皆非营勇不能济事。以制兵饷薄，训练不精，故终不得其用也。虚糜兵饷以养无用之兵，不得不另筹勇饷以养可用之勇。制兵日弱，军饷日耗，岂宜积久相沿因循不变！前因西省勇营大半出征关外，事多牵掣，未便遽议更张。现拟参酌直隶练军章程，先就省标抽练二营，提标抽练二营，左、右两镇标各抽练一营，合成三千人，稍裁分防之勇，以抵练兵加饷。俟办有成效，再行仿照推广，业经督饬善后局司道通盘筹画，妥议章程，粗有头绪。应俟抚臣庆裕详察熟筹，认真举办。此练兵之亟应讲求者也。

军兴以来，全恃厘金以供度支，虽本非得已，而势难遽裁。惟各卡之弊，一有中饱，上则亏蚀饷项，下则病累商民。若不勤加查察，其舞弊营私之渐，抑勒需索之计，不可胜言。臣去夏抵任后，访查累月，而后得其情伪。秋闱事毕，始获与司道力图整顿，厘剔诸弊，以裕饷之中不失恤商之意为本。其办卡之员劣迹昭著者，均经随时劾治，近来渐见转移，正须实力督察。此厘捐之亟应讲求者也。

西省物产不丰，地利未尽，南路太泗镇一带污莱尤多，民不务本，易以为乱。臣已通饬各属查明境内荒田，设法招垦，并以桑、麻、木、棉之利，广为劝导。良莠不分，无以致治，各属保甲亦饬一律编查，令其各就地方情形，悉心经理，总须戢暴安良，扶正气以消患气，庶一切教养之政，如积谷以裕盖藏，造士以善风俗，皆可次第经理。此垦荒、保甲之亟应讲求者也。

此数端者，或为臣稍经致力，或为臣甫引其绪，深愧才力庸驽，办事迟钝，皆未能奋迅程功，多抱有志未逮之疚。抚臣庆裕咨询勤恳，求治甚殷，臣已钦遵谕旨将愚虑所及详细告知，必能为微臣补救阙失，以上副圣主廑念岩疆之至意！

谨附片覆陈。伏乞圣鉴，训示。谨奏。

光绪六年五月初五日，军机大臣奉旨：知道了。钦此●²。

【案】此奏原件查无下落，录副①现藏于中国第一历史档案馆，兹据校正。再，刊本无具奏日期，录副日期存疑。兹据奉旨日期查光绪六年五月初五日《军机处随手登记档》② 张树声折，即有此片。据同

---

① 中国第一历史档案馆藏：《军机录副》，档案编号：03-5150-029。
② 中国第一历史档案馆藏：《军机处随手登记档》，档案编号：03-0229-2-1206-124。

批折件《保荐人才折》① 可知，此具奏日期应为"光绪六年三月二十九日"无疑，兹据校正。

1.【铤而走险】刊本作"挺而走险"，兹据校正。

2.【光绪六年五月初五日，军机大臣奉旨：知道了。钦此】此奉旨日期与内容，据录副及《军机处随手登记档》校补。

---

① 中国第一历史档案馆藏：《军机录副》，档案编号：03-5150-032。

卷四　岭南前稿一

○一　制造局员请俟第一号蚊子船工竣起程折

光绪六年六月十九日（1880年7月25日）

两广总督臣张树声、广东巡抚臣裕宽跪●1奏，为粤省制造局员遵旨饬赴吉林，现与北洋大臣往返函商，请俟仿造第一号蚊子轮船工竣即赶紧起程，先行恭折复陈，仰祈圣鉴事。

窃臣等于光绪六年四月二十九日承准军机大臣字寄：光绪六年四月初九日，奉上谕：李鸿章奏，遵筹吉林选将、造船等事宜各折片①。据称混同、松花等江轮船均可驶行，若制造舢板、长龙各船，不足以资守御。李鸿章所奏在三姓附近水深溜大之处设厂筹造小轮船，如粤东仿造蚊子船等式，上可驶行伯都讷省城一带，下可驶巡黑河口，转入黑龙江，洵为目前切要之图，即着照所议办理。道员温子绍在广东制器有年，颇有心得。现在吉林创始，需才较粤省防务尤为紧要，着张树声、裕宽饬令该员酌带造船得力工匠，并将俊启上年代购神机营设厂之机器选择合用者，由海道运至奉天营口，再由陆路运至吉林，以资创设船厂之需。温子绍暨随带工匠、机器赴吉川资，着该督、抚、监督设法筹给等因。钦此。当经转饬道员温子绍钦遵去后。

旋据禀称：去冬自行捐资报效，仿造蚊子船一只，现在工程仅及一半，正在布置机器、炮架一切，约九月尾可以竣工。粤局向无洋人，皆该道一人随时督率各工，讲求调度，实无别人可以接手。奉饬续造蚊船一只，大宗料件亦已购备，无人可以交托，请俟此项船只赶造完

---

① 详情请见光绪六年四月初七日直隶总督李鸿章具奏《遵筹吉林选将造船调取军火等事折》（中国第一历史档案馆藏：《军机录副》，档案编号：03-9417-014）。

竣，即行部署赴津，面请李鸿章指示。并据沥陈吉林设厂，粤匠技优者不肯远离，平等者带往无济。机器体质极重，机关甚微，陆运数千里，易致疏虞。造船物料购自南洋，往返动须半年，易致耽误。工价数倍，转运繁难，北地苦寒，南人畏冷，制造虑难应手，经费恐多虚糜各等情前来。

臣等伏查粤省自行仿造蚊子船，变通办理，局员温子绍先行捐置一号，议定另筹银两发交该机器局添造一号。一俟此两号告成，果与外洋蚊子船相为颉颃，再行制造两号，以资分布，业经前督臣刘坤一会同臣裕宽于上年十二月奏奉谕旨，着照所请，先行试办等因，钦遵在案①。窃惟吉林北边重地，设厂造船，规画深远，既需温子绍前往经理，自未便因粤省续造蚊船久稽时日。惟仿造蚊船亦系中国创造之举，温子绍捐置一号，钩心斗角，事由一手经理，若令弃之而去，固属可惜。且李鸿章原奏亦言吉林筹造小轮船，如粤东仿造蚊子船等式。今仿造之船尚未下水动轮，其合式与否，即温子绍亦须试验驶行，始有把握。

臣等当与北洋大臣李鸿章往返函商，兹准复称：温子绍所陈吉林设厂为难各节，皆系实在情形。事关重大，原非一蹴所能定见，请令温子绍于本年秋间第一号蚊船葳工后驰赴津门筹商，或少带工匠先往吉林察勘一切，再行定议等因。臣等已督饬温子绍将捐造第一号蚊船并日加工，迅速葳事，即行遵旨驰赴天津，听候李鸿章筹商饬办。其粤海关购存机器，亦俟温子绍选择带往，再与俊启设法筹给川资，以备应用。

除俟届时再行奏报外，所有机器局员温子绍请俟第一蚊子船工竣即令起程赴津缘由，谨合词恭折覆陈。伏乞皇上圣鉴，训示。谨奏。光绪六年六月十九日●2。

光绪六年七月十一日，军机大臣奉旨：知道了。钦此●3。

【案】此折原件查无下落，录副②现藏于中国第一历史档案馆，兹据校补。

1.【两广总督臣张树声、广东巡抚臣裕宽跪】刊本无此前衔，兹据录副补。

2.【光绪六年六月十九日】刊本无具奏日期，兹据校补。

---

① 详情请见光绪五年十二月初四日两广总督刘坤一会同广东巡抚裕宽具奏《遵旨筹备蚊子轮船以为海防之用拟由粤省自行试办等事折》（中国第一历史档案馆藏：《军机录副》，档案编号：03-9384-001）。

② 中国第一历史档案馆藏：《军机录副》，档案编号：03-9414-011。

3.【光绪六年七月十一日，军机大臣奉旨：知道了。钦此】此奉旨日期与内容，据录副校补。

○二 筹办广东海防折

光绪六年七月初二日（1880 年 8 月 7 日）

两广总督臣张树声跪●[1]奏，为遵旨筹办广东海防情形，恭折详细密陈，仰祈圣鉴事。

窃海防事宜，迭奉谕旨妥筹布置，业经前兼署督臣裕宽将东省筹办各节详晰覆陈。臣于交卸广西抚篆时亦附片奏明，请俟抵任察看，统筹妥办在案。伏查广东全省，东连闽峤，西控越南，濒海之地迤长几三千里。除琼州、南澳四面临洋，虎门、澳门、潮州、北海数口通商往来外，支港通津，错出如织。将就海以言防，必扼要以设险，炮台、轮船，其要也；足兵、裕饷，其本也。臣抵任两月矣，早作夜思，详求熟察，谨以成事之难骤变，急图之无全策，远虑之不可忘，为我皇太后、皇上缕析陈之。

粤东沿海各处及琼州、南澳旧设炮台一百六十余座，军兴以来，大抵颓废。至近年参酌中西之制，修筑炮台，自省河虎门及潮州之汕头始。臣到任后，与广东抚臣裕宽乘轮船赴虎门履勘，威远、下横档两炮台围墙一律蒇事，畚挶之工，尚称坚实。惟炮洞大而且密，多系用石环砌如桥洞，然易为敌炮打入。且以刚御刚，尤易击碎。台仅平水，无上层稍高之炮，不能乘其未至迎头击远。省河中流砥柱、大黄滘两处炮台久报竣工，尤不合法，所筑台墙已有陷裂之处，兵房、药房均未兴筑，炮位尚未配齐，守台兵将亦未派定有人。汕头碣碌炮台距省较远，臣尚未及往验，当派记名提督董明礼赴潮查勘，并详询署潮州镇总兵方耀，据称工程尚为坚固。其炮位缺乏，无兵驻守，与省河虎门各台略同。

统观各处炮台，守御之资，不特难与泰西各国相较，即比之北洋之大沽、北塘，南洋之长江、吴淞，亦相去远甚。盖缘东省经费支绌，历任督抚臣竭蹷措办，屡作屡辍，事非一手，时逾十年，其不能悉中程度者，亦势为之也。大小轮船二十余号，能行本省外洋者，仅有五号，与盐务所造三号皆略如根钵之式，只可为巡缉盗匪之用。若临阵御敌，恐未足与敌人兵轮角胜，更无论铁甲矣。蚊子船甫经定购一号，来华尚需时日；机器局仿造一号，尚未竣工。水雷尤守口要物，东省所存无多，正在讲求购制，以期足用，亦非可猝办者。

国家于海疆要区武备最重，故东省水、陆兵丁额设六万八千余名。同治七年，前督臣瑞麟①奏裁三成，尚存陆兵三万二千余名、水师一万五千九百余名②，兵数不可谓少。无如绿营饷薄，积习太深，率废弛不可复用。前督臣刘坤一到任后，添练陆兵，连前练共五千名，水师五千九百余名。抚臣裕宽兼署督篆时，复于督标加练五百名，琼州镇标挑练五百名。刘坤一并令将陆兵编定营制，分立正、副两营，递年轮练，期以一兵之粮得两兵之用，意甚善也。

特臣察看省标练兵，队伍虽尚可观，究难信其杀敌致果。省外各标，闻更不逮。各属缉捕巡防，常谓得练兵百，不如得壮勇数十。其未尽核实，即此可知。至水师练兵，原系就外洋、内河轮、拖、巡各船壮勇补充兵额，惟船只参差不齐，散扎分巡，久废操练。昨经前兼署督臣裕宽勒限两月操练娴熟，尚虑未能遽收折冲之效。通省陆路练勇六千余名，分扎九府四州，缉匪捕盗，犹患弗给，以及厘厂之巡丁，各局之使令，皆在其中。以一省之大，欲求一枝整军劲旅，藉以应敌御侮，不可

---

① 瑞麟（1809—1874），字澄泉，叶赫那喇氏，满洲正蓝旗人，文生。道光二十四年（1844），充太常寺读祝官。二十五年（1845），充赞礼郎。二十七年（1847），加五品顶戴，戴花翎。二十八年（1848），补太常寺少卿。同年，任西陵查礼大臣。二十九年（1849），授内阁学士兼礼部侍郎衔。同年，充顺天乡试大臣。三十年（1850），补礼部右侍郎。是年，任考试汉教习请题大臣，署正黄旗护军统领。咸丰元年（1851），授镶蓝旗汉军副都统。二年（1852），任查仓大臣、正黄旗护军统领、随扈大臣，转正红旗满洲副都统。同年，授经筵讲官，兼署镶黄旗护军统领、工部左侍郎。三年（1853），任左翼前锋统领、左翼监督，管理圆明园八旗事务，兼工部左侍郎、崇文门副监督，授户部右侍郎兼管钱法堂事务，兼礼部右侍郎，是年，入值军机，任帮办大臣。四年（1854），转户部左侍郎，管户部三库大臣。五年（1855），授西安将军，加都统衔，授巴达琅阿巴图鲁勇号。同年，补礼部尚书，兼镶白旗蒙古都统。六年（1856），任玉牒馆副总裁、镶黄旗汉军都统、总管内务府大臣。七年（1857），授经筵讲官，署理钦天监事务。八年（1858），署工部尚书、巡防大臣，管理健锐营事务，兼署直隶总督，补户部尚书。是年，擢大学士，兼管礼部、鸿胪寺事务。九年（1859），任正白旗领侍卫内大臣，兼管火器营事务，授文渊阁大学士、会试大臣。十年（1860），任内大臣，充殿试读卷大臣。十一年（1861），补镶黄旗汉军都统，兼正白旗蒙古都统，管理神机营事务。同治元年（1862），兼署镶白旗汉军都统、热河都统。二年（1863），调补广州将军。四年（1865），兼署两广总督。五年（1866），授两广总督。七年（1868），兼署广州将军。九年（1870），兼署广东巡抚。十年（1871），授文渊阁大学士。十一年（1872），拜文华殿大学士。十三年（1874），卒于任。赠太子太保，谥文庄。

② 详见两广总督瑞麟于同治七年三月初八日具折《奏闻粤省办理练兵缉捕团练等情形》（中国第一历史档案馆藏：《军机录副》，档案编号：03 - 9414 - 002）。

得也。

夫炮台、兵轮、水雷、大炮、良将、精兵，一端不备，海防不固。然此数端者，皆非仓卒可成，必有大宗饷项，始可资以措办。若铢铢寸寸，挪东补西，仍不过迁就补苴，无裨久远之用。溯自同治十二年钦奉谕旨筹办海防以来，先后在藩、运二库借拨银四十余万，沙田抽捐二十余万，关税项下原拨防剿高、廉等处伏莽勇粮每月二万两，改充海防经费一款，自同治十二年十二月起，截至光绪六年五月止，连闰计八十个月，实在解到九十八万余两。除支伏莽经费及惠州、琼州查办土匪挪移外，实归海防支用二十七万余两。此皆实用无存者也。

现在海防专款沙田捐已鲜报收，改拨关税半多欠解，惟上年五月间奏准试办洋药抽捐海防经费为有着之款①。十月间，户部议覆前督臣刘坤一具奏筹办海防一折②，准将粤省厘金项下提拨南、北洋经费每年三十万两截留本省充用，为准留之款。无如藩库常年应收地丁、关税、监课、厘金共二百五十余万，应放本省兵饷、善后经费各款及京、协各饷共三百九十余万，以入抵出，不敷常百数十万。京饷固为最要，西饷亦必须解足十成，划还洋款，尤限以时日，不得稍有迟延，不特所收厘金业已悉数支用，即洋药抽捐海防经费亦皆挪凑，以应星火之急。虽已奉拨巨款，实仍不名一钱。前事如此，故难骤变也。

臣之所谓急图者，方今洋情叵测，事机已迫，备御之虚如彼，库款之窘如此，敷衍之局，必不可为迁远之谋，亦难集事。臣与抚臣斟酌缓急，先将虎门两台兵房、药房并力修筑，添置枪械药弹，以期备用。前次奏明就沿海沙民、蛋户挑募精壮二千人，已先募集一千名，分为两营，派员管带，各守一台，辅以提标之练兵现有之轮、拖各船，而以水师提臣统之。省河中流砥柱、大黄滘两处炮台，现于台墙内外累土加培，稍为通便，暂应目前之急，遴派前福建水师提督吴全美、前署广州协副将邓安邦各募壮勇数百名，分任驻守。

旧存洋、土各炮数本不多，日久收储，内外生锈，车架饰件亦多残缺，已饬局一一配齐，打磨光泽，分拨各台，各按炮洞之大小、高下，地势之险易、轻重，审度安设。酌定操演章程，严饬守台之将督率兵勇，设

---

① 详见两广总督刘坤一于光绪五年五月二十六日具奏《粤商请办洋药抽捐海防经费准其试办缘由折》（中国第一历史档案馆藏：《军机录副》，档案编号：03–6184–040）。

② 详见两广总督刘坤一于光绪五年八月二十八日具奏《筹办海防请截留拨解新旧洋款外余各款等情缘由折》（中国第一历史档案馆藏：《军机录副》，档案编号：03–9383–033）。

靶演试，以取准的。潮州汕头炮台，责成该镇方耀①一律办理，并饬调署南韶连镇总兵郑绍忠②带所部安勇五百名并前已调省之五百名，驰扎省城外，倡率练兵，实力训练，以为各路应援。此外，高、廉各属地异首冲，以今日之才力，势不能处处设防，仍督饬地方文武就地部署。琼州海口炮台，已据该镇道筹款兴修。南澳一镇，其力不能独存，惟有姑与潮州镇道互相联络，以成辅车相依之势。

至于各属团练、各港渔船，先经刘坤一、裕宽分派委员次第查办，编设保伍。但闻左之夫未更七年之教，可胜而不可败，可暂而不可久。臣饬印委各员必寓团练于保甲之中，寓选锋于练丁之内，庶未事无纷扰之患，临事得抽调之用，已事鲜游手之人，要只可借以为助而不可尽恃也。

窃惟以目前之布置，御海外之强敌，无论洋面，略无把握。即虎门、汕头各口，亦未敢言以守则固。万一事机迫切，臣惟有殚竭血诚，奖率将士，激励绅民，扼之于险隘，击之于陆地，胜负虽不可料，要必死生以之，期无负高天厚地之恩而已。此急图无全策之实在情形也。

至于阴雨绸缪，则练兵事宜仍须认真讲求，期有实济。而虎门、汕头两处天险之地，当以全力注之。虎门形势，臣悉心察看，原有之上横档、靖远各台与威远、下横档连珠犄角，视沙角、湖州山尤为切要。汕头虽未亲勘，亦绝非碛碌一台遂能控扼。虎门至省一百八十里，黄浦、常洲一带中权扼要，亦宜有台、有兵，方能首尾皆应。琼州、南澳则非简练兵轮水

① 方耀（1834—1891），字照轩，广东普宁县人。咸丰元年（1851），随父治乡团，嗣投清军，以功加六品顶戴。三年（1853），充兴宁营外委。五年（1855），保把总，晋千总，加五品顶戴。七年（1857），补连平营中村汛把总。八年（1858），升潮州镇左营右哨千总。同年，署理南雄协中军都司。九年（1859），保都司，戴花翎，加展勇巴图鲁名号。十年（1860），保游击。十一年（1861），保参将。同治元年（1862），补广东琼州镇右营都司。同年，署广东三江协副将。二（1863），保副将，加总兵衔。四年（1865），保总兵，晋提督衔。七年（1868），署广东南韶连镇总兵。同年，实收斯缺。光绪三年（1877），署理广东陆路提督。五年（1879），调补广东潮州镇总兵。九年（1883），充海防全军翼长。同年，署理广东水师提督。十一年（1885），擢广东水师提督。十七年（1891），卒于任。

② 郑绍忠（1834—1896），原名郑金星，又名郑金，字心泉，广东三水县（今广东佛山）人。咸丰四年（1854），参加三水民变。同治二年（1863），降清，赏都司衔。四年（1865），先以军功加游击衔，嗣保副将。同年，署理罗定协副将。五年（1866），晋总兵衔，加敢勇巴图鲁名号。同年，署广东肇庆协副将，换额腾伊巴图鲁。七年（1868），补授南韶连镇总兵。十二年（1873），调补潮州镇总兵。光绪二年（1876），加头品顶戴。十年（1884），署理广东陆路提督。十五年（1889），补授广东高州镇总兵。同年，擢湖南提督。十七年（1891），调补广东水师提督。二十年（1894），加尚书衔。二十二年（1896），卒于虎门防次。

师，断难恃以为固，而微臣区区之愚，尤愿圣明俯垂听采者。

中国海防全局，自以天津为首要，江苏次之，闽、粤又次之。然洋务之兴，滥觞自粤。惩前毖后，岭南虽一隅，利害之数系于天下者，实大西人渡重瀛而来，以南洋各岛为三窟，展轮一发，即入粤洋。粤民强悍嗜利，若能收而用之，实有奋不顾身之效，否则为寇所资，其害亦烈。道光年间，公私充裕，纠合乡团，赖以却敌。咸丰之季，外人以利裹诱，多为其所用，遂致肆扰省垣，延及畿辅。此往事之堪鉴戒者也。

且中国沿海万余里，门户洞开，闭关无术，自朝廷之上以至宇内，识时务之士皆忧深虑远，谓轮船驾驶、机器制造之学，必须无借于外人，始为自强之实际。粤东山海奥区，民物稠庶，通商日久，其人多便习海洋，晓畅泰西情事，工艺精巧，尤甲寰区。料物之易致，船坞之得地，虽闽、沪莫及焉。及是时造就人材，讲求船械，事半功倍，可以建富强之基，可以资南、北洋之用。失此不图，万一为他族实逼处此，擅其地利，以牢笼其人，流毒之深，讵堪逆亿！地足有为，时不可忽，而度支匮乏，措注无资，臣所谓远虑不可忘者，惟在于此。东人杼轴其空非一日矣。晏然无事，悉索以应。协拨之饷，常岌岌不可终日。循是不变，能无隐忧？

臣才本驽下，加以蒲柳之资不堪耗折。曩者廿载从军，十年作宦，更事多艰，精力已敝，近年更迥不如前，智虑亦因以浅短。每念受恩深重，彷徨感泣，不知图报何从。所幸抚臣裕宽心精力果，胜臣十倍，每与臣论及时事艰难，慷慨奋发，相期竭虑殚忠，同舟共济。伏惟圣主眷顾南服，思固苞桑，嗣后协拨各款可否饬下户部权衡广东出入之数，为本省稍留余力，俾臣等得所藉手，以求实事而修武备，不致自强之计徒托空言，坐俟陨越，上负生成，粤民幸甚！大局幸甚！

所有统筹广东海防详细情形，谨恭折密陈。伏乞皇太后、皇上圣鉴，训示。谨奏。光绪六年七月初二日●2。

光绪六年七月二十五日，军机大臣奉旨：另有旨。钦此●3。

【案】此折原件查无下落，录副①现藏于中国第一历史档案馆，兹据校补。

1.【两广总督臣张树声跪】刊本无此前衔，兹据录副补。

2.【光绪六年七月初二日】刊本无具奏日期，兹据校补。

3.【光绪六年七月二十五日，军机大臣奉旨：另有旨。钦此】此

---

① 中国第一历史档案馆藏：《军机录副》，档案编号：03-9385-023。

奉旨日期与内容，据录副及《军机处随手登记档》^① 校补。

○三　严禁投买闱姓折

光绪六年七月初七日（1880 年 8 月 12 日）

两广总督臣张树声、广东巡抚臣裕宽跪^{●1}奏，为遵旨察看广东闱姓情形，请严禁投买，以肃政体而杜漏卮，恭折覆陈，仰祈圣鉴事。

窃臣裕宽于光绪六年二月二十日承准军机大臣字寄：光绪六年正月二十六日，奉上谕：御史钟孟鸿奏，广东闱姓流弊甚巨，请饬设法办理各折片^②。据称广东闱姓赌风最炽，前经申禁，乃奸徒将赌场徙至澳门地方，聚赌愈盛，巧于网利，势成漏卮，诚恐日久华洋合伙，于大局殊有关系等语。着该督抚察看情形，应如何严杜漏卮之处，设法妥筹，奏明办理。原折片均着抄给阅看。将此各谕令知之。钦此。遵旨寄信前来。当经恭录知照调任两江总督臣刘坤一、臣树声，一体钦遵。

臣树声到任后，与臣裕宽悉心体察，查广东赌风甲天下，名目繁多，至于不可胜纪。惟闱姓一项，其取义也巧，其被诱也广，无开场聚众之名，而为害独烈焉。同治年间，前督抚臣曾两次奏明罚缴军饷银两，皆一时权宜之计^③。嗣后赌馆愈多，流弊愈甚。同治十三年御史邓承修^④始有禁

---

① 中国第一历史档案馆藏：《军机处随手登记档》，档案编号：03 - 0229 - 3 - 1206 - 201。

② 详见光绪六年正月二十六日福建道监察御史钟孟鸿具奏《广东闱姓赌风最炽流弊甚巨请饬设法塞除折》（中国第一历史档案馆藏：《军机录副》，档案编号：03 - 5510 - 046）及《密陈澳门闱姓日久华洋合伙漏卮愈甚应预筹办理片》（中国第一历史档案馆藏《军机录副》，档案编号：03 - 5510 - 047）。

③ 详见同治十二年正月二十五日两广总督瑞麟具奏《饬将闱姓名目赌博罚银交充军饷折》（中国第一历史档案馆藏：《军机录副》，档案编号：03 - 4835 - 044）。

④ 邓承修（1841—1892），字伯讷，又字铁香、孝起，广东归善（今广东惠阳）人。咸丰十一年（1861），中式举人。同治二年（1863），充刑部山东司行走。八年（1869），补刑部四川司郎中。十二年（1873），升浙江道监察御史。十三年（1874），充会试稽查磨勘官。光绪元年（1875），丁父忧。二年（1876），补江南道监察御史。八年（1882），补授工科给事中。九年（1883），任户科掌印给事中。同年，充会试内帘监试官。十年（1884），授内阁侍读学士、鸿胪寺卿。同年，充总理各国事务衙门行走。十一年（1885），回籍省亲。同年，赴南关与法使会勘中越分界事宜。十四年（1888），以病告休，后主讲丰湖书院。十五年（1889），创办崇雅书院。十七年（1891），卒于惠州。著有《语冰阁奏议》《中越勘界电稿》等行世。

抽闱姓赃款之请①，光绪元年给事中黄槐森②复有申明前禁之请③。至前广东抚臣张兆栋奏陈闱姓赌局已禁，不宜复开④，钦奉谕旨将闱姓赌款严申禁令，永远裁革，不准藉词复开，以肃政体等因。钦此。仰见圣明洞微鉴远，所以垂戒将来者，至深切也。

自是厥后，省城法网森严，奸徒无可混迹，遂徙至香山县属之澳门地方。其地为葡萄牙洋人所居，豺狼启垄断之谋，狐鼠恃城社之固，同流合污，于今五年钟孟鸿原奏所称明目张胆，开设赌场，投买之人暗中传递，皆系实在情形。惟谓现在闱姓于洋人无涉，其利尽归奸民。详加访查，尚非事实。葡萄牙国小而贫，鲜贸易之利。其住澳门者，薮盗庇匪，无所不为。所开闱姓馆，皆洋人主之，取什一之利，岁入巨万。专恃此项以为资用。虽其中奸民嫁名或亦不免，然非与洋人说和瓜分，不能专其利也。

前数年，携带投买，皆由渡船。近以华船有官司稽查，洋人设公司，火船为之传递，既未可登舟大索，且尺一之纸，数寸之薄，掌握可以收藏，妇女亦堪怀挟，取携甚便，搜缉良难。是漏卮已成，欲杜之于开设之地，截之于往来之途，二者均不易行。议者多谓闱姓罚银前有成案，弃巨款于外人，不如收回以济饷，然臣等尝深究厉害之故矣。

自古理财正辞，禁民为非曰义，未有纵民为非而可曰政者。闱姓之在澳门，小民即趋之若鹜，犹懔然知为犯法之事也。若招回省城，认缴罚款，公然聚赌，孰敢谁何，必至赌日盛而民日贫，倾家荡产之后，亡等之欲方滋，无形之患何极！譬之家有好赌之子弟，畏父兄呵禁，相率趋避，赌于其邻之室。父兄疾其邻坐获抽分，招子弟归，纵其赌而取其利，斯不待智者而决，其家之必败也。

① 详见同治十三年正月十二日浙江道监察御史邓承修具折《奏请严禁广东抽收闱姓赌款折》（台北"故宫博物院"藏：《军机及宫中档》，文献编号：113460）。

② 黄槐森（1829—1902），字作銮，号植亭，广东香山人。咸丰十一年（1861），中举。同治元年（1862），中式进士，改庶吉士，授编修。后历任山东道御史、云南道刑科给事中。光绪元年（1875），充给事中郎官。二年（1876），补直隶大顺广道，旋丁内艰，回籍终制。服满起复后，补四川川北道，转云南迤东道。十六年（1890），升贵州按察使，护理贵州巡抚。十八年（1892），调补广西布政使。同年，护理广西巡抚。二十一年（1895），擢云南巡抚。二十二年（1896），调补广西巡抚。二十七年（1901），开缺回籍。二十八年（1902），病卒。

③ 详见光绪元年六月初四日刑科给事中黄槐森具奏《广东闱姓赌局营谋复设请饬督抚迅即申明前禁以维政体折》（中国第一历史档案馆藏：《军机录副》，档案编号：03-5507-036）。

④ 详见光绪元年六月十九日广东巡抚张兆栋具奏《粤东闱姓赌款禁革业已遍行晓示不宜复开折》（中国第一历史档案馆藏：《军机录副》，档案编号：03-7176-038）。

　　臣等与在省司道反复熟筹，开闱姓者虽在澳门，买闱姓者皆在内地。欲散其局，莫如先求自治；欲夺其权，莫如使无可图。广东省各项赌博，业经刑部议准，加重治罪。臣等惟有懔遵前旨，申明禁令，严查投买之人，并将保甲事宜妥为举办，谕饬公正绅士各自约束其宗族，查察其邻里，务期有犯必获，获犯必办，但使文武官绅实心实力，不为势强所梗，不为异说所摇，虽未必即能禁止净尽，而少一人投买，即留一分物力，积久不懈，赌风必可渐衰。赌风既衰，盗风亦可渐息，所为塞漏卮以除隐患者，当在此而不在彼。至原奏所称拐买出洋之事，现有议定招工章程，节节稽查，无从弊混。如定章不变，当无庸另筹办理。

　　所有遵旨妥筹澳门闱姓缘由，谨合词恭折覆陈。是否有当？伏乞皇太后、皇上圣鉴，训示。再，刘坤一已赴两江调任，是以未经会衔，合并声明。谨奏。光绪六年七月初七日●2。

　　光绪六年八月初一日，军机大臣奉旨：知道了。该督抚申明禁令，随时认真查办，力挽颓风，不得以空言塞责。钦此●3。

　　【案】此奏原件、录副查无下落，兹据《军机处随手登记档》①校补。再，刊本缺具奏日期，兹查光绪六年八月初一日《军机处随手登记档》张树声折，署有"报四百里、七月初七日发"等字样。据此，此折具奏日期应为"光绪六年七月初七日"无疑，兹据校补。

　　1.【两广总督臣张树声、广东巡抚臣裕宽跪】刊本无此前衔，兹据《军机处随手登记档》校补。

　　2.【光绪六年七月初七日】刊本无具奏日期，兹据校补。

　　3.【光绪六年八月初一日，军机大臣奉旨：知道了。该督抚申明禁令，随时认真查办，力挽颓风，不得以空言塞责。钦此】此奉旨日期与内容，据《军机处随手登记档》校补。

○四　密陈禁买闱姓片

光绪六年七月初七日（1880 年 8 月 12 日）

　　再，密陈者：广东闱姓赌馆向为腥膻之尤，现在移设澳门，投买之人

---

① 中国第一历史档案馆藏：《军机处随手登记档》，档案编号：03－0229－3－1206－207。

辗转携带，究视省城为难，而眈眈染指者，尤以为不便，皆谓粤省经费支绌，有此巨款，不宜驱致洋人，驯至衣冠之流，亦多持是说，一唱百和，日夜觊觎。此次御史钟孟鸿折内"散澳门屯聚之局，夺奸民专利之权，货恶其弃，弊不能无"等语，词气之间，亦主开禁。该御史据事立言，非必意有所为。而此疏甫陈，外间已浮议大动，群起相摇。

溯查同治四、五年间，前督臣瑞麟、前署抚臣郭嵩焘①罚缴闱姓军需银十四万两；至十年、十一年间，前督臣瑞麟、前抚臣张兆栋复援案罚缴银三十二万三千五百两。名曰罚款，实则抽分赌馆余利而已。先后六年，公家所得者四十六万三千余两，而文武衙门、地方绅董所婪索分肥者，闻不啻数倍之。国家岁入数万金，受纵赌之名，而实则竭亿兆之脂膏，以徒饱贪饕之橐。民间财力止有此数，终年嗜赌，无有不贫。

粤东盗风未熄，矧复以贫迫之，赌愈盛而盗愈炽，患气之钟，所关非细。澳门夷人恃闱姓为利市，若中国力能自强，未尝不可据理阻止。且中国利权为外人所侵，亟应收回者亦多矣，岂特闱姓一事哉？立国有常经，生财有大道，虽世变递迁，而此理不易。饮鸩以止渴，渴止而祸益烈！

臣等无状，断不敢博持正之虚誉而昧机宜，亦不敢徇悠谬之浮言而负圣主。谨附片披沥密陈。伏乞圣鉴，训示。谨奏。

光绪六年八月初一日，归籍●1。

　　【案】此折原件查无下落，录副②现藏于中国第一历史档案馆，兹据校补。再，刊本缺具奏日期，兹查光绪六年八月初一日《军机处随手登记档》③张树声折，署有"报四百里、七月初七日发"等字样。据此，此折具奏日期应为"光绪六年七月初七日"无疑，兹据校补。

　　1.【光绪六年八月初一日，归籍】此奉旨日期与内容，据《军机处随手登记档》校补。

① 郭嵩焘（1818—1891），字伯琛，号筠仙、云仙、玉池老人，湖南湘阴县人。道光十五年（1835），取秀才。十七年（1837），中举人。二十七年（1847），中式进士，改庶吉士。咸丰三年（1853），授翰林院编修。七年（1857），加道衔。八年（1858），充南书房行走。同治元年（1862），放苏松粮储道。二年（1863），升两淮盐运使，是年，署广东巡抚。光绪元年（1875），晋福建按察使。同年，充总理各国事务衙门行走，署兵部左侍郎。二年（1876），署礼部左侍郎。同年，授出使英法两国大臣。三年（1877），迁兵部左侍郎。四年（1878），充出使法国钦差大臣。旋乞休归，主讲城南书院。十七年（1891），卒于籍。著有《礼记质疑》《大学中庸质疑》《周易释例》《毛诗余义》《订正朱子家礼》《湘阴县图志》《绥边征实》《读书记》《会合联吟集》《家谱》《官书》《郭侍郎奏疏》《玉池老人自叙》《史记札记》《养知书屋遗集》《使西纪程》等行世。
② 中国第一历史档案馆藏：《军机录副》，档案编号：03-7409-068。
③ 中国第一历史档案馆藏：《军机处随手登记档》，档案编号：03-0229-3-1206-207。

○五　察看总兵知府折

光绪六年七月初七日（1880 年 8 月 12 日）

两广总督臣张树声、广西巡抚臣庆裕跪●1奏，为察看总兵知府是否胜任，遵旨据实覆奏，恭折仰祈圣鉴事。

窃臣庆裕于光绪六年五月初四日承准军机大臣字寄：光绪六年四月初八日，奉上谕：广西右江镇总兵李维述①、平乐府知府吴德泰，着张树声、庆裕悉心察看，如竟不能胜任，即行据实奏参，毋稍迁就。将此各谕令知之等因。钦此。当即恭录钦遵，并将字寄原件咨送臣树声钦遵办理。

伏查右江镇李维述，由云南原籍积功起家，其在滇时行事，臣等无从查悉。臣树声去年到广西时，闻李维述到任之初，身颇多病，前督臣刘坤一亦曾询及。臣树声留心查察，该总兵病已痊愈，于整顿营伍、绥戢地方各事颇知认真办理。本年三月间，该总兵因公来省，臣等屡经接晤，见其精力强固，论事明白。右江距省窎远，接壤滇边，苗、土错杂，现正创办练兵。该总兵情形熟悉，久在军营，一切尚可胜任。

平乐府知府吴德泰，人尚朴实，惟识量甚浅，在任经年，舆情未洽。办理刑名案件，往往偏执己见，动与属员龃龉，先经臣树声在广西抚任内撤省察看，实不足膺表率之任，相应请旨将该员以通判降补，俾免贻误。

臣等往返函商，意见相同，不敢稍涉迁就，上负圣主澄叙官方之意。谨合词据实复陈。伏乞皇太后、皇上圣鉴，训示。再，平乐府知府一缺，遵照部定新章，前次浔州府缺出，归部铨选。此次系留归外补之缺，广西现有应补人员，应请扣留外补。此折系臣树声主稿，合并声明●2。谨奏。七月初七日●3。

光绪六年八月初一日，军机大臣奉旨：另有旨。钦此●4。

---

① 李维述（1834—?），云南楚雄县人，达春巴图鲁。咸丰初，在籍办团，投效军营。十年（1860），以军功补广西营千总。同治元年（1862），升云南鹤丽镇中营游击。四年（1865），升副将。六年（1867），署理开化镇总兵。八年（1869），补授云南顺云协副将。九年（1870），迁云南腾越镇总兵。十年（1871），赐记名提督。十一年（1872），封云骑尉。十二年（1873），丁母忧。光绪二年（1876），署理普洱镇总兵。三年（1877），补授广西右江镇总兵。十九年（1893），署理云南鹤丽镇总兵。

　　【案】此奏原件查无下落，录副①现藏于中国第一历史档案馆，兹据校补。再，刊本缺具奏日期，兹据校补。

　　1.【两广总督臣张树声、广西巡抚臣庆裕跪】刊本无此前衔，兹据录副校补。

　　2.【合并声明】刊本作"合并陈明"，兹据录副校改。

　　3.【光绪六年七月初七日】刊本无具奏日期，兹据录副补。

　　4.【光绪六年八月初一日，军机大臣奉旨：另有旨。钦此】此奉旨日期与内容，据录副及《军机处随手登记档》②校补。

　　【案】此奏旋于是年八月初一日得旨允行。《光绪朝上谕档》载曰：

　　　　光绪六年八月初一日，内阁奉上谕：张树声等奏，遵旨察看知府、据实复奏一折。广西平乐府知府吴德泰，在任经年，舆情未洽，着以通判降补。余着照所议办理，该部知道。钦此。③

〇六　特参文武大员折

光绪六年七月初九日（1880 年 8 月 14 日）

　　两广总督臣张树声、广东巡抚臣裕宽跪●¹奏，为文武大员庸弱废弛，请予罢斥，以免贻误地方，恭折据实奏陈，仰祈圣鉴事。

　　窃维臬司综刑名之纲，总兵分专阃之任。得人则治，失人则乱。广东岭外海疆，气嚣地险，盗赌之恣肆，词讼之诪张，将弁之戢法，营伍之积弊，臣等周历数省，莫此为甚。非得风力遒上者以明刑弼教，得忠勇有为者以经武整军，欲返积重之习，收安攘之效，其道无由也。

　　现任按察使张铣④，人本长厚，近年嗜好渐深，精神委顿，常至日晏，

---

①　中国第一历史档案馆藏：《军机录副》，档案编号：03 - 5152 - 001，又档案编号：03 - 5152 - 002。

②　中国第一历史档案馆藏：《军机处随手登记档》，档案编号：03 - 0229 - 3 - 1206 - 207。

③　中国第一历史档案馆编：《光绪朝上谕档》，第 6 册（光绪六年），广西师范大学出版社 1996 年版，第 181 页。

④　张铣（1826—1891），字叔最，号寿荃，又号被庄。湖南宁乡人。道光二十九年（1849），拔贡。咸丰元年（1851），中恩科顺天乡试举人，考取教习，拣选知县。十年（1860），捐知府，分发广东，经广西巡抚刘长佑调赴广西办理营务。十一年（1861），保知府，改留广西补用。同治元年（1862），署平乐府知府。二年（1863），经直隶总督刘长佑奏赴直隶差委。同年，保道员，戴花翎。三年（1864），委办直隶营务，经直隶总督刘长佑奏保，以道员改归广东补用。四年（1865），署广东惠潮嘉道。五年（1866），补授惠潮嘉道。同年，加盐运使衔。十二年（1873），进京引见。光绪五年（1879），迁广东按察使。六年（1880），勒令休致。著有《欲园诗集》存世。

始能见客办事，以致诸务废弛，纲纪不张，狱讼日积，盗贼日繁。该臬司兼办善后海防局务，刻下筑台简器，筹饷筹兵，日不暇给。臣等每有措注，舌敝唇焦，该臬司辄任委员支吾延宕，往往有经句累月屡催罔应者。

调署高州镇总兵琼州镇总兵殷锡茂，由淮军出身，曾著战绩。惟人材委琐，器识庸暗，于折冲固圉之略、率属驭下之道，茫无所知。去年在琼州镇本任已患弗胜，经前督臣刘坤一调署高州镇，仍无振作。现当讲求武备之时，方镇重任必非碌碌者所宜尸素也。

今天下事变方殷，未有终极，全在文武大僚殚虑竭智，以身率下，相与实力实心，除玩愒，戒因循，庶几自强有道。臣等樗栎凡材，无足比数，然每伏念皇太后、皇上宵旰忧勤，而臣子泄泄沓沓，迁就敷衍，坏国事而误地方，臣等诚私心痛之。所有张铣、殷锡茂二员万难胜任情形，既经灼见，不敢瞻徇容隐，辜负圣明，相应据实奏参，请旨将广东按察使张铣、调署高州镇总兵琼州镇总兵殷锡茂均以原品休致，并请迅赐简放精明强干、晓畅兵刑之员，俾臣等得与相助为理。臣等幸甚，粤民幸甚。

此外文武各员庸恶贪劣者，闻尚不乏，容臣等悉心查察，再当随时淘汰，以仰副圣主澄叙官方、整饬戎行之至意。谨合词恭折具陈，伏乞皇太后、皇上圣鉴，训示。谨奏。光绪六年七月初九日●2。

光绪六年八月初四日，军机大臣奉旨：另有旨。钦此●3。

【案】此折原件查无下落，录副①现藏于中国第一历史档案馆，兹据校正。

1.【两广总督臣张树声、广东巡抚臣裕宽跪】刊本无此前衔，兹据校补。

2.【光绪六年七月初九日】刊本无具奏日期，兹据录副校补。

3.【光绪六年八月初四日，军机大臣奉旨：另有旨。钦此】此奉旨日期与内容，据录副及《军机处随手登记档》②校补。

【案】此折旋于是年八月初四日得旨允行。《光绪朝上谕档》载曰：

光绪六年八月初四日，内阁奉上谕：张树声等奏，大员庸弱废弛，请予原品休致一折。按察使张铣，嗜好渐深，精神委顿；琼州镇总兵殷锡茂，人材委琐，器识庸暗，均着改为勒令休致。该部知道。

① 中国第一历史档案馆藏：《军机录副》，档案编号：03-5152-016。
② 中国第一历史档案馆藏：《军机处随手登记档》，档案编号：03-0229-3-1206-210。

钦此。①

〇七　奏派段起李用清办理海防厘金局务片
光绪六年七月初九日（1880 年 8 月 14 日）

　　再，布政使衔前江南徐州道段起、记名御史翰林院编修李用清，前经臣树声奏调广东差遣委用，仰蒙谕旨允准。该二员现皆先后到东，臣等以东省善后总局为通省军需及海防、缉捕、营务纲领，厘务总局为饷源所关，现在善后局务疲玩已甚，厘务则积弊仍多，亟应认真整顿。段起前在江南当差及徐州道任内，安民治盗，沉毅有为，已派办善后兼海防局务；李用清廉正刻苦，已派办厘金局务，均令会同司道悉心筹办，以期除弊兴利，相与有成。

　　谨附片陈明，伏乞圣鉴。谨奏。

　　光绪六年八月初四日，军机大臣奉旨：知道了。钦此●1。

　　【案】此折原件查无下落，录副②现藏于中国第一历史档案馆，兹据校正。再，此奏标题刊本作"奏派段起李用清办理海防厘金局务折"，据文当为"奏派段起李用清办理海防厘金局务片"，兹改正。又刊本无具奏日期，录副具奏日期存疑，兹据奉旨日期查光绪六年八月初四日《军机处随手登记档》③张树声折，则署有"报四百里、七月初九日发"等字样。据此，此片具奏日期当为"光绪六年七月初九日"无疑，兹据校补。

　　1.【光绪六年八月初四日，军机大臣奉旨：知道了。钦此】此奉旨日期与内容，据录副校补。

〇八　特参查办黎匪之文武各官折
光绪六年七月初九日（1880 年 8 月 14 日）

　　两广总督臣张树声、广东巡抚臣裕宽跪●1奏，为特参查办黎匪谬妄欺

---

　　① 中国第一历史档案馆编：《光绪朝上谕档》，第 6 册（光绪六年），广西师范大学出版社 1996 年版，第 183 页。
　　② 中国第一历史档案馆藏：《军机录副》，档案编号：03－5152－024。
　　③ 中国第一历史档案馆藏：《军机处随手登记档》，档案编号：03－0229－3－1206－210。

饰之文武各官，请旨分别革职、审办，以肃官方，恭折仰祈圣鉴事。

窃查广东琼州府属之崖州地方，与陵水各县壤地毗连，民黎杂处，地方官控驭稍有未宜，即易滋生衅端，迭经臣裕宽与前督臣刘坤一严饬该管文武，遇有民黎交涉事件，务须一秉大公，持平办理，并随时振刷精神，加意拊循，严密防御，不得轻举妄动，致启乱萌。

臣树声到任后，又经谆切告诫，不啻三令五申。乃访闻署崖州协副将记名总兵李其昌、署崖州知州试用同知李宗光，于本年三月间有擅派该协外委陈志泰前赴黎峒索取陋规，起衅争闹，致被黎人心怀不甘，将陈志泰迭砍多伤，登时戕害毙命，该文武隐匿不报情事。又五月间，该州属沟口黎匪于附近各村纠众抢夺牛只，经乐平汛外委卢启明督率兵丁奋勇追拿，该匪逞凶拒捕。卢启明旋因众寡不敌，力竭阵亡，并伤毙兵丁一名。该署州李宗光等辄借卢启明被戕一事，牵合前次诈赃酿命之案，蒙混饰禀，任意弥缝，复捏称系陵水县属侾黎越境滋扰，一味铺张，妄冀以邻为壑，诿过于人，殊出情理之外！似此贪劣谬妄，任意欺诳，断难稍事姑容。据该管上司先后揭报前来。

除将李宗光等先行撤任，一面遴委干员驰往确查、分别办理外，相应请旨将现署广东崖州协副将记名总兵李其昌、署崖州知州广东试用同知李宗光一并革职，以凭饬提到省，严讯确情，按例拟办。其阵亡外委卢启明果否捕贼捐躯，应否请恤，俟审明定案后，再行酌量办理。至现在琼属黎匪，饬据该管道府禀报，业经退回黎峒，不敢复出滋事，地方照常安堵。

除饬令随时严防，妥筹堵遏，一面严拘勒交滋事各凶黎务获解究，不得操之过急、致酿巨衅外，臣等谨会同广东水师提督臣翟国彦①，合词恭折具奏，伏乞皇太后、皇上圣鉴，训示。谨奏。光绪六年七月初九日●²。

光绪六年八月初四日，军机大臣奉旨：另有旨。钦此●³。

　　【案】此折原件查无下落，录副②现藏于中国第一历史档案馆，兹据校正。

_____

① 翟国彦（1831—?），湖南新宁人。咸丰初，投效湘军。四年（1854），从两江总督曾国藩剿办太平军，以功赏给六品顶戴。六年（1856），拔补外委。七年（1857），升补千总，加游击衔。同年，保游击，晋参将，戴花翎。九年（1859），保副将，加总兵衔，赏给劲勇巴图鲁名号，遇有总兵缺出，请旨简放。十一年（1861），补授广东潮州镇总兵。同治四年（1865），加提督衔。同年，调署南韶连镇总兵。六年（1867），进京引见。七年（1868），擢广东水师提督。光绪六年（1880），因病开缺。

② 中国第一历史档案馆藏：《军机录副》，档案编号：03-5152-014。

1.【两广总督臣张树声、广东巡抚臣裕宽跪】刊本无此前衔，兹据校补。

2.【光绪六年七月初九日】刊本无具奏日期，兹据录副校补。

3.【光绪六年八月初四日，军机大臣奉旨：另有旨。钦此】此奉旨日期与内容，据录副及《军机处随手登记档》① 校补。

【案】此折旋于是年八月初四日得旨允行。《光绪朝上谕档》载曰：

光绪六年八月初四日，内阁奉上谕：张树声等奏，特参查办黎匪谬妄欺饰之文武各官一折。广东崖州等属民黎杂处，该地方文武宜如何妥为抚驭，俾得相安。乃本年三月间，署崖州协副将李其昌、署崖州知州李宗光擅派外委陈志泰前赴黎峒，索取陋规，致陈志泰被戕，并不立时禀报，辄借黎匪纠抢一案蒙混饰禀，又复捏词诿过，实属贪劣谬妄，任意欺饰！李其昌、李宗光均着即行革职，由张树声等提省严讯确情，按律惩办。余着照所议办理，该部知道。钦此。②

○九　参办赤溪协各员弁片

光绪六年七月初九日（1880 年 8 月 14 日）

再，粤东营务废弛，几成锢习，虽经前督臣暨水陆各提臣随时整顿，而相沿已久，终未见日有起色。臣莅任后，屡经谕饬所属镇、将各官认真考察，分别纠参，以儆玩愒而肃营伍。兹据调署广东阳江镇总兵杨玉科③揭报：赤溪协左营存城千总区天佑，因开除兵丁粮缺，被该兵丁等指控包揽洋药，走私漏税，经粤海关巡船追捕，该千总喝令在船兵丁放枪拒捕，致被巡船勇丁格毙多名，揭请从严革究等情。即经咨准粤海关监督臣俊启查明，海关巡船委有在赤溪营一带洋面巡获走私船只之事。询因当时拒

---

① 中国第一历史档案馆藏：《军机处随手登记档》，档案编号：03 - 0229 - 3 - 1206 - 210。

② 中国第一历史档案馆编：《光绪朝上谕档》，第 6 册（光绪六年），广西师范大学出版社1996 年版，第 183 页。

③ 杨玉科（1838—1881），字云阶，湖南省善化县（今湖南省长沙市）人，寄籍丽江。同治初，从和耀曾讨回，积功保至守备。四年（1865），署维西协副将。六年（1867），升守备，加都司衔。八年（1869），迁副将，加励勇巴图鲁勇号。九年（1870），换瑚松额巴图鲁勇号，晋提督衔，补授云南鹤丽镇总兵。同年，调补云南开化镇总兵。十二年（1873），封骑都尉、云骑尉、一等轻车都尉。光绪元年（1875），封二等男爵。二年（1876），补广西右江镇总兵。三年（1877），调补广东高州镇总兵。同年，兼署阳江镇总兵。六年（1880），署理广东陆路提督。七年（1881），卒于阵。赠太子少保，谥武愍。

捕，致将人船击沉，随流漂失，实在格毙若干名，无凭捞验。核其情节，似与此事适相吻合等因，咨复前来。

臣接阅之余，不胜愤懑。伏查千总区天佑，身为职官，应知功令。似此敢作妄为，肆无忌惮，实为无赖之尤。若不从严参办，其何以肃法纪而饬戎行？当饬将该千总区天佑立予斥革离营，押解来省，听候饬发审办在案。

至现署赤溪协左营都司张名扬，于所属兵丁未能随时汰补，已属不知振作。迨经千总区天佑走私拒捕，酿成巨案，仍复漫无觉察，尤属形同木偶。现署赤溪协副将周凤山，虽平日操守尚好，到任亦未及三月。惟既不能先事禁约，接据禀报后并不立予查参，亦属咎无可逭。除将该员等先行撤任，另行委员接署，并将区天佑斥革缘由咨部查照，一面饬令东臬司俟区天佑解到，立即饬发广州府，提集人证、卷宗，彻讯严办外，相应请旨将现署广东赤溪协左营都司尽先补用守备张名扬即行革职，并将署赤溪协副将记名总兵周凤山一并交部议处，以示惩儆。

臣谨会同广东巡抚臣裕宽、水师提督臣翟国彦，附片具陈，伏乞圣鉴，训示。谨奏。

光绪六年八月初四日，军机大臣奉旨：着照所请，该部知道。钦此●[1]。

【案】此折原件查无下落，录副①现藏于中国第一历史档案馆，兹据校正。再，刊本无具奏日期，兹据录副校补。

1.【光绪六年八月初四日，军机大臣奉旨：着照所请，该部知道。钦此】此奉旨日期与内容，据录副校补。

一〇 总兵邓安邦未能调赴天津折

光绪六年八月十二日（1880年9月16日）

两广总督臣张树声、广东巡抚臣裕宽跪●[1]奏，为总兵未能调赴天津，遵旨覆陈，仰祈圣鉴事。

窃臣等于光绪六年八月初一日承准军机大臣字寄：光绪六年七月十一

---

① 中国第一历史档案馆藏：《军机录副》，档案编号：03–6015–025。

日，奉上谕：詹事府右庶子张之洞奏，广东总兵邓安邦①谋勇兼优，请调赴天津，或水或陆，随宜任用，并令多带所部精锐数营同来等语。该员现在广东，能否饬调前来，着张树声、裕宽酌度情形，迅速复奏。将此由五百里各谕令知之。钦此。

伏查记名总兵邓安邦，籍隶广州府东莞县，束发从军，即在东省陆军带勇，剿匪缉捕，尤为得力。洋面水师向未练习，先后三十年，立功不出乡邑，历官多在广州，故于附省各属情形知之最悉。其平日所带壮勇仅六百余名，分布十数州县，专司巡缉。现在海防事重，经臣树声于统筹海防折内奏明饬派该员募勇数百名，驻守省河中流砥柱炮台，甫经招集，未更训练。

臣等再四熟商，邓安邦既并无精锐之营可带，且臣等已责以省河防务，方藉其恩信●2，联络乡团，以清内患，非不知天津为北洋首要，当集群力，以重畿疆。第邓安邦在粤驾轻就熟，成效可期。若远至津门，人地俱非所习，只身前往，则无由展其所长；召募而行，则乌合岂堪御侮？熟查情形，实有未能远去之势，相应仰恳天恩将记名总兵邓安邦仍留广东办理防务，毋庸饬调赴津，俾收指臂之助，出自鸿慈！

所有遵旨酌度缘由，谨合词由驿覆陈。伏乞皇太后、皇上圣鉴，训示。谨奏。光绪六年八月十二日●3。

光绪六年九月初五日，军机大臣奉旨：邓安邦着毋庸调赴天津。钦此●4。

【案】此折原件查无下落，录副②现藏于中国第一历史档案馆，兹据校补。

1.【两广总督臣张树声、广东巡抚臣裕宽跪】刊本无此前衔，兹据录副校补。

2.【臣等再四熟商，邓安邦防务方藉其恩信】刊本作"臣等再四熟

---

① 邓安邦（1823—1888），字保臣，广东省东莞县（今广东省东莞市）人。咸丰初，投效军营，充勇目。四年（1854），以功赏六品军功，以外委拨入广州协营拔补。五年（1855），迁把总，赏藏蓝翎。七年（1857），补阳春营头司把总。九年（1859），升肇庆协右营左哨千总。十年（1860），转广州城守左营右哨千总。同治二年（1863），保守备。三年（1864），保都司，赏换花翎，加锐勇巴图鲁勇号。四年（1865），保游击，加参将衔。五年（1866），补广州协左营中军都司。六年（1867），保参将，加副将衔。七年（1868），补授崖州协陆路中军都司。同年，署抚标中军参将。十年（1871），保副将。光绪三年（1877），迁清远营游击。同年，署广州协副将。十年（1884），丁忧，回籍守制。十二年（1886），擢广东潮州镇总兵。十四年（1888），因病出缺。

② 中国第一历史档案馆藏：《军机录副》，档案编号：03－5811－009。

商，邓安邦既并无精锐之营可带，且臣等已责以省河防务，方藉其恩信"。

3.【光绪六年八月十二日】刊本缺具奏日期，兹据录副及《军机处随手登记档》① 校补。

4.【光绪六年九月初五日，军机大臣奉旨：邓安邦着毋庸调赴天津。钦此】此奉旨日期与内容，据录副校补。

一一　设立团练筹防局礼延耆绅入局筹办片

光绪六年八月十二日（1880 年 9 月 16 日）

再，广东地滨海洋，习尚强悍，伏莽甚多，盗风甲于他处，欲求治安，必当旌别淑慝；将御外侮，尤在先清内奸。咸丰季年，海上多故，粤中土匪为外人所资，其害甚烈。前事不忘，后事之师也。东省乡团却敌，累著成效。然必有贤士大夫扶持正气，分别良莠，相与起而振之，始克有济。查有前太常寺卿龙元僖②、前翰林院侍读学士李文田③、前署山西襄陵县知县朱

---

① 中国第一历史档案馆藏：《军机处随手登记档》，档案编号：03 - 0229 - 3 - 1206 - 240。

② 龙元僖（1809—1884），字兰簃，广东顺德（今广东佛山市）人。道光十五年（1835），中式进士，选庶吉士。二十年（1840），授翰林院编修。二十三年（1843），充贵州乡试正考官。二十四年（1844），充山西乡试正考官。二十六年（1846），简山西学政。咸丰二年（1852），充会试同考官，署日讲起居注官。同年，充翰林院侍读学士。三年（1853），充国子监祭酒。同年，升太常寺卿。七年（1857），加二品衔。八年（1858），任广东团练大臣。同治二年（1863），办理捐输广东军饷事宜。光绪六年（1880），办理广东省城团练捐输事宜。十年（1884），卒于籍。

③ 李文田（1834—1895），字仲若、仲约、畲光，号药农、若农。广东顺德（今广东省佛山市）人。咸丰九年（1859），中式进士（探花），授翰林院编修。十年（1860），充武英殿纂修。同治三年（1864），充南书房行走。同年，任文宗显皇帝圣训实录馆纂修。四年（1865），署日讲起居注官。五年（1866），晋中允。六年（1867），充四川乡试副考官、日讲起居注官。七年（1868），补詹事府右春坊右赞善。八年（1869），转詹事府左春坊左赞善。同年，授翰林院侍讲。九年（1870），简江西学政。同年，补翰林院侍读。十年（1871），补詹事府左春坊左庶子、翰林院侍讲学士。十二年（1873），升翰林院侍读学士。十三年（1874），充南书房行走。同年，乞终养。光绪八年（1882），丁母忧。十年（1884），补南书房行走。十二年（1886），任翰林院侍讲学士。十四年（1888），充江南乡试正考官。十五年（1889），授詹事府少詹事。同年，充浙江乡试正考官。十六年（1890），迁内阁学士兼礼部侍郎衔。同年，授礼部右侍郎。十七年（1891），授顺天学政。二十年（1894），赏戴花翎，署理工部右侍郎兼管钱法堂事务。同年，授经筵讲官领阁事。二十一年（1895），任会试副考官。同年，卒于任。谥文诚。著有《元秘史注》《元史地名考》《耶律楚材西游录注》《和林金石考》《和林金石录》《撼龙经注》《朔方备乘札记》《双溪醉隐集笺》《宗伯诗文集》等传世。

次琦①、国子监学录衔举人陈澧②，或耆年硕德，或瞻智宏材，素笃忠义，人望咸钦。龙元僖于咸丰年间又曾奉特旨派办团练者也。

臣等现设团练筹防局于省城，以礼延该绅等入局，与各属绅士筹办团防事宜，以保甲为体，以选锋为用，借以固结众志，宣达下情，期于平时建长治之基，事无纷扰；有事作同仇之气，人尽干城。

臣等谨附片密陈，是否有当？伏乞圣鉴，训示。谨奏。八月十二日●1。

光绪六年九月初五日，军机大臣奉旨：知道了。钦此●2。

【案】此奏片原件查无下落，录副③现藏于中国第一历史档案馆，兹据校补。再，刊本无具奏日期，兹据录副及《军机处随手登记档》④校补。

1.【八月十二日】刊本无此日期，兹据录副补。

2.【光绪六年九月初五日，军机大臣奉旨：知道了。钦此】此奉旨日期与内容，据录副校补。

一二　添募壮勇片

光绪六年八月十二日（1880 年 9 月 16 日）

再，广东武备空虚，一省之大，无一支整军可藉以应敌御侮，臣树声

---

① 朱次琦（1807—1881），字九江、稚圭，号子襄，广东省南海县（今广东省广州市）人。道光十九年（1839），中举。二十七年（1847），中式进士，分发山西以知县用。咸丰二年（1852），署理山西襄陵县知县。四年（1854），主讲九江乡礼山草堂。光绪七年（1881），加五品卿衔。同年，病逝。著有《国朝名臣言行录》《晋乘》《国朝逸民传》《五史实征录》《性学源流》《燔余集》《蒙古闻见》《大雅堂诗集》《朱氏传芳集》《定南海九江朱氏家谱》《朱九江先生》等。

② 陈澧（1810—1882），字兰甫，号东塾，广东番禺县（今广东省广州）人。道光六年（1826），取县学生员。十一年（1831），举贡生。十二年（1832），中式举人。二十年（1840），充学海堂学长。二十九年（1849），大挑二等，选广东河源县学训导。三十年（1850），加国子监学录衔。同治六年（1867），充菊坡精舍山长。光绪七年（1881），加五品卿衔。八年（1882），因病去世。著有《声律通考》《切韵考》《汉书地理志水道图说》《汉儒通义》《说文声表》《水经注提纲》《水经注西南诸水考》《三统术说》《弧三角说》《琴律说》《东塾集》《东塾遗书》《东塾杂俎》《钟山集》《摹印述》《东塾类稿》《忆江南馆词》《公孙龙子注》《老子注》《等韵通》《唐宋歌词新谱》《考正胡氏禹贡图》《朱子语类日钞》《读诗日录》《古经解汇函》《小学汇函》《菊坡精舍集》等行世。

③ 中国第一历史档案馆藏：《军机录副》，档案编号：03－5992－069。

④ 中国第一历史档案馆藏：《军机处随手登记档》，档案编号：03－0229－3－1206－240。

于统筹海防情形折内业经详晰奏陈在案。近者防事方殷，竭蹷布置，形见势屈，虑生戎心。前就沿海沙民蛋户挑募精壮二千人，分守虎门、省河各炮台，每台仅数百人，专顾一台，力已不厚，而虎门后山及省城前路皆别无援应之师，彼苟登陆袭击，各台不相为谋，势同孤注。道、咸年间覆辙具在，可为前鉴也。

臣等与水、陆两提臣暨在省司道博问熟商，皆谓备御不虞，无待再计，当令署陆路提督杨玉科，就惠州、东莞一带添募壮勇一千人，连原部惠清营勇五百人，有警即进扎威远炮台山后，与水师提臣并力扼守虎门；令署南韶连镇总兵郑绍忠，就北江一带添募壮勇一千人，连驻省安勇一千人，合营训练，以为省河各路之援，均已刻日成军，一俟防务渐松，再行随时遣撤，以节经费。

谨附片密陈。伏乞圣鉴，训示。谨奏。八月十二日●1。

光绪六年九月初五日，军机大臣奉旨：知道了。钦此●2。

【案】此奏片原件查无下落，录副①现藏于中国第一历史档案馆，兹据校补。再，刊本无具奏日期，兹据录副及《军机处随手登记档》②校补。

1. 【八月十二日】刊本无此日期，兹据录副补。

2. 【光绪六年九月初五日，军机大臣奉旨：知道了。钦此】此奉旨日期与内容，据录副校补。

一三 陕甘协饷力难解足十成片

光绪六年九月初十日（1880年10月13日）

再，粤东库项支绌，奉拨协陕甘月饷力难解足，节经前督臣刘坤一、前抚臣张兆栋暨臣裕宽于兼署督篆时专折沥陈，先后接准部咨，均以西饷紧要，饬令力筹解足，各省关均有应协饷项，实属无可改拨，未经议准。本年七月二十五日，承准军机大臣字寄：光绪六年七月初五日，奉上谕：

---

① 中国第一历史档案馆藏：《军机录副》，档案编号：03–5992–069。

② 中国第一历史档案馆藏：《军机处随手登记档》，档案编号：03–0229–3–1206–240。

左宗棠①奏，军饷告匮，请旨催解一折②。着将五年分欠解西征饷银无论如何为难，赶紧补解，一面将本年新饷陆续提前早解，毋得稍事延缓等因。钦此。当经转行钦遵筹解。

　　兹据广东布政使姚觐元③、两广盐运使何兆瀛④、署广东督粮道彭懋谦

---

① 左宗棠（1812—1885），字季高，一字朴存，号湘上农人。道光十二年（1832），中式举人。十七年（1837），任教湖南醴陵渌江书院。咸丰元年（1851），入湘抚张亮基、骆秉章幕。咸丰六年（1856），补兵部郎中。十一年（1861），升太常寺卿。同治元年（1862），擢浙江巡抚。二年（1863），授闽浙总督。三年（1864），加太子少保，封一等恪靖伯。五年（1866），创办福州马尾船厂、求是堂艺局。同年，创兰州制造局。六年（1867），补授陕甘总督、钦差大臣，督办新疆军务。七年（1868），晋太子太保。九年（1870），赏骑都尉。十二年（1873），拜协办大学士，加一等轻车都尉。十三年（1874），授东阁大学士。光绪元年（1875），拜钦差大臣陕甘总督，督办新疆军务。四年（1878），晋二等恪靖侯。七年（1881），入直军机，管理兵部事务。同年，改授两江总督。十年（1884），授军机大臣，管理神机营事务。是年，充钦差大臣，督办闽海军务。十一年（1885），卒于福州，追赠太傅，谥文襄。著有《左文襄公全集》行世。
② 详见光绪六年六月十五日陕甘总督左宗棠具奏《军饷告匮请旨敕催各省关将上年所欠及本年应协西征军饷速解折》（中国第一历史档案馆藏《军机录副》，档案编号：03-6081-013）。
③ 姚觐元（1827—1890），字彦侍，号裕万，浙江归安县（今浙江省湖州市）人。道光二十三年（1843），由监生中式举人，报捐内阁中书。咸丰五年（1855），充内阁中书。同年，保升主事。七年（1857），丁母忧，回籍守制。十年（1860），保员外郎，戴花翎。同治元年（1862），签分户部行走。四年（1865），以海运出力保郎中，并加四品衔。同年，晋三品衔。八年（1869），补授云南司郎中。同年，截取以知府用，奉旨记名以御史用。九年（1870），京察一等，以道府用。同年，升道员。十年（1871），补授四川川东道。十二年（1873），加布政使衔。光绪四年（1878），迁湖北按察使。五年（1879），擢广东布政使。八年（1882），代办乡试监临。同年，被参革职。十五年（1889），赴部引见。十六年（1890），卒。著有《大迭山房诗集》《咫进斋诗文稿》《咫进斋丛书》《石鱼文字所见录》《涪州石鱼文字所见录》等行世。
④ 何兆瀛（1811—1890），字通青，号心庵，又号清粗，江苏江宁（今江苏南京市）人，祖籍江西。初由监生充国使馆誊录。道光二十四年（1844），以顺天府捐输议叙郎中，签分兵部。二十五年（1845），改签户部。二十六年（1846），中式举人。咸丰二年（1852），丁父忧，回籍守制。四年（1854），加知府衔。五年（1855），服阕，赴部引见。六年（1856），补户部山西司郎中。七年（1857），补授陕西道监察御史。八年（1858），充顺天武乡试监试。九年（1859），充文会试监试，转掌陕西道监察御史。同年，署礼科给事中、兵科给事中。十年（1860），因病开缺。十一年（1861），补山东道监察御史，转掌陕西道监察御史，署吏科给事中。同治元年（1862），署兵科给事中，兼署山西道监察御史。同年，截缺以知府用。是年，补授户科给事中。四年（1865），转吏科掌印给事中。同年，截取以道员用。五年（1866），补授浙江杭嘉湖道。七年（1868），署理浙江按察使。光绪元年（1875），再署理浙江臬司。二年（1876），回任杭嘉湖道。三年（1877），兼理浙江布政使。五年（1879），迁两广盐运使。六年（1880），经两广总督张树声、广东巡抚臣裕宽奏请开缺，送部引见。十六年（1890），卒。著有《老学后庵文集》《心盒诗存》《心盒词存》等存世。

会同善后、厘务各总局司道详称：粤东藩库现年收进各款不过二百八十余万两，而应行解支各款约需银四百四十余万两，以收抵支，实在不敷太巨。库藏久空，无可挪垫。现在筹办海防，修筑炮台，添募勇丁，置办军装、器械，购买蚊子炮船等项，需费日益浩繁，度支更为棘手，所有光绪五年分欠解陕甘协饷银一十六万四千一十六两二钱五分，实属力难补拨，恳请免予提解。其六年分应解陕甘协饷并请照旧批解八成，其余二成免予筹解，或改拨别省，俾免贻误等情，具详请奏前来。

臣等伏查粤东藩库出入款项，历经缕析陈奏，本皆按籍可稽，每年以入抵出，不敷常百数十万。其始犹移缓就急，通融于库存间杂各款之中，支持累岁，储积荡然，于是停解有请，改拨有请，至再至三，频烦天听，盖亦不得已而出此也。

东省食用昂贵，练兵、练勇月饷较各省本非优厚，本年未发者已五阅月，嗷嗷待哺，给放无期，加以现办海防，台、船、炮、械，急待办理者，需款尤巨。国家深仁厚泽，急征暴敛，向不准行。而东省正赋而外，外海内洋，厘税重重，业已网罗殆尽，岁收各款只有此数。日督藩司而持严议随之，向不过多欠本省之月饷，缓办本省之防务，以求暂免吏议而已。今则月饷势难再缓，防务万不能停。臣等若再因循缄默，万一海氛不靖，哗溃是虞，筹备无素，重贻宵旰南顾之忧，即捐糜顶踵，亦无以仰谢圣明。

当此时局艰难，边事紧要，臣等具有天良，明知部臣筹拨维艰，东省苟有毫末之力，必不敢稍存推诿，实以通盘核计，亏缺过多，奉拨陕甘协饷，为数最巨，历年筹解八成业已不遗余力。该司道等所称力难解足十成之处，委系实在情形，合无仰恳天恩俯念广东南海岩疆防务未弛，与内地各省有间，准将欠解光绪五年分陕甘协饷银一十六万四千一十六两二钱五分免其补解；其光绪六年分陕甘协饷照旧批解八成，其余二成仍饬部酌量改拨，俾免贻误，出自逾格鸿慈！

除咨明户部及陕甘督、抚臣查照外，臣等谨附片披沥具陈，伏乞圣鉴，训示。谨奏。

光绪六年十月初五日，军机大臣奉旨：览。钦此●[1]。

【案】此片原件查无下落，录副①现藏于中国第一历史档案馆，兹据校补。再，刊本无具奏日期，兹据录副校补。

---

① 中国第一历史档案馆藏：《军机录副》，档案编号：03-6604-020。

1.【光绪六年十月初五日，军机大臣奉旨：览。钦此】此奉旨日期与内容，据录副及《军机处随手登记档》① 校补。

一四　甄别贪劣不职各员折

光绪六年九月初十日（1880 年 10 月 13 日）

两广总督臣张树声、广东巡抚臣裕宽跪●1奏，为甄别贪劣不职各员，以饬吏治而肃官方，恭折仰祈圣鉴事。

窃维设官任事，凡以抚民为地择人，期于称职。从来地方困于不治，必由吏道杂而多端，心术回邪，才具只足以自利；识见暗汶，措置动至乖方。又或积习深中于因循，甚则能事专工于趋奉，成为风气，流毒民生。粤东吏治废弛日久，近年迭经前督抚臣随时整顿。臣裕宽到任后，复参劾数员，而积重已深，挽回未易。

臣树声抵东以来，时逾四月，日与僚属接见，留心察看，加意访查，于现任者则考其平素居官，于候补者则问其当过差事，就实迹以辨心性之邪正，采舆论以求好恶之大公；并饬司道及各该府州列考胪陈，与臣裕宽参观互证，实见有劣迹众著、败坏官常者，谨先择其尤，缮列清单●2，据实纠劾，伏乞圣明俯赐施行。

臣等初衷本非刻核，只以今日粤东病在膏髓，非斤斧无以为治，固不欲纤悉吹求，蹈至清之戒；亦不欲包荒姑息，博容众之名，总期拔诱植禾，为百姓多得贤父母；抑邪扶正，为国家造就良有司，以仰副圣主整饬吏治、乂安民物之至意！其潮阳县系外调要缺，应由外拣员调补。徐闻、始兴、石城三县均系部选之缺，粤省现有应补之员，应请扣留外补，合并声明。

所有臣等甄别各员缘由，谨合词恭折奏陈。伏乞皇太后、皇上圣鉴，训示。谨奏。光绪六年九月初十日●3。

光绪六年十月初五日，军机大臣奉旨：另有旨。钦此●4。

【案】此折原件查无下落，录副②现藏于中国第一历史档案馆，兹据校补。

---

① 中国第一历史档案馆藏：《军机处随手登记档》，档案编号：03－0229－4－1206－270。
② 中国第一历史档案馆藏：《军机录副》，档案编号：03－5153－013。

1.【两广总督臣张树声、广东巡抚臣裕宽跪】刊本无此前衔，兹据录副校补。

2.【缮列清单】此清单现藏于中国第一历史档案馆，兹补录如下：

谨将查明贪劣不职各员出具考语，缮列清单，恭呈御览。

计开：

现署高廉道候补道齐世熙。该员由山东捐班知县在胜保军营当差，保荐今职，习气甚重；到广东后，历署各道，操守平常，声明尤劣。

候补知府冒澄。该员厚貌深情，性极巧滑，与运司何兆瀛之子儿女姻亲。其胞弟冒保泰又署批验所大使。该员不知避嫌，久当监务差使，运署委缺、派差及各埠承商等事，无不干预，物议沸腾，惟恐其去之不速。

知府用试用同知童镕。该员钻营取巧，屡以干求得差，营私旷公，声名极劣。

试用通判钱彝甫。该员办理厘务总局文案已经十年，把持局务，遇事招摇，声名甚劣。

试用知县署新会县知县刘维桢。该员卑鄙营私，于地方缉捕、听断诸务，专事讳饰，罔恤民艰，以致积案累累，盗贼充斥。

署会同县知县候补知县段鸿举。该员操守平常，性情刚愎，纵容家丁、子弟招摇生事，考试时声名尤劣。

前署海丰县知县试用知县李青培。该员操守平常，前在海丰县任内，遇有劫案，竟敢营私肥己，民怨滋深。

署澄海县事候补知县谌命禄。该员性情贪鄙，声名狼藉，听断专徇势力，尤多冤累。

署香山县事准补徐闻县知县许肇元。该员性情诡诈，巧于钻营，境内盗劫、械斗之风甚炽，治理无方，尤属罔恤民瘼。

署翁源县事准补始兴县知县王寿仁。该员办事因循，毫无振作，前署河源县任内，巧立名目，借端肥己，尤属乖谬。

阳山县祺潭司巡检诸安南。该员终日沉酗，捕务废弛。

前署连州学正候选训导李耀章。该员贪鄙无耻，声名恶劣，有玷师表。

候补盐知事卢权。该员居心卑鄙，行止不端。

候补盐知事张鸿佐。该员声名甚劣，内行有亏。

以上十四员，均请即行革职。

试用通判周书中。该员性情贪鄙，狡悍异常，办理洋药、海防经费，物议沸腾，毫无忌惮。

候补同知张振铎。该员品行卑污，逾闲荡检，与前任臬司张铣之门阃萧姓踪迹亲密，通同舞弊，众所共知。

潮阳县知县刘兆霖。该员交缮习绅，任用丁役，昏愦贪纵，鱼肉善良，民不堪命。

候补知县郭溶。该员本经前督臣毛鸿宾、前署抚臣郭嵩焘以趋向不端，难膺民社，奏参革职；军营开复后，仍不知悔悟，一味营私误公，不堪造就。

石城县知县奎成。该员貌似有才，心实贪狠，节经因案撤任，仍无悛改，遇事勒索，民怨沸腾。

正任阳山县典史黄凤诏。该员贪鄙狡诈，胆大妄为，且目不识丁，视管狱为儿戏。

试用巡检潘文焕。该员生性轻浮，出身微贱，同列羞与为伍。

以上七员，均请即行革职，永不叙用。

军机大臣奉旨：览。钦此。①

3.【光绪六年九月初十日】刊本无此具奏日期，兹据录副校补。

4.【光绪六年十月初五日，军机大臣奉旨：另有旨。钦此】此奉旨日期与内容，据录副及《军机处随手登记档》② 校补。

【案】此奏旋于是年十月初五日得旨允准。《光绪朝上谕档》载曰：

光绪六年十月初五日，内阁奉上谕：张树声等奏，甄别贪劣不职各员开单呈览一折。广东候补道齐世熙，习气甚重，操守平常；候补知府冒澄，性极巧滑，物议沸腾；知府用试用同知童镕，营私旷公，声名极劣；试用通判钱彝甫，把持局务，遇事招摇；试用知县刘维桢，卑鄙营私，专事讳饰；候补知县段鸿举，操守平常，性情刚愎；试用知县李青培，营私肥己，民怨滋深；候补知县谌命禄，性情贪鄙，声名狼藉；署香山县事徐闻县知县许肇元，性情诡诈，巧于钻营；署翁源县事始兴县知县王寿仁，办事因循，毫无振作；祺潭司巡检诸安南，终日沉酣，捕务废弛；候补训导李耀章，贪鄙无耻，有玷师表；候补盐知事卢权，居心卑鄙，行止不端；张鸿佐声名甚劣，内

①　中国第一历史档案馆藏：《清单》，档案编号：03 - 5153 - 014。
②　中国第一历史档案馆藏：《军机处随手登记档》，档案编号：03 - 0229 - 4 - 1206 - 270。

行有亏，均着即行革职。

试用通判周书中，贪鄙狡悍，物议沸腾；候补同知张振铎，品行卑污，逾闲荡检；潮阳县知县刘兆霖，昏愦贪纵，鱼肉善良；候补知县郭溶，营私误公，不堪造就；石城县知县奎成，遇事勒索，民怨沸腾；阳山县典史黄凤诏，贪鄙狡诈，胆大妄为；试用巡检潘文焕，生性轻浮，出身微贱，均着革职永不叙用。余着照所议办理，该部知道，单并发。钦此。①

一五　请将广东盐运使何兆瀛开缺片

光绪六年九月初十日（1880年10月13日）

再，两广盐务疲滞多年，埠废商悬，课饷日绌。近来苟且敷衍，每届奏销，实有竭蹶难支之势。盐法为国家自有之利，当此时局艰虞，饷源匮乏，听其废弛，无异货弃于地，将加整饬，必在任事有人。

现任运司何兆瀛，被服儒雅，学问尚优。惟年力渐衰，现又多疾，处颓纲积弊之时，即竭其心思材力，亦不能有所兴除。重以委用非人，鹾务日坏，子弟在署，约束不严。凡此数端，颇招物议。臣等一再熟商，不敢稍涉迁就。盐务向为利薮，司其事者无精核之才，既易为人所欺饰；无洁清之守，又每自饱其私囊，大率非老迈贪得者所宜充位也。

可否仰恳天恩将广东盐运使何兆瀛即行开缺，另简廉明干练之员，俾获相助为理，力图整顿，庶粤盐得有转机。当此饷项奇窘，亦可藉资补助，不胜激切惶悚之至。谨附片密奏，伏乞圣鉴，训示。谨奏。

光绪六年十月初五日，军机大臣奉旨：另有旨。钦此●1。

【案】此片原件查无下落，录副②现藏于中国第一历史档案馆，兹据校补。再，刊本无具奏日期，录副以奉旨日期为之，未确。兹据奉旨日期查光绪六年十月初五日《军机处随手登记档》③张树声折，则

---

① 中国第一历史档案馆编：《光绪朝上谕档》，第6册（光绪六年），广西师范大学出版社1996年版，第255—256页。又《德宗景皇帝实录（二）》，卷一百二十一，光绪六年十月上，第751页。

② 中国第一历史档案馆藏：《军机录副》，档案编号：03－6604－020。

③ 中国第一历史档案馆藏：《军机处随手登记档》，档案编号：03－0229－4－1206－270。

署有"报四百里、九月初十日发"等字样。据此，此奏片具奏日期当为"光绪六年九月初五日"无疑，兹据校正。

1.【光绪六年十月初五日，军机大臣奉旨：另有旨。钦此】此奉旨日期与内容，据录副及《军机处随手登记档》校补。

【案】此奏亦于是年十月初五日得旨允行。《光绪朝上谕档》载曰：

光绪六年十月初五日，内阁奉上谕：张树声等奏，运司不能胜任，请开缺另简等语。广东盐运使何兆瀛，着开缺送部引见。钦此。①

一六　温子绍因母病未能前赴吉林折

光绪六年十月二十二日（1880 年 11 月 24 日）

两广总督臣张树声、广东巡抚臣裕宽跪●¹奏，为粤省制造局员现因母病难离，未能前赴吉林，恭折奏祈圣鉴事。

窃广东机器局道员温子绍奉旨饬赴吉林设厂造船，当经臣等与北洋大臣函商，请俟仿造第一号蚊子轮船工竣，即令起程赴津，奏奉谕旨转行钦遵在案。

臣等数月以来督饬温子绍将蚊船工程赶紧蒇事，早日北行。兹据该员禀称：子绍少年失怙，出嗣父母皆故，自幼全赖本生庶母刘氏抚育得以成人，前年已为援例恭请三品封典。母年今已八十有五，所生胞兄早世，惟与子绍相依为命，向幸身体康强，每念时事多棘，常以图报国恩相训督，故子绍奉奏调吉林之役，犹思勉效驰驱也。乃今夏雨水过多，母因积受潮湿，交秋牵发气痛痰喘旧病，终日达旦，伏枕呻吟。又以子绍将远离膝下，忧不成寐，病益加增。定省晨昏，五中迸裂。此次蚊船工程因式样比外洋来船略大，并将船头加厚铁甲以护炮身，虽稍需时日，亦已将次竣工。惟母病久牵，论医视药，顷刻难离。伏念朝廷孝治天下，臣工乞养，常蒙矜悯，不揣冒昧，仰恳垂鉴下忱，俯赐据情陈奏，俾得奉母余年，皆天恩所赐等情前来。

据此，伏查吉林造船事体重大，道员温子绍既经北洋大臣奏准饬调，复经臣等商定俟第一号蚊船工竣起程，事有成议，惟期该道迅速赴吉林筹商举办。今该道以母老复病，沥情乞养，词意迫切，若有甚不得已者。臣

---

① 中国第一历史档案馆编：《光绪朝上谕档》，第 6 册（光绪六年），广西师范大学出版社 1996 年版，第 255 页。又《德宗景皇帝实录（二）》，卷一百二十一，光绪六年十月上，第 751 页。

等复加查察，粤东制造局大辂椎轮规模狭隘，近来经费支绌，制造益鲜，此局初无可恋。温子绍蠖伏十余年，实以母老丁单，自甘株守。夏间奉旨饬调，该道捧檄徘徊，只缘时势艰难，感激应命。乃其母以子有远行，外感内伤，侵寻老病，残年风烛，叔季无人，该道欲留则简书在途，欲去则方寸已乱，进退维谷，委系实在情形。虽吉林创设船厂事异经常，钦惟皇上亲奉两宫皇太后孝治方隆，臣等既据温子绍以母病难行披沥呼吁，未便壅于上闻，可否仰乞圣慈准其在籍养亲，或先饬下北洋大臣另行派员筹设吉林船厂之处，臣等未敢擅便，伏候圣裁！

除咨明北洋大臣外，所有制造局道员因母老且病，未能前往吉林缘由，谨合词恭折由驿具陈，伏乞皇太后、皇上圣鉴，训示。谨奏。光绪六年十月二十二日●2。

光绪六年十一月十五日，军机大臣奉旨：另有旨。钦此●3。

【案】此折原件查无下落，录副①现藏于中国第一历史档案馆，兹据校补。

1.【两广总督臣张树声、广东巡抚臣裕宽跪】刊本无此前衔，兹据录副补。

2.【光绪六年十月二十二日】刊本无具奏日期，兹据录副及《军机处随手登记档》②补。

3.【光绪六年十一月十五日，军机大臣奉旨：另有旨。钦此】此奉旨日期与内容，据录副及《清实录》校补。

【案】此案清廷于是年十一月十五日得旨允行。《清实录》载曰：

己卯，谕军机大臣等：前因李鸿章奏，拟在吉林三姓地方设厂，创办小轮船，请调道员温子绍前赴吉林，以资制造。当谕令张树声、裕宽饬令该员随带工匠、机器，即行前往。兹据张树声等奏称，温子绍以母老且病，未能远离，据实具奏等语。吉林创办轮船，事关紧要，必须经理得人。现在温子绍既未能前往，而该省开厂制造，势难稍缓，着李鸿章另行遴选熟习机器之员，迅速驰赴吉林，妥为筹办，总期制造合用，不致徒费工需。所有机器各项，并着李鸿章等设法筹划，俾资应用。将此各谕令知之。③

---

① 中国第一历史档案馆藏：《军机录副》，档案编号：03 - 9404 - 015。
② 中国第一历史档案馆藏：《军机处随手登记档》，档案编号：03 - 0229 - 4 - 1206 - 309。
③ 《德宗景皇帝实录（二）》，卷一百二十三，光绪六年十一月上，第778—779页。

一七　涠洲墩海岛弛禁改隶折

光绪六年十一月十七日（1880 年 12 月 18 日）

两广总督臣张树声、广东巡抚臣裕宽跪●¹奏，为遵旨勘明涠洲墩海岛，请予弛禁，改隶管辖，移设文武、兵丁，以资控驭，恭折具奏，仰祈圣鉴事。

窃照广东雷州府遂溪县属之涠洲墩地方，前因琼州府属儋州、临高县两处就抚客民遣往安插，当经前督臣刘坤一于光绪五年五月初一日附片具奏①。嗣承准军机大臣字寄：光绪五年五月二十六日，奉上谕：涠洲墩地方前经封禁，现在该处居民甚众，自难概行驱逐。此次儋、临客民迁往居住，能否相安不致生事，着该督饬令地方官随时察看，妥筹办理，并着派员前往详加履勘，应否弛禁及添设员弁、派兵驻守之处，即行妥议具奏。等因。钦此。钦遵查照，一面行司委员前往查勘，随经该委员等勘明，将拟办情形禀由藩、臬二司核明妥议，具详请奏前来。

臣等伏查涠洲墩一隅，周围四十余里，孤悬海澨，礁石嶙峋，本系沙碛之区，实为海外荒岛。距该墩二十里之斜阳墩，与涠洲墩遥相对峙，宽广仅六七里，均归雷州府属之遂溪县管辖，与廉州府属之合浦县壤地相连。嘉庆十五年间，洋盗乌石二盘踞岛中，屯聚劫掠，扰害商民。事平之后，经前督臣百龄②奏请永远封禁，不准奸民越占私垦。旋因远隔重洋，

---

① 详见刘坤一撰，陈代湘、何超凡、龙泽黯、李翠校点《刘坤一奏疏》，岳麓书社 2013 年版，第 568—569 页。

② 百龄（1748—1816），字子颐，号菊溪，籍隶直隶承德（今河北省承德市），汉军正黄旗，张氏。乾隆三十七年（1772），中式进士，选庶吉士。四十年（1775），授翰林院编修。四十一年（1776），补文渊阁校理。四十二年（1777），授山西学政。五十年（1785），补江南道监察御史。五十二年（1787），任掌京畿道御史。五十七年（1792），补浙江道监察御史。同年，补奉天府府丞。嘉庆三年（1798），补授顺天府府丞。四年（1799），调补奉天府府丞。五年（1800），授湖南按察使，调补浙江按察使。六年（1801），升贵州布政使，护理贵州巡抚。七年（1802），调云南布政使。八年（1803），擢广西巡抚。九年（1804），加太子少保衔，赏戴花翎。同年，调补广东巡抚。十年（1805），权湖广总督，被参革职。同年，充实录馆行走。十一年（1806），补福建汀漳龙道，加六品顶戴。十二年（1807），晋四品顶戴，补授湖南按察使，调补江苏按察使。十三年（1808），补鸿胪寺卿，调补山东按察使，升山东布政使。同年，授山东巡抚，加二品顶戴。十四年（1809），拜两广总督，赏戴花翎。十五年（1810），加太子少保衔，赏双眼花翎，封二等轻车都尉。十六年（1811），擢刑部尚书，转都察院左都御史。同年，补授两江总督。十八年（1813），拜协办大学士，加头品顶戴。十九年（1814），因案罢职。二十年（1815），开复原官，封三等男，兼署安徽巡抚。二十一年（1816），卒于江宁。谥文敏。著有《守意龛集》等行世。

防范不易，无籍贫民与夫沿海蛋户往往驾艇潜往，开辟草莱，经营阡陌。数十年来，居民栉比，生聚日多，所以渐臻蕃庶也。

查涠洲墩内大小村落共有三十余处，隶合浦者土民二千二百四十余名口、客民一千七百一十余名口；隶遂溪者土民七十余名口、客民一千七百一十余名口。又有法国天主教堂一所，设在该墩之盛唐村地方。该处土、客各民从而习教者十居七八，幸于礼拜诵经而外彼此仍安耕凿，尚无恃势欺凌情弊。此次原拨儋州、临高客民三百余人，随后陆续自行往投者又六百余人，亦与原住土、客耦俱无猜。就目前情形而论，似不致滋生事端。

至其中田亩可种禾稻者三十余顷，坡地可种杂粮者约多四分之三。此外非斥卤硗确，不堪种植，即茅茨未剪，尚待耰锄。其斜阳墩一岛，地皆瘠土，并无腴田，故居民百余，类多贫苦。每年统计两墩地利所入，尚不足以资糊口。该处居民于农隙之余，或出洋采捕鱼虾，或航海经营贸易。而其岛中米谷柴薪，犹仰给于各处商贩随时运往接济，是以荆榛虽辟，富教未兴，既无沃饶之可资，又乏山险之足恃。即照常封禁，听其荒芜，亦属无甚顾惜。第现在土、客杂居，民教混迹，自安插儋、临客民以后，生齿日渐繁多，若一旦概令迁回内地，无论此六千余人流离转徙，栖托无所，且恐一经荒废，洋盗之潜藏，他族之逼处，尤觉在在堪虞。

臣等率同司道通盘筹划，悉心体察，与其拘泥成法窒滞，转致鲜通，何如酌量变更推行，或期尽利，相应请旨将涠洲墩及附近之斜阳墩一并弛禁，听民间自行开垦居住。其中田亩已经成熟者，由地方官勘丈明确，照例升科；迁往客民，如果无力耕作，或由官给籽种，或由民间雇令帮工，务使俯仰有资，衣食无缺，不致流而为匪；并于该墩设立文武员弁，就近循弹压，以资钤束。

惟查涠洲、斜阳两墩虽向隶雷州府属遂溪县管辖，而相距洋面三百余里，风潮不顺，五六日始能达到，深恐鞭长莫及，照料难周。该处距廉州府合浦县属之冠头岭、北海等处仅止七十余里，舟楫往来，瞬息可到。龙门协副将亦驻扎廉州地方，近在咫尺，呼吸相通。所有涠洲、斜阳两墩应请改隶合浦县管辖，并将合浦县县丞移设涠洲墩地方，仍由龙门协副将派拨该协右营外委一员，带兵十二名，常川驻扎防守，俾资控制。遇有命、盗等案，均归合浦县文武照例承缉。

至墩内米谷既不敷民食，移设员弁之后，即由合浦县给票商贩，采运接济，于票内填注贩米确数，责成该处文武于到墩后查验照票，饬令就地售卖，以杜偷运出洋之弊，而裕斯民日食之源。此外，田亩应如何勘丈升科，衙署书役应如何建造、移拨，营汛墩防应如何设立，以及廉俸、役食应否增减，印信应否改制，容俟饬司移行该管道府，逐一核明详覆，另行办理。一面编查户口，举行保甲，以清内奸；派拨轮船，扼要巡防，以御外侮。似此因时布置，量为变通，庶间阎可免迁徙之烦，而海隅又获乂安之乐，洵属两有裨益。

是否有当？臣等谨会同署广东水师提督臣吴全美①，恭折具奏，伏乞皇太后、皇上圣鉴。饬部议覆施行。谨奏。光绪六年十一月十七日●²。

光绪六年十二月十二日，军机大臣奉旨：该部议奏。钦此●³。

【案】此折原件查无下落，录副②现藏于中国第一历史档案馆，兹据校补。

1.【两广总督臣张树声、广东巡抚臣裕宽跪】刊本无此前衔，兹据录副补。

2.【光绪六年十一月十七日】刊本无具奏日期，兹据录副及《军机处随手登记档》③ 补。

3.【光绪六年十二月十二日，军机大臣奉旨：该部议奏。钦此】此奉旨日期与内容，据录副补。

一八　特参庸劣不职将备各员折

光绪六年十一月十七日（1880 年 12 月 18 日）

两广总督臣张树声跪●¹奏，为特参庸劣不职之将备各员，请旨分别革职、勒休，以肃营伍事。

窃惟粤东地极岭南，外环瀛海。其风俗悍轻动，辄依险阻，结仇党。而幅员辽阔，隔山海，外匪群盗尤易窟穴其间，乘间蹈隙。国家分水师、陆

---

① 吴全美（1830—1884），广东顺德县人。道光二十九年（1849），充广东团练勇目，历保把总，拔补海安营千总。咸丰元年（1851），署龙门营都司，赏戴花翎。二年（1852），署海安营游击。同年，保参将，加副将衔。三年（1853），出兵福建，保副将，晋总兵衔。四年（1854），授浙江温州镇总兵，加迅勇巴图鲁勇号。六年（1856），晋提督衔。十一年（1861），保提督，统带镇江至江阴一带师船。同治元年（1862），总统江面水师。三年（1864），擢福建水师提督。六年（1867），署广东水师提督。九年（1870），署广东琼州镇总兵。光绪六年（1880），办理广东海防。八年（1882），统带水师巡防廉琼越南洋面。十年（1884），卒于任。

② 中国第一历史档案馆藏：《军机录副》，档案编号：03－5510－081。

③ 中国第一历史档案馆藏：《军机处随手登记档》，档案编号：03－0229－4－1206－334。

路，布置绿营，兵防重于他镇，所以镇抚殊俗靖海绥边也。循行既久，简练疏而弊窦积，习气重而精锐销。军兴以后，饷糈益绌，各营将领又往往不能洁己奉公，实心训练，因循日甚，废弛日深，汛防兵弁盖几同虚设矣。

臣抵任以来，深惟广东南徼岩疆，平时本以武备为邦，今日尤以军谋为急。绿营旧制，饷薄兵弱，近则库款匮乏，散给又不以时，待守古昔之规，难御方来之侮。但更张未可骤议，而整顿必有所先。谚有之曰：兵随将转。将不得人，而欲求兵之起色，无是事也。

臣于各属营员留心考察，其身居重任、庸劣最著者，业经随时劾治。通省水陆各营辖境辽远，迩来验之于操防之事功，参之以镇将之揭报，考言询事，颇多不职之员，亟应据实纠参，以振疲玩之风，而免贻误之虑。相应缮列清单●2，请旨分别革职、勒休，以示惩戒。臣仍当认真察核，如有衰庸贪劣、徒玷戎行者，必不敢稍事姑容；或有勇略折冲、堪胜将材者，亦必当立加荐举，总期旌别一秉至公，庶几营伍知所激劝，以仰副圣主整饬纪纲、治军固圉之至意！

除千总以下庸劣各弁咨部分别办理外，臣谨会同署广东水师提督臣吴全美、署陆路提督臣杨玉科，合词恭折具陈，伏乞皇太后、皇上圣鉴，训示。再，所有单开革、休各缺，东省现有应补人员，应请扣留外补，合并声明。谨奏。光绪六年十一月十七日●3。

光绪六年十二月十二日，军机大臣奉旨：另有旨。钦此●4。

【案】此折原件查无下落，录副①现藏于中国第一历史档案馆，兹据校补。

1.【两广总督臣张树声跪】刊本无此前衔，兹据录副补。

2.【缮列清单】此清单现藏于中国第一历史档案馆，兹补录如下：

谨将广东水陆各营庸劣不职之将备各员，开列清单，恭呈御览。

计开：

增城营参将冯开得。该员老迈昏庸，营伍废弛。

水师提标右营游击王之福。该员任性乖方，声名狼藉。

前署水师提标右营游击本标中营尽先补用参将韩徽。该员习气甚重，难期振作。

南澳镇右营游击冯建章。该员性情执拗，声名平常。

① 中国第一历史档案馆藏：《军机录副》，档案编号：03－5812－108。

调署龙门协左营中军都司本协左营守备邓国胜。该员办事糊涂，质弱多病。

高州镇标右营都司毛永亨。该员声明平常，精力疲软。

调署高州镇标右营都司赤溪协右营都司许连升。该员浮薄嗜利，实难得力。

前署儋州营游击督标中营补用都司方乐。该员躁妄任性，前在署任不知约束，兵丁颇多纵弛。

署增城营守备三水营守备王庆邦。该员遇事粉饰，不知讲求营伍。

前署阳江镇右营中军守备大鹏协左营中军守备吴元韬。该员利心颇重，操守不谨。

连阳营中军守备张萼华。该员性情巧滑，难期得力。

署崖州协水师守备本协水师千总李荣阶。该员操守平常，巡防怠惰。

以上十二员，均请即行革职。

阳江镇中军游击李新开。该员嗜好颇深，体气羸弱。

琼州镇标左营守备李际昌。该员老迈颓唐，不堪任用。

阳春营守备张克明。该员营伍生疏，操练难期得力。

以上三员，均请勒令休致。

军机大臣奉旨：览。钦此。①

3.【光绪六年十一月十七日】刊本无具奏日期，兹据录副校补。

4.【光绪六年十二月十二日，军机大臣奉旨：另有旨。钦此】此奉旨日期与内容，据录副及《军机处随手登记档》② 校补。

【案】此奏旋于是年十二月得旨允准。《光绪朝上谕档》载曰：

光绪六年十二月十二日，内阁奉上谕：张树声奏，特参庸劣不职之将备各员，请分别革、休一折。广东增城营参将冯开得，老迈昏庸，营伍废弛；水师提标右营游击王之福，任性乖方，声名狼藉；提标中营尽先补用参将韩徽，习气甚重，难期振作；南澳镇右营游击冯建章，性情执拗，声名平常；调署龙门协左营中军都司本协左营守备邓国胜，办事糊涂，质弱多病；高州镇标右③营都司毛永亨，声名平常，精力疲软；调署高州镇标右营都司赤溪协右营都司许连升，浮薄嗜利，实难得力；督标中营补用都司方乐，躁妄任性，不知约束兵

_____

① 中国第一历史档案馆藏：《清单》，档案编号：03 - 5812 - 109。
② 中国第一历史档案馆藏：《军机处随手登记档》，档案编号：03 - 0229 - 4 - 1206 - 334。
③ 误为"右"，应为"左"。

丁；署增城营守备三水营守备王庆邦，遇事粉饰，不知讲求营伍；大鹏协左营中军守备吴元韬，利心颇重，操守不谨；连阳营中军守备张萼华，性情巧滑，难期得力；署崖州协水师守备本协水师千总李荣阶，操守平常，巡防怠惰，均着即行革职。阳江镇中军游击李新开，嗜好颇深，体气羸弱；琼州镇标右营守备李际昌，老迈颓唐，不堪任用；阳春营守备张克明，营伍生疏，操练难期得力，均着勒令休致，以肃营伍。余着照所议办理，该部知道。钦此。①

一九　酌议疏浚惠州府私垦湖地折

光绪七年三月二十三日（1881 年 4 月 21 日）

两广总督臣张树声、广东巡抚臣裕宽跪●¹奏，为遵旨查明广东惠郡私垦湖地，酌议筹款劝捐，择要疏浚办理情形，恭折具陈，仰祈圣鉴事。

窃臣等承准军机大臣字寄：光绪六年九月初十日，奉上谕：御史邓承修奏，广东惠州府为该省东路屏蔽，湖水回圜，夙称险要。奸民占种田亩，致全湖积淤，甚至耕及湖底，请饬严禁，并设法疏浚，以资保障等语②。此项开垦湖地究竟始自何年？于该郡形势是否实有关系？该御史所奏按亩丈量、注销田契、豁免租粮、浚复旧址各节有无窒碍？并应如何严禁私垦之处？着张树声、裕宽确切查明，酌议具奏。原折着抄给阅看。钦此。当经转行钦遵确切查明，核议详办。

兹据广东布政使姚觐元会同按察使倪文蔚、督粮道孙凤翔③详称：遵

---

① 中国第一历史档案馆编：《光绪朝上谕档》，第 6 册（光绪六年），广西师范大学出版社 1996 年版，第 346—347 页。又《德宗景皇帝实录（二）》，卷一百二十五，光绪六年十二月，第 794 页。

② 详见光绪六年九月初十日稽查富新仓掌云南道监察御史邓承修具折《奏报惠州奸民占筑湖田郡城失险请饬严禁开垦折》（中国第一历史档案馆藏：《军机录副》，档案编号：03 - 7075 - 009）。

③ 孙凤翔（1823—1887），字文起，号梧冈、棣园，山东潍县（今山东省潍坊市）人。咸丰八年（1858），中举。同治元年（1862），中式进士，改庶吉士。四年（1865），补翰林院检讨。九年（1870），充顺天乡试同考官。十三年（1874），补授江南道监察御史。光绪元年（1875），授江西南昌府知府。二年（1876），调补江西广信府知府。六年（1880），升广东督粮道。八年（1882），迁安徽按察使。九年（1883），擢河南布政使。十年（1884），署理漕运总督。十一年（1885），护理河南巡抚，旋因病辞归。十三年（1887），卒于籍。

即札委候补同知多龄前往，会同署惠州府张联桂①，调核案卷，察勘情形，并邀集城工局绅在籍内阁中书廖廷翰、同知衔补用通判裴志仁等一体确查呈覆。查得此项湖地先于光绪元年九月间，据在籍内阁中书邓伦斌等呈奉惠潮嘉道札行，并委员到惠勘办，当经前署府钰坤饬县谕绅设局清查，一面添派委员，会同亲往勘丈。湖旁元妙观前原有水流沙一块，其初长阔若干，无可考究。当时有归善县下郭村民罗登魁呈出乾隆年间该前县令发给吴姓耕帖一纸，递年完纳文昌阁香灯租谷八石。帖上仅注明水流沙地名，并未开载亩数，现时约计已千丈有奇。此必当时私垦争占，故吴姓赴县承批占垦，湖地之略可寻考者仅仅有此。其余开垦之田究竟始自何时，既无档案为凭，又无载籍足证，盖皆不可考矣。

郡城三面阻水，东北一带江水回环，雉堞高耸，下临无地，势甚危险。西南则全藉湖水以资卫护，湖身旧本宽大，若任令淤塞，必致全湖尽变为田，不独全郡沟渠绝无宣泄之所，窃恐傍湖城郭亦失险峻之形，诚如原奏所称于惠郡形势实有关系者也。

至所奏按亩丈量、注销田契、豁免租粮、浚复旧址各节。查元年九月开设清查湖田局，曾经该绅廖廷翰等会同该前署县张兆庚及委员等亲督丈量，统计上下西湖各处，共丈得七千三百七十二弓。凡湖中私垦之田，先行插标签记，由府示谕签记内湖田业主，限十日内将契赴局呈验以凭，分别契据红白，年代远近，决定去留。随据各业户先后呈缴契据逐一验明，凡有印契在嘉庆以前者，其田均在永福寺左侧岭边，均非湖心要地，离城尚远，不甚关碍，当即撤签给还原主收管，此外概无印契粮串呈验，亦无业主及承耕之人出首承认，当经按段竖立石碑十六块，绘图注说，由该绅等禀明府县立案。张联桂、多龄等复邀同该绅廖廷翰、裴志仁连日亲行周历查勘，各段碑石依旧，界限分明，图说犹存，尚可考证，似毋庸再行丈量，以省烦扰。

---

① 张联桂（1838—1897），字丹叔，号弢叔，江苏高邮州（今江苏省高邮市）人。咸丰六年（1856），取县学生员，入附贡。八年（1858），遵筹饷例报捐太常寺博士。同年，补授斯缺。十年（1860），办理江北团练。同治三年（1864），以获盗及团防案内出力，保同知，晋知府。七年（1868），签掣广西庆远府理苗同知。九年（1870），署理桂林府同知。十年（1871），署贺县知县。十二年（1873），补授庆元府知府。同年，丁父忧，回籍守制。十三年（1874），丁母忧。光绪二年（1876），服满起复，赴部引见。同年，补授广东高州府知府，加盐运使衔。四年（1878），调任惠州府知府。六年（1880），补授潮州府知府。八年（1882），署理惠潮嘉道。十一年（1885），补授湖北荆宜施道。十二年（1886），升广西按察使。十五年（1889），迁广西布政使。十七年（1891），加头品顶戴。十八年（1892），擢广西巡抚。二十三年（1897），卒于任。著有《延秋吟馆诗抄》《问心斋学治杂录》《张中丞奏议》等传世。

　　所有界内之田，均无应销之契，亦无可免之租。果能筹费疏浚，兴复旧址，亦并无窒碍。博询舆论，均属相符。察看全湖形势，若欲尽复旧址，约非筹集数万金，未易集事。惠郡地瘠民贫，从何筹此巨款？现在惟有将新涨沙地严禁，不许再垦，一面酌量筹拨银八九千两，饬发下府，再行督饬该绅廖廷翰等竭力劝捐，凑足一万余金，先将贴近城垣各处湖地估计工程，逐段挑浚深广，尽其所有，撙节动用，核实支销。虽不能开复全湖，而郡城险要之形尚可永保弗失等情，据绘图列册，禀复到本司道。

　　伏查该湖环绕城根，保卫城垣，实为天险。今既日久积淤，占种渐广，若再荒废不治，必至全湖尽为阡陌，傍湖城郭坐失险峻之形，于守御殊有关系。若将全湖疏浚，兴复旧址，工程过大，需费浩繁，即就贴近城垣处所开辟深广，亦需一万数千金，方能鸠工集事。该郡地瘠民贫，诚难筹措。当此司库竭蹶，拨项兴工，亦非易事。第惠郡为本省东路屏藩，该湖有关守御，自不能不择要以图，藉资保障。现拟如该府等所请，于无可设法之中勉为倡导，由司道筹拨经费银五千两，发给该府收领，一面饬令督同归善县及绅士廖廷翰等实力劝捐，凑足一万余金，核实估计工程，先将近城一带湖地逐段挑浚，务使开辟深广，仅此经费，撙节动用。倘贴城湖地浚讫尚有余资，并将附近积淤一律疏浚。其余未浚地段，由府县出示，勒石严禁，居民嗣后不得复行私垦占种，俾昭遵守。如此变通办理，虽不能开复全湖，而郡城形势攸关，亦可永资捍卫，详请察核覆奏前来。

　　臣等博访周咨，覆加查核，惠州界广、潮二府之中，地居形胜，府城西南以湖为险，洵属守御攸赖。濒湖居民私垦占种，阅时久远，日有增益，其所自始，渺无可稽。水利所关，形势所系，诚不可不认真查禁。而此湖垦田已久，积土渐多，愈积愈淤，愈淤愈广，纵不能禁之不为田亩，此后全湖高垫，蔓草平沙，亦徒成为无用之荒地而已。是查禁与疏浚二事既难偏废，亦未可缓图也。该司道等查覆各节均属实情，所议拨款集捐，择要疏浚，乃目前先务之急，当已批饬该司道筹拨经费银五千两发交惠州府收领，即饬督同归善县及绅士廖廷翰等劝捐凑足，核实办理；一面查照光绪元年勘定界限，严禁开垦。如有于碑界外占筑围基、私行耕种者，务将堤基立时刨毁，并彻究主名，从重惩办，不得为豪强势力所挠，庶禁令不成为具文，则郡城不至于失险矣。

　　所有查明惠郡私垦湖地，酌议筹款劝捐，择要疏浚办理情形，谨合词恭折覆奏，伏乞皇上圣鉴，训示。谨奏。光绪七年三月二十三日●2。

　　光绪七年四月二十日，军机大臣奉旨：知道了。钦此●3。

【案】此折原件查无下落，录副①现藏于中国第一历史档案馆，兹据校补。

1.【两广总督臣张树声、广东巡抚臣裕宽跪】刊本无此前衔，兹据录副补。

2.【光绪七年三月二十三日】刊本无具奏日期，兹据校补。

3.【光绪七年四月二十日，军机大臣奉旨：知道了。钦此】此奉旨日期与内容，据录副校补。

二○　杨玉科捐购快枪报效片

光绪七年三月二十三日（1881年4月21日）

再，准卸署广东陆路提督头品顶戴记名提督二等男前高州镇总兵降三级调用杨玉科呈称：上年七月接署提篆后，查营中枪炮多已朽坏，新领者亦未精良，无以制胜。维时防务方殷，而粤东饷项奇窘，玉科因自馨家资，于九月内托香港洋商电达外国，定造新式马的力快枪一千杆，每杆价银十五圆；码子五十万颗，每五百颗价银十五圆；吭啫士打十数响快枪四十杆，每杆价银二十九圆；码子四万颗，每千颗价银十九圆。合价银行用、运费等项共洋银三万三千圆，于去冬如数到粤。现在钦奉上谕：广东高州镇总兵杨玉科，着照部议降三级调用。其所兼二等男爵，照例折罚世职半俸九年，免其降调世职等因。钦此②。闻命自天，悚惶无地！当即函请委员接署提篆，俾得早日交卸，退而思过。

伏念玉科边徼寒微，遭时多故，感激驰驱，仰藉朝廷威福，滇黔之乱先后底定，荷天地生成，专阃列爵，实逾分量。昔年由滇请归湖南原籍，调治伤躯，以身不在官，集族人凑资与山西平遥县商人范缙设一票号，藉资日用。嗣奉高州镇总兵之命，义不敢辞，即拟收撤票号，以清理往来款项，遂稽时日。迨被参后，资本亏折殆尽，商人范缙亦于上年身故，此号业已收撤。追维往事，您咎奚辞？顾蒙圣慈不加重谴，愧咎之余，尤深感戴！窃惟海防未可松懈，粤东系属首冲，将欲强兵，必需利器。玉科图报无从，谨将所购前项马的力快枪一千杆、码子五十万颗，吭啫士打快枪四

---

① 中国第一历史档案馆藏：《军机录副》，档案编号：03-6712-018。

② 详见光绪六年十二月初九日兵部尚书广寿等《奏为遵旨议奏总兵杨玉科处分缘由折》（中国第一历史档案馆藏：《军机录副》，档案编号：03-7409-053）。

十杆、码子四万颗，全数报效，为粤东稍助武备。玉科受恩深重，万不敢仰邀奖叙等情前来。

臣等伏查杨玉科自署陆路提篆以来，奋发任事，慨然以整顿营伍为志。前以虎门地当首要，曾令添练壮勇，拨往驻防，以辅水师。昨臣等亲赴虎门，履勘炮台工程，阅视各营操练。杨玉科所部壮勇整齐精锐，枪炮击刺，操演纯熟，实冠各军。去年目击时艰，复自出私财，购备快枪，以充军实。今以交卸归里，全数报效，合银至二万数千两之多。东省得此新枪，于防务深资裨益。其竭力报国之义有足多者，虽据声明不敢仰邀奖叙，臣等未便壅于上闻，应如何量予恩施，以示劝励，出自逾格鸿慈！

臣等谨附片陈明，伏乞圣鉴，训示。谨奏。

光绪七年四月二十日，军机大臣奉旨：杨玉科着开复原官，留于广东差委，该部知道。钦此●1。

【案】此折原件查无下落，录副①现藏于中国第一历史档案馆，兹据校补。再，刊本无具奏日期，兹据录副校补。

1.【光绪七年四月二十日，军机大臣奉旨：杨玉科着开复原官，留于广东差委，该部知道。钦此】此奉旨日期与内容，据录副校补。

二一　查办闹姓加重罪名委曲情形片

光绪七年五月二十三日（1881年6月19日）

再，密陈者：粤东闹姓赌博，近年钦遵谕旨，严行申禁，赌厂开设澳门，内地奸徒复影射代收，四出诱赌，踪迹逾秘，不可究诘。大率勾通文武衙门之兵役，倚恃绅衿豪富之主持。兵役之弊犹可彻查，豪绅之权盖难骤革，如省城之西关，省外之佛山镇，其尤甚者也。臣等去年查办私收闹姓始于佛山，当时蜩螗沸羹，业已群议纷起。厥后查及西关，始则鼓众阻挠，当场获犯，不令带案。迨经臣等严饬营、县催提发审，证据确凿，复相率造言挟制，一唱百和，或谓兵勇抢夺银物，或谓官长严刑逼供，作为论说，传刻香港洋报，乌有子虚，澜翻波诡，其意必欲包庇赌匪，以挠国

---

① 中国第一历史档案馆藏：《军机录副》，档案编号：03-6084-022。

家之法而后已。

臣等明知狂澜久倒，不易挽回，特念粤东本富庶之区，数十年来，赌日盛而民日贫，民日贫而盗日多，庇赌分肥，寖以成俗，吏治、军政、士习、民生，皆深中其病。惩前毖后，长此安穷，臣等所以恪守圣训，坚持禁令，于群疑众谤之交而不敢稍为摇惑者也。

现在开赌于澳门，诱赌于内地，臣等亦思与澳门洋官据理辩论，责其不宜纵容赌匪图私利而损中国。惟查光绪三年据驻澳洋官来文有"中国禁赌博一项，惟彼大西洋国准收"等语。西洋本无约之国，当时屡以此饶舌，卒归无济。今即理遣情喻，亦必难就我范围。奸人知西洋租界中国之官无可如何，惟代收票银，平时既无起意开赌之名，万一发露，亦可避重罪而就轻比，于是此辈有恃无恐，益以代收澳门闱姓为得计，准刑罚世轻世重之义，不得不暂议加重帮同收标、收钱罪名，盖澳门票厂其本源也，代收之人其要害也。既不可拔本塞原，势必当扼要制害。

臣等现将闱姓赌匪奏请再行加重罪名，如蒙饬部议准，嗣后惟有持久弗懈，严查代收，认真彻办，以期渐绝根株。目前杜塞漏卮之计，似无逾于此。粤省官绅自来习于贪纵，近经臣等将贪劣不职各员严行甄劾，官场似尚知敛肃。惟绅士流品不齐，习气尤重，中外显官多有亲故。即在乡里各有党援，辄思遇事把持，挟官渔利，稍加裁抑，即肆意腾谤，以逞其私，固不独闱姓一事为然，特闱姓尤为利薮，故奔走尤甚耳。

臣等忝任疆圻，受恩深重，不敢稍存瞻顾利害之念，除督饬地方文武务除差役、兵丁得规庇赌之习，有犯必予重惩外，如再查有绅衿势豪暗中包庇、与官为难者，但系情真事确，仰恃圣明在上，亦必执法不挠，期以挽颓风而张纲纪。

所有臣等历次查办私收闱姓赌匪与此次议请加重罪名其中委曲情形，语涉洋务正折，不能详尽，谨缕析附片密陈。伏乞圣鉴，训示。谨奏。

光绪七年七月初三日，军机大臣奉旨：另有旨。钦此●[1]。

【案】此片原件查无下落，录副①现藏于中国第一历史档案馆，兹据校补。再，刊本无具奏日期，录副以奉旨日期为之，亦未确。兹据奉旨日期查光绪七年七月初三日《军机处随手登记档》②张树声折，据同批折件可知，此片具奏日期当为"光绪七年五月二十三日"无

① 中国第一历史档案馆藏：《军机录副》，档案编号：03 - 7410 - 025。
② 中国第一历史档案馆藏：《军机处随手登记档》，档案编号：03 - 0232 - 3 - 1207 - 175。

疑，兹据校补。

1.【光绪七年七月初三日，军机大臣奉旨：另有旨。钦此】此奉旨日期与内容，据录副及《军机处随手登记档》校补。

【案】此奏旋于光绪七年七月初三日得旨允行。《光绪朝上谕档》载曰：

光绪七年七月初三日，内阁奉上谕：张树声、裕宽奏，奸民设厂，收买闱姓，诱赌渔利，获犯审拟，并请再行加重闱姓罪名，以救流弊一折，着刑部议奏。广东闱姓赌博，最为风俗、人心之害，经降旨严行申禁。乃奸徒犹敢影射代收，显干法纪，并闻若辈大率勾通文武衙门兵役，倚恃绅衿豪富，为之包庇，网利营私，牢不可破，亟应重申禁令，力挽颓风，着该督、抚随时认真访查，如仍有前项情弊，即行从严惩处，毋稍徇隐。钦此。①

---

① 中国第一历史档案馆编：《光绪朝上谕档》，第 7 册（光绪七年），广西师范大学出版社 1996 年版，第 135 页。又《德宗景皇帝实录（二）》，卷一百三十二，光绪七年七月，第 898—899 页。

卷五　岭南前稿二

○一　整顿惠州府属地方片

光绪七年五月二十二日（1881年6月18日）

再，粤东负岭环海，风俗悍轻，依恃险远，寇盗贼杀，自古有不可爬梳之患。道光、咸丰以后，海洋多事，更历大乱。嗣则各国通商，益纷不可治。虽贤士大夫矫然绝俗者亦不乏人，特夸诈而喜事，重利而昧义，则大抵然也。往年通省地方敝坏，以广、惠、潮三府为最甚。潮州自同治年间查办积匪，锄暴诛强，民风一变，近年罕有斗、劫之案，革面之效已彰彰矣。

广州五方总汇，中外交错，万端纠结，受病已深，势当治之以渐。惟惠州一府十属，械斗、抢劫，层出不穷，众暴强凌，自为风气。其犷悍凶横之为多，有非思议所及者。推求其故，始则积乱之后，率匪多而良少；继为积威所制，遂匪强而良弱，枪炮刀械家有其器，睚眦嫌隙，集众寻仇，县营闻风前往弹压，力薄则公然抗拒，兵多则先事潜逃。即使斗案已成，勒交首匪，顶凶认供，强宗派之弱户，大族派之小姓，到案提讯，虽理喻情诱，不敢片词翻悔，自祸全家。异日积忿日深，两不相下，激而生变，何可胜言！

臣等熟思审处，窃惟惠居东路中权，失此不治，祸源蕴结，必将上隳潮州已成之功，下为广州切肤之患。年来接见该府官绅，详询利弊，穷究本原，盖其迁流之始，未尝不由当时地方官积习因循，不能遇事公平申理，讼结不解，私相报复，酿成积重之势。驯至今日，即有勤能之吏，亦苦刑政之俱穷；即有条教之颁，亦常扞格而不达。《吕刑》所谓"非佞于威"，唐臣韩愈所谓"尽根株痛断乃止"。欲求长治久安之道，有不出于此而不可得者。

现与藩、臬二司悉心熟商，先行颁发告示，将息斗止争，谆切告诫，一面咨会署陆路提督蔡金章，札饬署惠州府知府邵承慈会议章程，分别各属强乡、弱乡，酌量择尤查办，务乘未拘之先，详察被控之案，预为部勒，将积案最多、稔恶最著之匪指名勒交。如有抗拒，设法围拿，期于惩一儆百，不至滋蔓难图；并督饬各属遇有械斗、抢掳之案，一经报到，立即会营，督带兵勇，驰往弹压，勒交凶匪，务获严办，断不得敷衍了事，使长刁风。一俟查办就绪，即将保甲一事认真编查，以善其后。但使正气日盛，邪气日消，政令可以设施，则匪类自戢；良善有以自立，则民气不摇。

现已督同臬司查照直隶、广西清讼章程①，参酌刊定，通饬各府、厅、州、县一体遵办，仍当责成惠州府严督所属，嗣后凡有两造控案，务宜随到随审，秉公断结，以免各怀不平，酿为械斗重案，以期仰副圣主轸念民依、绥靖海疆之至意！所有臣等拟议整顿惠州府属地方缘由，理合附片陈明，伏乞圣鉴，训示。谨奏。

光绪七年七月初三日，军机大臣奉旨：知道了。钦此●1。

【案】此片原件查无下落，录副②现藏于中国第一历史档案馆，兹据校补。再，刊本无具奏日期，录副署"光绪七年五月二十二日"存疑。兹据奉旨日期查光绪七年七月初三日《军机处随手登记档》③张树声折栏，据同批折件可知，此片具奏日期当为"光绪七年五月二十二日"，录副确。

〇二　保奖朱次琦陈澧片

光绪七年五月二十二日（1881 年 6 月 18 日）

再，地方之治乱，上系乎政教，下系乎风俗，乡士大夫之所行所为，固风俗所视为向背也。粤东岭海奥区，人物蕃庶，往往尚功利而习嚣竞。臣等怀事贤友仁之心，求正谊明道之士，凡致身通显、有闻于时者，不敢妄为衡量。至在下士之列而有卓绝之行，耳目所及，得两君子焉。

前署山西襄陵县知县朱次琦，南海县进士，讲明正学，身体力行，任

---

① 详见同治八年三月十六日直隶总督曾国藩所呈《通饬僚属清讼事宜条陈清单》（中国第一历史档案馆藏：《清单》，档案编号：03-5081-059）。
② 中国第一历史档案馆藏：《军机录副》，档案编号：03-7245-044。
③ 中国第一历史档案馆藏：《军机处随手登记档》，档案编号：03-0232-3-1207-175。

襄陵时，卓卓多异政。其均修平河水利，得水田三万余亩，县民至今赖
之。臣树声前在山西，即闻彼都人士尸祝勿衰。及来粤经年，益稔其守先
待后，门墙高峻，足不入城，市比闾族党，蕙德善良，所居九江一乡无拖
欠钱粮者，尤通省所罕也。

国子监学录衔陈澧，番禺县举人，持躬谨严，识量闳远，通经学道，
粹然儒者。所著《声律通考》《汉书·地理志水道图说》，原任大学士曾
国藩服其精博。其余著述尚多，亦皆能发明义理，笃实纯正。士人出其门
下者，率知束身修行，成就最众。

此两人者，皆以经世之才治经生之业，今皆年逾七十矣。祥麟威凤，
潜德勿曜。臣等待罪疆圻，而使姓名不达于天听，亦尸素之咎也。

伏维周官太宰以九两系邦国，三曰师，四曰儒，而于司徒本俗，复联
以师儒治本所关，盖非浅鲜。况粤中习尚流失，如朱次琦、陈澧两人，耆
年硕德，实副周官师儒之选。松柏后凋于岁寒，鸡鸣不已于风雨，尤宜表
而出之，风厉一世。

可否仰恳圣恩量予褒异，加赏京衔，重道劝学，益见盛朝鼓舞之宏；砥德
励行，藉示岭表士民之鹄！谨附片具陈。是否有当？伏乞圣鉴，训示。谨奏。

光绪七年七月初三日，军机大臣奉旨：另有旨。钦此●1

【案】此片原件查无下落，录副①现藏于中国第一历史档案馆，兹
据校补。再，刊本无具奏日期，录副以奉旨日期为之，未确。兹据奉
旨日期查光绪七年七月初三日《军机处随手登记档》②张树声折栏，
据同批折件可知，此片具奏日期当为"光绪七年五月二十二日"为
宜，兹据校正。

1.【光绪七年七月初三日，军机大臣奉旨：另有旨。钦此】此奉
旨日期与内容，据录副及《军机处随手登记档》校补。

○三　议覆粤东加征洋药土烟税厘折

光绪七年七月初四日（1881年7月29日）

两广总督臣张树声、广东巡抚臣裕宽、粤海关监督臣崇光跪●1奏，为

---

① 中国第一历史档案馆藏：《军机录副》，档案编号：03-5511-006。
② 中国第一历史档案馆藏：《军机处随手登记档》，档案编号：03-0232-3-1207-175。

遵旨体察粤东加征洋药、土烟税厘情形，妥议覆陈，恭折仰祈圣鉴事。

窃臣树声于本年五月二十九日承准军机大臣字寄：光绪七年五月初九日，奉上谕：左宗棠奏，禁食鸦片，请先增洋药、土烟税捐一折[1]，着南北洋大臣、福州将军、各直省督抚、粤海关监督，各就关口及各地情形，详细体察，将稽查征收章程悉心妥议覆奏，候旨定夺。此事务在必行，该大臣等当熟筹办法，期于大局有裨等因。钦此●[2]。当即恭录并钞原奏知照臣裕宽、臣崇光会同熟筹，并饬行广东藩、臬两司及厘务局司道一体钦遵筹议在案。现由臣崇光[2]与税务司体察各关口情形，并据藩、臬两司、厘务局司道会议详覆前来。

臣等公同筹商，洋药一物，流毒中土，阅数十年，耗财伤人，疲敝天下。各国通商以后，势成积重，禁令俱穷，左宗棠请参示罚之意，加征税厘，俾由价贵减吸，以驯至于断瘾，洵救世之长策，变俗之苦心！况洋药来自印度，广东当其首冲，由聚而散。此为枢纽，允宜协力合谋，期于有济。惟广东各关口地方情形不特与北洋三口不同，并与南洋各口亦迥不相类，而筹办之难遂相因而见，请为皇太后、皇上缕晰陈之。

洋商由印度贩运洋药，连檣东来，一入中国各口，旁流四溢，讥禁难施。左宗棠原奏议于总口设局自办厘捐，凡洋药进口完纳洋药税后，由税务司查明箱数，报知总局覆验，登簿给票，所谓从源头上澄起，则其流自清。此不易之法也。然沿海各总口如福建之福州、厦门，浙江之宁波、温州，江苏之上海，山东之烟台，直隶之天津，奉天之牛庄，凡有洋行，皆在海口之内中国之地。洋船不进是口，洋药即无由分销内地。总口设局之法行则若网在纲，振裘挈领矣。

广东通商有广州、汕头、琼州、北海四处，皆设关收税，有税务司主之。然可言通商之口岸，不可言洋药之总口，盖香港一岛，四面大海，来

①　详见光绪七年五月初五日军机大臣左宗棠《奏为严禁吸食鸦片请先增洋药土烟税捐折》（中国第一历史档案馆藏：《军机录副》，档案编号：03-6490-026）。

②　崇光（？—1900），索勒豁金氏，监生。咸丰四年（1854），充会计笔帖式。九年（1859），署上驷院主事。同治四年（1865），补仪司主事。八年（1869），升都虞司员外郎，迁宁寿宫郎中。光绪二年（1876），调缎库郎中。五年（1879），补办堂郎中。六年（1880），补授粤海关监督。十年（1884），充奉宸苑卿。十三年（1887），授总管内务府大臣。十四年（1888），补镶红旗汉军副都统、崇文门副监督。十七年（1891），授工部右侍郎兼管钱法堂事务。十八年（1892），补授吏部右侍郎。二十年（1894），加太子少保衔，充镶蓝旗满洲副都统。同年，授吏部左侍郎。二十一年（1895），署兵部左侍郎。二十二年（1896），充专操大臣，署理工部右侍郎。二十三年（1897），署户部右侍郎。二十四年（1898），调补正白旗满洲副都统。二十六年（1900），卒于任。谥恪勤。

华洋药总汇于此，然后分销内地，转运各口。其地久为英属，无从过问。葡萄牙洋人窟穴澳门，尤以庇匪、走私为事，隔绝一隅，亦非声教所能及。此两地者，封坼之间，自成异域。大洋之内，水界区分，无税厘之征，无稽查之事。洋商列肆而市，华船蚁附而趋，沿海数千里，四通八达，防不胜防。其以洋船运洋药到广州、汕头、琼州、北海各关报完洋税者，较运到香港总数仅逾十分之一耳。此广东关口情形不同，而设局验报之难，相因而见者也。

自古理财正辞，禁民为非曰义。今日欲除洋药之害，不得不剂之以罚，故多取之而不为虐。惟近年广东于洋药税厘外已有加抽海防经费之款，又有加抽膏厘之款，总计捐项视各省为最重。以总税务司开报各关历年贸易总册稽之，如广州进口洋药向销九百余箱至一千余箱者，现仅销六百余箱矣。汕头进口向销九千余箱至一万余箱者，现仅销八千余箱矣。琼州、北海两口销数本少，盈绌之数俱属甚微。即商人承办海防经费、膏厘两项，亦不免时形竭蹶，捐愈重而漏愈多。此其明验也。况他省之漏皆漏于海口之内，广东之漏并漏于海口之外，挟资牟利与一切亡命凶悍之徒，既以香港、澳门为逋逃薮，水则风帆急棹，出没各港；陆则逾山越岭，怀挟潜行。人持洋枪，船载大炮。缉私兵役本难罗列遍布，幸而相遇，私贩少则鸟兽四散，兵役少则恃众逞凶，伤人毙命，往往而有。就使严刑峻法，多设巡逻，而若辈有利可图，性命非所顾虑，恐地方益以多事，若欲穷其源委，必须堵于香港港外水界，平时缉匪捕逃，尺寸未逾，尚烦诘难。今再持之过急，将启中外之嫌，交涉事宜益形棘手。此广东洋药偷漏情形不同，而杜漏之难，相因而见者也。

臣等于艰难之中筹遵办之法，查广东洋药一项，内地厘金从前归货厘带抽，嗣以收数甚少，经前督臣瑞麟于同治七年在香港、澳门附近新安、香山两县属之九龙寨、汲水门等处设厂专抽，办有成效，粤中称为"新香六厂"。同治十年，因户部、总理各国事务衙门奏广东征收洋药正税，请饬自行办理，复依原建厘金六厂添设税厂，照例征收正税，于是华商运入内地之洋药不至尽归绕漏。今议加征内地厘金，亦只能就原设之新香六厂查照加收，仍照向章逐件点验，粘贴印花。惟六厂所抽皆华商由香港转运之货，其地距广州关口皆在数百里外，斗入海洋，岛屿荒凉，并无行栈。左宗棠原奏所拟留存趸船，起存行栈，税务司查报箱数，填发联票各节，均与此处情形不合，其势似难仿办。

至广州、汕头、琼州、北海四口，洋船由香港转运洋药到口，即行搬入洋行，并无寄存栈房趸船之事。各口本皆设有洋药厘厂，向由华商赴洋行分购洋药，运销内地，即收内地厘项，亦无洋商运销各口之事，自应按照原奏参酌之变通，统归向设厘厂查照加收，毋庸另设总局。凡进口洋药，查照从前江海关章程，先行封存趸船、栈房，俟售与华商后，由洋商报关完纳洋税，华商赴厘厂照完厘金，逐件粘贴印花，方准验放。其华商运销内地，仍以贴有印花为据，盖华商分销大宗甚少，联单一项总给则不便，分运逐件填给，则过涉纷繁，且恐重运影射之弊百出不穷，不如照旧查验印花较为易简。惟各口洋商所设洋行，内地奸商常与勾通贩运，包庇走私，或藉称货未离口，或托词本行雇工，既不遵完内地厘饷，并以厘厂查缉为非。即如上年德国领事因琼州地方官示谕华人将拟赴某行定买洋药件数报明厘厂，谓与德约不符，并蔓引条约，谓洋行售出洋药未离口岸，不能抽厘，经总理衙门行令将示谕撤销，犹断断争辩，迄今未已。又以海防经费局巡丁查获私土，森宝洋行出为庇护，怂恿领事转请驻京公使向总理衙门晓渎不休。近日，北海瑞昌洋行亦以被获私土，复迭据英国领事来请给还。今议洋药进口先行封存趸船、栈房，俟售与华商，税厘两清，再行验放，则勾通、走私各弊均无所施。但事涉洋人，领事方执此相争，必须由总理衙门与各国公使商定，转饬各口领事遵照，始无梗阻之虞。此就广东地方情形分别征收之办法也。

广东抽收内地洋药税厘有五：一曰正税。每百斤抽银三十两，由臣崇光督饬委员在新香六厂查收，归入常税分别造报。一曰厘金。每百斤抽银十六两。一曰帖饷。每百斤原奏抽银十六两，旋因收数寥寥，有名无实，历年开办，汕头、新香各处因地制宜，每百斤减抽七两或四五两不等。至光绪二年，经前督臣刘坤一饬局议定，均以每百斤抽厘金十六两、帖饷七两，各厂画一征收。一曰商捐海防经费膏厘。光绪五年开办经费，六年将膏厘归并包办，分别元、白两种。元茶每百斤两款共抽银四十八两三钱，白茶每百斤两款共抽银五十六两六钱。此五款者，皆系拨解京饷、协饷并购买外洋船、炮及本省海防各项之用，均经先后奏咨在案。

兹拟税、厘两项每箱加至一百五十两，除各关进口税仍由洋商完纳，新香六厂华商正税仍由臣崇光督征外，其内地厘金每箱应合银一百二十两，再将商捐经费膏厘划除，计元茶每百斤应加抽厘金四十八两七钱，合原抽厘帖二十三两，共成七十一两七钱；白茶每百斤应加抽厘金四十两零四钱，合原抽厘帖二十三两，共成六十三两四钱；合之商捐经费膏厘，均每百斤抽银一百二十两。此项加征厘金仍照部章，分上下半年造报。本省原收各款由局查核箱数，照数划出，支解济用。如有赢余，或存候指拨，或解部充饷。此核明款项分别征足之办法也。

此次洋药加厘，为数甚巨，百计偷漏，自在意中。就广东而论，虽无杜绝之方，不得不严查缉之法。查陆路以广州府属各港口为要，水路以新安、香山一带洋面为要，现已派委记名总兵邓安邦雇募勇丁，于陆路各要隘严密巡缉；并饬派琼州镇总兵彭玉①督带海关缉私轮船及新香六厂拖、扒各船，认真梭巡；仍通饬各州县水陆各营一体严缉，出力者优加奖拔，怠忽者立予撤惩。如有贿纵情弊，并即从严参办。如轮船不敷，再当酌量添设，由所收加厘项下核实支销。此稽查走漏之办法也。

至内地土烟一项，栽种罂粟，本干例禁，广东向不种植，别处运来者，仅止云南所产。本地民人因洋药购买甚易，鲜吸土烟，销路颇少，通省每年不过收厘银一二千两，系归并货厘，每百斤收银十余两，其价比洋烟亦相去悬殊，应仍照旧抽收。倘洋药加厘后土烟销路渐旺，再行随时察酌办理。总之，洋药以加厘为除害之始基，尤须以杜漏收加厘之实效。

广东居中国洋药总汇之地，而无总口以扼其要。香港既独据其利，澳门亦相倚为奸。左宗棠所议加增厘捐，事关全局，必须各省一律举行，始免因轻重而生趋避。一俟奉旨后，南北各省同时开办，广东自当勉赞其成。第现筹办法亦只能竭力经营，尽其在我。香、澳之丛渊日廓，徒切隐忧；税厘之盈绌靡常，殊无把握！

所有臣等遵议加增洋药、土烟税捐实在情形，谨合词恭折覆陈。伏乞皇太后、皇上圣鉴，训示。谨奏。光绪七年七月初四日 ●3。

光绪七年闰七月十九日，朱批 ●4。

八年二月初八日归籍，堂谕封存 ●5。

　　【案】此折原件查无下落，录副②现藏于中国第一历史档案馆，兹据校补。

　　1.【两广总督臣张树声、广东巡抚臣裕宽、粤海关监督臣崇光跪】刊本无此前衔，兹据录副补。

　　2.【案】此处原文省略较多，《清实录》载曰：

---

①　彭玉，生卒年不详，广东吴川县（今广东省吴川县）人。咸丰初，投效广东军营。五年（1855），充广东红单师船勇目，以功保至副将。同治八年（1869），补崖州协副将。十二年（1873），升广东阳江镇水师总兵。光绪二年（1876），补授碣石镇总兵。五年（1879），署理琼州镇篆。六年（1880），实授琼州镇总兵。

②　中国第一历史档案馆藏：《军机录副》，档案编号：03－6491－034。

　　谕军机大臣等：左宗棠奏，禁食鸦片，请先增洋药、土烟税捐以收实效一折。鸦片流毒中国，为害甚深，近因民间吸食愈多，销路愈广，于国计民生大有妨碍。朝廷轸念时艰，何难申明禁令，齐之以刑。惟虑陷溺既久，兴贩吸食之徒日众，空文禁制，既属徒法难行，而讼狱滋繁，又将别增扰累。左宗棠所奏拟加征税厘、参用罚惩遗意，冀可渐挽颓风，不为无见。各省原定洋药厘捐，本较洋税为重。乃总计所收厘金，竟远不及进口之税。是承办各员奉行不力，减成折收，任令奸商隐匿偷漏，巡役包庇分肥所致，情弊显然。现照左宗棠所拟，每洋药百斤，统税厘合计，共征银一百五十两。内地土烟价值较低，税厘准照洋药推算征收。亦尚平允。此项系取之于吸食鸦片之人，与华、洋各商并无干涉，着南北洋大臣、福州将军、各直省督抚、海关监督，将各关口及各地方情形详细体察，将稽查征收章程悉心妥议，于一月内覆奏，候旨定夺。此事务在必行，该大臣等当熟筹办法，期于大局有裨，实为至要。原折均着抄给阅看。将此由五百里谕知南北洋大臣、福州将军、各直省督抚，并传谕粤海关监督知之。①

　　3.【光绪七年七月初四日】刊本无具奏日期，兹据校补。

　　4.【光绪七年闰七月十九日朱批】此朱批日期据《军机处随手登记档》② 校补。

　　5.【八年二月初八日归籖，堂谕封存】此日期与内容，据《军机处随手登记档》补。

〇四　遵议球案折

光绪六年十一月二十五日（1880 年 12 月 26 日）

　　两广总督臣张树声、广东巡抚臣裕宽跪●¹奏，为球案不必急议，倭约未便牵连，宜缓允以求无弊，遵旨切实覆陈，仰祈圣鉴事。

　　窃臣等于光绪六年十一月初七日承准军机大臣密寄：光绪六年十月十

① 《德宗景皇帝实录（二）》，卷一百三十，光绪七年五月，第 868—869 页。

② 中国第一历史档案馆藏：《军机处随手登记档》，档案编号：03 - 0232 - 3 - 1207 - 219。

六日，奉上谕：前据总理各国事务衙门奏议结琉球一案，又据右庶子陈宝琛①奏球案不宜遽结，当经惇亲王等酌议，宜照总理衙门所奏办理等因●²。钦此。仰见宸谟柔远，不辞刍荛之询，务出万全之策，钦服曷胜！

窃惟日本贫狡无赖，虐球畏俄，其力不足以助寇，其性不可以恩结。李鸿章、陈宝琛诸臣言之详，计之审矣。至割岛以结球案，结案而涉改约，则力势明而利害见。皇太后、皇上可端拱而决策者也。

琉球自明初尚巴志灭山南、山北，并有中山，服事中国维谨，一姓相承，至今无改。宫古、八重山皆南夷荒岛，亦于洪武间始属中山，不过岁修贡职，与三省属府之近隶、宇下衣租食税者不同。今中山残灭，别援尚氏之后，置之两岛之间，与土人则枝指骈拇，不相附丽。言立国则甲兵、赋税无可经营。倭伺其旁，颠危可待。其君既为中国所树，仍中国不了之事。目前暂图收束，后患正自无穷。夫日本无故灭球，中国以大义与之争论，彼曲我直，我不与彼决裂，彼难与我启衅。争论虽无就绪，终存光复之基。割岛不能自存，即斩中山之祀。此仅割两岛议结球案之非计，其理易明也。

《日本通商章程》第三十二款：两国现定章程，嗣后若彼此皆愿重修，应自互换之年起至十年为限，可先行知照，会商酌改。今已将届十年，原可知照商改，但我以利益与彼，彼亦当以利益偿我。若一国欲专其利，即与修约之义相违矣。况琉球一案与中日通商如风马牛之不相及，彼既虏球君，县球土，因中国责言，始以无足轻重之两小岛来相搪塞，中国何负于倭？倭何德于中国？顾欲责偿于中国之改约耶？彼则鲸吞蚕食之不已，复欲乘我之危机。我则兴灭继绝之未能，转又予彼以利益。五洲万国，盖不经见。此球案、改约二事断不能牵连并议，其理又易明也。

从前洋务初起，与各国订立和约，其时在事臣工多未谙外事，重以承

---

① 陈宝琛（1848—1935），字伯潜、敬嘉，号弢庵，福建省闽县人。同治七年（1868），中式进士，改庶吉士。九年（1870），授翰林院编修。十二年（1873），充顺天乡试同考官。光绪元年（1875），迁翰林院侍讲。五年（1879），充甘肃乡试正考官。六年（1880），充武英殿提调官。七年（1881），补翰林院侍讲学士。八年（1882），授江西学政，重修白鹿洞书院。九年（1883），迁内阁学士。十年（1884），以中法战争失利降五级，遂回乡修葺先祖"赐书楼"，构筑"沧趣楼"。二十五年（1899），任鳌峰书院山长。三十一年（1905），授福建铁路总办，兼福建高等学堂监督。三十三年（1907），创立全闽师范学堂。宣统元年（1909），奉诏入京，充礼学馆总纂大臣。三年（1911），任溥仪师，赐紫禁城骑马。旋任汉军副都统、弼德院顾问大臣。民国元年（1912），修《德宗实录》。六年（1917），任内阁议政大臣。十四年（1925），随溥仪移居天津。二十一年（1932），赴长春，拒受伪职。二十四年（1935），卒于北平。溥仪赐奠醊，赐祭一坛，特谥文忠，晋赠太师，赏给陀罗经被，赏银九千元治丧葬。其著述有《沧趣楼诗集》《听水斋词》《沧趣楼文存》《沧趣楼律赋》《南游草》《陈文忠奏议》《德宗实录》等。

平日久，武备空虚，所定条款皆由欺诳挟制而成，盖多非理所有，而束缚于势者。自时厥后，中国讲求交涉利弊，造船、筑台、练兵、简器，所以力求自强者，非一朝一夕矣。度德量力，虽不能争雄于欧土，亦何至受制于倭奴？且俄以伊犁饵吾立约，犹曰代中国收已失之地，今举而还之中国，不可无报称之谊也。倭以球案要吾改约，将何说之辞？无说而从之，恐不免短中国之气，生西人之心。此即舍理言势，而割岛、改约之不可曲从，尤易明也。

自古列国相交，往往以机智诈力相胜，恒视乎所以应之。倭人灭球，已涉两年，屡与力争，迁延不决。今当俄事未定之秋，亟相催促，窥其隐私，未尝不虑中国或与俄修好，可乘备俄之力问罪于倭。是其借端以逞大欲，或亦时急而后相求。如曰姑徇所请，联络邦交，虑适中其狡计。究其流弊，必有如陈宝琛所言祸言于朝鲜，势蔓于巴西诸国，张之洞所言环海万国接种效尤者。当时李鸿章与日本定立修好条规，于一体均沾之条力持未允，诚如王大臣等所云办理颇费苦心。此次巴西立约，亦多中国力占地步之处。此后各国修约，辩论有据，未尝非返弱为强之本。区区日本，欲一旦决而去之，从此眈眈逐逐，相逼而来，外国尽争利便，中国无不吃亏，民安得不穷，国安得不困？日日自强而不足，一事自弱而有余。此利害枢机不可不深长思也。

总理衙门及王大臣等量敌审时，持重应变，诚老成谋国之经。臣等忝领疆圻，亦不敢卤莽灭裂。特念俄、倭强弱相去悬殊，俄约转圜，中国亦当有自处之道。苟其一意孤行，诛求无厌，恐亦难必以玉帛而不以干戈。今倭之议结球案也，揆理度势，中国均无自处之道。熟权利害，似有未可迁就者。

总之，日本视俄事为转移，俄局果变，倭必不因球案既结而顾惜信义；俄衅不开，倭亦未必因球案不结而遂起戎心。倘有万一之虞，或竟狡焉思逞，以北洋之力制之，固当恢恢游刃。粤省海口虽以经费支绌，备御多虚，然以之御俄，则诚略无把握；以之御倭，必当勉与支持。现在俄约尚在未定，与倭人用支展之法，无可疑者。伏愿圣主审俄事之机宜，以为球案之操纵。其现定球案条约及加约各款，限满虽当互换，批准权在朝廷，或届时未能斥绝，再集众思于廷议，博采舆论于疆臣，均无不可。英国戊辰新约，因商会议阻，至今未经交换；烟台条约议定已越四年，亦尚有未经批准之条。事有成案，执此无可致诘，拒之不患无词也。

至于中国筹防，自兹以往，不可一日复弛。惟望圣谟广运，统筹全局，中外一心，务令边海岩疆裕其度支，宽其余力，责以简练营伍，造就人材，整齐船械，皆有屹然不摇之势，则所以复球者在此，所以服倭者在此，即所以驾驭泰西者，亦无不在此！

所有臣等遵旨妥议日本议结球案不便与改约并议，宜缓允以求无弊缘由，谨恭折由驿密陈。是否有当？伏乞皇太后、皇上圣鉴，训示。谨奏。光绪六年十一月二十五日●3。

光绪六年十二月十八日归箍，七年三月初七日见面带上，堂谕存●4。

【案】此折原件、录副现查无下落，抄件存于《清季外交史料》①。因异文太多，抄件准确性远逊于刊本，故仅作参考。再，刊本缺具奏日期，抄件署"光绪六年十一月二十五日"，是否具奏日期，抑或朱批日期，难以判断。兹据光绪六年十一月二十五日同批折件之朱批日期，查光绪六年十二月十八日《军机处随手登记档》②张树声折，署有"报五百里、十一月二十五日发"等字样。据此，此折具奏日期应为"光绪六年十一月二十五日"无疑，兹据校补。

1. 【两广总督臣张树声、广东巡抚臣裕宽跪】刊本无此前衔，兹据抄件及《军机处随手登记档》校补。

2. 【案】此密谕多有节略，《清实录》载之较详：

谕军机大臣等：前据总理各国事务衙门奏议结琉球一案，又据右庶子陈宝琛奏球案不宜遽结旧约不宜轻改，当经惇亲王等酌议，宜照总理各国事务衙门所奏办理，业经允准。旋据左庶子张之洞奏，日本商务可允，球案宜缓，复经惇亲王等议以日本与俄深相邀结，又与福建、江、浙最近。今若更动已成之局，未必甘心，且恐各国从而构煽，卒至仍归前说，或并二岛而弃之，益为所轻等语。所议自为揆时度势、联络邦交起见。惟事关中外交涉，不可不慎之又慎。李鸿章系原议条约之人，于日本情事素所深悉，着该督统筹全局，将此事应否照总理各国事务衙门原奏办理，并此外有无善全之策，切实指陈，迅速具奏。总理各国事务衙门折片各一件、单三件，陈宝琛、张之洞折各一件，均着抄给阅看。刘铭传前经赏假两个月，本日已有旨，令裕禄传知该提督，不必拘定假期，迅速来京矣。将此由五百里密谕知之。③

① 王彦成、王亮辑编，李育民、刘利民、李传斌、伍成泉点校整理：《清季外交史料2》卷二十四，光绪六年十月至十二月，湖南师范大学出版社2015年版，第472—474页。
② 中国第一历史档案馆藏：《军机处随手登记档》，档案编号：03－0229－4－1206－340。
③ 《德宗景皇帝实录（二）》，卷一百二十一，光绪六年十月上，第750页。

3.【光绪六年十一月二十五日】刊本无具奏日期，兹据校补。

4.【光绪六年十二月十八日归箍，七年三月初七日见面带上。堂谕存】此奉旨日期与内容，据《军机处随手登记档》校补。

○五　筹议设立西学馆事宜折

光绪六年十一月二十五日（1880 年 12 月 26 日）

两广总督臣张树声、广东巡抚臣裕宽跪●1奏，为遵旨筹议设立西学馆事宜，恭折覆奏，仰祈圣鉴事。

窃臣等前于光绪六年四月二十七日承准军机大臣字寄：钦奉光绪六年四月初七日上谕：凡事以人材为本，管驾铁甲等船，均须结实可靠、兼通西学者任之。刘坤一前曾捐银十五万两，拟在粤省开设学堂，专习西法。此款借拨办振，刻下豫、晋等省情形日有起色，着张树声、裕宽●2催还前款，抑或另筹别项，设立西学馆，讲究机轮驾驶及一切西学与洋务交涉事宜，庶几教育成材，足供任使，等因。钦此。

伏维学以致用为贵，本无中西之殊。欧洲界在海西，地气晚辟，其人秉性坚毅，不空谈道德、性命之学。格物致知，尺寸皆本心得，由格物而制器，由制器而练兵，无事不学，无人不学，角胜争长，率臻绝诣，故英法各国皆不过当中国一省之地，挟其兵轮、枪炮，跨海东来，无不雄视中土。朝廷深惟制御之道，开厂造船，设局简器，讲求效法，积有岁年，而步其后尘，不能齐驱竞捷，得其形似，不能开径自行，则以西学入门，层累曲折，皆有至理，不从学堂出者，大抵皮毛袭之枝节，为之能知其所当然，不能明其所以然也。

近年自闽厂设立学堂，成效渐著。现在李鸿章亦在天津创设学堂，习驾驶、水雷、电报诸学。臣等与南、北洋大臣及船政大臣往返函商，粤东取材宏富，其人士多与西人相习，其制器亦多与西人相似。至于工匠灵敏，制作坚固，即西人亦深许之。造就人材，诚有事半功倍者。刘坤一深惟大计，倡议捐银，事有凭借，亟宜钦遵诏旨，速筹兴办，宏树人百年之利。

惟粤省库款空匮，递年常入不敷出，并无别项闲款可筹。刘坤一捐银十五万两，似皆借拨办振。现惟陕、豫两省银十万两业已拨还归款，晋省五万两亦经委员往催，能否迅速归还，尚未可必。仅此存款十万金，择地建房在其中，置器购书在其中，万不能如闽中之大开船厂，亦不能如天津之并设多堂，拟先专习驾驶一途，俟开办略皆就绪，或更筹有接济，再当逐渐推广，兼及制造●3，出以撙节，庶几善建始基，事能持久，乃可收夫实用。

臣等勘得黄埔对河之长洲地方所购西人船坞，环山带水，为省河中形胜之区。其于仁船澳，局势堂皇，地尤旷阔，船坞现有轮机近在咫尺，此时可为考证学业之资，异日即可为设厂造船之本。其附近之下庄、白兔冈等处，向为省垣门户，将来亦须添筑炮台，并可藉以肄习武备、考求防守之法，就此建设西学馆，最为相宜，当经札饬善后、海防局司道会同机器局员前往相度，询谋佥同，现已酌定西学馆房屋图式，委员勘估，择日兴工；一面与船政大臣黎兆棠①商订西学章程，并咨取天津学堂章程，参酌核定。

除俟工竣开馆另行详晰奏报外，所有臣等筹议设立西学馆事宜，谨合词恭折覆陈。伏乞皇太后、皇上圣鉴，训示。再，此案因与南、北洋及船政大臣一再函商，筹款、择地、勘工均需时日，是以覆奏稍迟，合并声明。谨奏。光绪六年十一月二十五日●4。

光绪六年十二月十八日，军机大臣奉旨：该衙门知道。钦此。●5

【案】此折原件查无下落，录副②现藏于中国第一历史档案馆，兹据校补。再，刊本缺具奏日期，兹据录副校补。

1.【两广总督臣张树声、广东巡抚臣裕宽跪】刊本无此前衔，兹据录副校补。

2.【裕宽】刊本误作"裕庆"，兹据《清实录》③校正。

3.【制造】刊本误作"裂造"，兹据录副校正。

4.【光绪六年十一月二十五日】刊本无具奏日期，兹据录副校补。

5.【光绪六年十二月十八日，军机大臣奉旨：该衙门知道。钦此】此奉旨日期与内容，据录副校补。

---

① 黎兆棠（1830—1894），字召民，广东顺德（今广东省顺德县）人，附生。咸丰二年（1852），中举。三年（1853），中式进士。六年（1856），选礼部主事。同年，因军功经两广总督叶名琛保直隶州知州。九年（1859），学习期满，奏留礼部。十一年（1861），考取总理衙门司员，补仪制司主事。同治元年（1862），选授甘肃阶州直隶州知州，经总理衙门王大臣奏留。同年，保知府。二年（1863），发往江西，以知府补用。三年（1864），署江西南安知府。四年（1865），赏戴花翎。同年，署理江西布政使。八年（1869），保江西道员。同年，署理福建台湾道，兼按察使衔。十年（1871），因旧症复发，回籍调理。十三年（1874），帮办台湾军务。同年，补授直隶津海关道。光绪二年（1876），加布政使衔。三年（1877），迁直隶按察使。五年（1879），授福建船政大臣。八年（1882），补光禄寺卿。二十年（1894），卒。

② 中国第一历史档案馆藏：《军机录副》，档案编号：03-9404-017。

③《德宗景皇帝实录（二）》，卷一百十二，光绪六年四月，第640页。

○六 编修李用清结咨回京片

光绪七年三月二十三日（1881 年 4 月 21 日）

再，臣树声前在广西巡抚任内奏调记名御史翰林院编修李用清差遣委用，嗣蒙恩命督粤，当以广东筹办海防在在需才，奏请仍带该编修赴东差遣，均奉谕旨钦遵。嗣以厘金为饷源所关，亟须整顿，复经臣等会同奏派会办厘务总局在案。该编修以现在防务稍定，身居京秩，不宜自图便安久羁于外，谆请回京供职，言之再三。

伏查该编修于上年春间抵东，其时防事方殷，即周历沿海各口，相视形势，出没风涛，屡蹈奇险。各处炮台之工程，船械之坚窳，操练之勤惰，必博访详咨，求明其所以然之故。夏间潦水涨发，围基冲决，各属告灾。该编修谓：外患未已，百姓苦饥，非先尽力治内，根本将伤。忧形于色。臣等率属筹款，属该编修会同官绅，工振兼施，妥为经理。该编修亲赴广州、肇庆、潮州各府属，布衣芒屦，遍涉灾区，己溺己饥，归化周至，民鲜流亡，围基筑复，秋稼遂获告丰。上年春夏间，各厂厘金锐减，拨解各饷岌岌难支。该编修入局后，巡行厂卡，严察中饱之弊，各厂望风戒惧，下半年厘金较前长收巨万，得以勉济紧饷，实以赖之●1。

该编修朴素廉退，外若粥粥无能，及有举措为利害所关，常与臣等往复忠告，坚持不阿。臣等与该编修谊兼师友，裨益宏多，良愿资其耿介以式浮竞，藉其诚恳以福粤民。惟该编修本系京职，吁恳回京，陈义甚正，又怅然不忍强留也。

特念该编修在粤，臣等与之周旋一年，既叹服其任事之勤，益深知其操行之卓。该编修虽不愿表襮，臣等岂可蹈蔽贤之咎？用敢胪陈一二，仰达圣聪。除给咨仍回原衙门供职外，臣等谨附片陈明，伏乞圣鉴。谨奏。

光绪七年四月二十日，军机大臣奉旨：李用清已简放惠州府知府矣。钦此●2。

【案】此奏原件查无下落，录副①现藏于中国第一历史档案馆，兹据校补。再，刊本无具奏日期，录副以奉旨日期为之，未确。兹据奉

---

① 中国第一历史档案馆藏：《军机录副》，档案编号：03－5159－171。

旨日期查光绪七年四月二十日《军机处随手登记档》① 张树声、裕宽折，署有"报三百里、三月二十三日发"等字样。据此，此片具奏日期应为"光绪七年三月二十三日"无疑，兹据校补。

1.【实以赖之】刊本无此句，兹据录副校补。

2.【光绪七年四月二十日，军机大臣奉旨：李用清已简放惠州府知府矣。钦此】此奉旨日期与内容，据录副校补。

○七　绅士捐造蚊子船工竣验收合用折

光绪七年闰七月二十六日（1881 年 9 月 19 日）

两广总督臣张树声、广东巡抚臣裕宽跪●1奏，为绅士捐资报效，自行仿造蚊子船，工竣验收合用，恭折吁恳恩施，仰祈圣鉴事。

窃广东机器局绅二品顶戴江苏试用道温子绍，捐资仿造蚊子船一只，先于光绪五年十二月经前督臣刘坤一会同臣裕宽专折奏明，钦奉谕旨饬令先行试办，转行钦遵在案。温子绍随即选购料物，按照外洋购来式样，酌量变通，绘具图说，督匠依法制造，阅时一年有余，工程一律告竣，先经善后局司道委员验明，船身底板全用柚木，内以七八寸方木密排为骨，铁条为根，湾木为横梁，内外要处包固厚铁，机器照康邦新式，船身长一十二丈四尺，马力二百匹，委系工坚料实。

臣等亲往覆验，均属相符，即经驶赴虎门，试演大炮，皆能合度。适由外洋新购之蚊子船一只亦已到粤，复经带同各司、道、营将，令两船并驶，放洋试炮。虽外洋所制机器较多，通体纯钢，与木壳有异，而温子绍仿造之船价值悬殊，规模、形式、驶行迟速亦能不甚相悬，洵足以资备御。兹据善后总局司道具详：询据温子绍面称，仿造此项轮船，计用工料银三万三千九百余两。该员以世受国恩，勉图报效，不敢仰邀奖叙，应请免其造册报销等情，详请具奏前来。

臣等窃惟中国讲求泰西武备，造船简器，日益加精，然大抵循守故辙，步武后尘，罕能自出心裁，运以法外之意。温子绍变通洋式，试造木壳蚊船，事属创始，精心结撰，克底于成。且该员家非素封，因体念时艰，自竭私资，倡兹美举，诚如前督臣刘坤一原奏，揆诸古人毁家纾难之

---

① 中国第一历史档案馆藏：《军机处随手登记档》，档案编号：03 – 0232 – 2 – 1207 – 103。

意，殊觉可风。查光绪五年十一月接准部咨议覆前督抚臣会奏广东筹办海防案内，以绅商急公奉上，未可没其报效之忱，如有愿输巨款，筑堡购器，裨益海防者，应由该督等验收确实，叙明银数，专折奏恳恩施，不准拟请某项奖叙，并不准零星造册，致与捐输相混等因，奏奉谕旨：依议。钦此。钦遵在案。今二品顶戴江苏试用道温子绍自捐巨款，试造蚊船，实系裨益海防。虽据该员禀称仍世受恩，不敢仰邀奖叙，似未便没其报效之忱，应如何予以优奖，为精心制造、好义急公者劝，出自鸿慈！

除将该蚊子船取名"海东雄"，并饬局将该船长、宽、深丈尺、配驾官弁并各色人等名额、支给薪粮银数另行造册送部备查外，所有绅士捐造蚊子船工竣验收吁恳恩施缘由，臣等谨合词恭折具陈，伏乞皇太后、皇上圣鉴，训示。谨奏。光绪七年闰七月二十六日●2。

光绪七年八月二十一日，军机大臣奉旨：该部议奏。钦此●3。

【案】此折原件查无下落，录副①现藏于中国第一历史档案馆，兹据校补。

1.【两广总督臣张树声、广东巡抚臣裕宽跪】刊本无此前衔，兹据录副补。

2.【光绪七年闰七月二十六日】刊本无具奏日期，兹据《军机处随手登记档》②校补。

3.【光绪七年八月二十一日，军机大臣奉旨：该部议奏。钦此】此奉旨日期与内容，据录副校补。

○八　奏调候选道陈彝折

光绪七年九月初二日（1881 年 10 月 24 日）

两广总督臣张树声、广东巡抚臣裕宽跪●1奏，为粤东海防、洋务在在需材，吁请调员差遣以资赞助，恭折仰祈圣鉴事。

窃粤东军兴以来，俗敝政弛，事之待理，盖已多端，重以各国通商，中外交错，筹防抚驭，益日不暇给。以臣等之愚，忝此重任，非有贤能相与左右，藉以集众思，广忠益，康时济务，其道无由。

<hr>

① 中国第一历史档案馆藏：《军机录副》，档案编号：03 – 9386 – 040。
② 中国第一历史档案馆藏：《军机处随手登记档》，档案编号：03 – 0232 – 3 – 1207 – 250。

伏查三品衔候选道前云南曲靖府知府陈彝①，江苏仪征县人，学问笃实，志节贞亮，体用兼备，忠爱性生，居恒难进易退，出守未久，即归里隐居教授，器识渊深，殆冠时彦。臣等与该员素未识面，积岁周咨，悉其行谊。窃惟世方需材，粤事孔殷，尤愿得人相助，合无吁恳天恩俯准将三品衔候选道前云南曲靖府知府陈彝调赴广东差遣委用，俾臣等获收指臂之效，亦为国家预储宏济之材。

如蒙俞允，并恳饬下江苏巡抚转饬该员迅速来粤，不胜激切惶悚之至。臣等谨合词恭折具奏，伏乞皇太后、皇上圣鉴，训示。谨奏。光绪七年九月初二日●²。

光绪七年九月二十八日，军机大臣奉旨：另有旨。钦此●³。

【案】此折原件查无下落，录副②现藏于中国第一历史档案馆，兹据校补。

1.【两广总督臣张树声、广东巡抚臣裕宽跪】刊本无此前衔，兹据录副补。

2.【光绪七年九月初二日】刊本无具奏日期，兹据《军机处随手登记档》③校补。

3.【光绪七年九月二十八日，军机大臣奉旨：另有旨。钦此】此奉旨日期与内容，据录副校补。

○九　密筹越南事宜折

光绪七年十一月三十日（1882 年 1 月 19 日）

两广总督臣张树声跪●¹奏，为遵旨密筹越南事宜大概情形，恭折覆

---

① 陈彝（1827—1900），字六舟，号听轩，江苏仪征县（今江苏仪征市）人，增生。咸丰二年（1852），中举。同治元年（1862），中式进士，选庶吉士。二年（1863），授翰林院编修。十三年（1874），补湖广道监察御史。光绪元年（1875），升工科给事中。同年，补授云南曲靖府知府。六年（1880），加盐运使衔。八年（1882），迁河南开归陈许道。十年（1884），兼署河南按察使。同年，升补甘肃按察使。十二年（1886），补授湖南布政使。同年，擢安徽巡抚。十五年（1889），调补顺天府府尹。十六年（1890），补授宗人府府丞。十七年（1891），署都察院左副都御史。同年，充浙江学政。二十年（1894），补授顺天府府尹。二十一年（1895），授内阁学士，兼礼部侍郎。二十六年（1900），在籍病故。谥文恪。著有《家书》《奏议》《谈异》《抱瓮庐诗文存》等传世。
② 中国第一历史档案馆藏：《军机录副》，档案编号：03 - 5164 - 091。
③ 中国第一历史档案馆藏：《军机处随手登记档》，档案编号：03 - 0232 - 3 - 1207 - 287。

陈，仰祈圣鉴事。

窃臣于本年十一月初六日承准军机大臣字寄：光绪七年十月十五日，奉上谕：总理各国事务衙门奏，法人谋占越南北圻，并欲通商云南，拟筹办法各折片等因●2。钦此。仰见圣谟广运，远奠南藩，曷胜钦服！

臣伏查越南积弱不振，南圻久属法人，北圻困于土匪，复以要盟，与法立约，致启无厌之心。其国之富春都城及东京等处开埠通商，眈眈逐逐，无日不注意，北路思达云南。臣前在广西巡抚任内，李扬才事平后，班师入关，仍令统领左江防营记名提督黄桂兰于越南谅山、高平等省境内酌留勇营，择要驻防，并密饬该提督多派员弁，分往东京各路，侦探法越情事，动息以闻，密为备御。本年夏秋之间，接据出使日本大臣何如璋①抄寄西报，知有法人伯朗手般献取东京之论。续据黄桂兰探报，越南亦闻此说，即经谆饬将分扎关外各营严密布置，期以守在境外，绸缪吾圉，并照录西报，密致云贵督臣刘长佑、广西抚臣庆裕，豫筹绥边保藩之策，一面函达总理衙门各在案。此臣年来筹计越南之情形也。

窃惟法人谋占越南全境，虽蓄志已定，而实事未形。方今因应之宜，固不能先事张皇，启疑彼族，亦不能毫无部勒，待变临时。参考中西舆图，自滇入越，东西大江有二：西曰澜沧江，由滇南注经缅甸暹罗，以达于越之南圻，内地商贩罕出此道。此江下游出海相近之西贡埠头及南圻各省久为法有，未易经营。东曰富良江，亦名红江，由滇边之蒙自等处东注于越之北圻，历其东京，下至海阳省西人通商之海防埠头出口，溯流而上，十余日可达滇境，滇越商货出入多由此江。闻法人与安南所立通商条约载明，富良江一带自海口至云南界止，均许外国船只任意往来。是江上流滩多水浅，近日法人屡乘小船溯流上驶，查探水道，其所注意尤在于此。然则越南图存之道与中国防患之方，亦不得不注意于北圻矣。

查北圻东南各省类皆濒海，多有西人居住通商。西北各省地多丛山，土匪时时出没，污莱不辟，民生凋敝。滇越交界处所地名保胜，系内地民人，昔为越南匪目，今受越王官爵之刘永福所据，迤东河阳、兴化等省皆

---

① 何如璋（1838—1891），字璞山，号子莪，广东大埔县人。咸丰十一年（1861），中举。同治四年（1865），选知县。七年（1868），中式进士，改庶吉士。十年（1871），授翰林院编修。光绪二年（1876），晋侍讲，加三品衔，充出使日本国副使。同年，授出使日本国钦差大臣。八年（1882），补授翰林院侍讲学士、侍读学士。九年（1883），授督办船政大臣。十年（1884），以马尾船厂遭法舰袭击惨败革职拿办，贬戍张家口军台。晚年致力于教育与学术研究。十七年（1891），病卒于韩山书院。著有《使东日记》《东瀛百咏》《管子析疑》《袖海楼诗钞》等行世。

其威令所及，势力较强，法人曾为所创，必将调船征兵，寻隙于刘永福，除之而后已。刘永福既去，则越人无能抗其颜行者，累卵之势，将益难支。臣熟思至再，粤省筹防惟有就广西现在关内外勇营，乘向在越南北圻之谅山、高平等省防剿土匪，再行察度要害地方，量添哨队，会督南官，严为防范。内以障蔽边围，外为彼国声援。为越剿匪，法不能议我之增兵；先守越地，法不能蹈我之罅隙。虽力不及远，庶无全占越土，立滋逼处之忧。其由保胜入滇之路并澜沧江上游与云南相近地方，当由滇省筹布兵备，相度设险，东与粤营联络声势，驾驭刘永福，使为官军犄角，固不可自我挑衅，为彼挟持，尤不可稍懈周防，启其窥伺。

惟粤西边境距东省甚远，以上一切应筹事宜恐难臆决。臣于钦奉谕旨后，即经飞致广西抚臣庆裕，密商办理。兹接来函所述覆陈豫筹办法，与臣意见大略相同。臣仍派委南洋招商局道员唐廷庚，借转运粮米事宜为名，往见越南国王及其执政，将通商自强各事宜及联络外交之法密为采询，随机进说，导以先路，以期仰副朝廷眷念南疆、绥怀藩服之至意！

除一面分致南北洋大臣、云贵总督合力图维，随时详晰密陈外，所有遵旨密筹越南事宜大概情形，谨恭折由驿覆奏，伏乞皇太后、皇上圣鉴，训示。谨奏。光绪七年十一月三十日●3。

光绪七年十二月二十六日，军机大臣奉旨：该衙门知道。钦此●4。

【案】此奏原件、录副查无下落，兹据校补。再，刊本无具奏日期，兹查光绪七年十二月二十六日《军机处随手登记档》① 张树声折，署有"报四百里、十一月三十日发"等字样。据此，此折具奏日期应为"光绪七年十一月三十日"无疑，兹据校补。

1. 【两广总督臣张树声跪】刊本无此前衔，兹据录副补。
2. 【案】此廷寄节略之处较多，兹据《清实录》补之：

谕军机大臣等：总理各国事务衙门奏，法人谋占越南北境，并欲通商云南，拟筹办法各折片。越南向隶藩服，为滇、粤两省屏蔽。法人据其西贡一带，现复以东京捕盗为名，添置兵船，并欲由红江通商云南，计殊叵测。该国积弱已久，若任其侵削，则滇、粤藩篱尽为他族逼处，后患不可胜言。总理各国事务衙门所奏与李鸿章筹商办法，即着李鸿章、左宗棠、刘坤一、张树声、刘长佑、庆裕、杜瑞联商同密为妥办。其丁日昌、曾纪泽函致该衙门各节，一并参酌办理，务当

①　中国第一历史档案馆藏：《军机处随手登记档》，档案编号：03 - 0232 - 4 - 1207 - 371。

详加揆度，合力图维，庶可弭衅端而安边境，并将如何办理情形随时详晰密陈。曾纪泽屡与法国外部辩诘，仍着坚持前议，相机辩论，期于大局有裨。原折片均着抄给阅看。将此密谕左宗棠、曾纪泽并由五百里密谕李鸿章、刘坤一、张树声、刘长佑、庆裕、杜瑞联知之。①

3.【光绪七年十一月三十日】刊本无此具奏日期，兹据录副及《军机处随手登记档》② 校补。

4.【光绪七年十二月二十六日，军机大臣奉旨：该衙门知道。钦此】此奉旨日期与内容，据《军机处随手登记档》校补。

一〇 运司段起因病出缺折

光绪八年正月初八日（1882 年 2 月 25 日）

两广总督臣张树声、广东巡抚臣裕宽跪●1奏，为两广运司因病出缺，循例由驿奏闻，仰祈圣鉴事。

窃两广盐运使段起于上年秋冬间感患心气疼痛之症，随时调治，即就痊愈。兹据该司家人禀报，该司本月初一日心气复发，医药罔效，即于是日因病出缺等情。

臣等伏查该运司性笃忠诚，刚毅明达，弱冠以书生从戎广西。未几，贼扰江右，毁家募勇，慷慨驰赴。援江之后，继以援浙，战胜攻取，备历艰辛，荐任江西督粮道、江南徐州道，又皆卓著政声。近时，如原任两江总督沈葆桢、前兵部右侍郎彭玉麟，推许尤深。前年经臣树声奏调来粤，委办海防营务，旋蒙恩命擢任斯缺。该运司感激殊遇，矢报益深。两广盐务曩因任事非材，积弊久丛，废弛已甚。该运司莅任一年，洁己奉公，殚精竭虑，于缉私、裕课各事深究利弊之源，不存操切之见，秉公持正，次第兴除，业已日有起色。

臣等见其条理详明，事事核实，兼办营务，又能辑和将士，沉毅不摇，方期共济艰难，为国桢干。不谓整饬营务正当吃紧之际，一病不起，遽即摧伤，文武寅僚同声陨涕。臣等凉德弱才，既痛匡时之寡助；龊事难兴易废，尤思继武之需贤。

除将该运司身后事宜妥为料理，并委员接署外，所有两广运司一缺，

---

① 《德宗景皇帝实录（二）》，卷一百三十八，光绪七年十月，第 977 页。
② 中国第一历史档案馆藏：《军机处随手登记档》，档案编号：03－0232－3－1207－250。

相应请旨迅赐简放，以重职守。谨合词恭折驰奏，伏乞皇太后、皇上圣鉴。谨奏。光绪八年正月初八日●²。

光绪八年二月初二日，军机大臣奉旨：知道了。钦此●³。

【案】此折原件查无下落，录副①现藏于台北"故宫博物院"，兹据校补。

1.【两广总督臣张树声、广东巡抚臣裕宽跪】刊本无此前衔，兹据录副补。

2.【光绪八年正月初八日】刊本无具奏期，兹据录副及《军机处随手登记档》②校补。

3.【光绪八年二月初二日，军机大臣奉旨：知道了。钦此】此奉旨日期与内容，据录副校补。

一一　胪陈已故运司事实请建祠立传折

光绪八年三月初十日（1882年4月27日）

两广总督臣张树声、广东巡抚臣裕宽跪●¹奏，为已故运司战功卓著，吁恳天恩俯准在于立功地方建立专祠，并将事迹宣付国史馆立传，恭折仰祈圣鉴事。

窃布政使衔两广盐运使段起于本年正月初一日在任病故，业经臣等奏报在案。伏查段起系湖南清泉县监生，弱冠读书，遭时多故，投笔从戎，驰驱广西、江西、浙江各省，颉颃诸将，共成平贼之功，其勋劳实有不可没者。方粤匪之起也，时在咸丰初年，段起●²年方少，投效广西军营。巡抚劳崇光③委带

---

① 台北"故宫博物院"藏：《军机及宫中档》，文献编号：121019。
② 中国第一历史档案馆藏：《军机处随手登记档》，档案编号：03-0235-1-1208-026。
③ 劳崇光（1802—1867），字辛阶，号辛皆，湖南善化人。道光五年（1825），中举。十二年（1832），中式进士，选庶吉士，十七年（1837），授翰林院编修。十九年（1839），充河南乡试副考官。二十年（1840），授湖北乡试正考官。二十一年（1841），补授山西平阳知府。二十二年（1842），调补山西太原府知府。同年，署山西冀宁道。二十六年（1846），迁山西冀宁道。同年，署山西按察使。二十八年（1848），调补广西按察使，署广西布政使。同年，充宣封越南国王差。二十九年（1849），迁湖北布政使。三十年（1850），调补广西布政使，署广西巡抚，会办广西军务。咸丰二年（1852），擢广西巡抚，兼署广西提督，督办广西军务。九年（1859），调补广东巡抚，兼署两广总督。同年，实授两广总督，会同办理通商事务。十一年（1861），兼粤海关监督。同治元年（1862），兼广东巡抚。二年（1863），调补云贵总督。六年（1867），卒于任。赠太子太保，谥文毅。著有《易图详说》《常惺惺斋诗文稿》《读书日记》《居官自省日记》《奉使越南日记》等行世。

保勇百人，辄能以少击众，所向无前。

五年，全州被围，劳崇光使领一军，驰往解围，乘胜招安邓正高巨股，解散胁从数万人，是为该故运司至广西立功之始。

六年，江西贼方炽，劳崇光檄段起●3赴援。时粮饷匮乏，起毁家资给军遄行，谒故大学士曾国藩于江西。曾国藩改其军曰"衡勇"。时以贼踞建昌县，官军久攻不克，饬起率所部四百人迅往助战。起蓐食星驰，至夜扑城外贼垒，贼骤惊溃。军士缘城入城，贼亦骇窜，杀获无算。

七年，从刘腾鸿、李续宜①、普承尧各军攻围瑞州。瑞贼悍，分股出扑南北两岸，官军屡挫其锋。逆首伪检点赖蒨薪被剿投水，余匪夺船渡河。段起●4率勇追杀殆尽。贼于南门守御尤严，刘腾鸿与起奋勇进攻，腾鸿中炮阵亡，起亦被重创，卒克之。

明年，贼窜浙江，衢州被围。段起●5率勇援衢，解围师还，合攻景德镇、浮梁县城，以次克复。

九年，逆首陈玉成由皖南窜。段起●6派防景德镇，当其冲要，贼所必争。起先后苦战，屡濒危险，裨将樊俊战殁，贼卒不得前。曾国藩批牍嘉劳，亦深信起能独当一面矣。会浙江兵祸方亟，巡抚王有龄②闻段起●7忠勇，驰书劝勉，属募勇往援。起捐资募勇五千五百人，遣别将率以行，屡战克捷，声震浙西。

十一年春，逆首李秀成率饥贼数万窜围广信。广丰，多积谷，贼所注意。段起率千人兼程驰赴●8，甫入城，贼大至。起部署城守，历数昼夜，贼不得食，将遁。起开壁驰之，贼大溃，广信围亦解。该故运司之戮力江

---

① 李续宜（1823—1863），字克让、厚庵，号希庵，湖南湘乡县（今湖南湘乡市）人。咸丰初，以文童从军，转战江西、湖北等省。五年（1855），保知县。六年（1856），升同知，赏戴花翎。同年，加道衔。七年（1857），晋道员，加伊勒达蒙额巴图鲁勇号。九年（1859），补授湖北荆宜施道，加布政使衔。十年（1860），补授安徽按察使，赏二品顶戴。十一年（1861），擢安徽巡抚，调补湖北巡抚。同年，再调安徽巡抚。同治元年（1862），充钦差大臣，专办皖北军务。二年（1863），因病开缺回籍。同年，卒于里。谥勇毅。

② 王有龄（1810—1862），字雪轩，号英九，福建侯官人。道光二十四年（1844），捐盐大使，分发浙江。同年，署浦东场大使，保知县。二十五年（1845），选浙江慈溪县知县。二十六年（1846），加同知衔。二十七年（1847），署鄞县知县、定海县知县。二十八年（1848），署仁和县知县。二十九年（1849），丁父忧，回籍守制。咸丰二年（1852），补定海厅同知，戴蓝翎。同年，署湖州府知府。五年（1855），升杭州府知府，换花翎。是年，署浙江督粮道。六年（1856），署浙江盐运使、浙江按察使。同年，调补云南粮储道。七年（1857），迁江苏按察使，署江苏布政使，加二品顶戴。八年（1858），晋江苏布政使。十年（1860），擢浙江巡抚，会办浙江军务及善后事宜，加头品顶戴。同治元年（1862），卒于任。谥壮愍。

西，卓卓可纪者如此。

同治四年，金陵余匪窜入江西。段起●⁹议就境扑灭，无令滋蔓，力荐精毅营将席宝田①，任以督剿，卒擒伪小天王洪福瑱，肃清全境，发逆遂熄。

四年，驻江霆军因索饷哗变，阖城惶骇。段起●¹⁰单骑驰谕，营勇皆汹汹衷甲矣，闻起至，并弃兵罗拜，遵约束。江西、闽浙交界有大山，绵亘千里，向以薮盗封禁。贼扰时，附近之民多匿其间，历年生息，户将盈万，或言为江南余孽，江西巡抚刘坤一奏派段起●¹¹先往清查。起冒暑入山，幽岩深箐，罔不亲涉，尽得其实，禀奉奏准弛禁，居民有冒禁为建生祠者。该故运司之定计应变，大有造于江西者又如此。

该故运司忠廉沉毅，力于任事，以一书生历膺保荐，洊陟监司，赏戴花翎，赏给瑚松额巴图鲁勇号，特简江西粮道，因病开缺，经原任两江总督沈葆桢一调台湾，再调江南。该员感激酬知，遇事核实认真，不辞劳怨，一切地方营务裨助宏多。旋坐补江西原缺，沈葆桢又以江南徐州道所辖盗风不靖，非该员莫资整饬，因奏请调补。嗣丁忧回籍，服阕后，经臣树声调赴广东，特简两广盐运使。沈葆桢与前兵部右侍郎彭玉麟等皆具人伦之鉴，无不以为才可大用。其在徐州则清理湖田，以筹生聚；力行保甲，以剪凶顽。莅任甫数月，吏畏民怀，至今犹颂声载道。在广东则筹办海防，整顿盐务，皆精心果力，规划周详，已著成效，而未竟其用。此又该故运司当官应务之大端也。

仰惟国家削平发逆，一时折冲御侮之臣多报以馨香，垂诸竹帛，所以上昭历圣培养之厚，下励天下血气之伦。段起勋绩甚伟，历官又卓著政声，臣等既稔知梗概，不敢壅于上闻。适臣树声接彭玉麟来书，亦谓段起人才可惜，应胪陈事实，吁请优恤立传，不朽斯人。

合无仰恳天恩俯准将布政使衔原任两广盐运使段起战功事迹宣付史馆立传，并准在立功地方建立专祠之处，实出自圣主逾格鸿慈！谨合词恭折具陈，伏乞皇太后、皇上圣鉴，训示。谨奏。光绪八年三月初十日●¹²。

---

① 席宝田（1829—1889），字研芗，湖南东安人，廪贡生。咸丰二年（1852），在籍办团。六年（1856），保训导选用。七年（1857），保教谕。八年（1858），保知县，加同知衔。九年（1859），保知州，戴蓝翎。十年（1860），升知府。十一年（1861），保升道员。同治元年（1862），加按察使衔。二年（1863），晋布政使衔，加业锉额巴图鲁勇号。三年（1864），补授云南按察使。四年（1865），调补贵州按察使。六年（1867），赴黔剿办苗乱。九年（1870），赏戴花翎，加头品顶戴。后称病退职，离黔回湘，建孔庙，修县志，办书院。光绪十五年（1889），病卒。赠太子少保。

光绪八年四月十一日，军机大臣奉旨：着照所请，该部知道。钦此●13。

【案】此折原件查无下落，录副①现藏于台北"故宫博物院"，兹据校补。

1.【两广总督臣张树声、广东巡抚臣裕宽跪】刊本无此前衔，兹据录副补。

2.【段起】刊本夺"段"，兹据录副校补。

3.【段起】同2。

4.【段起】同2。

5.【段起】同2。

6.【段起】同2。

7.【段起】同2。

8.【广丰，多积谷，贼所注意。段起率千人兼程驰赴】此部分文字刊本缺，兹据录副补。

9.【段起】同2。

10.【段起】同2。

11.【段起】同2。

12.【光绪八年三月初十日】刊本无具奏日期，兹据录副及《军机处随手登记档》② 校补。

13.【光绪八年四月十一日，军机大臣奉旨：着照所请，该部知道。钦此】此奉旨日期与内容，据录副校补。

一二　建造实学馆工竣延派总办酌定章程片

光绪八年三月十一日（1882 年 4 月 28 日）

再，粤省钦奉●1谕旨设立西学馆，前经臣等将勘择黄埔地方之于仁船澳酌定图式，估建学馆房屋情形恭折具奏在案，当即督饬善后总局司道委员估定工料价值，刻日兴工，一面将学馆章程参酌天津、闽省定章，悉心妥议，以期尽善。兹查西学馆一座，自光绪六年十二月兴工起至光绪七年

---

① 台北"故宫博物院"藏：《军机及宫中档》，文献编号：122357。

② 中国第一历史档案馆藏：《军机处随手登记档》，档案编号：03 - 0235 - 1 - 1208 - 026。

十二月工竣，计前后楼房四进，左右住房二十二间，更楼、厨房、茶房、浴房、厕所俱备，共用过工料银一万六千四百七十两，饬据委员试用知府夏献铭前往验收，委系工坚料实，并无偷减情弊，出具切结，呈缴备查。

臣等复赴馆阅验，见其规模、程式，兼用中西，高下广狭之别，闼阖窗棂之制，皆有刊度，各得其宜。现在学馆章程亦已斟酌核定，并在闽省学堂及各处选调精通外国语言、文字、算学者，派充教习。俟学生学有进境，再延西师接教。馆中所需书籍、器具，均已分投购置，即当招选学童，刻期开馆。

伏维泰西之学，覃精锐思，独辟户牖。然究其本旨，不过相求以实际，而不相骛于虚文。格物致知，中国求诸理，西人求诸事；考工利用，中国委诸匠，西人出诸儒。求诸理者形而上，而坐论易涉空言；委诸匠者得其粗，而士夫罕明制作，故今日之西学当使人人晓然，于斯世需用之事，皆儒者当勉之学，不以学步生鄙夷不屑之意，不使庸流居通晓洋务之名，则人材之兴庶有日也。臣等拟将现造学馆取名“实学馆”，查有丁忧在籍翰林院编修廖廷相①，品端学粹，通达精详，延令总办馆务，称名正而言之顺，任人正而学者从，庶几蔚起群材期有以备朝廷异日济时之选。

至前督臣刘坤一捐存银十五万两，原系奏明发商生息，嗣经晋、豫、陕三省暂借办振。现除山西省借银五万两尚未解还外，其藩库收回陕、豫两省借银十万两，经即饬据司局提出银八万两，发交东莞县沙局首事举人林尊华等承领生息，为开馆后按月支销经费。所余银二万两及上年查办赌匪梁沛霖等案内奏明将追出私收闹姓票银拨归西学馆公用之五万四千七百余两，均收存藩库。此次用过建馆银一万六千四百七十两及馆外续估零星工程银三千余两并购置书籍、器具等项经费，统于此项存款内开支。俟续估零工告竣，核明汇案报销，此外余存银两仍饬由藩司一并发商生息，以资经久。据广东善后总局司道等详请具奏前来。

除俟定期开馆另行咨报总理各国事务衙门查核外，臣等谨合词附片具陈，伏乞圣鉴。谨奏。

光绪八年四月十二日，军机大臣奉旨：知道了。钦此。●²

---

① 廖廷相（1842—1897），字子亮，号泽群，广东南海人。光绪二年（1876），中式进士，改庶吉士。散馆授翰林院编修，充国史馆协修。历充水陆师学堂总办、南海保良局总理、金山、羊城、应元、广雅等书院山长。二十三年（1897），卒于籍。著有《粤东水道分合表》《顺天人物志》《经说》《韵学》《诸史札记》《金石考略》等行世。

【案】此奏原件查无下落，录副①现藏于中国第一历史档案馆，兹据校补。再，刊本无具奏日期，录副以奉旨日期为之，未确。兹据奉旨日期查光绪八年四月十二日《军机处随手登记档》②张树声、裕宽、崇光折，据同批折件可知，此片具奏日期应为"光绪八年三月十一日"无疑，兹据校补。

1.【钦奉】刊本夺"钦"，兹据录副校补。

2.【光绪八年四月十二日，军机大臣奉旨：知道了。钦此】此奉旨日期与内容，据录副校补。

一三 剿办琼州黎匪折

光绪八年三月十一日（1882年4月28日）

两广总督臣张树声、广东巡抚臣裕宽跪●¹奏，为琼州地方文武剿办黎匪，万州全境已定，崖州亦迭次获胜，恭折具陈，仰祈圣鉴事。

窃臣等于上年冬间覆陈查明琼州客民勾结黎匪历年滋事及先后筹办情形，钦奉谕旨务将首恶一律擒获惩处，解散胁从，使其畏威怀德，不得因山深径险，任其逋逃，敷衍塞责等因。钦此●²。当经檄行琼州镇、雷琼道钦遵查照，督饬地方文武及派出员弁，相机进剿。迭次接据该镇、道等禀报，均经随时札饬妥速筹办在案。

伏查琼属近年匪患，惟崖、万二州为最甚。而万州西北两峒等处距府较近，著匪较多。其历年滋事则郑显昌、黄大贤即王大贤、李文进即李有章、陈忠明、王江胸即王红胸，其尤著者也。

署琼州镇刘成元、署雷琼道刘镇楚于上年秋间督带兵勇，分路进剿。刘镇楚专办万州，当以西峒尚有畏威之意，因乘势羁縻，以离其党，定议先办北峒。该峒纵横八十余里，罗列数百乡，以香根为窟穴，以尖岭为唇齿，以大芒岭脚一带为屏藩，以甲头田为门户，山径崎岖，狭不容趾，丛木阴翳，不见天日，水土极为恶劣。黎匪复节节设卡，挖断要路，遍埋竹签。刘镇楚以重赏购觅向导，探悉形势，于去冬十一月初间亲督亲兵，与补用副将朱士盛所带广勇由中兴市过河，记名提督李文才带镇琼营由左路，补用参将刘文成带陵水勇由右路，齐捣甲头田。群匪各站要隘，施放

---

① 中国第一历史档案馆藏：《军机录副》，档案编号：03–9657–032。
② 中国第一历史档案馆藏：《军机处随手登记档》，档案编号：03–0235–2–1208–092。

枪炮，相持一时之久。李文才已由左路攻破村寨，中、右两路村庄亦溃，各营奋勇追入，生擒五名，枪毙十余名，烧毁贼巢，鼓行而前。一面谕令投诚黎总传谕黎众，官兵到境，如能送出头目，立即宽其既往。即慑于军威、先行逃避者，亦严禁各营，不准放火毁其住屋。时大掘、水牛两处为匪类所聚，刘镇楚调集营队，三路围击，毙贼数十名，生擒贼目陈潮贤一名、匪党四名。随即遣投诚黎总黄世昌设法密劝尖岭头目黄隆、黄德香，立功赎罪，以孤匪势。各营皆直逼岭脚，伐树开道，径抵匪卡。各匪合力抵拒，枪炮如雨。官军奋勇环攻，卡内多茅屋，以火箭放入，即时延烧。各营乘势扑入，当即攻破。匪众皆逃往大芒、香根，我军跟踪追蹑。该匪势不能支，相率送出头目，跪道乞命。刘镇楚当即准其就抚，以昭大信，并督饬黎总勒交余匪，呈缴军装，造送丁册。该黎总均依限具结遵办。此肃清北峒之情形也。

西峒郑显昌一犯尤为积年巨憝，此次刘镇楚于北峒事竣后，即饬刘文成带陵水勇先趋西峒。该道亦拔营至与西峒相近之草子坡驻扎，密谕该峒总管黄福隆带黎丁数十人，加派得力兵勇三十名，改装潜往，袭而取之。该匪闻声逾屋逃窜，兵勇立时枪毙，带首级回营，交署万州知州包永昌，传素识该匪绅士多人，验看属实，一州之人同声称快。此计除西峒首匪之情形也。

至有李有章出入陵水、万州之间，陈忠明向西踞太平峒之什密、长沙二处。刘镇楚博访舆论，佥称陈忠明尚知顺逆，其弟陈忠菁每被党羽纠同肆恶，陈忠明亦尚能力为抑制。该犯求绅士钟仁宠等代递呈词，乞准送匪自效。旋据捆送著匪胡亚吼、符奕眼、陈世昌、吴亚三、大喉三等到营，刘镇楚禀恳予以自新。臣等以陈忠明能知李有章踪迹，批饬将李有章设法拿解，以赎前愆。旋经刘镇楚查悉李有章住陵水之勾头田，地方险远，屋外修有木城，屋内常有心腹五六十人，附近黎人皆为所用。陈忠明人少，不能得手。时有招安新客，多与李有章心腹客匪熟识者。刘镇楚因密派李文才督带队伍，令招安客众前导，扬言移营崖州，行至南峒分路处住宿，距李有章所居四十余里。夜半，李文才率队衔枚疾驰，黎明抵其巢。该逆率死党婴城抗拒，我军奋勇猛扑，木城内枪炮不绝，镇琼营勇阵亡二名，招安新客阵亡一名，受伤者几二十名。李文才身当矢石，肉薄进攻，喷筒火箭，同时并发。未几，贼营火起，各勇攻开木城，奋勇踏入，呼声震地，该逆越城急逃。招安新客呼名指踪，镇琼营百长徐生长急起穷追，矛伤李有章左腿，当即擒获。

本年三月十一日，刘镇楚委员押解到省，发局审讯。据供迭在琼属各州县纠匪数百人，掳劫杀人，拒敌官兵，屡抚屡叛，近在陵水县属勾头田地方建寨踞守，本年二月十九日官兵攻破木寨，拒伤兵勇等情不讳。因受伤太重，在监病故，委验属实，由广东按察使龚易图①核明，禀请戮尸，传首犯事地方，悬杆示众。

　　琼属首要著匪之在陵、万各属者，王大贤已于上年秋间获办，王红胸经团绅追捕枪毙，由地方官看验无误，此外盖鲜漏网矣。署琼州镇刘成元行抵崖州后，亦已节次督队攻破水脚、抱丑、大烟等处匪巢，生擒陈劳恐、符亚尘、吉亚劳诸匪，歼毙颇多。惟抱寨匪巢系符亚对所踞，守御最坚。刘成元先因兵力尚单，未能进取，现在刘镇楚已由万州派拨勇营，驰往会剿，当可期其得手。

　　臣等查署雷琼道刘镇楚，亲督兵勇，进剿万州黎峒，谋定后动，凿险缒幽，追逐瘴疠之地，各营将士疫病相继，亦能踊跃用命，阅时五月，尽歼首恶，其劳勘诚有足念者，在事各文武员弁不无微劳足录，仰恳天恩俯准俟崖州事竣，一并择尤请予奖叙，以为戮力行间者劝，尤出自圣主鸿慈！臣等已饬该道妥筹万州善后事宜，清查客匪，悉数资遣安插，督饬地方官举办保甲，严谕黎总查拿逸匪，以除后患。

　　除俟进剿崖州黎匪就绪再行奏报外，所有剿办琼属黎匪，万州全境已定，崖州亦迭次获胜各缘由，臣等谨合词恭折具陈，伏乞皇上圣鉴，训示。谨奏。光绪八年三月十一日●2。

　　光绪八年四月十二日，军机大臣奉旨：另有旨。钦此●3。

　　【案】此奏原件查无下落，录副②现藏于台北"故宫博物院"，兹据校补。再，刊本无具奏日期，兹据录副及《军机处随手登记档》③校补。

　　1.【两广总督臣张树声、广东巡抚臣裕宽跪】刊本无此前衔，兹据录副补。

---

①　龚易图（1836—1893），字蔼仁，又字蔼人，号含晶，福建闽县人。咸丰九年（1859），中式进士，改庶吉士。十年（1860），授云南知县，旋加知府衔。同年，保云南候补知府。同治三年（1864），赏戴花翎。六年（1867），保道员，加盐运使衔。七年（1868），补授山东济南府知府，加布政使衔。九年（1870），迁山东登莱青道，兼东海关监督。光绪三年（1877），升江苏按察使。四年（1878），丁父忧，回籍守制。七年（1881），补授广东按察使。九年（1883），擢云南布政使。十年（1884），调补广东布政使。十一年（1885），补湖南布政使。同年，被劾革职。十四年（1888），筹办上海织布局。十九年（1893）卒。著有《防海刍论》《淡静斋诸书》《谷盈子诗稿》《乌石山房诗集》等行世。

②　台北"故宫博物院"藏：《军机及宫中档》，文献编号：122420。

③　中国第一历史档案馆藏：《军机处随手登记档》，档案编号：03-0235-2-1208-092。

2.【案】此廷寄节略较多，兹补足如下：

军机大臣字寄：两广总督张、广东巡抚裕：光绪七年十二月十一日，奉上谕：张树声、裕宽奏，查明琼州客民勾结黎匪历年滋事及先后筹办情形一折。览奏，均悉。琼州远在海南，黎匪不时滋扰，为害地方，该处客民复与勾结生事，若不严行剿捕，何以永遏乱萌！张树声等现已督饬地方文武派队相机进剿，务将首恶一律擒获惩办，解散胁从，使其畏威怀德，不得因山深径险，任其逋逃，敷衍塞责。倘再有结会剿劫等事，定将该地方文武重惩不贷！至客匪尤当认真清查，以杜勾结，即着将团练、保甲各事宜悉心筹办，毋任奸宄涠迹。将此各谕令知之。钦此。遵旨寄信前来。①

3.【光绪八年三月十一日】刊本无具奏日期，兹据录副及《军机处随手登记档》校补。

4.【光绪八年四月十二日，军机大臣奉旨：另有旨。钦此】此奉旨日期与内容，据录副及《军机处随手登记档》校补。

【案】此奏旋于是年四月十二日得旨，《清实录》载曰：

又谕：张树声、裕宽奏剿办黎匪情形，张树声奏遵查藩司参款各一折。琼州府属黎匪经张树声等督饬道员刘镇楚等剿办，万州全境已定。崖州抱塞匪巢现尚负嵎，着裕宽督饬所属，将匪党迅速殄除，以靖地方，并将善后各事宜认真经理，勿任再滋事端。出力员弁准俟崖州事竣，一并择尤请奖，毋许冒滥。……将此由五百里谕令知之。②

一四　查覆藩司姚觐元被参各节折

光绪八年三月十一日（1882年4月28日）

两广总督臣张树声跪●1奏，为遵旨查明藩司被参各节，据实覆陈，仰祈圣鉴事。

窃臣于光绪八年二月十七日承准军机大臣字寄：光绪八年正月二十四日，奉上谕：有人奏，广东藩司姚觐元，于厘捐积弊并不整顿，倚任姚颐

---

① 中国第一历史档案馆编：《光绪朝上谕档》，第7册（光绪七年），广西师范大学出版社1996年版，第341—342页。又《德宗景皇帝实录（二）》，卷一百四十，光绪七年十二月上，第1007页。

② 《德宗景皇帝实录（三）》，卷一百四十五，光绪八年四月，第52—53页。

寿、姚晋藩，粤人目为三姚；候补知县周福昌由户部司员改捐，该藩司屡令来京打点报销等语①。是否属实？着张树声确切查明，据实覆奏，毋稍瞻徇。原片着摘抄给阅看。将此谕令知之。钦此。

伏查光绪六年臣抵任后，藩司姚觐元亦于是年六月相继来东。臣与抚臣裕宽以厘厂积弊甚深，日与该藩司等讲求整顿。综计臣与姚觐元到任后，百货厘金收数，以六年下半年比较五年下半年，长收银八万二千余两；以七年上半年比较六年上半年，长收银六万九千余两，均经奏咨在案。七年下半年收数尚未截数奏报，但就现在各厂报解到局之数计之，比较六年下半年，长收银及十万两。若比较四、五两年下半年，长收银均有十七八万两之谱。厘捐易为丛弊之薮，查察偶疏，诚不敢谓丝毫无弊，然各委员贪劣有迹者，无不立予纠参；办事不力者，无不随时撤换。如前次臣与抚臣所劾厘厂委员通判钱彝甫、盐大使陈嵩峻等，皆系浙人，臣等未尝因该司而故示优容，该司亦未尝以同乡而曲为徇庇。近来各厂收数较旺，姚觐元总司其事，办理已著成效。原奏所称该司任令劣员营私罔利，尚非实在情形也。

又臣与抚臣每念疆寄重大，报称为难，遇事不惮博访周咨，冀收集思广益之效。每有举措，常令司道各陈所见，推求利弊，期衷一是。姚觐元间有与臣等异同之处，如所论果当，臣与抚臣固不难虚己以从；其有未当，亦不肯轻为曲徇。原奏所称该藩司自恃权力，阻挠政令，亦传闻过甚之词也。

原奏又称该藩司瞻徇乡情，如姚颐寿、姚晋藩、周福昌等之贪劣，率加任用，姚颐寿、姚晋藩两员盘踞优差，颇作威福各节。查候补运同姚晋藩、候补知县姚颐寿、周福昌，洵皆与该司同籍。第姚颐寿于光绪五年经前任藩司觉罗成孚②委署揭阳县知县，上年闰七月甫行卸事，至今该藩司

① 详见御史邵积诚于光绪八年正月二十四日《奏参广东藩司姚觐元等于厘捐积弊不加整顿任令劣员营私罔利等事》（台北"故宫博物院"藏：《军机及宫中档》，文献编号：120805）。

② 觉罗成孚（1834—1895），字嘉甫，又字子中，号子鹤，满洲正红旗人，监生。咸丰八年（1858），充刑部笔帖式。九年（1859），捐光禄寺署正分发行走、员外郎分发礼部行走。十一年（1861），选兵部武选司员外郎。同治元年（1862），补总理衙门章京。二年（1863），补总理衙门额外行走。三年（1864），加知府衔。四年（1865），授武选司郎中。五年（1866），补授总理衙门章京。六年（1867），擢张家口监督。八年（1869），迁陈许道。十一年（1872），补授长芦盐运使。光绪三年（1877），调补广东盐运使。四年（1878），晋广东按察使，署广东布政使。同年，实授广东布政使。九年（1883），护理河南巡抚。同年，擢河东河道总督。嗣因事解职。十四年（1888），以按察使候补。十九年（1893），卒。

并未派过差事。候补运司姚晋藩于光绪六年正月经厘务局司道委办省河洋药厘金，是时姚觐元犹任湖北臬司，七年三月卸差，节经运司派委会办临全大江省局，广州府移委接办广埠税厂，亦非该藩司所委。惟该藩司到任之初，以姚晋藩在粤多年，情形熟悉，间向咨询一切，该员进见频数，去岁外间颇有浮议，经臣与抚臣察觉，当即饬将该员斥退，惟未得招摇实据，故未即时纠参。是原奏所称，不为无因。

原奏又称该藩司屡令候补知县周福昌来京打点报销，资以巨款，供其贿属一节。查周福昌到省后，于光绪五年十二月奉委领解白蜡进京一次，系前任藩司觉罗成孚详委。上年七月，委解固本京饷进京一次，是姚觐元任内，并无屡令该员来京情事。上年年终，臣与抚臣盘查司库，亦无私挪虚抵之款，其打点贿属各情尚无实据。

总之，姚觐元才识敏达，公事谙练，是其所长，而于用人率属，间有未能远嫌之处，亦所以滋物议。自臣与抚臣令将姚晋藩斥退后，该司亦深自检察，矢慎矢勤。方今时事多艰，需才孔亟，苟有猷为可取，未便纤悉苛求。臣待罪封疆，每见有前者劾去，代者或反不如前。长吏频更，地方徒滋烦扰。该司尚能勤敏供职，可否仰恳天恩，由臣与抚臣随时督饬，俾益加振作，无负圣明委任万一！该司始终不能一辙，当再由臣据实纠劾，断不敢稍有回护。惟候补运司姚晋藩虽无擅作威福实迹，既为物议所指，亦必有不知检束之处，拟请旨将该员以府经历县丞归部选用，以示惩儆。

所有遵查藩司被参各节缘由，谨据实具奏，是否有当？伏乞皇太后、皇上圣鉴，训示。谨奏。光绪八年三月十一日●[2]。

光绪八年四月十二日，军机大臣奉旨：另有旨。钦此●[3]。

【案】此奏原件查无下落，录副①现藏于台北“故宫博物院”，兹据校补。再，刊本无具奏日期，兹据录副及《军机处随手登记档》②校补。

1.【两广总督臣张树声跪】刊本无此前衔，兹据录副补。

2.【光绪八年三月十一日】刊本无具奏日期，兹据录副及《军机处随手登记档》校补。

3.【光绪八年四月十二日，军机大臣奉旨：另有旨。钦此】此奉旨日期与内容，据录副及《军机处随手登记档》校补。

---

① 台北“故宫博物院”藏：《军机及宫中档》，文献编号：122421。

② 中国第一历史档案馆藏：《军机处随手登记档》，档案编号：03 - 0235 - 2 - 1208 - 092。

【案】此奏旋于是年四月十二日得旨，《清实录》载曰：

又谕：张树声、裕宽奏剿办黎匪情形，张树声奏遵查藩司参款各一折。……藩司姚觐元被参各节，据张树声查明，或事出有因，或并无实据，着免其置议，仍着裕宽随时察看，该藩司如果始勤终怠，即行据实参奏，不得稍有回护。运同姚晋藩，不知检束，致招物议，着以府经历县丞归部选用。两广地方紧要，裕宽兼署督篆，责任綦重，所有一切事宜，务当悉心筹划，妥慎办理，用副委任。越南情形，着随时由电信寄加总理各国事务衙门，以备酌核。将此由五百里谕令知之。①

一五　筹办粤省边防折

光绪八年三月十一日（1882 年 4 月 28 日）

两广总督臣张树声、广东巡抚臣裕宽跪●¹奏，为遵旨筹办粤省边防，恭折密陈，仰祈圣鉴事。

窃臣等于光绪八年二月初二日承准军机大臣字寄：光绪八年正月初十日，奉上谕：翰林院侍讲张佩纶奏，沥陈保小捍边当谋自强之计一折②，等因●²。钦此。仰见圣谟广运，永奠瀛环，曷胜钦服！臣树声当将海防事宜咨请北洋大臣李鸿章、南洋大臣左宗棠会同筹议，主稿核办在案。

伏查粤东地极南海，为泰西各国东道首冲。居今日而言，驭外之略，固圉之谋，非有横海轮船，无以折冲四境。张佩纶原奏谓当责粤督治水师，诚时务之论也。惟东省大小轮船二十余号，原为本省捕盗缉私而设，船炮俱小，皆不能驶行重洋，捍御大敌。近购英厂蚊船一艘，局绅温子绍捐造木壳蚊船一艘，以之扼守虎门，尚虞不逮，则欲粤军自成一队，不得不别购大船。各国海部无铁甲不可成军，大铁甲战舰购价每号在百万以外，粤之财力万不能及，不得已而思其次，必有铁甲快碰船二艘、大根拨二艘、护岸铁甲大蚊船四艘，方可为一小支水师，精练而勤搜之，内以严卫粤中各口，北与南、北洋三军相应，南以游徼交州，庶声势较壮，不致为敌所轻。然而未易骤举者，内守未固而远驰域外，非计之全也。饷无的

---

① 《德宗景皇帝实录（三）》，卷一百四十五，光绪八年四月，第53页。

② 详见光绪八年正月初六日翰林院侍讲张佩纶《奏为保小扦边当谋自强之计由》（台北"故宫博物院"藏：《军机及宫中档》，文献编号：120611）。

款而空言武备，非事之实也。

广东虎门、省河炮台尚未一律修筑严密，各台炮位尚须添配，新式水雷尚未预备。现甫将必不可缓之大小洋炮二十二尊、雷艇二艘、磷铜鱼雷二十尾，函请出使大臣李凤苞①在德国克虏伯厂定购，约需银三十万两上下。臣等与藩、运二司业已罗掘俱穷矣。至小枝水师之议，计购船十艘，已约需银二百万两内外。况运送来华有费，常年养兵、修船又有费，岂易无米为炊乎？光绪五年以前拨归海防各款，皆已实用无存。统计六、七两年实收海防专款，惟改拨粤海关税银十七万三千五百两，商办洋药海防经费折抽膏厘银九十二万三千余两，实用修筑炮台经费银四十万三千余两，拨归海防各营勇丁薪粮银四十二万余两，购买外洋炮械、军火、制造内地军装、军火银三十七万八千余两。至户部议准截留厘金项下提拨南北洋经费每年三十万两，并未能实归海防支用者，则因藩库常年应收地丁、关税、厘金银共二百五十六万，应放本省官兵俸饷、文武养廉、善后经费，京、协各饷、部拨各款共三百九十余万，出入相抵，不敷太巨。虽系留归海防之款，亦不得不挪凑以应追呼也。

臣等与藩司姚觐元、臬司兼署运司龚易图反复熟商，度支匮乏，巨款实无可借筹。大治水师，事势又万难再缓。议者谓旧设经制水师花单、拖罟各船今皆不适于用，若裁改轮船，即可化无用为有用。不知广东水师兵额业已裁去三成，各营额设战船，军兴以来，或打仗损失，或槽朽废弃，以筹款维艰，大抵未能修复。其裁省各款又复挪解京、协各饷，实无可为挹彼注兹之计。

该司等禀请将购船所需二百万之款，设法向行商先为垫付，许以贴息，匀期五年清还，每年约需还本息五十万两。查每年指拨西征协饷八十四万两，粤省入款只有此数，历年仅能拨解八成。现奉部咨新疆局势大定，三年内规复旧制，各省关亦可稍息肩等因。是此后西征军饷本可邀减，拟请自本年为始，照无闰之年应解六十七万两零，除应还洋款四十八万两零仍竭力筹还外，余银十九万余两，请奏咨停解。此外，奉拨原、续

---

① 李凤苞（1834—1887），字丹崖，号海客，江苏崇明（今上海直辖崇明县）人。幼承儒学，取秀才。同治年间，捐道员，入江苏舆图局，调吴淞炮台工程局、制造局译书馆。光绪二年（1876），充船政留学生监督。三年（1877），加三品衔，率海军学生赴英国皇家海军学院留学。四年（1878），署出使德国大臣，兼充头等参赞。七年（1881），充出使德、意、和、奥四国大臣。九年（1883），以误公侵职被参撤任。十年（1884），署出使法国大臣。同年，因案革职。十一年（1885），经直隶总督李鸿章以筹备海防需才奏调北洋襄筹事宜。十三年（1887），病逝。著有《使德日记》《四裔编年表》《西国政闻汇编》《文藻斋诗文集》等行世。

京饷，根本要需，本年既奉指拨，不敢稍存观望。自光绪九年起除原拨京饷仍如数筹解外，每年藩、运两库加拨京饷十余万两，并请奏明改拨。嗣后遇有添拨京、协各饷，广东暂停指拨。合计停解两款银三十万两有奇，抵还筹解商款，尚短二十余万，再当力筹弥补等情。

臣等查广东本省入款无可增加，而出款如京饷、兵饷、文武养廉、缉捕勇粮各款，均万难停减。纵节缩铢寸之余，亦无裨边防之大。该司等请自本年起少解西饷十九万余两，自光绪九年起少解加拨京饷十余万两，户部通盘筹画，似改拨尚非甚难，而粤省得此的款，即可摒挡集事。否则责成本省自为图维，竭蹶以拨各饷，犹苦不支，积累以创水师，更待何日？道谋奂益，边患渐深，恐既失事机，愈难措手！仰恳圣明饬部速议准行，俾得奋迅图功。虽已非先事之防，尚可应来日之变。

至常年养兵、修船各费，再当于现在水师中酌裁船兵，藉资弥补，以谋经久。至本省缉捕轮船，曾经奏明挑出十二艘，参用西法，并酌照闽省船厂操练章程，饬令各管带官讲求操演，咨请署水师提臣吴全美，按月调集虎门洋面合操，原期熟习炮准、阵法，究悉风涛沙线，以导水师先路。若得大船以为依附，亦可资为策应，用助声威。

广西边防各营本多在关外择要屯扎，滇军再能出境分驻，当可互相联络。其一切防边保藩之计，凡事之所可行，力之所能及，前于遵议越南事宜折内业已详悉奏达天听，毋庸赘陈。

所有臣等遵议边防事宜，谨合词恭折密奏。是否有当？伏乞皇太后、皇上圣鉴，训示。谨奏。光绪八年三月十一日●3。

光绪八年四月十二日，军机大臣奉旨：户部速议具奏。钦此●4。

【案】此奏原件、录副查无下落，主要内容见于光绪八年四月二十二日户部奉旨议覆此奏之咨文①，兹据校正。再，刊本无具奏日期，兹据《咨文》所示奉旨日期查光绪八年四月十二日《军机处随手登记档》②张树声、裕宽、崇光折，据同批折件可知，此折具奏日期应为"光绪八年三月十一日"无疑，兹据校补。

1.【两广总督臣张树声、广东巡抚臣裕宽跪】刊本无此前衔，兹据户部咨文及《军机处随手登记档》校补。

2.【等因】刊本夺"因"，兹据校补。再，此谕旨节略之处较多，

① 台北"故宫博院院"藏：《军机及宫中档》，文献编号：122657。
② 中国第一历史档案馆藏：《军机处随手登记档》，档案编号：03-0235-2-1208-092。

《清实录》载曰：

丁酉，谕军机大臣等：翰林院侍讲张佩纶奏，沥陈保小捍边当谋自强之计一折。据称日本既废琉球，法兰西亦越境而图越南。驭倭之策，宜大设水师，以北洋三口为一军，设北海水师提督，天津通永、登莱等镇属之师船分驻旅顺、烟台、大连湾，以控天险。江南形势当先海而后江，宜改长江水师提督驻吴淞口外，狼山、福山、崇明三镇均隶之，专领兵轮，出洋聚操，责大臣以巡江，兼顾五省；责提督以巡海，专顾一省。移江南提督治淮徐，辖陆路。闽浙同一总督辖境，宜改福建水师提督为闽浙水师提督，以浙江之定海、海门两镇隶之，浙江提督专辖陆路。至滇粤边防，宜责粤督治水师为奇兵，广西、云南治陆师为正兵，扼险以伺利便，刘永福等皆可罗致为用。复以水师大船坐镇珠、崖，快船、水雷出入于越南神投海口，与为联络等语。海防、边防为目前当务之要，亟应统筹全局，因时制宜，必有折冲御侮之实，始可为长驾远驭之计。该侍讲所陈各节不为无见，即着李鸿章、左宗棠、何璟、张树声、彭玉麟等将海防事宜通盘筹划，会同妥议具奏。其滇粤边防，即着张树声、刘长佑等各就地方情形，实力筹办，期于绥边弭衅，永固疆圉。原折均着抄给阅看。将此由五百里密谕李鸿章、左宗棠、何璟、张树声、刘长佑、彭玉麟、卫荣光、陈士杰、岑毓英、裕宽、庆裕、杜瑞联，并传谕谭钧培知之。①

3.【光绪八年三月十一日】此具奏日期，据户部咨文及《军机处随手登记档》校补。

4.【光绪八年四月十二日，军机大臣奉旨：户部速议具奏。钦此】此奉旨日期与内容，据《军机处随手登记档》校补。

【案】此案旋经户部核议，并于是年四月二十二日咨呈军机处曰：

户部谨奏，为遵旨速议具奏，恭折仰祈圣鉴事。两广总督张树声、广东巡抚裕宽奏，筹办粤省边防一折。光绪八年四月十二日，军机大臣奉旨：户部速议具奏。钦此。遵由军机处抄交到部。

查原奏内称：窃臣等承准军机大臣字寄：光绪八年正月初十日，奉上谕：翰林院侍讲张佩纶奏，沥陈保小捍边，当谋自强之计一折等因。钦此。臣树声当将海防事宜咨请北洋大臣李鸿章、南洋大臣左宗棠筹议，主稿核办在案。伏查粤东地居南海，为泰西各国东道首冲，非有横海轮船，无以折冲四境。惟东省大小轮船二十余号，原为捕盗

---

① 《德宗景皇帝实录（三）》，卷一百四十二，光绪八年正月，第4—5页。

缉私而设，船炮俱小，不能驶行重洋，捍御大敌。近购英厂蚊船一艘，局绅温子绍捐造木壳蚊船一艘，以之扼守虎门，尚虞不逮，不得不别购大船。大铁甲战舰购价每号在百万以外，财力万不能及，不得已而思其次，必有铁甲快碰船二艘、大根拨二艘、护岸铁甲大蚊船四艘，方可为一小支水师。水师购船十艘，已约需银二百万两内外，况运送来华有费，常年养兵、修船有费，岂容无米为炊！光绪五年以前拨归海防各款实用无存，统计六、七两年实收海防专款，惟改拨粤海关税银十七万三千五百两，商办洋药海防经费折抽膏厘银九十二万三千余两，实用修筑炮台经费银四十万三千余两，拨归海防各营薪粮银四十二万余两，购买外洋炮械、军火，制造内地军装、军火银三十七万八千余两。至户部议准截留厘金项下提拨南北洋经费每年三十万两，并未能实归海防支用，则因藩库常年出入相抵，不敷太巨，不得不挪凑以应追呼。臣等与藩司姚觐元、臬司兼署运司龚易图反复熟商，实无可为挹彼注兹之计。该司等禀将购船所需二百万之款设法向行商先为垫付，许以贴息，匀期五年清还，每年约需还本息银五十万两。查每年指拨西征协饷八十四万两，历年仅能拨解八成，现奉部咨新疆局势大定，三年内规复旧制，各省关亦可稍息肩等因。是此后西饷本可邀减，拟请自本年为始，照无闰之年应解六十七万两零，除应还洋款四十八万两零仍竭力筹还外，余银十九万余两，请奏咨停解，此外奉拨原、续京饷，根本要需，本年即奉指拨，不敢稍存观望，自光绪九年起，除原拨京饷仍如数筹解外，每年藩、运两库加拨京饷十余万两，并请奏明改拨，嗣后遇有添拨京、协各饷，广东暂停指拨，合计停解两款银三十万两有奇，抵还筹解商款，尚短二十余万两，再当力筹弥补等情。臣等查该司等请自本年起少解西饷十九万余两，自九年起停解加拨京饷十余万两，户部通盘筹画，似改拨尚非甚难，而粤省得此，即摒挡集事。仰恳圣明饬部速议准行，俾得奋迅图功等语。

　　臣等伏查光绪五年十月间议覆两广督臣刘坤一奏筹备海防折内请令将剿捕银两、沙田、洋药抽收等款仍拨充海防经费外，并将该省厘金项下南北洋经费每年银三十万两暂行截留，作为海防专款。光绪六年九月间，臣部议覆两广总督张树声奏筹办海防情形折内，复令将沙田捐认真督办，关税积欠，勒限补解，仍将经费核实动支。臣等于筹拨下年饷项时斟酌缓急，将广东省量为减拨，俾留有余，以资防务。其以前指拨该省协饷，恪遵臣部拨案，权衡缓急，陆续报解，无稍延误等因，前后奉旨允准行知各在案。

兹据该督抚沥陈购备战船十艘，需价银二百万两有奇，巨款难筹，而时势又不能稍缓，拟向行商先为垫付贴息，匀期五年清还，每年约需还本息银五十万两，请自本年起少解西饷十九万两，自光绪九年起停解加拨京饷十余万两，合计每年可抵还借款三十万两有奇，尚短二十余万，力筹弥补等语。所请自系为筹备急需起见。查西征军饷前经臣部奏明，光绪八年各该省仍应照旧报解十成，今该督奏请自本年起少解西饷十九万余两，本难遽行照准。惟现在关内外已陆续裁减数十营，饷银稍可节省，今广东省因筹办海防，需款甚巨，拟减解前项军饷，补拨海防之用。臣等酌度缓急情形，尚可暂行照办，应令该督将广东省本年应解西征军饷八十四万两内划出银十九万余两，抵拨海防要需，此外应解饷银六十五万余两，粤省仍应照数报解，勿得延欠。

至各省本年应解西饷，均须照十成拨解，不得援照粤省之案办理。至该省藩、运两库加拨京饷每年十二万两，即自光绪九年起由臣部另行改拨，俾粤省得以抵还借款。本年已拨未解京饷，仍令该督等遵照奏案，依限如数报解，毋稍延欠。其所请嗣后遇有添拨京、协各饷暂停指拨一节，应由臣部随时酌核缓急，奏明办理。所有臣等遵议缘由，理合恭折陈明，伏乞皇太后、皇上圣鉴。谨奏。

咨：户部为钦奉事。派办处案呈本部速议两广总督张（树声）等奏筹办粤省边防一折，光绪八年四月二十日具奏。本日奉旨：依议。钦此。相应抄录原奏，恭录谕旨，移咨军机处查照可也。须至咨者。右咨军机处。光绪八年四月二十二日。①

一六　调署直督谢恩折

光绪八年三月十三日（1882 年 4 月 30 日）

调署直隶总督臣张树声跪●¹奏，为恭谢天恩，沥陈下悃，仰祈圣鉴事。

窃臣于光绪八年三月初十日接准直隶督臣李鸿章电信：本月初二日，

---

① 台北"故宫博物院"藏：《军机及宫中档》，文献编号：122657。

奉上谕：李鸿章奏，母病日久，请赏假省视一折①。着赏假一个月，前往湖北省视，假满迅即回任。直隶总督着张树声署理，并办理通商事务大臣。两广总督着裕宽暂行兼理。钦此。又本月初九日奉旨：着该督即由电信传旨，令张树声不必候寄谕部文，即行交卸，由轮船速赴署任。钦此。臣当即恭设香案，望阙叩头，恭谢天恩。

伏念臣至愚极陋，昔岁以年力方强，驰驱戎马，渥荷覆帱之宏，策其微效，荐领疆圻，久逾分量。自忝两广又已二年，心气益耗于曩时，识虑愈形其暗浅。遇事思索，则夜不成寐；见客繁多，则时过易忘。丛脞日增，奉职无状。属以防边筹海方事之殷，未敢奉身求退。今复仰承恩命，权督直隶。畿辅有拱卫之重，北洋系中外之枢，责任巨艰，迥非列省可比。如臣庸劣，万弗克胜。特是李鸿章以母病奏奉赏假一月，为时甚暂，臣不敢不拜命遄行，俾李鸿章得以速往省母，上副朝廷孝治天下之至意！

现即赶紧料理交卸，招商局轮船约须本月下旬到粤，届时当迅即乘轮前赴署任。惟现闻李鸿章之母业经●²病故，此信果确，则李鸿章例当奏请开缺。伏乞圣恩迅简重臣接任，以支大局，俾臣得早释仔肩，免滋贻误，庶不至上负生成，不胜激切惶悚之至。

除俟交卸起程另行奏报外，所有微臣感激下忱，理合恭折叩谢天恩，伏乞皇太后、皇上圣鉴。谨奏。光绪八年三月十三日●³。

光绪八年四月十四日，军机大臣奉旨：知道了。钦此●⁴。

【案】此奏原件查无下落，录副②现藏于台北"故宫博物院"，兹据校正。

1.【调署直隶总督臣张树声跪】刊本无此前衔，兹据录副校补。

2.【业经】刊本作"业已"，兹据录副校正。

3.【光绪八年三月十三日】刊本无具奏日期，兹据录副及《军机处随手登记档》校补。

4.【光绪八年四月十四日，军机大臣奉旨：知道了。钦此】此奉旨日期与内容，据录副校补。

① 详见光绪八年二月二十日直隶总督李鸿章之奏（台北"故宫博物院"藏：《军机及宫中档》，文献编号：121637）。
② 台北"故宫博物院"藏：《军机及宫中档》，文献编号：122465。

卷六 畿辅稿

○一 通筹边备折

光绪八年四月十二日（1882年5月28日）

署直隶总督臣张树声跪●¹奏，为遵旨通筹边备，妥议覆陈，仰祈圣鉴事●²。

窃臣顷抵天津，接准李鸿章咨，承准军机大臣密寄：光绪八年三月二十五日，奉上谕：总理各国事务衙门奏，法越兵端已起，亟宜通筹边备，以弥后患一折①，等因●³。钦此。

伏查法人窥伺越南北境，造端于通商红江，狡谋既深，蓄志已久。自去冬以后，渐露兵机。臣在粤东选接探报，均经随时函达总理衙门查核。窃以越南之孱弱，当法人之阴悍，南圻久经委去，北圻岂易图存？而法犹迟回审顾，未敢遽出并吞者，固由北圻地方险瘠，其力或难骤及，亦未尝不虑无故兴戎，中国必议其后，故使越南束缚，驰骤于通商条约之中，乘间抵隙，坐以违约，挟以修约，即可阴收得地之实，阳谢灭国之名。彼无来犯中国之势，我无先与寻衅之理。此法谋之狡，而中国之谋越愈不可缓也。

总理衙门王大臣念越南法患日深，而计及添兵救援之未逮，藩篱全撤之可忧，度势审机，虑周思远。臣惟该国北圻各省仅而尚存，为越南宗社所式凭，实滇越边疆之屏蔽。频年，越南副提督刘永福据守保胜一带，抽厘养勇，越之所深恃，即法之所归罪●⁴。而黄旗各股匪，闻法人又设计招

---

① 详见光绪八年三月二十五日总理各国事务衙门奏报《法越兵端已开亟宜通筹边备缘由折》（台北"中央研究院"近代史研究所藏：《外交档案》，馆藏号：01 - 24 - 003 - 01 - 012）。

致，以与永福为难。北圻大局，事殊岌岌。二月中，法兵攻破东京，事机日迫。嗣法人又将东京城池交还南官，诡谲多变，意未可量。诚恐复用占据南圻六省故智，修改新约，收北圻于掌握，迫越南以必从。事果至此，因应愈难●5。今日中国备边之策，惟有令滇、粤防军守于域外，仍以剿办土匪为名，藉图进步。既为我军驻守之地，或免法人蚕食之虞。至于相机部勒，设法经营，以求可久，是在专任之人体察情形，设施方略，未可遥为裁断者矣。

广西边防，记名提督黄桂兰所统各营，已据禀报派队进扎北宁，业与东京密迩。臣已严饬加意训练，妥为备御，并经商请广西抚臣抽调关内勇营，层递进扎，以顾后路而厚兵力。

至广东兵轮，近年以来，臣常饬令趁巡洋缉捕之便，驶过廉、琼，游弋越南洋面；仍当函致署督臣裕宽，挑选较大之船，嗣后不时前往驶巡。如果事势紧急，再行奏请拨调闽厂兵轮，以赴戎机。

滇省近亦于边内调集兵勇，未知能否出驻越境，扼三宣①之要隘，联粤军之声威，相距窵远，未能喻度●6。

总之，红江为法所注意，北圻尤我所必争。守在四境，备在事前，越南难望其自谋，中国必不可自误。仰惟宵旰南顾，务巩边藩●7。区区管蠡，无当庙算，不胜悚惶之至！

所有遵议边备缘由，谨缮折密陈。伏乞皇太后、皇上圣鉴，训示●8。谨奏。光绪八年四月十二日●9。

光绪八年四月十四日，军机大臣奉旨：另有旨。钦此●10。

　　【案】此折原件、录副现查无下落，抄件见于《清季外交史料》②及《云南史料丛刊》③中，兹据参校。再，刊本无具奏日期，兹据抄件奉旨日期查光绪八年四月十四日《军机处随手登记档》④张树声折，署有"报五百里、四月十二日天津发"等字样。据此，此片具奏日期应为"光绪八年四月十二日"无疑，兹据校补。

---

① 三宣：明正统十一年（1446），朝廷对云南西南边境重新调整，改置"三宣六慰"。三宣指南甸宣抚司、干崖宣抚司、陇川宣抚司。六慰指车里宣慰司、缅甸宣慰司、木邦宣慰司、八百大甸宣慰司、孟养宣慰司、老挝宣慰司。

② 王彦威、王亮辑编，李育民、刘利民、李传斌、伍成泉点校整理：《清季外交史料2》，湖南师范大学出版社2015年版，第531—532页。

③ 方国瑜主编，徐文德、木芹、郑志惠纂录校订：《云南史料丛刊》第10卷，云南大学出版社2001年版，第318—319页。

④ 中国第一历史档案馆藏：《军机处随手登记档》，档案编号：03－0235－2－1208－094。

1.【署直隶总督臣张树声跪】刊本无此前衔，兹据抄本及《军机处随手登记档》校补。

2.【妥议覆陈，仰祈圣鉴事】抄本作"妥议复陈事"。

3.【案】此谕旨节略较多，《清实录》载曰：

辛亥，谕军机大臣等：总理各国事务衙门奏，法越兵端已起，亟宜通筹边备，以弭后患一折。据称张树声函报，二月十四、五等日，突有法国兵船，由西贡驶至海防进口，声称攻取东京等语。越南羼弱已甚，如果法人意在并吞，该国万难自全，论藩属之义，中国即应派兵救援，而在我既鞭长莫及，在彼又弱不能支，揆度情形，势难筹议及此。惟越南北圻各省多与滇粤毗连，若法尽占北圻，则藩篱全撤，后患将无穷期，强弱安危，关系綦重，何可坐失事机，致成不可收拾之局！惟事体重大，应如何谋定后动务策万全之处，着李鸿章、左宗棠、张树声、刘长佑、裕宽、倪文蔚、杜瑞联就现在情形，参以该衙门所奏，再行通盘筹划，悉心妥议，迅速覆奏，候旨施行。法国意在由富良江通商，云南保胜一带，实为扼要之地，防务尤为紧要，着刘长佑、杜瑞联懔遵迭次谕旨，严密防维，相机因应，以杜窥伺而固边疆。广西防营现扎关外谅山等处，本为剿除积匪而设，但能保护越南境地，即所以屏蔽边围，并着倪文蔚体察情形，妥筹办理。原折均着抄给阅看。将此由五百里各密谕知之。①

4.【归罪】抄本作"深恶"。

5.【愈】刊本误作"逾"，兹据抄本校正。

6.【谕度】抄本作"臆度"。

7.【务巩边藩】抄本作"衿巩边藩"。

8.【所有遵议边备缘由，谨缮折密陈。伏乞皇太后、皇上圣鉴，训示】此部分文字，抄本缺。

9.【光绪八年四月十二日】此具奏日期，据抄本及《军机处随手登记档》校补。

10.【光绪八年四月十四日，军机大臣奉旨：另有旨。钦此】此奉旨日期与内容，据《军机处随手登记档》校补。

【案】此奏旋于是年四月十四日得旨，《清实录》载曰：

己巳，谕军机大臣等：张树声奏，遵旨通筹边备一折。法人图占越南北圻，已于二月中攻破东京，又将城池交还南官，意殊诡谲，恐

---

① 《德宗景皇帝实录（三）》，卷一百四十四，光绪八年三月，第44—45页。

复用占据南圻故智，修改新约，迫越南以必从，事机甚为紧急。张树声所称中国备边之策，惟有令滇、粤防军守于域外，仍以剿办土匪为名，藉图进步，即当乘时合力经营，毋落后着。广东兵轮各船，应克期整顿出洋，藉壮声势，着裕宽迅将该省兵轮各船挑选齐备，即派吴全美统带，驶赴廉、琼一带驻扎，认真操练，作为防剿黎匪、巡缉重洋之师，仍不时驶往越南洋面游弋，确探消息，随时知照裕宽，妥筹因应之方，相机调度。闽厂兵轮，并着黎兆棠择其尤为得力者，迅速拨调前往，统归吴全美督带，以资厚集。黄桂兰一军现已节节前进，逼近越南东京，办理甚合机宜。该军所需炮械，已据张树声拨给，仍着倪文蔚檄令妥筹布置。藉固藩篱，并添调关内防军，出关进扎，联络声势。前谕刘长佑等增军备边，业由四川每年拨给饷银二十万两，俾资应用，该督等谅已办有就绪。富良江上游保胜一带，防务最为紧要，所有筹防各军。即当选派将领，统带进发，扼要分布，遥为保胜声援，毋仅作闭关自守之计。滇粤边防事宜，佐理需人，前已有旨催令唐炯、徐延旭迅赴新任矣。将此由五百里密谕张树声、刘长佑、裕宽、倪文蔚、杜瑞联，并传谕黎兆棠知之。①

○二　密陈经营越南北圻宜委任重臣片

光绪八年四月十二日（1882年5月28日）

　　再，密陈者：法人通商红江，规取越南北境，命意所在，尤注滇南，诚如谕旨云南保胜一带防务尤为紧要，一旦法逞其志，尽占北圻，西南半壁处处与内地为邻，势必有欲闭关自守而不能者。及今相持未下，能多守越南尺寸之地，即多增中国尺寸之卫，而阮藩凭藉皇灵或可不致●¹遽夷宗社。惟滇越边界东西绵亘，地虽辽远，势等辅车。至越南北圻各省，包络山泽，群匪如毛，民困水火。经营其地，事体繁重，非有文武威风、熟悉情形之重臣委任责成，仅恃滇、粤两省二三将领各不相谋，必不足以济事。

---

①《德宗景皇帝实录（三）》，卷一百四十五，光绪八年四月，第53页。

　　臣比抵天津，适军机大臣署户部尚书王文韶①亦以奉命宣谕至津，仰蒙传谕垂询，示以筹办越事重在得人，当与李鸿章会晤熟商，惟有福建抚臣岑毓英②，壮猷远略，英武冠时，昔在云南赤手治兵，荡平全省，滇中将吏兵民至今犹畏威怀德。该抚臣籍隶广西西林县，于延边要害、越南形势，皆见闻所素悉，且服习水土，无瘴疠之患，经营越南北圻，似舍岑毓英莫与属者。

　　论者或疑岑毓英办理台湾事宜未能更易，然臣闻李鸿章言，现任台湾道刘璈③

---

① 王文韶（1830—1908），字夔石，号耕娱、退圃、退圃、诗娱，浙江杭州人。咸丰元年（1851），中举。二年（1852），中式进士。十一年（1861），选户部福建司主事，补四川司员外郎。同治二年（1863），升陕西司郎中。三年（1864），补湖北安襄郧荆道，兼盐运使衔。四年（1865），署汉黄德道。六年（1867），升湖北按察使。是年，兼署湖北布政使。八年（1869），署湖南布政使。同年，实授斯缺。十年（1871），署湖南巡抚。十一年（1872），实授湘抚。光绪四年（1878），充军机大臣上学习行走，补礼部左侍郎，兼署兵部左侍郎。同年，授总理各国事务衙门行走。五年（1879），充军机大臣上行走、户部左侍郎，兼署兵部左侍郎，兼管三库事务。六年（1880），充殿试读卷官。八年（1882），署户部尚书，兼署礼部右侍郎、吏部右侍郎。十四年（1888），调补湖南巡抚。十五年（1889），授云贵总督。二十年（1894），授帮办北洋事务大臣。二十一年（1895），补授直隶总督北洋大臣。二十四年（1898），任总理各国事务衙门行走、军机大臣上行走。同年，补授户部尚书。二十五年（1899），拜协办大学士、经筵讲官。二十六年（1900），授国史馆副总裁，晋体仁阁大学士，管理户部事务，加太子少保衔。二十七年（1901），授国史馆正总裁，兼外务部会办大臣。同年，议和全权大臣，授文渊阁大学士、政务处大臣，兼督办路矿大臣。二十九年（1903），拜武英殿大学士、文渊阁领阁事，兼署翰林院掌院学士，管理户部事务。三十年（1904），充殿试读卷官。三十四年（1908），加太子太保。同年，晋太保。是年，卒于任。谥文勤。著有《宣南奏议》《湘抚奏议》《滇督奏议》《直督奏议》《王文韶日记》等行世，修《续云南通稿》《光绪续云南通志稿》等。

② 岑毓英（1829—1889），字彦卿，号匡国，广西西林人。早年投太平军，后从清。咸丰九年（1859），以功赏知州衔，加勉勇巴图鲁名号。十年（1860），加运同衔。同年，兼署澄江府知府。同治元年（1862），升按察使衔。四年（1865），晋布政使衔。五年（1866），升云南迤南道。是年，署云南布政使。六年（1867），迁云南藩司。七年（1868），擢云南巡抚。十二年（1873），封骑都尉、一等轻车都尉，加太子少保。同年，兼署云贵总督。光绪五年（1879），补授贵州巡抚。七年（1881），调补福建巡抚。九年（1883），权云贵总督。十一年（1885），封云骑尉世职。十五年（1889），卒于任。赠太子太保、太子太傅，谥襄勤。著有《岑襄勤公遗集》《岑襄勤公年谱》等行世。

③ 刘璈（1829—1887），字兰洲，湖南岳阳人。咸丰初年，在籍办团练。十年（1860），随左宗棠剿办太平军。同治三年（1864），以功保道员，赏戴花翎。八年（1869），补浙江台州府知府。十一年，以道员开缺，加二品顶戴。光绪元年（1875），丁父忧，在籍守制。三年（1877），服满起复，经两江总督沈葆桢奏赴江苏候补。同年，奏赴左宗棠军营差遣。五年（1879），调赴兰州，署理兰州道篆务。七年（1881），迁福建台湾道。同年，加按察使衔。十一年（1885），经刘铭传奏参获罪，抄没家产，发配黑龙江效力赎罪。十三年（1887），在配身故。

有独当一面之才，若能查照昔年姚莹①任台湾道时故事，略重事权，责以成效，则刘璈得展其才，台事亦可期就理。如蒙圣明采纳，将岑毓英量移重镇，驻扎滇边，居上流之重，收建瓴之势，并令粤省关外各军听其调度，则滇中将士既皆乐为尽力，与●²广西亦联为一气，较之远调客军，人地不习，繁费徒增，得失之分，无待蓍蔡。

岑毓英智略足以理盘错，威望足以慑殊方，驾熟就轻，必能因地因人，次第规划，宏济艰难，以仰副圣主固圉保藩之至意。臣谨附片密陈。伏乞圣鉴，训示。谨奏。

光绪八年四月十四日，归箍●³。

　　【案】此折原件、录副现查无下落，抄件见于《清季外交史料》②及《云南史料丛刊》③中，兹据参校。再，刊本无具奏日期，兹据抄件奉旨日期查光绪八年四月十四日《军机处随手登记档》④张树声折，署有"报五百里、四月十二日天津发"等字样。据此，此片具奏日期应为"光绪八年四月十二日"无疑，兹据校补。

1.【不致】抄件作"不至"。

2.【与】抄件疑夺"与"。

3.【光绪八年四月十四日，归箍】此奉旨日期与内容，据《军机处随手登记档》校补。

---

① 姚莹（1785—1853），字石甫，又字明叔，号东溟，又号展如，安徽桐城人，史学家、文学家。嘉庆十二年（1807）中举。十三年（1808），中式进士。嗣曾游幕广东、福建、江苏等省，充地方官。二十年（1815），补福建漳州府平和县知县。二十二年（1817），调补龙溪县知县。二十四年（1819），补授台湾县知县。同年，署理福建海防同知。二十五年（1820），署理噶玛兰通判。道光十二年（1832），补授江苏长洲县知县。十四年（1834），署淮南监掣同知。十五年（1835），代理两淮盐运使。十七年（1837），护理淮南盐运使。同年，升福建台湾兵备道，加按察使衔。二十四年（1844），补授四川蓬州知州。咸丰元年（1851），补授湖北武昌盐法道。同年，迁广西按察使，转署湖南按察使。三年（1853），卒于军。著有《中复堂全集》《东槎纪略》《康辅纪行》《寸阴丛录》《识小录》《东溟文集》《后湘诗集》《东溟奏稿》等行世。

② 王彦威、王亮辑编，李育民、刘利民、李传斌、伍成泉点校整理：《清季外交史料2》，湖南师范大学出版社2015年版，第532页。

③ 方国瑜主编，徐文德、木芹、郑志惠纂录校订：《云南史料丛刊》第10卷，云南大学出版社2001年版，第320页。

④ 中国第一历史档案馆藏：《军机处随手登记档》，档案编号：03-0235-2-1208-094。

○三　朝鲜与美国议立合约事竣折

光绪八年四月二十四日（1882 年 6 月 9 日）

署直隶总督兼理通商事务大臣两广总督臣张树声跪●¹奏，为朝鲜与美国议立和好通商条约现已事竣，恭折仰祈圣鉴事。

窃前北洋大臣李鸿章筹办朝鲜与美国议约事宜，业将商定约稿请派二品衔候选道马建忠①前往朝鲜会办，并派统领北洋水师记名提督丁汝昌②酌带兵船，偕美总兵薛斐尔东驶以壮声势各缘由，于本年三月初六日奏奉谕旨钦遵在案。

马建忠等于前月二十日自烟台起椗，次日驶抵朝鲜汉江口停泊。时有日本公使花房义质，已乘兵船先在该处下椗。马建忠登岸，至仁川府行馆，连日接见朝鲜伴接官赵准永及金景遂、李应浚等，每与言及约事，答语支吾，意颇闪烁。花房义质来见，语气亦颇涉窥探。马建忠以日使意存蛊惑，朝人情近犹豫，不得不稍参权变因，为指陈大义，斥其不知推诚相待，深负大皇帝调护属邦至意，径出行馆回舟。金景遂诸人惶恐挽留，自是王京来人皆益恭谨。

二十四日，薛斐尔抵港，马建忠与议，原拟约内第一条，彼坚执有碍平行体制，且本国电复未到，断难擅允，词意甚为决绝。乃议由朝鲜国王另备照会，于立约之前先行声明，再四熟商，始行首肯。在彼则谓不列约中尚不碍其体面，在我则先声明而后立约，是彼已认明朝鲜为我属邦，较

---

① 马建忠（1845—1900），字眉叔，名钦良，江苏省丹徒县（今江苏省镇江市）人。同治九年（1870），入李鸿章幕，随办洋务，累保道员。光绪二年（1876），赴法国学习国际法。五年（1879），获法学博士学位。六年（1880），董理天津水师营务处，加二品衔。七年（1881），赴印度与英人商谈鸦办专售事宜。八年（1882），赴朝鲜协助与英、美、德签订商约。同年，赏戴花翎。十年（1884），充轮船招商局会办。十六年（1890），充上海机器织布局总办。同年，撰成《富民说》。二十一年（1895），赴日本，襄助李鸿章马关议和。二十六年（1900），卒于上海行辕。著有《铁道论》《借债以开铁道说》《南行记》《马氏文通》《适可斋记行》《适可斋记言》等行世。

② 丁汝昌（1836—1895），字禹廷，安徽省庐江人。初隶长江水师，从刘铭传剿捻，积功至参将。同治六年（1867），管带水师炮船，赐号协勇巴图鲁。同年，晋提督衔。光绪初，留北洋差使，赴英国购兵舰。七年（1881），加西林巴图鲁名号。八年（1882），赴朝鲜，朝军哗变，焚日使署，遂率济远、扬威二舰赴仁川、汉城护商，统七舰以济，薄王京，谒李应罜，执以归。九年（1883），补直隶天津镇总兵。十四年（1888），擢北洋海军提督，加头品顶戴。二十年（1894），加尚书衔。二十一年（1895），以甲午海战败饮药死。

初议于立约后设法声明尤有根据。

二十七日，朝鲜国王所派全权大副官经理、统理机务衙门事申櫶、金宏集登舟谒议，于此节皆无异词。次及原拟第九款米粮出口一条，申櫶、金宏集谓于朝议、民情有碍，坚欲议禁，薛斐尔坚不肯允，相持累日，金宏集乃议添注"惟仁川口不准出米"一句。马建忠复与美使重加商酌，改为"惟于仁川已开一口各色米粮概行禁止运出"，较为周匝，美使急欲定约，勉强允行。其余各款间有一二处改易数字，于大指均无出入。计议定条约十四款，即于四月初六日在仁川港由申櫶、金宏集会同薛斐尔钤印画押。据马建忠节次禀报，本月二十日，并准朝鲜国王将约本及照会底稿、两国国书、全权字据照录咨送专差副司直李应浚赍呈请奏前来。

伏查中西互市之初，中国罕通西例。各国来立条约，大都因利以乘便，损我以益彼，沿至今日，挽救为难。朝鲜僻在东北，近逼于日、俄两国。日人以议税未定，惟事挟制；俄人以拓地为志，尤所觊觎。其国中士大夫又多拘守常经，自安积弱，因应失当，势难图存。朝廷深惟藩卫之谊，迭谕李鸿章妥筹指引，该国王与一二臣工始知幡然变计。李鸿章为该国密择邦交，先联美国，乘薛斐尔东来之机，令马建忠往莅其事，谋画经年，次第就绪。

如第二款，领事必须奉到批准文凭，视事及办事不合追回一节，则于领事有予夺之权，不致动与地方官龃龉，碍难钤制。第五、第六、第七、第十二等款，皆商务紧要关键，自操利权，预防流弊，悉已包括无遗。第四款，审案之事，虽不能如西国案件俱由地方官讯断，亦由朝、美律法不同之故，但西人通商之处，被告多属本地之人，兹定为由被告所属官员以本国律例审断，则可持平办理，朝人不致吃亏。

其日后改定律例一节，尤有关系，虽一时未必办到，特存是说，可待将来。第十款，拿犯之事，各口本地民人多恃洋人为护符，犯案则领事必为庇匿，兹定有或准差役自行往拿之条，可免凯法纵奸，肆无顾忌。

其第十四款，提明互相酬报专条，以救一体均沾之弊。即遇强国，亦不能以势力相逼。至洋人入内地传教，朝鲜尤所深恶。近年因有教士私往，屡滋事端，但朝人有必不能容之情，而公法又无于条约内明言禁止之例，现在约内不能提传教一节，而于第十二款内议明应遵条约已载者先行办理，其未载者俟五年后再行议定，则立约后如有洋人前往●2传教，朝鲜即可照约相拒，不至以民教起衅，多生枝蔓。

以上各节，均照西国通例，斟酌仿办，于取益防损之道实已筹虑周密。此皆凭借皇灵，故美使迅就范围，办理尚属顺手。朝鲜守而弗失，他国续议通商，持此约为依据，可以杜窥伺而绝要求，从此讲求驭外之道，以立自强之基，庶可世守东藩，仰承圣主以大字小之德。

除照抄朝鲜国王咨文暨约本、照会及两国国书、全权字据恭呈御览，并将马建忠节次来禀及日记、笔谈各件一并抄送总理各国事务衙门查核外，所有朝鲜与美国议约事竣缘由，理合恭折由驿驰奏，伏乞皇太后、皇上圣鉴，训示。谨奏。光绪八年四月二十四日●3。

光绪八年四月二十六日，军机大臣奉旨：该衙门知道，单三件●4、片一件并发。钦此●5。

【案】此奏原件查无下落，录副①现藏于台北"故宫博物院"，兹据校补。再，刊本无具奏日期，兹据录副及《军机处随手登记档》②校补。

1.【署直隶总督兼理通商事务大臣两广总督臣张树声跪】刊本无此前衔，兹据录副补。

2.【前往】刊本作"往前"，兹据录副校正。

3.【光绪八年四月二十四日】刊本无具奏日期，兹据录副及《军机处随手登记档》校补。

4.【单三件】此奏所附清单三件，均现藏于台北"故宫博物院"，兹补录如下：

●呈照录朝鲜国王咨送两国国书清单

谨将朝鲜国王咨送两国国书全权字据并照会各件，照录清单，恭呈御览。

美国国书：大美伯理玺天德致书于大朝鲜君主：窃惟美国与中华、日本和好通商，历有年所。今切愿偕贵国与贵君主、子民一体和好通商，且祈贵君主永享升平。兹特遣水师总兵薛斐尔前赴贵国议立一妥善和好通商条约，以冀吾两国人民益敦友谊。专此特布，敬颂遐祺。美国国主阿尔惑押时。西历千八百八十一年十一月十五，京都华盛顿发。

朝鲜国答国书：大朝鲜国君主致书于大美国伯理玺天德：窃闻贵国政治公平正直，久欲通好，无缘为歉。今承贵国主先遣大员来此议约，兹特派全权大官经理统理机务衙门事申櫶、全权副官经理统理机

① 台北"故宫博物院"藏：《军机及宫中档》，文献编号：122770。
② 中国第一历史档案馆藏：《军机处随手登记档》，档案编号：03-0235-2-1208-105。

务衙门事金宏集与之计议，不日即可画押，仍由薛总兵赍回面呈，即乞速为批行，派员前来互换，以使吾两国人民从此益敦和好，有厚望焉。专此泐复，敬候遐祺。大朝鲜国开国四百九十一年，即中国光绪八年四月□日。

美国照会：大美国钦命总统水师全权大臣薛，为照会事。窃照本大臣奉命前来贵国进呈国书，盖欲永敦友睦信好通商等情，并奉有国军御笔凭据一道，今翻译汉文，祈贵大臣代呈御览，本大臣在船恭候示复。想贵大臣公忠体国，泽惠治民，亦必欲速为襄成也。至国书俟画押后再行进呈外，为此照会贵大臣，请烦查照施行。须至照会者。计移送翻译汉文上谕一道。右照会大朝鲜国执政大臣。中华光绪八年四月初四日移。

朝鲜国总理大臣答照会：大朝鲜国特命总理统理机务衙门大臣金，为照覆事。准贵大臣照会称，本大臣奉命前来贵国进呈国书等语。本大臣并奉准贵大臣照会，谨已进彻御览，奉有回照国书，恭祈贵大臣代呈贵国君主。窃惟贵大臣殚诚体国，讲信修好，立约通商，悉臻妥协，俾我两国永徼休祥，本大臣不胜忻慰，为此照覆。须至照会者。右照会大美国钦命总统水师全权大臣薛。大朝鲜国开国四百九十一年，即中国光绪八年四月初五日。

朝鲜国全权字据：光绪八年三月二十八日，总理机务衙门奉谕：着申櫶为全权大官、金宏集为全权副官，前往仁川与美国全权大臣妥议和好通商条约。钦哉。

美国全权字据：大亚美理驾合众国大伯理玺天德阿尔惑特派水师总兵薛斐尔，念尔真诚信实，智慧能干，命为全权大臣，即往朝鲜进呈国书庆贺，并与大朝鲜国主或执政大臣商立和约，永敦友谊，永远通商。所定条约赍回本国绅耆大臣议允，即批准画押。此谕。于一千八百八十一年自主一百六年十一月十五日在华盛顿都城用宝，着尔执为的确凭据。

军机大臣奉旨：览。钦此。①

●呈朝鲜国与美国议立条约并照会清单

谨将朝鲜国与美国议立条约并照会，照录清单，恭呈御览。

大朝鲜国与大亚美理驾合众国切欲敦崇和好，惠顾彼此人民，是以大朝鲜国君主特派全权大官经理统理机务衙门事申櫶、全权副官经

---

① 台北"故宫博物院"藏：《军机及宫中档》，文献编号：122772。

理统理机务衙门事金宏集，大美国伯理玺天德特派全权大臣水师总兵薛斐尔，各将所奉全权字据互相校阅，俱属妥善，订立条约，胪列于左。

第一款，嗣后大朝鲜国君主、大美国伯理玺天德并其人民各皆永远和平友好，若他国有何不公、轻藐之事，一经照知，必须相助从中善为调处，以示友谊关切。

第二款，此次立约通商和好后，两国可交派秉权大臣驻扎彼此都城，并于彼此通商口岸设立领事等官，均听其便。此等官员与本地官交涉往来，均应用品级相当之礼。两国秉权大臣与领事等官享获种种恩施，与彼此所待最优之国官员无异。惟领事官必须奉到驻扎之国批准文凭方可视事，所派领事等官必须真正官员，不得以商人兼充，亦不得兼作贸易。倘各口未设领事官，或请别国领事兼代，亦不得以商人兼充，或即由地方官照现定条约代办。若驻扎朝鲜之美国领事等官办事不合，须知照美国公使，彼此意见相同，可将批准文凭追回。

第三款，美国船只在朝鲜左近海面如遇飓风，或缺粮食、煤、水，距通商口岸太远，应许其随处收泊，以避飓风，购买粮食，修理船只，所有经费系由船主自备，地方官民应加怜恤援助，供其所需。如该船在不通商之口潜往贸易，拿获船货入官。如美国船只在朝鲜海岸破坏，朝鲜地方官一经闻知，即应饬令将水手先行救护，供其粮食等项，一面设法保护船只、货物，并行知照领事官，俾将水手送回本国，并将船货捞起，一切费用或由船主，或由美国认还。

第四款，美国民人在朝鲜居住，安分守法，其性命、财产朝鲜地方官应当代为保护，勿许稍有欺凌、损毁。如有不法之徒欲将美国房屋业产抢劫烧毁者，地方官一经领事告知，即应派兵弹压，并查拿罪犯，按律重办。朝鲜民人如有欺凌美国民人，应归朝鲜官按朝鲜律例惩办。美国民人无论在商船、在岸上，如有欺凌、骚扰、损伤朝鲜民人性命、财产等事，应归美国领事官或美国所派官员，按照美国律例查拿惩办。其在朝鲜国内，朝鲜、美国民人如有涉讼，应由被告所属之官员以本国律例审断，原告所属之国可以派员听审，审官当以礼相待。听审官如欲传讯、查讯、分讯证见，亦听其便。如以审官所断为不公，亦许其详细驳辩。大美国与大朝鲜国彼此明定，如朝鲜日后改定律例及审案办法，在美国视与本国律例办法相符，即将美国官员在朝鲜审案之权收回，以后朝鲜境内美国人民即归地方官管辖。

第五款，朝鲜国商民并其商船前往美国贸易，凡纳税船钞并一切各费，应遵照美国海关章程办理，与征收本国人民及相待最优之国税钞，不得额外加增。美国商民并其商船前往朝鲜贸易，进出口货物均应纳税。其收税之权，应由朝鲜自主。所有进出口税项及海关、禁防、偷漏诸弊，悉听朝鲜政府设立规则，先期知会美国官布示商民遵行。现拟先订税则大略：各色进口货有关民生日用者，照估价值百抽税，不得过一十。其奢靡、玩耍等物，如洋酒、吕宋烟、钟表之类，照估价值百抽税，不得过三十。至出口土货，概照值百抽税，不得过五。凡进口洋货，除在口岸完纳正税外，该项货物或入内地，或在口岸，永远不纳别项税费。美国商船进朝鲜口岸，须纳船钞每吨五钱，每船按中历一季抽一次。

第六款，朝鲜国商民前往美国各处，准其在该处居住、赁房、买地，起盖栈房，任其自便。其贸易工作一切所有土产以及制造之物与不违禁之货，均许买卖。美国商民前往朝鲜已开口岸，准其在该处所定界内居住、赁房、租地、建屋，任其自便。其贸易工作一切所有土产以及制造之物与不违禁之货，均许买卖。惟租地时不得稍有勒逼，该地租价悉照朝鲜所定等则完纳。其出租之地仍归朝鲜版图。除按此约内所指明归美国官员应管商民钱产外，皆仍归朝鲜地方官管辖。美国商民不得以洋货运入内地售卖，亦不得自入内地采买土货，并不得以土货由此口贩运彼口，违者将货物入官，并将该商交领事官惩办。

第七款，朝鲜国与美国彼此商定，朝鲜商民不准贩运洋药入美国通商口岸，美国商民亦不准贩运洋药入朝鲜通商口岸，并由此口运往彼口，亦不准作一切买卖洋药之贸易。所有两国商民无论雇用本国船、别国船及本国船为别国商民雇用贩运洋药者，均由各本国自行永远禁止，查出从重惩罚。

第八款，如朝鲜因有事故，恐致境内缺食，大朝鲜国君主暂禁米粮出口，经地方官照知后，由美国官员转饬在各口美国商民一体遵办。惟于已开仁川一港各色米粮概行禁止运出，红参一项朝鲜旧禁出口，美国人如有潜买出洋者，均查拿入官，仍分别惩罚。

第九款，凡炮位、枪刀、火药、铅丸一切军器，应由朝鲜官自行采办，或美国人奉朝鲜官准买明文，方准进口。如有私贩，查货入官，仍分别惩罚。

第十款，凡两国官员、商民在彼此通商地方居住，均可雇请各色人等勤执分内工艺。惟朝鲜人遇犯本国例禁，或牵涉被控，凡在美国商民寓所、行栈及商船隐匿者，由地方官照知领事官，或准差役自行往拿，或由领事派人拿交朝鲜差役，美国官民不得稍有庇纵揸留。

第十一款，两国生徒往来，学习语言文字、律例、艺业等事，彼此均宜勤助，以敦睦谊。

第十二款，兹朝鲜国初次立约，所订条款姑从简略。应遵条约，已载者先行办理；其未载者，俟五年后两国官民彼此言语稍通，再行议定。至通商详细章程，须酌照《万国公法》通例，公平商订，无有轻重大小之列。

第十三款，此次两国订立条约，与夫日后往来公牍，朝鲜专用华文，美国亦用华文，或用英文，必须以华文注明，以免歧误。

第十四款，现经两国议定，嗣后大朝鲜国君主有何惠政、恩典、利益施及他国或其商民，无论关涉海面行船、通商、贸易、交往等事，为该国并其商民从来未沾，抑为此条约所无者，亦准美国官民一体均沾。惟此种优待他国之利益若立有专条互相酬报者，美国官民必将互订酬报之专条，一体遵守，方准同沾优待之利益。

以上各款，现经大朝鲜、大美国大臣同在朝鲜仁川府议定，缮写华洋文各三份，句法相同，先行画押、盖印，以昭凭信，仍俟两国御笔批准，总以一年为期，在朝鲜仁川府互换，然后将此约各款彼此通谕本国官员、商民，俾得咸知遵守。

大朝鲜国开国四百九十一年即中国光绪八年四月初六日，全权大官经理统理机务衙门事申櫶、全权副官经理统理机务衙门事金宏集。

大美国一千八百八十二年五月二十二日，全权大臣水师总兵薛斐尔。

朝鲜国照会：大朝鲜国君主为照会事。窃照朝鲜素为中国属邦，而内治外交向来均由大朝鲜国君主自主。今大朝鲜、大美国彼此立约，俱属平行相待，大朝鲜国君主明允将约内各款必按自主公例认真照办。至大朝鲜国为中国属邦，其分内一切应行各节，均与大美国毫无干涉。除派员议立条约外，相应备文照会。须至照会者。右照会大美国伯理玺天德。大朝鲜国开国四百九十一年，即光绪八年三月二十八日。

军机大臣奉旨：览。钦此。①

●呈朝鲜国王来咨清单

谨将朝鲜国王来咨，缮具清单，恭呈御览。

---

① 台北"故宫博物院"藏：《军机及宫中档》，文献编号：122773。

朝鲜国王为会咨事。窃惟弊邦介在东陲，惟凭仗皇灵，恪守侯度。迩来宇内时局岁变月异，港口事务迭生层出，幸蒙中堂大人特推皇上字小之恩，深谅弊邦交际之势，前后开导之、庇佑之，不翅若同舟并力。今于美使之东驶也，亦为之先事而谋，量时之宜，指教详密，十分妥当。又念弊邦曾无外交，未娴时务，禀旨差遣马观察、丁提督两大人赍密咨，同美使专来襄助，遂令弊邦得以左右藉力，订立条约，当职用是感结衷肠，瘝瘵衔戢。即以经理统理机务衙门事申樱、金宏集充派全权大、副官出迎于仁川港，乃于本年四月六日，面同美国总兵薛斐尔，讲定修好通商条规十四款，钤印画押，互相凭据，以为永远金石之信，而惟第一款不得于正约中存留将小邦之为中国属邦等语另行照会，声明恪遵中堂大人提示之微义。此莫非中堂大人仰体圣念，绥靖藩服，经画远图，俾有取益防损之道，亦惟两大人居间主持，殚力周章，乃底克日竣事，立约平善，由此弊邦臣民莫不翘首赞颂，陨越于下，拟俟前头使行恭修表谢之举，而先将条约册子、照会文字及美国国书、小邦答国书、两国全权字据等备文各稿，悉行钞录，庸备奏载案。

兹凭扬威舰西驶，专差副司直李应浚赍咨前往消详条报，烦乞转奏天陛，以达事情。嗣后或有他国交涉事端，亦即请旨暂留马道、丁提督在此商办，俾小邦终始徼惠，区区辛甚！为此合行移咨，请照验转奏施行。须至咨者。右咨钦差北洋通商大臣衙门。光绪八年四月初十日发，四月二十日到。

军机大臣奉旨：览。钦此。①

5.【光绪八年四月二十六日，军机大臣奉旨：该衙门知道，单三件、片一件并发。钦此】此奉旨日期与内容，据录副校补。

○四　留马建忠暂住朝鲜襄助英法德等国议约片
光绪八年四月二十四日（1882年6月9日）

再，朝鲜与美国定约，各国相率而至，以美约系北洋奏派委员马建忠前往会办，英、法、德等国皆由驻京使臣恳臣处函致马建忠，仍在朝鲜代

①　台北"故宫博物院"藏：《军机及宫中档》，文献编号：122774。

为先容，并会同商办。各国续定条约，自应以美约为张本，其间亦必不能一无辩论，朝鲜未习外交情事，办理恐难悉合机宜。且中国既隐然为美国莅盟，亦不能于他国置之不问。

昨接总理衙门函，属转饬马建忠暂行留驻朝鲜。此次该国王来咨，亦有请留马建忠、丁汝昌商办他国交涉事端之语。如英、法、德三国相继东往议约，似应仍令马建忠在彼襄助，以资熟手而期妥善。臣谨附片具陈。是否有当？伏乞圣鉴，训示。谨奏。

光绪八年四月二十六日，军机大臣奉旨：览。钦此●1。

【案】此奏原件查无下落，录副①现藏于台北"故宫博物院"，兹据校补。再，刊本无具奏日期，录副亦未署具奏日期。兹据奉旨日期查光绪八年四月二十六日《军机处随手登记档》②张树声折，署有"报四百里、四月二十四日天津发"等字样。据此，此片具奏日期应为"光绪八年四月二十四日"无疑，兹据校补。

1.【光绪八年四月二十六日，军机大臣奉旨：览。钦此】此奉旨日期与内容，据录副补。

○五　朝鲜与英德两国议约事竣折
光绪八年六月十九日（1882年8月2日）

署直隶总督兼办理通商事务大臣两广总督臣张树声跪●1奏，为朝鲜与英、德两国议约事竣，恭折奏陈，仰祈圣鉴事。

窃朝鲜与美国议定和好通商条约后，请留北洋委员二品衔候选道马建忠及统领北洋水师记名提督丁汝昌商办他国交涉，经臣奏明如英、法、德三国相继东往议约，仍令马建忠等襄助，以资熟手在案。伏查英国所派使臣水师提督韦力士，于本年四月十一日乘兵船驶至朝鲜汉江口，其时马建忠等尚未起椗西回，当为代达朝鲜。该国王即于十三日派经理统理机务衙门事赵宁夏、金宏集为议约大副官，至汉江口与英使●2会议。

韦力士初以美约略举大纲，尚涉星漏，欲添注数条，以期周密。又欲于约内注明索巨文一岛为兵船停泊之地，意在专踞险要。马建忠告以初次

① 台北"故宫博物院"藏：《军机及宫中档》，文献编号：122771。
② 中国第一历史档案馆藏：《军机处随手登记档》，档案编号：03－0235－2－1208－105。

立约向仅举其大纲，沿海诸岛，照约皆可停船。据各国公例，反复开陈，韦力士之议始沮，一切照美约定拟。惟议另备照会，声明约内未及详载者三节：一、通商口岸，请照日本现开三口办理。二、兵船可驶入朝鲜各口。三、朝鲜海岸，请允测绘海图。马建忠以核与约款、公法均无违碍，因告赵宁夏等转请国王照准，即于四月二十一日会集签押，英约蒇事。

德国亦派驻京使臣巴兰德为朝鲜议约全权大臣，来津晤商。巴兰德就美约增改数款，先以拟稿相示。臣先以峻词拒之。嗣复连日筹商，再三论辩，巴兰德乃欣然从命，允照美约，一字不易。臣仍派马建忠同往襄助，并令丁汝昌酌带兵轮偕行。五月初八日，马建忠等抵汉江口，巴兰德已至。朝鲜仍派赵宁夏、金宏集为议约大副官，于十一日驰至，次日会议。十五日，会同签押。所有约款及声明朝鲜为中国属邦照会，悉照美、英两国原稿。其间亦有两端稍异者：一、德文通晓者较少，此次约稿照中国与巴西定约故事，参用法文一册，以便校对。二、巴兰德恐朝、德换约需时，另备照会，请于他国通商时，遣德国商民先来贸易。马建忠因与约款无关出入，令朝鲜使臣即照覆允行，而于文内添"未换约前，领事官来口，仅以宾礼相待，未便以公文议事"一层，于通融之中仍示以确守公法之意。此英、德两国使臣先后在朝鲜定约之情形也。

窃惟西人好胜性成，朝鲜与泰西各国立约通商，美人首导先路，英、德继起，若一无可以标异之处，其心必有不甘，或能横生枝节。今于约款一成不变，而于约外无关利害之事略徇其请，彼谓立约虽后于别国，而另有微与别国不同者，则好胜之心既慰，一切遂易就范围。然以英国之领袖商务，德国之崛起争雄，而此次赴朝议约，匪特妥速成盟，不致另滋镣轕。抑且鼓舞欢欣，感谢朝廷派员勷助之力，则亦由创定美约善立始基，而该委员●3等尚能相机操纵之所致●4也。

至朝鲜国王咨送朝、德册约，系交马建忠代为携呈。其与英国所订约册，先由陆路赍递。兹准礼部将朝鲜国王咨文及朝、英约册咨送到臣。谨一并抄录两次原咨及条约各件，恭呈御览。伏乞皇太后、皇上圣鉴，训示。谨奏。光绪八年六月十九日●5。

光绪八年六月二十三日，军机大臣奉旨：该衙门知道，单五件并发●6。钦此●7。

【案】此奏原件查无下落，录副①现藏于台北"故宫博物院"，兹

---

① 台北"故宫博物院"藏：《军机及宫中档》，文献编号：123979。

据校补。再，刊本无具奏日期，录副仅署奉旨日期。兹据奉旨日期光绪八年六月二十三日查《军机处随手登记档》①张树声折，据同批折件可断，此折之具奏日期当为"光绪八年六月十九日"无疑，兹据校补。

1.【署直隶总督兼办理通商事务大臣两广总督臣张树声跪】刊本无此前衔，兹据录副补。

2.【英使】录副作"英国"，未确。

3.【委员】刊本夺"委"，兹据录副校补。

4.【所致】刊本作"所至"，未确，兹据录副校正。

5.【光绪八年六月十九日】此具奏日期，兹据录副及《军机处随手登记档》校补。

6.【单五件并发】此奏所附清单五件现藏于台北中研院档案馆②，补录如下：

●谨将朝鲜国王来咨，缮具清单，恭呈御览。

朝鲜国王，为咨会事。小邦与美国定约一折，已差副司直李应浚附扬威舰，赴烟台告达。本年四月十一日，英国水师提督韦力士乘兵舰来泊仁川港，适马道、丁提督未及回棹，接到中堂大人暨总理衙门函内指意飞书相告，嗣又领选使金允植专人由陆回国，报知当职，即以经理统理机务衙门事赵宁夏、金宏集充差大副官，前往商订，乃于本月二十一日，面同英国提督韦力士讲定修好通商条规十四款，按照美约，不容更易，钤印画押，用昭凭信。此莫非中堂大人暨诸王公大臣克体皇上绥靖之眷，深轸小邦交涉之宜，经持筹画，靡不用极，并嘱马道、丁提督仍留会办，襄助协议，务底十分妥善。当职与一国臣民，益加感激，镌结衷曲，谨将条约、册子、照会、备文等各稿，悉行抄录，庸备转奏在案，以暴小邦无事不达之忱。

兹法国亦要通好，前头接应不得不预为讲究，深望中堂大人先赐指导，亦即请旨更派马道、丁提督重来商办，俾小邦终始徼惠，区区幸甚！为此合行移咨，请照验转奏，施行。

光绪八年六月二十三日，军机大臣奉旨：览。钦此。

●谨将朝鲜国与英国议立条约并照会，照录清单，恭呈御览。

大朝鲜国与大英国切愿敦崇和好，惠顾彼此人民，是以大朝鲜国

---

① 中国第一历史档案馆藏：《军机处随手登记档》，档案编号：03－0235－2－1208－161。

② 台北"中央研究院"近代史研究所藏：《外交档案》，馆藏号：01－25－008－02－006。

大君主特派大官经理统理机务衙门事赵宁夏、副官经理统理机务衙门事金宏集，大英国大君主特派水师提督、驻扎中国各兵船统领勋赐佩戴三等宝星韦力士，彼此皆系特派议约大员，互定条款，胪列于左：

第一款：嗣后大朝鲜国大君主、大英国大君主并其人民，各皆永远和平友好，若他国有何不公、轻藐之事，一经照知，必须相助，从中善为调处，以示友谊关切。

第二款：此次立约通商和好后，两国可交派秉权大臣，驻扎彼此都城，并于彼此通商口岸设立领事等官，均听其便。此等官员与本地官交涉往来，均应用品级相当之礼，两国秉权大臣与领事等官享获种种恩施，与彼此所待最优之国官员无忌。惟领事官必须奉到驻扎之国批准文凭方可视事，所派领事等官必须真正官员，不得以商人兼充，亦不得兼作贸易。倘各口未设领事官，或请别国领事兼代，亦不得以商人兼充，或即由地方官照现定条约代办。若驻扎朝鲜之英国领事等官办事不合，须知照英国公使，彼此意见相同，可将批准文凭追回。

第三款：英国船只在朝鲜左近海面如遇飓风，或缺粮食、煤、水，距通商口岸太远，应许其随处收泊，以避飓风，购买粮食，修理船只，所有经费系由船主自备，地方官民应加怜恤援助，供其所需。如该船在不通商之口潜往贸易，拿获船货入官。如英国船只在朝鲜海岸破坏，朝鲜地方官一经闻知，即应饬令将水手救护，供其粮食等项，一面设法保护船只、货物，并行知照领事官，俾将水手送回本国，并将船货捞起，一切费用或由船主，或由英国认还。

第四款：英国民人在朝鲜居住，安分守法。其性命、财产，朝鲜地方官应当代为保护，勿许稍有欺凌、损毁。如有不法之徒欲将英国房屋、业产抢劫烧毁者，地方官一经领事告知，即应派兵弹压，并查拿罪犯，按律重办。朝鲜民人如有欺凌英国民人，应归朝鲜官按朝鲜律例惩办。英国民人无论在商船在岸上，如有欺凌、骚扰、损伤朝鲜民人性命、财产等事，应归英国领事官或英国所派官员，按照英国律例查拿惩办。其在朝鲜国内，朝鲜、英国民人如有涉讼，应由被告所属之官员以本国律例审断，原告所属之国可以派员听审，审官当以礼相待。听审官如欲传讯、查讯、分讯证见，亦听其便。如以审官所断为不公，亦许其详细驳辩。大英国与大朝鲜国彼此明定，如朝鲜日后改定律例及审案办法，在英国视与本国律例办法相符，即将英国官员在朝鲜审案之权收回，以后朝鲜境内英国人民即归地方官管辖。

第五款：朝鲜商民并其商船前往英国贸易，凡纳税船钞并一切各费，应遵照英国海关章程办理，与征收本国人民及相待最优之国税钞，不得额外加增。英国商民并其商船前往朝鲜贸易，进出口货物均应纳税，其收税之权应由朝鲜自主，所有进出口税项及海关禁防偷漏诸弊，悉听朝鲜政府设立规则，先期知会英国官，布示商民遵行。现拟先订税则大略，各色进口货有关民生日用者，照估价值百抽税不得过一十。其奢靡玩要等物，如洋酒、吕宋烟、钟表之类，照估价值百抽税不得过三十。至出口土货，概照值百抽税不得过五。凡进口洋货，除在口岸完纳正税外，该项货物或入内地或在口岸，永远不纳别项税费。英国商船进朝鲜口岸，须纳船钞，每吨银五钱，每船按中历一季抽一次。

第六款：朝鲜国商民前往英国各处，准其在该处居住，赁房、买地、起盖栈房，任其自便，贸易工作一切，所有土产以及制造之物与不违禁之货，均许买卖。英国商民前往朝鲜已开口岸，准其在该处所定界内居住、赁房、租地、建屋，任其自便，其贸易工作一切，所有土产以及制造之物与不违禁之货，均许买卖。惟租地时不得稍有勒逼，该地租价悉照朝鲜所定等则完纳，其出租之地仍归朝鲜版图。除按此约内所指明归英国官员应管商民钱产外，此仍归朝鲜地方官管辖，英国商民不得以洋货运入内地售卖，亦不得自入内地采买土货，并不得以土货由此口贩运彼口，违者将货物入官，并将该商交领事官惩办。

第七款：朝鲜国与英国彼此商订，朝鲜商民不准贩运洋药入英国通商口岸，英国商民亦不准贩运洋药入朝鲜通商口岸，并由此口运往彼口，亦不准作一切买卖洋药之贸易。所有两国商民，无论雇用本国船、别国船，及本国船为别国商民雇用贩运洋药者，均由各本国自行永远禁止，查出从重惩罚。

第八款：如朝鲜因有事故，恐致境内缺食，大朝鲜国大君主暂禁米粮出口，经地方官照知后，由英国官员转饬在各口英国商民一体遵办。惟于已开仁川一港，各色米粮概行禁止运出。红参一项朝鲜旧禁出口，英国人如有潜买出洋者，均查拿入官，仍分别惩罚。

第九款：凡炮位、枪刀、火药、铅丸一切军器，应由朝鲜官自行来办，或英国人奉朝鲜官准买明文，方准进口。如有私贩，查获入官，仍分别惩罚。

第十款：凡两国官员、商民在彼此通商地方居住，均可雇请各色人等裹执分内工艺。惟朝鲜人遇犯本国例禁，或牵涉被控，凡在英国商民寓所、行栈及商船隐匿者，由地方官照知领事官，或准差役自行往拿，或由领事派人拿交朝鲜差役，英国官民不得稍有庇纵措留。

第十一款：两国生徒往来学习语言文字、律例、艺业等事，彼此均宜襄助，以敦睦谊。

第十二款：兹朝鲜国初次立约，所订条款姑纵简略，应遵条约已载者，先行办理。其未载者，俟五年后，两国官民彼此言语稍通，再行议定。至通商详细章程，须酌照《万国公法》通例，公平商订，无有轻重大小之别。

第十三款：此次两国定立条约，与夫日后往来公牍，朝鲜专用华文，英国亦用华文，或用英文，必须以华文注明，以免歧误。

第十四款：现经两国议定，嗣后大朝鲜国大君主有何惠政、恩典、利益施及他国或其商民，无论关涉海面行船、通商贸易、交往等事，为该国并其商民从来未沾，抑为此条约所无者，亦准英国官民一体均沾。惟此种优待他国之利益，若立有专条，互相酬报者，英国官民必将互订酬报之专条，一体遵守，方准同沾优待之利益。

以上各款，现经大朝鲜国、大英国大臣同在朝鲜仁川府议定，缮写华文、洋文各三份，句法相同，先行画押盖印，以昭凭信。仍俟两国御笔批准，总以一年为期，在朝鲜仁川府互换，然后将此约各款彼此通谕本国官员、商民，俾得咸知遵守。

大朝鲜国开国四百九十一年，即中国光绪八年四月二十一日，特派大官经理统理机务衙门事赵宁夏、副官经理统理机务衙门事金宏集，西历一千八百八十二年六月初六日。

●朝鲜国照会

大朝鲜国大君主，为照会事。窃照朝鲜素为中国属邦，而内治外交向来均由大朝鲜国大君主自主。今大朝鲜国、大英国彼此立约，俱属平行相待，大朝鲜国大君主明允将约内各款，必按自主公例，认真照办。至大朝鲜国为中国属邦，其一切分内应行各节，均与大英国毫无干涉。除派员议立条约外，相应先行声明。为此备文照会，请烦大英国大君主查照办理。须至照会者。右照会大英国大君主。大朝鲜国开国四百九十一年，中国光绪八年四月十四日。

●英使照会

大英国特派全权大臣水师提督统领韦为照会事。照得大朝鲜国、大英国业经立具通商条约，其有约内未及详载者三节，合于约外另具照会声明：

一、英国商民通商口岸，约内虽未言明，自行遵照日本现开元山、釜山、仁川三口办理。

一、按照公法，各国兵舶皆准驶进与国各口。兹大朝鲜国、大英国自签约之日，英国兵舶于朝鲜无论何口均可驶入，凡买取食物、淡水或需修船等事，悉听其便。

一、朝鲜海滨至今未经详细测量，驾驶极为危险，应听英国兵船将朝鲜海岸所有岛屿、礁石、水线，审其位置，测其深浅，用绘海图，俾航海者得以稳渡。

以上三条均系大朝鲜国、大英国议明于约外声明，为此本大臣备文照会，请烦查照施行。须至照会者。右照会大朝鲜国议约全权大臣赵、金。

●朝鲜国全权大副官答照会

大朝鲜国议约全权大官赵、副官金，为照覆事。本月二十日，接准贵大臣照会内开：约内未及详载，另行声明三节等因。准此，本大臣等查各节既系约内未及详载之款，自应按照公法办理。其第二、第三节，应由朝鲜政府转饬沿海地方官，于贵国兵舶进口时妥为照料。惟朝鲜人民向未习与他国往来，诚恐易涉惊疑，应请贵大臣嗣后于各兵舶进口时，务饬兵弁格外持平，俾得互相体谅，不致意外滋生事端，实为公便。相应先行声明。为此备文照覆，烦请贵大臣查照办理。须至照覆大英国议约全权大臣韦。大朝鲜国开国四百九十一年，即中国光绪八年四月二十一日。

光绪八年六月二十三日，军机大臣奉旨：览。钦此。

6.【光绪八年六月二十三日，军机大臣奉旨：该衙门知道，单五件并发。钦此】此奉旨日期与内容，据录副校补。

〇六　朝鲜乱党滋事派兵保护折

光绪八年六月二十八日（1882 年 8 月 11 日）

署直隶总督兼办理通商事务大臣两广总督臣张树声跪●[1]奏，为朝鲜乱党滋事，遵旨派兵保护，恭折驰陈，仰祈圣鉴事。

窃臣于六月二十五日承准军机大臣字寄：光绪八年六月二十四日，奉上谕：总理各国事务衙门奏，朝鲜乱党滋事，筹议派兵援护一折等因。钦此●2。仰见庙谟远烛，怀保东藩，曷胜钦服！

伏查近年朝鲜外患日殷，经中国导以外交，该国王奋发有为，与一二通知时务之臣深惟大计，听命惟谨，方与泰西各国次第立约通商。而该国风气未开，士夫多墨守常经，恶谈洋务。其失职怨望之徒即持闭关绝交之说，阴结党类，煽惑国人，萌蘖有年，久思蠢动。

窃计●3其通商事定，筹饷练兵，自强有渐，邦本既固，反侧自消。今变起仓卒，臣迭接黎庶昌①电信，即深虑该国未能定乱，朝廷不能不尽匡植属藩之义，潜杜日本借口伺间之心，当即密函驰商总理各国事务衙门，先饬派统领北洋水师记名提督丁汝昌，酌带快兵船三号，偕候选道马建忠驰赴朝鲜，查探情形，已于本月二十五日由烟台开行。又虑水师之外必当添派陆兵，北洋防军惟广东水师提督吴长庆所部淮勇六营驻扎山东登州，由轮船拔队东渡最为径捷，复飞函密约吴长庆，刻日来津晤商，旋接准总理衙门函覆。正在筹备间，钦奉寄谕前因，适吴长庆亦于二十六日到津，将一切事宜面为妥商。

惟连日饬据津海关道周馥②向朝鲜陪臣金允植等详询乱党根由，实系祸起萧墙，事关骨肉。续接黎庶昌二十五日电信：乱党杀王妃及闵氏大臣等十三人，王无恙，闻美约有不批准之议等因。是该国政令已太阿倒持，朝臣之向与国王同心任事者，虑已尽遭荼毒。现在秉政之人方挟王以令国

① 黎庶昌（1837—1897），字莼斋，号庵农山人，贵州遵义县（今贵州遵义市）人，廪贡生。同治年间，历官江苏吴江县、青浦县知县。光绪二年（1876），先后随郭嵩焘、曾纪泽、陈兰彬等出使欧洲，历任驻英吉利、德意志、法兰西、西班牙使馆二等参赞。七年（1881），升道员，赐二品顶戴。同年，充出使日本大臣。十一年（1885），丁母忧，回国守制。十三年（1887），授出使日本大臣。十七年（1891），简放四川川东兵备道。二十二年（1896），因病回籍调理，二十三年（1897），卒于家。著有《拙尊园丛稿》《丁亥入都记程》《西洋杂志》《黎氏文集》《孔诗》《续古文辞类纂》《古逸丛书》等行世。
② 周馥（1837—1921），字玉山，安徽建德（今安徽东至县）人，诸生。咸丰末年，避战乱，赴安庆。同治元年（1862），入李鸿章幕，办理文案，旋以军功累保至知府，留江苏补用。光绪三年（1877），署直隶永定河道。四年（1878），丁内艰，回籍守制。服满起复后，署直隶津海关道。九年（1883），兼署天津兵备道。同年，补直隶津海关道，兼署北洋行营翼长，办理天津营务处。十四年（1888），升直隶按察使。十六年（1890），加头品顶戴，寻署长芦盐运使，迁直隶布政使。二十年（1894），总理营务处。二十五年（1899），调补四川布政使。二十六年（1900），调补直隶布政使。二十七年（1901），护理直隶总督，兼北洋大臣。二十八年（1902），擢山东巡抚，加兵部尚书衔。三十年（1904），署两江总督，兼南洋大臣、两淮盐政。三十二年（1906），权闽浙总督。同年，调补两广总督。三十三年（1907），以年老多病，奏请回籍就医。民国十年（1921），卒于天津。谥悫慎。著有《易理汇参》《负暄闲语》《诗文集奏议》《通商约章》《教务纪略》《东征日记》《治河述要》《海军章程》等行世。

中，欲败通商之局，官军前往，虽不能专恃挞伐，亦必须震以先声●4。若兵力太单，加以日人眈眈其旁，诚如总理衙门所虑，不独援救无以助其威，即排解亦难壮其气。臣已电咨南洋大臣添拨兵船两号，并饬招商局轮船数号驶赴登州。

臣与吴长庆商定，属其即日回防，先行统率所部六营迅速拔队，乘轮船驶往朝鲜，与丁汝昌、马建忠晤询各事，妥筹办理，以期宣播皇威，早日奠定。惟兵事无常，倘如总理衙门所虑，另起波澜，或乱党负固不服，再当酌量情形，奏明续调，以厚兵力。该军粮饷、军火，即以烟台为后路，统由臣饬派委员源源运济，不令丝毫扰累朝鲜。吴长庆纪律严明，夙谙权略，当能随机因应，以仰副圣主字小御远之至意！

朝鲜事局多艰，靖乱扶危，尤在乘时审势，取决当机。吴长庆到朝后，凡紧要机宜，应请由该提督相度筹办，仍一面咨商臣处，随时奏陈，以应事机而纾宵旰。

所有筹派水陆官军保护朝鲜缘由，谨恭折由驿驰陈，伏乞皇太后、皇上圣鉴，训示。谨奏。光绪八年六月二十八日●5。

光绪八年六月三十日，军机大臣奉旨：另有旨。钦此●6。

【案】此奏原件查无下落，录副①现藏于台北"故宫博物院"，兹据校补。再，刊本无具奏日期，兹据录副校补。

1. 【署直隶总督兼办理通商事务大臣两广总督臣张树声跪】刊本无此前衔，兹据录副补。

2. 【案】此谕旨录副多有节略，兹据《清实录》校补：

谕军机大臣等：总理各国事务衙门奏，朝鲜乱党滋事，筹议派兵援护一折。据称张树声函报，迭接黎庶昌电信，朝鲜乱党滋事，突围日本使馆，并劫朝鲜王宫，日本现有水兵七百余、步兵七百，前往朝鲜，中国似宜派兵前往，察看情形，相机办理等语。朝鲜乱党突起滋事，既围日本使馆，兼劫朝鲜王宫，其意不但与日本为难，日本现在派兵前往，其情尚难测度。朝鲜久隶藩封，论朝廷字小之义，本应派兵前往保护。日本为中国有约之国，既在朝鲜受警，亦应一律护持，庶师出有名，兼可伐其阴谋，着张树声酌派水陆两军，迅赴事机。如兵船不敷调派，即咨南洋大臣添拨应用，并调招商局轮船运载陆师，以期迅速。该督务当悉心调度，并饬丁汝昌、马建忠相度机宜，随时

---

① 台北"故宫博物院"藏：《军机及宫中档》，文献编号：124076。

禀商办理，以冀有裨时局。原折着抄给阅看。将此由五百里谕令知之。①

3.【窃计】录副作"窃冀"。

4.【震以先声】刊本作"振以先声"，未确，兹据录副校正。

5.【光绪八年六月二十八日】此具奏日期，兹据录副及《军机处随手登记档》②校补。

6.【光绪八年六月三十日，军机大臣奉旨：另有旨。钦此】此奉旨日期与内容，据录副校补。

【案】此奏旋于是年六月三十日得旨，《清实录》载曰：

又谕：张树声奏，筹派水陆官军，保护朝鲜一折。朝鲜乱党滋事，张树声已派提督丁汝昌等，酌带兵船驰往查探，并添派提督吴长庆统带所部六营克期拔队东渡。所筹甚合机宜，即着饬令吴长庆等相机因应，妥筹办理昨已有旨谕令李鸿章迅速北来，前往查办。近日朝鲜乱党若何情形，及日本兵船到后作何举动，该督务当确探消息，审度事机，俟李鸿章抵津后，妥商办法。仍随时奏闻，以纾廑系。将此谕令知之。③

〇七　援护朝鲜陆师拔队折

光绪八年七月初八日（1882年8月21日）

署直隶总督兼办理通商事务大臣两广总督臣张树声跪●1奏，为援护朝鲜陆师拔队起程并查探情形，恭折驰报，仰祈圣鉴事。

窃臣于六月二十八日驰奏筹派水陆官军援护朝鲜缘由，钦奉寄谕：即着饬令吴长庆等相机因应，妥筹办理。昨已有旨，谕令李鸿章迅速北来，前往查办。近日朝鲜乱党若何情形及日本兵船到后作何举动？该督务当确探消息，审度事机，俟李鸿章抵津后，妥商办法，仍随时奏闻，以纾廑系，等因。钦此。经即咨行钦遵筹办。适提督丁汝昌于七月初一日酉刻由朝鲜驶回天津，面禀一切。

查乱党之起，藉兵粮失时、减斛为端，而鼓动主持者，则该国所称兴

---

① 《德宗景皇帝实录（三）》，卷一百四十八，光绪八年六月下，第95—96页。

② 中国第一历史档案馆藏：《军机处随手登记档》，档案编号：03－0235－2－1208－170。

③ 《德宗景皇帝实录（三）》，卷一百四十八，光绪八年六月下，第98页。

宣大院君李昰应也。该国王以李昰应之子入承国统，昰应秉政多年，悖戾贪饕，不恤国事。近年，该国王深忧国势艰危，秉承天朝，缔交各国，简用忠良，共图时政，其王妃闵氏亦能力赞大计。李昰应意趣不同，既以失机为憾，谬附屏绝外交之议，阴结党类，乘间鸱张，故王妃闵氏首罹其殃，该国王任用诸臣几无能免者。而日本之人被害者，亦十有三名。今国王幽居宫禁，与外朝声息不通，李昰应方遍引私人为内外各官，以树羽翼。丁汝昌与马建忠于六月二十七日带快兵船三艘行抵朝鲜仁川口，日本兵船一艘亦于是日到口。日船海军官将与丁汝昌等皆以礼往来。二十八、九日，日本续到兵、商船三艘，计三日到过四船，共载水陆兵一千数百名，尚未离船登岸。此目前朝鲜乱党及日本兵船到后实在情形也。

臣奏明咨调南洋两兵船，因须修理，复经改派。据江海关道电报，登瀛洲威靖两船，日内陆续可抵烟台。臣令丁汝昌于本月初二日仍乘威远兵船驶赴登州，并函属吴长庆●2将所部六营分起东行，以取迅速。现接吴长庆等函报，已先亲带弁勇两营四哨，以三哨与丁汝昌同坐威远兵船，以两营一哨分坐商局镇东、日新两船，并以泰安兵船装载粮械、军火等项，于本月初四日由登州开行，抵朝后即坚阵登岸，先就海口附近地方择要扼扎，与我兵轮水陆相依，其余各营哨即相继东渡，层递而进。一面安抚百姓，并传檄王京使勿惊扰，俟后起兵勇抵岸，吴长庆即亲将数营，向王京一路进扎。

李昰应甫经专国，众志未一，大军骤临，皇威赫濯，度其下不无震悚。倘能乘机获致归政国王，除其凶顽，抚其良善，庶几转危为安，善后事宜乃可措手。至日本兵船均泊仁川，我兵驻营之地不宜与之错处，一切应行密防各节，已由臣详致吴长庆与马建忠等随宜因应。

除仍随时函咨李鸿章筹度商办外，所有陆师拔队赴朝并查探情形，理合恭折由驿驰报●3。伏乞皇太后、皇上圣鉴，训示。谨奏。光绪八年七月初八日●4。

光绪八年七月初十日，军机大臣奉旨：另有旨。钦此●5。

【案】此奏原件查无下落，录副①现藏于台北"故宫博物院"，兹据校补。再，刊本无具奏日期，兹据录副校补。

1.【署直隶总督兼办理通商事务大臣两广总督臣张树声跪】刊本无此前衔，兹据录副补。

---

① 台北"故宫博物院"藏：《军机及宫中档》，文献编号：124243。

2.【吴长庆】刊本误"庆"为"应"，兹据录副校正。

3.【驰报】刊本作"驰奏"，兹据录副校正。

4.【光绪八年七月初八日】此具奏日期，兹据录副及《军机处随手登记档》① 校补。

5.【光绪八年七月初十日，军机大臣奉旨：另有旨。钦此】此奉旨日期与内容，据录副校补。

【案】此奏旋于是年七月初十日得旨，《清实录》载曰：

又谕：张树声奏，援护朝鲜陆师拔队起程并查探情形，暨请暂留鄂军四营各折片。吴长庆督率所部各营分起东行，俟抵朝鲜后，扼扎海口附近地方，该提督即亲统数营，向王京进扎，拟将李昰应获致，除其凶顽，以期转危为安。所筹尚合机宜，即着该督饬令吴长庆酌度情形，稳慎进扎，务将李昰应获致，庶该国之乱自平。该提督当相机因应，妥为办理。张树声以朝鲜事势应否续调陆师，尚难豫定，请将鄂军步队四营，暂缓撤回，着照所请行。本日已谕令涂宗瀛、彭祖贤将该军月饷照旧接济矣。至将来如需添调援师，宋庆一军，素称得力，堪以调往，着该督随时酌办，并仍将该国情形探明，迅速具奏。将此由四百里谕令知之。②

○八　答复朝鲜国王咨文折

光绪八年七月十三日（1882 年 8 月 26 日）

署直隶总督兼办理通商事务大臣两广总督臣张树声跪●¹奏，为接到朝鲜国王咨文，乘机答复，恭折驰奏，仰祈圣鉴事。

窃据津海关道周馥面禀：七月十一日，有朝鲜义州小通事朴永祚、白文彬到关，投递该国王咨北洋通商大臣衙门公文一角。面问该通事，皆居义州府。该国王咨文由驿路递至义州，复派该通事等赍送来津。问以王京情事，均不甚悉等情，并据将咨文呈送前来。

臣当即拆阅，查文内声叙六月初九日乱党滋事大略情形，于起事之端则含混其语，委之兵民忽然肆怒，而以定乱之功专归国太公一人。国太公者，即所称大院君李昰应也。李昰应初以拒绝外交之议煽动徒党，以逞其

---

① 中国第一历史档案馆藏：《军机处随手登记档》，档案编号：03－0235－3－1208－180。

② 《德宗景皇帝实录（三）》，卷一百四十九，光绪八年七月，第103页。

私，一旦大权独揽，阴惧朝廷声罪致讨，为此粉饰之词，以求自固之计，此次咨文自即系李昰应所为。惟来文既托于国王，又未便骤加斥绝。臣当即备文答复，乘机措辞，借以姑释其惧，万一能引就范围，或冀不劳而获。谨将国王来文及臣答复文稿照录清单●²，恭呈御览。

除密致广东水师提督吴长庆等知照斟酌布置外，所有接到朝鲜国咨文，乘机答复缘由，谨恭折驰奏。是否有当？伏乞皇太后、皇上圣鉴，训示。再，朝鲜赍文通事系由●³陆路往还，行程稽滞。臣答复文件已径寄吴长庆等就近递交，以便迅速相机办理，合并陈明。谨奏。光绪八年七月十三日●⁴。

光绪八年七月十五日，军机大臣奉旨：另有旨。钦此●⁵。

【案】此奏原件查无下落，录副①现藏于台北"故宫博物院"，兹据校补。再，刊本无具奏日期，兹据录副校补。

1.【署直隶总督兼办理通商事务大臣两广总督臣张树声跪】刊本无此前衔，兹据录副补。

2.【案】此奏所附清单现藏于台北中研院档案馆②，兹补录如下：

●谨将朝鲜国王来咨，缮具清单，恭呈御览。

朝鲜国王，为咨报事。窃念敝邦往年与日本立约通商，今年丁、马两大人驶船委到，美、英、德诸国条款次第准完，此莫非制军大人牖迷开窍之盛意，则曷敢不冒陈愚衷，获遂微愿也。日本人留驻清水馆六七年，懋敦友睦，互讲交聘，教艺学技，自无衅罅。不幸本月初九日，敝邦兵民始由小端忽然肆怒，前唱后和，动以万计，破家毁舍，无分崇卑，潮至之气，有不可遏，乃至突入教场，杀死日本教师以下三人，在路又杀四人，敝邦民人之被杀者，数甚伙多。继劫清水馆，因风纵火，馆中之人，奋力杀出，炮剑所到，无不立毙，敝邦死民至为二十余名矣。初十日，诸军劫害相臣李昰应，仍犯王宫，豕突咆哮，王妃不幸薨逝，宰臣金辅铉、闵谦镐同时遇害，伊日光景，镇抚为急，实赖国太公亲冒铳稍，责以大义，谕以至意，遂使无知兵丁皆怪感戢，俯首缩伏，登即解散。祸虽起于仓卒，事犹幸其帖服，敢竭必陈之怀，庸寓不讳之义，谨将来由胪闻如右，冀制军大人烛谅敝邦事情，转奏天陛，仍报总理各国事务衙门，不胜幸甚！为此合行移

① 台北"故宫博物院"藏：《军机及宫中档》，文献编号：124359。
② 台北"中央研究院"近代史研究所藏：《外交档案》，馆藏号：01-25-009-01-011。

咨，请照验转奏施行。

●谨将咨复朝鲜国王文稿照录，恭呈御览。

为咨复事。本月十一日，准贵国王六月十九日咨，窃念敝邦往年与日本立约通商，今年丁、马两大人驶船委到，美、英、德诸国条款次第准完，此莫非制军大人牖迷开窍之盛意，曷敢不冒陈愚衷，获遂微愿也。日本人留驻清水馆六七年，懋敦友睦，互讲交聘，教艺学技，自无衅罅。不幸本月初九日，敝邦兵民始由小端忽然肆怒，前唱后和，动以万计，破家毁舍，无分崇卑，潮至之气，有不可遏，乃至突入教场，杀死日本教师以下三人，在路又杀四人，敝邦民人之被杀者数甚伙多。继劫清水馆，因风纵火，馆中之人，奋力杀出，炮剑所到，无不立毙，敝邦死民至为二十余名矣。初十日诸军劫害相臣李昰应，仍犯王官，豕突咆哮，王妃不幸薨逝，宰臣金辅铉、闵谦镐同时遇害，伊日光景，镇抚为急，实赖国太公亲冒锋镝，责以大义，谕以至意，遂使无知兵丁皆怀感戴，俯首缩伏，登即解散。祸虽起于仓卒，事犹幸其帖服，敢竭必陈之怀，庸寓不讳之义，谨将来由胪闻如右，冀制军大人烛谅敝邦事情，转奏天陛，仍报总理各国事务衙门，不胜幸甚等因，到本署大臣。

准此，查贵国六月初九日之事，本署大臣早闻大略，不胜悬系，当即奏明朝廷，先派统领北洋水师提督丁汝昌、二品衔道员马建忠，酌带兵轮船，于六月二十五日驶赴仁川，查探一切。旋蒙大皇帝轸念藩服，变出非常，谕派水陆两军前往援护，本署大臣已钦遵调集兵轮，奏派广东水师提督吴军门先行统率劲旅，克期东渡，现已先后行抵贵国。兹准来咨，国太公当日亲冒锋镝，定乱俄顷，解散凶徒，本署大臣实深佩慰，即当转奏天听，亦必仰邀圣鉴。

贵国王受天朝封植，保守东土。此次乱由内起，上犯王官，加以扰害日人，自宜分别查办，整饬纲纪，以无替带砺河山之宠。今吴军门等奉天子之命，前往镇抚，师次郊坰，贵国王礼应出拜朝命，国太公休戚与同，竭诚匡辅，亦当亲赴大营，将善后事宜与吴军门等详晰商达，以副大皇帝字小恤患之至意也。

除据情转奏并咨达总理各国事务衙门外，相应咨复贵国王，请烦查照。光绪八年七月十三日咨复。

3.【系由】刊本误"缘由"，兹据录副校正。

4.【光绪八年七月十三日】此具奏日期，兹据录副及《军机处随手登记档》① 校补。

5. 【光绪八年七月十五日，军机大臣奉旨：另有旨。钦此】此奉旨日期与内容，据录副及《军机处随手登记档》校补。

○九　援护朝鲜陆师抵朝登岸情形片

光绪八年七月十三日（1882 年 8 月 26 日）

再，臣正在具奏间，接据吴长庆七月初八日朝鲜来函，该提督亲带头起营勇，于初七日辰刻行抵朝鲜。因仁川驻日本兵船七艘、陆兵一营，我师未便同处，遂泊船于相距六七十里之南阳地方，即日登岸扎营，为节节前进地步。道员马建忠与派充向导之朝鲜陪臣金允植、鱼允中，密切查探。日本驻朝公使花房义质于初三日带兵前入王京。该国王及李昰应均未接见花房义质，亦未有反侧情形。国人闻大兵入境，无不欢跃。南阳府备船十数号，在海口听差。前充议约大副官赵宁夏、金宏集亦幸而尚存，现经国王派至南阳，料理军前各事。

吴长庆与马建忠商定，初八日由马建忠先带兵勇两哨，驰赴王京，相机办理。吴长庆部署略定，亦即进发。提督丁汝昌留驻海口，以顾后路。该国人心向顺，赵宁夏、金宏集既来，李昰应势力渐孤，事机或能相应，但期速致此人，则国王得以行政，而内乱可定，庶不致迁延时日，令日人多生变计，枝蔓横生。

除密切飞属吴长庆等妥速应机筹办，并俟续报到日随时驰奏外，所有陆师抵朝登岸大略情形，谨附片具陈，伏乞圣鉴。谨奏。

光绪八年七月十五日，军机大臣奉旨：另有旨。钦此●¹。

【案】此奏原件查无下落，录副②现藏于台北"故宫博物院"，兹据校补。再，刊本无具奏日期，兹据录副校补。

1. 【光绪八年七月十五日，军机大臣奉旨：另有旨。钦此】此奉旨日期与内容，据录副及《军机处随手登记档》③ 校补。

【案】是日之折片均于光绪八年七月十五日得旨，《清实录》

---

① 中国第一历史档案馆藏：《军机处随手登记档》，档案编号：03 - 0235 - 3 - 1208 - 185。
② 台北"故宫博物院"藏：《军机及宫中档》，文献编号：124360。
③ 中国第一历史档案馆藏：《军机处随手登记档》，档案编号：03 - 0235 - 3 - 1208 - 185。

载曰:

又谕：张树声奏，接到朝鲜国王咨文，暨官军行抵该国大略情形各折片。提督吴长庆统带各营，于本月初七日行抵朝鲜，向该国都进发，着张树声饬令吴长庆将该国现在情形，探明确实，斟酌机宜，妥筹办理。一面约束部伍，毋任稍有扰累。日本之兵作何举动，并着随时探明具奏。将此谕令知之。①

一〇　援护朝鲜水陆将领率队入京获致乱首折

光绪八年七月二十一日（1882 年 9 月 4 日）

署直隶总督兼办理通商事务大臣两广总督臣张树声跪●¹奏，为援护朝鲜水陆将领率队径入王京，获致乱首李昰应，飞送来津，恭折驰陈，仰祈圣鉴事。

窃朝鲜乱党滋事，臣遵旨派兵保护，调集水陆各军先后东渡，及抵朝登岸情形，业经节次奏陈在案。本月二十日，登瀛洲兵船回津，接据广东水师提督吴长庆、统领北洋水师记名提督丁汝昌、二品衔候选道马建忠咨报、函禀各件前来。

查马建忠于初八日至南阳府，吴长庆派副将张光前率队从往。时闻日本使臣花房义质方开列多款，要挟朝鲜。马建忠因约张光前简枪队二百名，于初九日午后轻装疾驰，初十日入其京城。花房义质以所要未遂，已悻悻出京，回驻仁川。马建忠晤李昰应，先以好言相接，释其疑虑。马建忠又虑花房义质或遽决裂，致掣大局，十一日驰至仁川，告以中国为朝鲜先除内患，使国王得以自主，再与日本商办各事，反复陈说，花房义质意稍迟回。

十二日，马建忠折回王京，吴长庆已率大军驰至城外驻扎，丁汝昌亦将后路部署妥贴，率水师百人前入王京。吴长庆并令调赴军营之河南候补道魏纶先、副将何增珠带勇三哨继进，与先随马建忠进城之张光前所带一营同驻城内，彼此密切筹议，证以向导陪臣金允植、鱼允中等所探，李昰应与日使龃龉，势孤气慑，本为可乘之隙，日兵已尽数出城，不虞掣越。而其乱党皆聚众于宿卫之都监，一营有五千人之多，蟠踞心腹，伺察王朝

---

① 《德宗景皇帝实录（三）》，卷一百四十九，光绪八年七月，第 106—107 页。

动静，日夜营造兵器，祸未可测。若稍事辽缓，难保不漏泄事机，别生变故。马建忠、丁汝昌乘夜至吴长庆大营，密定机宜。

十三日巳刻，吴长庆率队亲入王京，先晤李昰应，以礼周旋。申刻，李昰应来营答拜，丁汝昌、马建忠皆先集城外，往复笔谈，延至日暮，先以计遣其护从，丁汝昌亲率小队，以肩舆拥李昰应就道，连夜冒雨遄行。

十四日侵晨，至南阳海口，即上登瀛洲兵船，派该船管驾官叶伯鋆妥慎解送至津。吴长庆现饬魏纶先、张光前、何增珠等申严纪律，守护王京，弹压巡查，昼夜防范。一面出示安抚人心，一面以讨治乱党渠首及善后之策商之国王。该国王以手书抵吴长庆，言乱军所居多在枉寻、利泰两村。此皆势逼近地，悍然仇国，非仗天朝雄兵，难以图灭，请整饬部伍，掩其不备，执讯获丑，以泄神人之愤。吴长庆已分派队伍，亲督攻围，分别捕治。此据报七月初十至十五日谋致李昰应及布置究捕乱党之实在情形也。

臣惟此次朝鲜内乱，祸蕴萧墙，举国鼎沸，兵锋肆于宫寝，荼毒遍于衣冠。李昰应结卫士之心，居尊亲之地，积威有渐，臣庶惕息。即如金允植等素怀忠愤，迨进王京，吴长庆等与言李昰应首乱亦不免回护其辞。重以日本之兵从旁窥伺，又多牵制之患，迭接总理各国事务衙门王大臣来函及李鸿章电信，均谓必须先获李昰应，使国王复其政权，此事始有办法。

臣钦承圣谟，虽日与吴长庆等手书往复，悉心筹度，犹惴惴焉，未敢竟期即得。今吴长庆、丁汝昌、马建忠等当该国危疑震撼之际，均能不避艰险，迅速赴机，徒御不惊，乱首斯得，皆由庙算周详、将领竭力所致，实为该国安危绝续之机。此后捕治乱党，与日人商办各事，李鸿章指日到津，主持筹办，必可绥定藩服，仰慰圣厪。

该文武员弁等渡海远征，卓著劳勚，其功良有可纪，应俟乱党大定，由李鸿章核明奏恳恩施。李昰应航海劳乏，精神委顿，俟调养数日，即行派员解送进京。其应如何处置之处，伏候谕旨饬下遵行。

所有获致朝鲜乱首李昰应解送来津缘由，谨恭折由驿驰陈，伏乞皇太后、皇上圣鉴，训示。谨奏。光绪八年七月二十一日●2。

光绪八年七月二十三日，军机大臣奉旨：另有旨。钦此●3。

【案】此奏原件查无下落，录副①现藏于台北"故宫博物院"，兹据校补。再，刊本无具奏日期，兹据录副校补。

---

① 台北"故宫博物院"藏：《军机及宫中档》，文献编号：124551。

1.【署直隶总督兼办理通商事务大臣两广总督臣张树声跪】刊本无此前衔，兹据录副补。

2.【光绪八年七月二十一日】此具奏日期，兹据录副及《军机处随手登记档》①校补。

3.【光绪八年七月二十三日，军机大臣奉旨：另有旨。钦此】此奉旨日期与内容，据录副及《军机处随手登记档》校补。

一一　增调陆师东渡片

光绪八年七月二十一日（1882 年 9 月 4 日）

再，臣于本月初八日驰奏援护朝鲜陆师拔队起程暨附片请暂留鄂军四营各缘由，钦奉谕旨：将来如需添调援师，宋庆一军素称得力，堪以调往，着该督随时酌办等因。钦此。仰见圣明选将简兵，训示周至，曷胜钦服！现在李昰应业经就获，而其乱党皆宿卫之军，所居柱寻、利泰两村又皆与王京密迩，人数众多。吴长庆拨派各营，守护京城，分捕乱党，所部六营仅余两哨留驻南阳海口，其余已全数进扎王京内外。惟海口至京百数十里●1，其间逾山过江，颇多险要，中权后劲，均涉空虚，现兵不敷分布，兹准吴长庆咨请添调陆兵前来。

臣查李昰应既获，朝鲜戡乱之事有国王为政，虽渐可措手，而越境远讨，备预亦不可不严。大军后路尚虚，且登瀛洲兵船由南阳开行时，据称又见有日本来船一艘，添载陆兵赴朝，自应酌量增调，以期有备无患。宋庆一军多百战之将，诚为劲旅。

惟目前朝鲜事势，但须与吴长庆各营稍助声势。宋庆所部人数较多，似可暂缓调往。记名总兵黄金志所统天津练军枪械精利，操练整齐，臣已饬调三营，令黄金志统带，乘坐招商局轮船，即日东渡，仍听吴长庆节制调遣。俟李鸿章到津，察看情形，如须添调重兵，再令宋庆一军前往，以资得力。谨附片陈明，伏乞圣鉴。谨奏。

光绪八年七月二十三日，军机大臣奉旨：另有旨。钦此●3。

【案】此奏原件查无下落，录副②现藏于台北"故宫博物院"，兹

---

① 中国第一历史档案馆藏：《军机处随手登记档》，档案编号：03 - 0235 - 3 - 1208 - 192。
② 台北"故宫博物院"藏：《军机及宫中档》，文献编号：124552。

据校补。再，刊本无具奏日期，兹据录副校补。

1.【百数十里】刊本夺"百"，兹据录副校补。

2.【光绪八年七月二十三日，军机大臣奉旨：另有旨。钦此】此奉旨日期与内容，据录副及《军机处随手登记档》① 校补。

【案】是日之折片均于光绪八年七月二十三日得旨，《清实录》载曰：

> 又谕：张树声奏，获致朝鲜乱首李昰应，暨添调练军东渡各折片。吴长庆等统领官军，驰至朝鲜国都，将李昰应获致，现已解送到津。此次援护朝鲜，张树声督饬吴长庆等迅赴事机，获致乱首，俾该国王得以复其政权，徐图善后之策，办理深合机宜，殊堪嘉尚！着将李昰应暂行妥为安置，俟李鸿章到津后，会同张树声，向李昰应究出该国变乱缘由及著名乱党，详细具奏，候旨遵行。吴长庆现派队伍围攻枉寻、利泰两村，着饬令该提督稳慎进攻，将乱党渠首迅速捕除，一面妥筹防范，镇定人心，以安反侧。所有出力文武员弁，俟事竣后，准其择尤保奏。吴长庆所统各营不敷分布，现已添调总兵黄金志带队前往，将来应否添调重兵，着李鸿章等随时体察情形，酌量办理。将此各谕令知之。②

一二　交卸通商篆务吁恳先开本缺折

光绪八年七月二十七日（1882年9月9日）

署理直隶总督两广总督臣张树声跪●¹奏，为恭报交卸通商篆务日期，吁恳先开两广总督本缺，披沥陈情●²，仰祈圣鉴事。

窃前因李鸿章奉旨给假回籍省视，命臣署理直隶总督兼办通商事务。比以朝鲜内乱，仰蒙谕令李鸿章迅速北来。李鸿章昨抵天津，遵旨署理北洋通商事务，定于本月二十七日接篆。臣即于是日饬派天津府知府宜霖、署天津镇标中军游击韩廷贵，将钦差大臣关防一颗并文卷各项赍送李鸿章接收任事。而微臣私衷所积，亦有不得不沥陈于圣主之前者。

臣本凡材，壮岁遭时多故，投笔荷戈，蒙天地生成之德，录及微劳，荐蹋疆圻，叨窃已甚。俯念学识才智，百不如人，区区致身之义，惟恃年

---

①　中国第一历史档案馆藏：《军机处随手登记档》，档案编号：03-0235-3-1208-192。

②　《德宗景皇帝实录（三）》，卷一百四十九，光绪八年七月，第114页。

力尚强，犹可黾勉应事。识不远而勤于虑，才不逮而益其劳。图报未竭于涓埃，心气实因之亏耗。五十以后，渐觉其衰。近年一抚广西，再忝两广，边疆多事，炎湿交侵，任重力微，愈形竭蹶，曾于光绪六年七月覆奏广东海防折内陈明精力已敝情形。本年三月，钦奉恩命，权督直隶，又于恭谢天恩折内缕陈衰状，请迅简重臣接任，以支大局。凡此下悃，久达圣聪。

自来天津，时逾三月，脾胃积弱，谷食减少，泄泻凝滞，循环无已，遇事不能思索，入夜不能成寐。视在岭南，又加甚焉。五月间，前任湖北抚臣潘霨①服阙入都，路出津门，为臣诊治，亦言臣劳乏内伤，非可猝愈。徒以忝权重寄，中外纷乘，未敢请假一日，致滋旷误。历览史册所载，黄发元老，未必康强纯固，虽髦不衰，此皆天所笃生，为时藩辅大抵代不数人。如臣年甫几六十，蒲柳早衰，即不宜托报国之虚词，蹈持禄之隐疾。

本拟俟李鸿章假满来津即行竭诚吁请，今李鸿章已回镇北洋，朝鲜乱事亦渐就敉平，特是水陆官军尚未凯撤，究捕乱党尚未蒇事，此次出师本末，臣又秉承庙谟，略知梗概，陈力就列，虽念明训奉身，乞退犹有未安，一息尚存，当尽犬马之力。惟两广为南服岩疆，未便虚玷，仰恳圣明俯鉴愚诚，先行开去臣两广总督本缺。臣当暂摄直督，殚虑专心，为李鸿章万一之助，一俟朝鲜大定，千里黄图，未宜卧治，即当仰乞天恩放归田里，调治病躯，并请另简贤能来直接任，俾不至以衰惫之余增丛脞之咎。感戴鸿慈，不胜激切屏营之至！

所有微臣交卸通商篆务日期，并吁恳先开两广总督本缺缘由，谨恭折披沥具陈，伏乞皇太后、皇上圣鉴，训示。谨奏。光绪八年七月二十七日●3。

光绪八年八月初一日，军机大臣奉旨：张树声前在两广总督任内办事实心，力求整顿，自调署任以来，办理一切，亦合机宜，朝廷正资倚任，所请着毋庸议。钦此●4。

---

① 潘霨（1816—1894），字蔚如，号韡园，江苏吴县人。咸丰二年（1852），由监生捐纳顺天西路司狱。五年（1855），补天津县知县。十年（1860），升昌平州知州。十一年（1861），晋天津府知府。同治元年（1862），迁山东登莱青道兼东海关监督。三年（1864），加盐运使衔。六年（1867），晋按察使衔。七年（1868），补授浙江盐运使，加布政使衔。同年，调补山东盐运使兼署山东按察使。八年（1869），升补福建按察使。九年（1870），补授福建布政使。光绪三年（1877），调补湖北布政使。四年（1878），擢湖北巡抚。八年（1882），调补江西巡抚。十一年（1885），署理贵州巡抚。十二年（1886），补授贵州巡抚。十七年（1891），离职回乡。二十年（1894），卒于籍。著有《东瀛随笔》，刊刻《禅园医学六种》《洗冤录详义》等行世。

　　【案】此奏原件查无下落，录副①现藏于中国第一历史档案馆，兹据校正。

　　1.【署理直隶总督两广总督臣张树声跪】刊本无此前衔，兹据录副补。

　　2.【陈情】刊本作"陈请"，兹据录副校正。

　　3.【光绪八年七月二十七日】刊本无具奏日期，兹据录副及《军机处随手登记档》② 校补。

　　4.【光绪八年八月初一日，军机大臣奉旨：……钦此】此奉旨日期与内容，据录副校补。

一三　奏报自津起程赴省日期折

光绪八年八月二十四日（1882 年 10 月 5 日）

　　署直隶总督两广总督臣张树声跪●1奏，为恭报微臣自津起程赴省日期，恭折仰祈圣鉴事。

　　窃臣于七月二十七日奏报交卸通商篆务日期●2，吁恳先开两广总督本缺，钦奉温伦不责旷官之咎，顾蒙褒勉之加，感激涕零，五内惶悚！

　　伏念臣历官南北廿有余年，未尝以疾病之故乞一日之假，诚以一介书生起自寒素，渥被殊知，分当殚竭驽钝，冀答涓埃，但使精力能支，义不可苟求安逸。比因衰病日甚，俯念久承重寄，必致溺职辜恩，是以沥陈下悃，仰荷训词之深厚，顾惟时局之艰难，臣虽捐糜顶踵，亦不足以上报生成，又何敢固执初衷，频烦天听！现在朝鲜国事业经大定，善后事宜已由李鸿章次第筹办，臣即于本月二十四日由天津起程，前赴省垣，暂行力疾治事。一面赶紧调理，如能渐臻痊愈，必当竭力支持，以仰副圣主覆帱裁成之至意！

　　所有微臣由津赴省日期，谨缮折具陈，伏乞皇太后、皇上圣鉴。谨奏。光绪八年八月二十四日●3。

　　光绪八年九月初一日，军机大臣奉旨：知道了。钦此。●4

　　【案】此奏原件查无下落，录副现现藏于中国第一历史档案馆，

---

　　①　中国第一历史档案馆藏：《军机录副》，档案编号：03－5168－016。
　　②　中国第一历史档案馆藏：《军机处随手登记档》，档案编号：03－0235－3－1208－200。

兹据校正。

1.【署直隶总督两广总督臣张树声跪】刊本无此前衔，兹据录副补。

2.【日期】刊本夺"日期"，兹据录副校补。

3.【光绪八年八月二十四日】刊本无具奏日期，兹据录副及《军机处随手登记档》校补。

4.【光绪八年九月初一日，军机大臣奉旨：知道了。钦此】此奉旨日期与内容，据录副校补。

一四　吁恳收回成命折

光绪八年九月初五日（1882 年 10 月 16 日）

署直隶总督两广总督臣张树声跪●1奏，为恭谢天恩，并沥陈下悃，吁恳收回成命，恭折仰祈圣鉴事。

窃臣恭阅邸抄：光绪八年九月初一日，奉上谕：此次朝鲜乱军生变，张树声相机调度，督率有方，着赏加太子少保衔等因●2。钦此。臣当即恭设香案，望阙叩头谢恩，感悚之余，弥深踧踖！伏念朝鲜为东北屏翰，数百年来，恪修贡职。此次仓卒内讧，局势艰危，岌岌不可终日。警报初至，臣管窥蠡测，虽知国家定乱扶危，义无所谢，而自揣庸下，素无经远之略，重以疾病侵寻，决策运筹，惧非所任。仰蒙圣谟广运，制胜千里，总理各国事务衙门王大臣发虑出谋又至详且尽，臣始得秉承奉行，竭蹶从事。

至调度迅速，由于电报之灵通；横海济师，由于轮船之得力；应变赴机，擒渠获丑，由于水陆将士之用命。此皆李鸿章规画有素，用能取效临时，臣窃自维实无微劳足录。况臣以一介寒素，仰荷朝廷不次拔擢，叨窃非分，常惧才不称位，望不餍时，将不免陨越于下，上负生成高厚之恩，何敢复蒙上赏，重速罪戾！自天闻命，夙夜难安，惟有吁恳圣明将赏加宫衔之处收回成命，俾臣得稍宽负乘之讥，勉竭涓埃之报。区区愚诚，伏求俯纳！

所有微臣叩谢天恩并恳收回成命下情，谨缮折披沥具奏，伏乞皇太后、皇上圣鉴，训示。谨奏。光绪八年九月初五日●3。

光绪八年九月初八日，军机大臣奉旨：览奏，已悉。张树声此次调度有方，朝廷论功行赏，一秉至公，该督其毋固辞。钦此●4。

【案】此奏原件、录副现查无下落，兹据《军机处随手登记档》①校补。

1.【署直隶总督两广总督臣张树声跪】刊本无此前衔，兹据推补。

2.【案】此谕旨多有节略，兹据《清实录》校补如下：

谕内阁：李鸿章、张树声奏，查明援护朝鲜出力员弁，遵旨拟奖，开单呈览，并陈明吴长庆等功绩各折片。此次朝鲜乱军生变，张树声先后奏派提督吴长庆等率师东渡。并特召李鸿章前赴天津，会同查办。旬日之间，该国乱党悉平，局势大定，办理甚为妥速。李鸿章创练水师，深资得力，着交部从优议叙。张树声相机调度，督率有方，着赏加太子少保衔。提督吴长庆统带所部，会同提督丁汝昌、道员马建忠，迅赴事机，克期定乱，吴长庆着赏给三等轻车都尉，丁汝昌着赏穿黄马褂，马建忠着赏戴花翎，以海关道员用，交军机处记名。②

3.【光绪八年九月初五日】刊本无具奏日期，兹据《军机处随手登记档》同批折件校补。

4.【光绪八年九月初八日，军机大臣奉旨：览奏，已悉。张树声……钦此】此奉旨日期与内容，据《军机处随手登记档》校补。

一五　恭谢天恩折

光绪八年九月十三日（1882 年 10 月 24 日）

太子少保署直隶总督两广总督臣张树声跪●1奏，为恭谢天恩，仰祈圣鉴事。

窃于光绪八年九月初十日差弁赍回臣前奏吁恳收回成命原折，后开军机大臣奉旨：览奏，已悉。张树声此次调度有方，朝廷论功行赏，一秉至公，该督其毋固辞等因。钦此。臣自顾何人，仰邀褒宠，跪诵之下，感悚莫名！

---

① 中国第一历史档案馆藏：《军机处随手登记档》，档案编号：03 - 0235 - 3 - 1208 - 237。
② 《德宗景皇帝实录（三）》，卷一百五十一，光绪八年九月上，第 133 页。

伏念臣比因事会，叨忝恩施，本无微效之可言，过受殊荣而益惧。复蒙温谕，无许再辞。奉臣职以周旋，曾何裨于万一！懔天威于咫尺，不敢渎以再三。进退难安，悚惶倍切！虽圣主酬庸之被，初不遗于坠露轻尘；而微臣循分以思，愈自惕于高天厚地。臣惟有勉勤职守，殚竭愚诚，广忠益之求，期策驰驱于驽钝；矢涓埃之志，冀答覆帱之鸿慈。

所有微臣感悚下忱，谨缮折叩谢天恩，伏乞皇太后、皇上圣鉴。谨奏。光绪八年九月十三日●²。

光绪八年九月十六日，军机大臣奉旨：知道了，钦此●³。

【案】此奏原件查无下落，录副①现藏于中国第一历史档案馆，兹据校补。

1.【太子少保署直隶总督两广总督臣张树声跪】刊本无此前衔，兹据录副补。

2.【光绪八年九月十三日】刊本无具奏日期，兹据录副及《军机处随手登记档》② 校补。

3.【光绪八年九月十六日，军机大臣奉旨：知道了。钦此】此奉旨日期与内容，据录副校补。

一六　恭谢天恩折

光绪八年九月二十五日（1882 年 11 月 5 日）

太子少保署理直隶总督两广总督臣张树声跪●¹奏，为恭谢天恩，仰祈圣鉴事。

窃臣接阅本年壬午科顺天乡试全录，得悉臣子户部候补员外郎附贡生张华奎中式一百七名举人，谨即恭设香案，望阙叩头谢恩。

伏念臣仍世胶庠，起家疆场，遭逢景运，超越常资，过被殊恩，已逾素分。窃惟司徒选士，三物先乡，建武勋臣，一经授业，缅怀古义，尤愧昔贤。

臣子华奎早沐芹香，未工蒲缉。因从公于南省，就呈艺于北闱，何期驽钝之凡才，忝预鹿鸣之巨典！谢华启秀，曾无报国之文章；自叶流根，

---

① 中国第一历史档案馆藏：《军机录副》，档案编号：03 - 5169 - 044。

② 中国第一历史档案馆藏：《军机处随手登记档》，档案编号：03 - 0235 - 3 - 1208 - 245。

悉本戴天之雨露！臣惟有勉训臣子，读书稽古，砥行修名，体忠信而履谦恭，不徒为仕路阶梯之藉；先器识而后文艺，冀无负圣朝教养之宏。

所有微臣感激下忱，谨缮折叩谢天恩，伏乞皇太后、皇上圣鉴。谨奏。光绪八年九月二十五日^{●2}。

光绪八年九月二十八日，军机大臣奉旨：知道了。钦此^{●3}。

【案】此奏原件查无下落，录副①现藏于中国第一历史档案馆，兹据校补。

1.【太子少保署理直隶总督两广总督臣张树声跪】刊本无此前衔，兹据录副补。

2.【光绪八年九月二十五日】刊本无具奏日期，兹据录副及《军机处随手登记档》② 校补。

3.【光绪八年九月二十八日，军机大臣奉旨：知道了。钦此】此奉旨日期与内容，据录副校补。

一七　越界私垦查无实据藉端隐射势难照办折

光绪八年十月二十日（1882 年 11 月 30 日）

大学士署理北洋通商事务一等伯臣李鸿章、太子少保署理直隶总督两广总督臣张树声跪^{●1}奏，为直隶原办口外张、独、多三厅升科地亩，察哈尔都统所奏越界私垦③，查无实据，该都统欲藉端隐射，新开游牧草地，势难照办，恭折仰祈圣鉴事。

窃本年六月初间准察哈尔都统谦禧④来咨：口外官荒牧厂，直隶前经

---

① 中国第一历史档案馆藏：《军机录副》，档案编号：03 - 7185 - 039。
② 中国第一历史档案馆藏：《军机处随手登记档》，档案编号：03 - 0235 - 3 - 1208 - 258。
③ 详见光绪八年五月十三日察哈尔都统谦禧等以直属毗连口外官荒牧厂，奏请派员会办缘由（台北"故宫博物院"藏：《军机及宫中档》，文献编号：123284）。
④ 谦禧（？—1890），又称宗室谦禧，爱新觉罗氏。咸丰五年（1855），充二等侍卫。同治元年（1862），升头等侍卫。二年（1863），加副都统衔。同年，封辅国将军。五年（1866），加头品顶戴。七年（1868），署理宁夏副都统。八年（1869），加奇成额巴图鲁勇号。十年（1871），补授宁夏副都统。十二年（1873），丁母忧。光绪七年（1881），擢察哈尔都统。九年（1883），署理青州副都统。十年（1884），署理热河都统。十六年（1890），卒于任。

查清地亩，近多越界私垦。该都统已奏请仍派口北道奎斌①等会同该衙门委官查勘，挖立壕堑。其新垦偷种之地，无碍游牧者，令其补交押荒，奉旨：清查地亩，自应分清界限，惟不得稍涉纷扰，着即知照张树声派员妥为办理等因●²。钦此。其时臣树声甫经到任，尚未深悉此案原办情形，当饬口北道奎斌督令印委确查妥办。

嗣臣鸿章抵津，详述从前办地商人及旗蒙各员蠹国害民积弊，自户部奏请改归官办，由直酌定章程，奏派该道奎斌督率印委实力清理。凡系已开王公马厂，即指明界限，取有旗员无碍游牧甘结，分别征收押荒，给照升科。其有零星未垦荒地，在界限之内者，饬厅随时招佃劝垦，已于本年二月奏结声明，此外游牧地方蒙民勾串私垦，应由都统查明已垦之地若干，是否无碍游牧，知会直隶，照章饬交地方官勘办，分别升科。惟蒙古以游牧为根本，诚恐开辟日广，转碍生计，嗣后宜划清界限，禁止蒙民私相放垦，奉旨：此外游牧地方有无已垦之地，着谦禧查明，知会该督办理。嗣后划清界限，不准私相放垦，以符定制等因，咨行钦遵在案。

此次积弊悉除，固由奎斌等办理得法，亦赖前任都统祥亨②律己清廉，约束认真，不使旗、蒙各员索扰，遂得相与有成。至已升科各地，本拟一律深挖壕堑。惟据该道奎斌禀称，共计六百数十里，合长至十数万千丈之多。壕堑需费甚巨，官力、民力皆有不逮，是以择要分段刨挖二万五千数百丈。其余旧有壕堑虽不宽深，均有界址可循，只要旗、蒙各员不再故

---

① 奎斌（1821—1893），字乐山，蒙古镶白旗人，杭阿坦氏，附生。道光二十四年（1844），充理藩院笔帖式。三十年（1850），署理藩院主事。咸丰三年（1853），补授理藩院主事。同年，补独石口管站司员。六年（1856），办理旗务。九年（1859），升理藩院员外郎，掌柔远司印。同年，充会试监试官。十年（1860），授热河乌兰哈达理事司员。同治元年（1862），掌司务厅、旗籍司印。五年（1866），补授理藩院郎中。六年（1867），充步军统领衙门兼办司员。八年（1869），迁直隶口北道。九年（1870），授张家口粮台总办。十二年（1873），加按察使衔。十三年（1874），晋布政使衔。光绪元年（1875），授普陀峪万年吉地监督。三年（1877），补授甘肃安肃道。六年（1880），办理张家口独石口多伦诺尔三厅开垦事宜。八年（1882），办理丰镇宁远二厅开垦事宜。同年，升授山西按察使。九年（1883），迁山西布政使。十年（1884），署理山西巡抚。十一年（1885），调补直隶布政使。十二年（1886），擢湖北巡抚。十三年（1887），署理湖广总督。十五年（1889），补授察哈尔都统。十七年（1891），调补热河都统。十九年（1893），卒于任。
② 祥亨（1832—1904），又称宗室祥亨，爱新觉罗氏。咸丰元年（1851），封奉恩将军。同治十年（1871），补正红旗汉军副都统。十三年（1874），署理镶蓝旗满洲副都统。光绪元年（1875），授右翼监督。同年，署镶红旗护军统领。二年（1876），历署右翼前锋统领、正白旗汉军副都统、镶蓝旗护军统领。同年，补授山海关副都统。五年（1879），擢察哈尔都统。七年（1881），拜荆州将军。二十六年（1900），充大阿哥清文谙达。三十年（1904），卒。

纵，不致侵占一步，否则贿串私越，相率填平，虽有深壕，亦不足恃。此原办口外地案之实情也。

旋据奎斌来禀，该道须遵旨赴山西丰、宁两县，督办地事。其张、独、多三厅升科地亩，究竟何处越界，应俟谦禧查覆，乃可会勘。盖已升科地亩共有十二处，分辖三厅，幅员辽阔，势难平空普查，徒滋纷扰。而谦禧则别存意见，屡与奎斌为难。且以奎斌请指何处越界为推诿，几欲奏参，经臣等迭饬奎斌和衷商办，该道亦顾全大局，于慎重公事之中仍存委曲求全之意。乃顷据该道来禀，实有窒碍难行者。据称谦禧饬传越界私垦之民人李燕、牛印，暨获送之刘宝、董琜等，均经张家口厅同知汪世金讯明各案部照种地，并饬该处千总赵魁元及委员候补知县丰泰、陈赞元详察，实无越界，取有各地乡保甘结。丰泰等往见谦禧，奉谕随同旗、蒙各员往勘，不论越界与否，但凭蒙员等所指之处，即行挖壕，令民开垦。丰泰等随会同牛羊群试署总管达米林札普、正白旗总管吹鲁普、独石口防守慰存，前往镶黄旗牛羊群红阁图草地。据达米林札普指称，此系空闲之地，约五六百余顷，查在白庙子滩壕界以外，与已升科之地无涉。

旋据民户任绍棠、魏力行等呈称：都统札委群总管，将坐落红阁图一带地四百余顷指交该民户等挖堆刨壕，承领开垦，令每亩凑垫地价等银二钱零。因地瘠价昂，呈恳●3照每亩一钱交纳押荒，以免负累等语。丰泰等访得此地系达米林札普承办，已收地价银四千五百两，兑在张家口上堡隆盛魁钱铺。又据都署委员声称：此外尚有镶黄旗三眼井、正白旗馒头山、仓梁地三处，约四千四五百顷。该道以谦禧不查游牧私垦之地，转以已升科之地仍有越界私垦入奏，今又不查越界，竟于原办地亩之外另放游牧草地，即使毫无弊窦，涓滴归公，已违"划清界限，不准私相放垦"之谕旨。况道路喧传，咸谓都署大放草地，营利之徒凑集地价，均谋包揽，骇人听闻。红阁图、三眼井等处如果实系空闲官荒，无碍游牧，何以上年办地之时该旗并不在前任都统处呈请勘办？且开办官荒，应奏明交地方官招民认垦，视地高下，征收押荒归公，何得违例私行收取地价？所收之价银不知归于何人？

伏查察哈尔八旗额兵八千余名，在张家口外星罗棋布，给与游牧之地，永垂足食之谋，使其拱卫京师，屏蔽直晋，定例游牧不准开垦，具有深意。近自道、咸年间，各王公厂地纷纷招商报垦，而察哈尔各员贪图其利，随将游牧官地私相授受，各旗蒙古日形苦累，是以臣鸿章前奏分别清查、禁止。乃谦禧反倡率开辟，居然官卖，现又续派蒙员数人分赴左、右两翼，名为查办私垦，恐亦议价售地。该道在口外又访得正黄旗已革章盖达克党罗索尔，久惯私开，同治年间并将游牧租给民人，复转典教堂，酿成群殴洋人之案，旋经参革。现又在该旗榆树窐私开地四五百顷，每亩价银四五钱不等，声言谦禧令其刨壕卖地。似此任意开广，漫无限制，必致蒙古无驻足之地，败坏边圉，莫此为甚。禀请臣等奏办前来。

臣等查核该道所禀，均系实情。直隶前办三厅王公马厂地亩，一切章程本属妥善，各员办理亦俱认真，押荒地租悉数归公，惟不便于希冀中饱之辈。至应查蒙民私垦之地，系指游牧地方旧有私垦者而言，该都统谦禧自应遵旨查明若干，如果无碍游牧，知会直隶勘办。其游牧草地应即划界，禁止放垦。乃以升科之地民户越界为词，率行渎奏。迨将其指出地户传讯及委员往查，均按部照种地，此外并不能指名何处越界，辄称不论越界与否，但凭蒙员等所指之处即行挖壕，令民开垦，足见意在新开游牧草地，藉端隐射。

据奎斌查出界外游牧地约五千顷，已指交民户任绍棠等四百余顷，公然收取地价，兑给钱铺。该民户等则以地值价昂具控。而章盖达克党罗索尔本系久惯营私滋事已经参革之员，今谦禧令其卖地，每亩收价至四五钱之多，殊属苦累农民，不顾蒙古根本。似此任意纷扰，非特不成政体，恐已升科地户亦将畏累抛荒，虚悬课额，自应据实奏办，拟请旨严饬该都统仍凛遵前谕，查明游牧地方旧有私垦之地若干，是否无碍游牧，知会直隶照章饬交地方官勘办。其有碍游牧地方，应即划清界限，不准私相放垦，以顾蒙古根本。所收地价若干，照数解交口北道，抵作押荒，庶免地户重出。其派出放地各员，迅速一律撤回，毋再任其纷扰。至直隶前办升科地亩，应仍照原定章程、界址办理，随时由旗民各官查察，严杜侵占，不得混称越界，妄议纷更。

臣等为绥靖蒙民起见，该三厅地亩本系臣鸿章一手饬办，事关地方利弊，民生休戚，未敢引嫌缄默，理合会同恭折具陈，是否有当？伏乞皇太后、皇上圣鉴，训示，施行。谨奏。光绪八年十月二十日●⁴。

光绪八年十月二十四日，军机大臣奉旨：另有旨。钦此●⁵。

【案】此奏原件、录副均查无下落，待考。再，刊本无具奏日期，随查光绪八年十月二十四日《军机处随手登记档》① 李鸿章、张树声折，亦未署具奏日期。然据张树声同批折件《八月分雨水粮价由》②

---

① 中国第一历史档案馆藏：《军机处随手登记档》，档案编号：03-0235-4-1208-283。
② 中国第一历史档案馆藏：《军机录副》，档案编号：03-6816-029。

可断，此折具奏日期当为"光绪八年十月二十日"无疑，兹据校补。

1.【大学士署理北洋通商事务一等伯臣李鸿章、太子少保署理直隶总督两广总督臣张树声跪】刊本无此前衔，兹据《军机处随手登记档》推补。

2.【案】此处有节略之处，兹据《清实录》补足如下：

癸卯，察哈尔都统谦禧奏，查明口外官荒牧厂尚有未尽事宜，请饬直隶派员会勘，设立壕堑，以杜侵占。得旨：清查地亩，自应分清界限，惟不得稍涉纷扰，着即知照张树声、张之洞，分别派员妥理。①

3.【呈恳】刊本误作"呈垦"，兹校正。

4.【光绪八年十月二十日】刊本无具奏日期，兹据《军机处随手登记档》校补。

5.【光绪八年十月二十四日，军机大臣奉旨：另有旨。钦此】此奉旨日期与内容，据《军机处随手登记档》校补。

【案】此案于是年十月二十四日得旨允行，并严饬谦禧遵照办理。廷寄曰：

军机大臣字寄：察哈尔都统谦：光绪八年十月二十四日，奉上谕：李鸿章、张树声奏，口外荒地，查无越界私垦，请饬照原定界址办理一折。据称张、独、多三厅升科地亩，前经办理勘查，立定界址，谦禧以该处近多越界，咨请派员会查。现经查明，该都统所奏越界私垦，并无实据。谦禧所派各员于红阁图、三眼井等处旗地，指交民户开垦，凑垫地价，意在新开游牧草地，藉端影射等语。该处游牧旧有私垦之地，前经谕令该都统查明，知会直隶办理，嗣后不准私相放垦，诚恐有碍蒙古游牧，谦禧自应遵照勘办。乃该都统竟于新开草地任令蒙员指地索价，种种弊端，纷扰不堪。似此不遵定章，是何意见？着即据实具奏，并着懔遵前旨，按照原定界址办理。所收地价，照数解交口北道，抵作押荒。派出各员，迅速一并撤回，倘再有纷扰情事，惟该都统是问！将此谕令知之。钦此。遵旨寄信前来。②

① 《德宗景皇帝实录（三）》，卷一百四十六，光绪八年五月，第69页。
② 中国第一历史档案馆编：《光绪朝上谕档》，第8册（光绪八年），广西师范大学出版社1996年版，第327—328页。又《德宗景皇帝实录（三）》，卷一百五十三，光绪八年十月，第166—167页。

一八　密陈都统假公济私片

光绪八年十月二十日（1882 年 11 月 30 日）

再，谦禧越界私垦之奏，本系假公济私，恐奎斌等不遂其欲，即假原委各员以办理草率之咎，欲纷纷调往，藉图挟制，又欲普调各民户原领部照，责令挖壕，当以原委之丰泰、陈赞元等均已派往，其余各员现有署缺、要差，势难远离，致误职守。民户甚众，若查出实有越界，该民户饰词狡赖，自可抽调部照，以资印证。如不论是非曲直，纷纷传佃追照，必致惊扰闾阎。至壕堑虽有令民刨挖之说，但须察看情形。今年口外被旱，民力拮据，尤难任此大役。

该都统又欲于兴和城及直晋交界另行设官分治。饬据奎斌查覆，其意在变更制度，搀越地方民政。况兴和城等处村落无多，设官无以为治，亦无经费，凡此各端皆窒碍难行者。乃坚执私心，不顾大局，竟将该署现在私卖游牧草地捏作前次升科之民户越界私垦，强奎斌以必从，实属悖谬。

据奎斌密禀，该都统自到任以来，唯利是图，内而驻防，外而蒙古，啧有烦言。今夏巡阅军政，物议沸腾，毫无顾忌。奎斌以口北道与都统交涉之件甚多，今因地案决裂，此后公事更难相处，因坚请开缺。臣等查该道器识沉毅，操守廉洁，熟谙该属及边外地利民情，正资表率，且有经手山西丰、宁两厅地亩事件，未便听其隐退，应仍责令认真经理一切。

至察哈尔为直隶辅车相依之区，谦禧所为如此，若久于其任，非特现在查地各节未必遵照办理，诚恐蒙民从此不能相安，边口亦将日益多事，于畿辅北面大局殊有关系，不得不据实密陈。伏候圣裁。谨奏。

光绪八年十月二十四日，归箍●¹。

【案】此奏原件、录副均查无下落，待考。再，刊本无具奏日期，随查光绪八年十月二十四日《军机处随手登记档》① 李鸿章、张树声折，亦未署具奏日期。然据张树声同批折件《八月分雨水粮价由》② 可断，此片具奏日期当为"光绪八年十月二十日"无疑，兹据校补。

1.【光绪八年十月二十四日，归箍】此日期与内容，据《军机处随手登记档》校补。

① 中国第一历史档案馆藏：《军机处随手登记档》，档案编号：03 - 0235 - 4 - 1208 - 283。
② 中国第一历史档案馆藏：《军机录副》，档案编号：03 - 6816 - 029。

一九　病势增剧再请开缺折

光绪八年十一月初十日（1882 年 12 月 19 日）

太子少保署理直隶总督两广总督臣张树声跪●¹奏，为微臣病势增剧，实难勉支，再吁天恩俯准开缺调治，以免贻误，恭折仰祈圣鉴事。

窃臣于本年八月间沥陈衰病情形，吁恳开缺，未奉恩俞。臣感激惶悚，罔知所措，当于奏报起程赴省日期折内声明暂行力疾治事，一面赶紧调理在案。

臣伏自念保定地气高爽，九秋之后，炎湿不侵，如医治有效，病体渐愈，则在犬马恋主之诚，本不忍恝然求去。况蒙褒勉裁成之厚，又何敢屡渎圣聪！乃两月以来，博求方剂，病证转多，脾胃积弱，谷食仍减，泄泻未除，消化尤滞。天时未至甚寒，业已畏风如虎，咳甚气逆，腰脊酸痛，彻夜不寐。虚火上炎，头目皆为震眩，当昼神思昏然。僚属白事，强力酬接，凡所商榷，时过辄忘；披阅文牍，稍涉思索，则方寸摇摇，不能自主。医者金言，心气太耗，脾肺过虚，若不及时静摄，后将益难补救。

臣以凡材过蒙殊遇，致身图报，无所顾惜，古人尽瘁之义，常为夙昔所期。今顾喋喋言病者，诚以疆吏缩地方数千里，精神疏密，休戚所关。当一室求医问药之时，皆万姓望治待理之日。昔汉臣汲黯守东海，多病卧阁，内而大治；宋臣富弼镇亳，常深居养疾，裁处众事。有黯、弼之名，德才望则可未有，无致治、处事之实，而徒效卧阁、深居者也。臣之庸劣，百不如人。往者惟藉殚精竭力，以冀稍效万一，上答生成。今衰病日甚，即区区精力亦无可恃，别无报国之具，只余溺职之愆。一旦陨越贻误，臣不足惜，而使地方受废弛之害，朝廷悔委任之非，臣罪愈难逭矣。世即需才，如臣碌碌，何足比数？徒以衰庸无似之身，滥居首善大邦之任，妨贤路而负殊恩。此尤臣清夜筹思，刻难自安者也。

本拟请假医调，顾惟受病已深，决非数月所能奏效，辗转焦虑，诸证日增，惟有吁恳圣慈俯准将两广总督本缺、直隶总督署缺一并开去，俾得回籍调治，并恳迅简重臣前来接任。臣起自军旅，回籍后倘沐再造之仁未即填于沟壑，如遇疆场有事，但能执殳负弩，必当出效前驱，断不敢自惜余生，上辜高厚！

所有微臣病势增剧，再行吁恳开缺缘由，谨沥血陈奏，伏乞皇太后、皇上圣鉴，训示，不胜激切屏营之至。谨奏。光绪八年十一月初十日●²。

光绪八年十一月十二日，军机大臣奉旨：张树声着赏假三个月，安心调理，毋庸开缺。钦此●3。

【案】此奏原件查无下落，录副①现藏于中国第一历史档案馆，兹据校补。

1.【太子少保署理直隶总督两广总督臣张树声跪】刊本无此前衔，兹据录副补。

2.【光绪八年十一月初十日】刊本无具奏日期，兹据录副及《军机处随手登记档》② 校补。

3.【光绪八年十一月十二日，军机大臣奉旨：张树声着赏假三个月，安心调理，毋庸开缺。钦此】此奉旨日期与内容，据录副校补。

二〇 叩谢天恩折

光绪八年十一月十四日（1882 年 12 月 23 日）

太子少保署理直隶总督两广总督臣张树声跪●1奏，为叩谢天恩，仰祈圣鉴事。

窃臣昨已病势增剧实难勉支，具疏吁恳开缺调治。兹于十一月十四日奉到批折，军机大臣奉旨：张树声着赏假三个月，安心调理，毋庸开缺。钦此。跪读之下，感悚交深！

臣渥受圣明特达之知，荐膺重任，未效涓埃，亦常勉绎致身之义，属以风疾久撄，精神衰耗，深恐贻误地方，臣罪愈重，是以一再陈请，吁求开缺。乃荷鸿慈矜恤，宽予假期。臣自顾何人，获蒙殊眷！惟有广求医药，加意调理，倘承覆帱之仁，稍已沉痼之患，但能竭力勉支，即当销假照常办公，以期仰答高厚生成于万一！现在臣衙门日行公事，暂委藩司崧骏③代拆

① 中国第一历史档案馆藏：《军机录副》，档案编号：03-5171-050。
② 中国第一历史档案馆藏：《军机处随手登记档》，档案编号：03-0235-4-1208-300。
③ 崧骏（1832—1893），字雪帆，号振青，满洲镶蓝旗官学生，瓜尔佳氏。咸丰七年（1857），捐兵部九品笔帖式。九年（1859），中式举人，充兵部七品笔帖式。同治二年（1863），补兵部主事。三年（1864），升兵部员外郎。五年（1866），兼理茶库员外郎。六年（1867），晋兵部郎中。同年，放广东高州府知府。九年（1870），调补山东济南府知府。十年（1871），补授山东沂州府知府。光绪元年（1875），迁山东督粮道，加盐运使衔。五年（1879），补授广西按察使。七年（1881），升补直隶布政使。十一年（1885），擢漕运总督。十二年（1886），补授江苏巡抚。十四年（1888），调补浙江巡抚。十五年（1889），兼署浙江提督。十九年（1893），卒于任。

代行。其紧要事件，臣仍当力疾筹办，断不敢藉病偷安。

所有微臣感激下忱，谨缮折专差具奏，叩谢天恩，伏乞皇太后、皇上圣鉴。谨奏。光绪八年十一月十四日●²。

光绪八年十一月十九日，军机大臣奉旨：张树声着赏假三个月，安心调理，毋庸开缺。钦此●³。

【案】此折原件、录副查无下落，待考。再，刊本无具奏日期，兹查光绪八年十一月十九日《军机处随手登记档》①张树声折，据同批折件可断，此折具奏日期当为"光绪八年十一月十四日"无疑，兹据校补。

1.【太子少保署理直隶总督两广总督臣张树声跪】刊本无此前衔，兹据前后折件推补。

2.【光绪八年十一月十四日】刊本无具奏日期，兹据录副及《军机处随手登记档》②校补。

3.【光绪八年十一月十九日，军机大臣奉旨：张树声着赏假三个月，安心调理，毋庸开缺。钦此】此奉旨日期与内容，据录副校补。

二一 禁垦官淀投献公府奏请查办折

光绪八年十二月初八日（1883 年 1 月 16 日）

太子少保署理直隶总督两广总督臣张树声跪●¹奏，为安州禁垦官淀突有奸民涉计投献公府，派员前来勘丈，招佃收租，显违定制，应请查办，恭折仰祈圣鉴事。

窃据署安州知府严祖望禀称：本年八月间，有三等护卫萨彬，赍投京中质亲王府奉恩镇国公溥泰公文至州。查公文内开：民人王福祥、路通、焦元纪、张金谋、王得利等赴府呈称：州属端村镇辛家庄左近有涠出淀地四十八顷，向由清河道叶伯英③于水小之年计亩征租。今叶伯英

---

① 中国第一历史档案馆藏：《军机处随手登记档》，档案编号：03-0235-4-1208-307。

② 中国第一历史档案馆藏：《军机处随手登记档》，档案编号：03-0235-4-1208-300。

③ 叶伯英（1825—1888），字孟侯，号冠卿，安徽怀宁县人，附贡生。咸丰六年（1856），捐户部主事。八年（1858），捐户部员外郎衔。十年（1860），赏戴花翎。同治元年（1862），捐甘肃试用知府。四年（1865），加按察使衔。十一年（1872），署直隶清河道。实授斯缺。光绪元年（1875），晋布政使衔。四年（1878），署直隶按察使。七年（1881），补陕西按察使。八年（1882），署陕西布政使。九年（1883），迁陕西藩司。同年，护理陕西巡抚。十二年（1886），擢陕西巡抚。十四年（1888），卒于任。著有《耕经堂年谱》《文庙礼乐录》等行世。

升任赴陕，无处纳租，愿将此地呈交公府，该公遂援带地投充之案，准由府中征租，声明先行咨明户部立案，续将征租情形奏闻，并出示晓谕等情。

该州正在查办间，萨彬旋即回京。续于十一月十四日，又据萨彬赍投该府公文并顷亩、佃名租册至州。查公文内开：此地前因禾稼归仓，地亩又多水漫，将去人唤回。兹淀冰冻结，该公复遣人前来，带同王福祥等计亩清查，招人认种，晓谕该处人民投递佃名，令该州派役照料会勘。并云叶伯英征租旧册，上等地则收至六千之多，未免任意重敛，该公拟将租数大加核减等情。该州告以此地关系水道，久已禁垦，且未奉各衙门札文，不能办理。乃萨彬带领多人，大张告示，前往辛家庄一带丈地，州民疑惧，必致骚扰滋事，贻害无穷，请核示等情。

臣查民人带地赴王公处投充，系指该民人自有之地而言，且系远年成案，断无禁垦官淀可任便投献之理。此事核与定例、成案均相悖谬，当经批饬司道派员前往，速传护卫萨彬及拿王福祥等来省，交保定府查讯详办。一面晓谕州民照常安业，不得妄听浮言生衅。兹据保定府知府恭钧禀称：王得利系王福祥之弟，查已病故。路通、焦元纪闻信逃逸。其萨彬、王福祥、张金谋，由司道委员知府格洪额分别传解至省。

该府查得安州境内西淀即白洋淀，界连任丘、高阳，为上游潴龙等河汇归潴蓄之区。咸丰十一年，偶因天时干旱，淀水渐涸，淤有滩地，遂有赵象贤等认垦领照。旋因杨连山等争垦，迭次省控、部控，缠讼不休。同治七年，该前升府恩福[①]以民间只顾小利，互相垦种，势必水无所归，泛滥为害，且纷纷滋讼，亦非利民经久之道，请将淀地无论已垦、未垦，一概查禁。已给照者追缴，再有报垦者，随时查究，不予准理，详由前督臣

---

① 恩福（1819—1883），满洲正红旗人，富察氏，监生。道光中，捐纳笔帖式，充户部行走。二十五年（1845），补户部笔帖式。二十九年（1849），升主事。咸丰元年（1851），授员外郎。三年（1853），充内仓监督。五年（1855），补银库员外郎。六年（1856），简浙江宁波府知府。同年，补严州府知府。同治二年（1863），调补直隶保定府知府，加道衔。三年（1864），加盐运使衔，调补天津府知府。六年（1867），补授直隶保定府知府。十年（1871），迁直隶大顺广道。十一年（1872），署理长芦盐运使。光绪二年（1876），授奉天驿巡道。同年，迁奉天府府尹。五年（1879），升盛京户部侍郎。七年（1881），署理盛京将军。八年（1882），补户部右侍郎兼管钱法堂事务。同年，补授正蓝旗汉军副都统。九年（1883），擢热河都统。同年，卒于任。

官文①咨会户部核覆照办。

同治十二年，有高阳县绅士礼部郎中孟传金呈请领种淀地，并于光绪二年据赵象贤等复请领种淀地，均已驳饬不准。嗣因该淀自生苇草，经升任清河道叶伯英饬州收割，作为河工之用。上年，有州民于淀边私种涉讼，又经现任清河道史克宽②委员查办，暂将现种地亩收租充公，仍将有碍河流淀地申明严禁在案，并无叶伯英计亩征租并上则收至六千文案据。当提王福祥、张金谋讯问，据王福祥供，系安州人，伊知淀地有碍河流，早已查禁，因伊弟王得利曾经私种稻禾，被人割去，遂起意商允王得利并高阳县人路通、焦元纪，将淀地投献公府收租，求充庄头，藉势压众，于五月间同赴京城，托张金谋引荐门路，许其并充庄头。张金谋带领伊等往找在京之容城县人李静远商量。李静远声言，必须捏造四至、顷亩地册，方能投献。伊等回州，约略计算四至、顷亩，随口混编佃名、亩数、租数，复至京告知李静远，捏造地册，作为前清河道叶伯英征租旧册，赴溥泰公府投献。溥泰先未允准，经李静远转求孟传金赴府说合，派护卫萨彬并孟传金之侄孟广志带同伊等来州勘地，招佃认租等语。

张金谋供，系高阳县人，余与王福祥所供相同。据萨彬供称，该员系镶蓝旗满洲质亲王府袭次奉恩镇国公溥泰门下三等护卫。王福祥等投献淀地，溥泰先未允准。嗣因孟传金往言可办，并云其侄孟广志深悉情形。溥泰信以为实，遂派该员赍文赴州，并给谕孟广志同往勘地收租。先因水势甚大，旋即回京。十一月间，又奉派赍文前来，张贴告示，查勘丈量。至

---

① 官文，即王家官文（1798—1871），字秀峰，满洲正白旗拜唐阿，初隶内务府汉军正白旗。道光元年（1821），充蓝翎侍卫。六年（1826），升三等侍卫。十二年（1832），拔侍卫副班领。十八年（1838），补二等侍卫班领。同年，迁头等侍卫。二十年（1840），兼管养狗处养狗使。二十一年（1841），补广州汉军副都统。二十七年（1847），调荆州左翼副都统。咸丰四年（1854），授荆州将军。五年（1855），授钦差大臣，补湖广总督。八年（1858），兼署湖北巡抚，加太子少保。是年，擢协办大学士。十年（1860），晋大学士。十一年（1861），授文渊阁大学士，晋太子太保。同治元年（1862），升文华殿大学士。三年（1864），封一等伯。四年（1865），加封一等果威伯。六年（1867），任正白旗蒙古都统，兼署镶白旗蒙古都统、正蓝旗满洲都统，充稽察坛庙大臣、玉牒馆总裁。同年，调直隶总督，兼署长芦盐政。八年（1869），调三库大臣，转内大臣。九年（1870），授崇文门正监督。同年，充阅兵大臣。十年（1871），卒于任。赠太保，谥文恭。

② 史克宽（？—1892），字生原，号松园，安徽省六安直隶州（今安徽省六安市）人。咸丰中，与兄克谐办乡团，以国子监典簿保知县。同治初，随刘铭传剿捻，以军功擢知府。光绪元年（1875），保道员，嗣补直隶清河道。十年（1884），被劾夺职。十八年（1892），卒于里。

王福祥等所呈原册，现未带来等语，由该府恭钧具禀，并据藩司崧骏等详请奏明，提京审办前来。

臣恭查乾隆三十七年●2六月钦奉高宗纯皇帝谕曰：淀泊利在宽深，其旁间有淤地，不过水小时偶然涸出，水至则当让之于水，方足以畅荡漾而资潴蓄，非若江海沙洲东坍西涨，听民循例报垦者可比。乃濒水愚民惟贪淤地之肥润，占垦效尤，所占之地日益增，则蓄水之区日益减。每逢潦涨，水无所容●3，甚至漫溢为患。在闾阎获利有限，而于河务关系匪轻，嗣后毋许复行占耕，违者治罪等因●4。钦此。安州西淀即白洋淀，为上游各河汇归潴蓄之区，关系畿南附省各属，水道通塞，民生利病，虽间有淤出之地，不过数顷，并无四十八顷之多。且涨涸不常，变迁靡定，若准垦种，无裨赋课，徒害河流，是以迭次禁垦，本系钦遵圣谕办理。乃附近绅民只图小利，不顾大局，屡欲报垦，或乘间私种。今王福祥等竟以官淀捏造顷亩租册，设计投献公府，并欲全淀垦种，任水泛滥为害；又捏造每亩六千文之重则，妄冀充当庄头，从中渔取厚利，实属胆玩不法。此等奸民，深堪痛恨。

定例：军民人等将争竞不明田地蒙混投献王府及内外官豪势要之家，应发边远充军，受献家长及管庄人亦应分别参究治罪。又查乾隆四十八年六月，正蓝旗都统奏奉恩辅国公差家人许鸣持谕往静海县私收马厂地租一案①，恭奉高宗纯皇帝饬交王大臣等审拟，并蒙谕曰：直隶总督于旗民交涉事件最多，必须秉公持正，不避嫌怨，方为无负委任。嗣后遇王公大臣等有因地亩一切事件与地方官交涉者，若不由户部及本旗行文，竟敢私自差人持谕前往，无论其事之是非曲直，该督即行据实一面奏闻，一面办理，毋得稍存瞻顾，自甘咎戾等因。钦此。

今此案饬查直隶各衙门，均未接准户部及本旗来文。溥泰既系公爵，当知禁令，何以于王福祥等投献之后，辄听孟传金可办之言，率行受献，私札安州，并发告示、谕帖，派员前来勘丈，招佃收租，以致州民疑惧，几酿事端？孟传金系礼部郎中，前此赴州呈垦淀地，业经申明禁垦之案驳饬不准，何以遽赴公府说合，声言可办，并令其侄国子监肄业生孟广志同来？均堪诧异。查阅札文、告示、谕帖，皆钤用镶蓝旗佐领图记，究竟护卫萨彬及王福祥等所供是否尽实？该护卫果否溥泰所派？有无假冒情弊？

① 详见乾隆四十八年六月初四日至六月二十一日署直隶布政使按察使伊桑阿奏报恩国公弘曧差家人许鸣持谕至静海县查收马厂地亩一案及审办情形各折片（台北"故宫博物院"藏：《军机及宫中档》，文献编号：403045060、032926、032932、032974、032979、032981、033031）。

溥泰札州文内所言咨明户部立案，有无其事？自应据实奏请查办，以期水落石出。相应请旨饬下宗人府、户部、镶蓝旗满洲都统，迅速详确查明办理。案关牵涉公爵、部员，并请提京审办。

所有该州送到溥泰原文两件、册一件，又追出原给孟广志谕帖一件，又在该州揭取萨彬张贴溥泰原告示一张，即由臣咨送户部会同各衙门查核。其王福祥、张金谋二名，已饬保定府发县锁禁，并将萨彬在店看守候示。在逃之路通、焦元纪并供出之孟广志，仍饬该州及原籍高阳县分别拘传务获。

至安州淀地，应仍照案饬令禁垦，以畅河流而免争端。谨恭折具陈，伏乞皇太后、皇上圣鉴，训示，施行。谨奏。光绪八年十二月初八日●5。

光绪八年十二月十一日，军机大臣奉旨：另有旨。钦此●6。

　　【案】此奏原件查无下落，录副①现藏于中国第一历史档案馆，兹据校补。

　　1.【太子少保署理直隶总督两广总督臣张树声跪】刊本无此前衔，兹据录副补。

　　2.【查乾隆三十七年】刊本误作"乾隆二十七年"，兹据录副及《清实录》②校正。

　　3.【水无所容】录副作"水无可容"。查《清实录》，同刊本，确。

　　4.【案】此谕旨多有节略，兹据《清实录》补足，以资参考：

　　壬午，又谕曰：裘曰修奏，验收永定河工程一折，并陈近水居民与水争地之弊。据称淀泊本所以潴水，乃水退一尺，则占耕一尺，既报升科，即呈请筑埝，有司见不及远，以为粮地自当防护，堤埝直插水中，被淹更甚，请饬所司于一切淀泊毋许报垦升科，并不得横加堤埝等语。所见甚是！淀泊利在宽深，其旁间有淤地，不过水小时偶然涸出，水至仍当让之于水，方足以畅荡漾而资潴蓄，非若江海沙洲东坍西涨听民循例报垦者可比。乃濒水愚民，惟贪淤地之肥润，占垦效尤，不知所占之地日益增，则蓄水之区日益减，每遇潦涨，水无所容，甚至漫溢为患，在闾阎获利有限，而于河务关系非轻，其利害大小较然可见，是以屡经降旨饬谕，冀有司实力办理。今裘曰修既有此

---

　　① 中国第一历史档案馆藏：《军机录副》，档案编号：03-6207-058。

　　② 《高宗纯皇帝实录（一二）》，卷九百十一，乾隆三十七年六月下，第195页。

奏，是地方前此奉行不过具文塞责，且不独直隶为然也。即浙江之西湖葑地，居民占者亦多，向日虽曾申禁，恐与直隶之玩忽大略相同。而他省滨临河湖地面，类此者谅亦不少。此等占垦升科之地，一望可知，存其已往，杜其将来，无难力为防遏，何漫不经意若此？着通谕各督抚，凡有此等濒水地面，除已垦者姑免追禁外，嗣后务须明切晓谕，毋许复行占耕，违者治罪。若仍不实心经理，一经发觉，惟该督抚是问！①

5.【光绪八年十二月初八日】刊本无具奏日期，兹据录副及《军机处随手登记档》② 校补。

6.【光绪八年十二月十一日，军机大臣奉旨：另有旨。钦此】此奉旨日期与内容，据录副校补。

【案】此案旋于是年十二月十一日得旨，《光绪朝上谕档》载曰：

光绪八年十二月十一日，内阁奉上谕：张树声奏，禁垦官淀，奸民设计投献公府，招佃收租，请旨查办一折。据称直隶安州西淀闲有淤地，因关系水道，迭经禁垦，奸民王福祥等竟敢捏造顷亩租册，赴溥泰府投献，冀充庄头渔利，并有礼部郎中孟传金前往说合，溥泰辄私札该州，并发告示、谕帖，派护卫萨彬前往勘丈，招佃收租等语。此案着交宗人府会同刑部，确切查讯，定拟具奏。钦此。③

二二 已故道员遗爱在民请立传折

光绪八年十二月初四日 （1883 年 1 月 12 日）

太子少保署理直隶总督两广总督臣张树声跪●¹奏，为已故道员政绩久著，遗爱在民，恳恩宣付史馆立传，恭折仰祈圣鉴事。

---

① 《高宗纯皇帝实录（一二）》，卷九百十一，乾隆三十七年六月下，第195—196页。
② 中国第一历史档案馆藏：《军机处随手登记档》，档案编号：03 - 0235 - 4 - 1208 - 328。
③ 中国第一历史档案馆编：《光绪朝上谕档》，第8册（光绪八年），广西师范大学出版社1996年版，第400页。又《德宗景皇帝实录（三）》，卷一百五十六，光绪八年十二月上，第199页。

　　窃准顺天兼尹臣毕道远①、府尹臣周家楣②咨称：据顺天直隶绅士太仆寺少卿钟佩贤，翰林院编修王祖光③、陈文骐④、庶吉士王濂，御史贺

---

① 毕道远（1810—1889），字仲任，号东河，山东淄川县（今山东省淄博市）人，道光十九年（1839），中举。二十一年（1841），中式进士，改庶吉士。二十四年（1844），授翰林院检讨。二十六年（1846），充山西乡试正考官。咸丰元年（1851），补国史馆纂修。四年（1854），授日讲起居注官、文渊馆校理、司经局洗马。五年（1855），升翰林院侍讲学士。同年，充顺天乡试同考官。六年（1856），授广西乡试正考官。八年（1858），署国子监祭酒、文渊阁直阁事。同年，迁内阁学士兼礼部侍郎衔，署理礼部左侍郎，兼署兵部左侍郎。九年（1859），署理户部右侍郎兼管钱法堂事务。同年，授拣选广西州县大臣。十年（1860），补授兵部右侍郎。十一年（1861），署户部左侍郎，兼管理三库事务。同治元年（1862），补授仓场侍郎。同年，丁父忧，回籍守制。四年（1865），补兵部左侍郎，署礼部右侍郎、户部左侍郎兼管理三库事务。五年（1866），补授户部右侍郎兼管钱法堂事务。六年（1867），充顺天乡试举人覆试阅卷大臣、顺天武乡试副考官。七年（1868），补仓场侍郎。九年（1870），丁母忧。十一年（1872），补授仓场侍郎。光绪八年（1882），迁都察院左都御史，兼顺天府府尹。九年（1883），署理礼部尚书、经筵讲官。十年（1884），拜礼部尚书、武英殿总裁，兼署都察院左都御史。十一年（1885），以礼部尚书兼署兵部尚书。十五年（1889），卒于任。

② 周家楣（1835—1887），字小棠，号云生，江苏宜兴县（今江苏省宜兴市）人。咸丰九年（1859），中式进士，改翰林院庶吉士。同治元年（1862），授礼部主事，历官礼部员外郎、郎中，充总理各国事务衙门章京，保御史。十二年（1873），升五品京堂。光绪元年（1875），迁太仆寺少卿。二年（1876），充四川乡试正考官。同年，授大理寺卿。四年（1878），补授顺天府尹，兼总理各国事务衙门大臣上行走。五年（1879），丁母忧，回籍守制。七年（1881），充总理各国事务衙门大臣上行走。同年，署理都察院左副都御史。八年（1882），补授顺天府尹，署理兵部左侍郎、户部右侍郎兼管钱法堂事务。九年（1883），署户部左侍郎兼管三库事务。十年（1884），补授通政使司通政使。十一年（1885），署都察院左副都御史、吏部左侍郎。十二年（1886），因病休致。十三年（1887），卒。著有《期不负斋政书》《期不负斋文集》等行世。

③ 王祖光，生卒年未详，字心斋，号星斋，顺天大兴（北京）人。同治元年（1862），中举。十年（1871），中式进士，改庶吉士。十三年（1874），授翰林院编修，历国史馆协修、国史馆纂修、功臣馆纂修、功臣馆总纂、国子监司业。光绪十四年（1888），充广西乡试正考官。十六年（1890），补授浙江杭嘉湖道。十八年（1892），署理浙江按察使。二十年（1894），署理两浙盐运使。二十一年（1895），署浙江按察使。二十三年（1897），署理浙江温处道。二十八年（1902），开缺回籍。平生工书，善刻印，著有《韬养斋笔记》《广印人传补遗》《清秘述闻三种》等行世。

④ 陈文骐（1840—1904），字仲英，号寿民，又号南孙，晚号樀叟、南孙，直隶大兴县（今北京市）人。同治九年（1870），中举。十三年（1874），中式进士，选庶吉士，充武英殿协修官。光绪二年（1876），授翰林院编修。四年（1878），充国史馆协修官。六年（1880），授武英殿总纂官。八年（1882），充武英殿提调官、国史馆纂修官。同年，赏戴花翎。九年（1883），充教习庶吉士，加五品衔。十年（1884），补功臣馆纂修，保记名道府。同年，补授浙江金华府知府。十三年（1887），调补杭州府知府。十四年（1888），加盐运使衔。同年，丁母忧，回籍守制。十七年（1891），补福建台湾府知府。二十年（1894），加二品衔。同年，署理台湾道兼按察使衔。二十一年（1895），补授安徽安庆府遗缺府知府，调补凤阳府知府。二十三年（1897），补太平府知府，嗣调庐州府知府。二十八年（1902），督办皖北牙厘总局。三十年（1904），卒于任。著有《养福斋集》等行世。

尔昌①、方学伊等七十余人联名呈称：原任天津河间兵备道刘秉琳②，湖北黄安县进士，咸丰二年到直，光绪五年因衰病乞退，今年卒于家。该道历官大城、宝坻、宛平、任丘等县知县、深州直隶州知州、正定府知府，继升道员，操行坚苦，悃愊无华，决狱如神，爱民如子。处常则讲求吏治，勤恤民依，凡劝农桑、兴水利、谨宣防、轻徭役、严缉捕、编保甲诸善政，无不殚心尽力，次第举行。在深州遇捻逆之警，则励兵捍患，力保危城；在天津当水旱之时，则筹赈救灾，民沾实惠。所治地方皆蒙利赖，讴思至今不忘。伏闻同治二年前大学士祁寯藻③曾有请表循吏之章④，钦奉上

---

① 贺尔昌（1838—？），字子言，号春舫，直隶武强县（今河北省衡水市）人，廪生。咸丰九年（1859），中举。十一年（1861），考取宗学教习。同治元年（1862），考取记名内阁中书。七年（1868），中式进士，选庶吉士。十年（1871），授翰林院编修，历充国史馆协修、纂修。光绪七年（1881），授掌福建道监察御史。九年（1883），充会试内场监试、掌湖南道监察御史，署工科掌印给事中。同年，调户科给事中。十年（1884），放四川保宁府知府。十四年（1888），补授陕西西安府遗缺知府。

② 刘秉琳（？—1882），字昆圃，湖北省黄安县（今湖北省红安县）人。咸丰二年（1852），中式进士，以知县签分直隶，署大城县知县。五年（1855），补宝坻县知县。九年（1859），调补宛平县知县。十年（1860），保直隶州知州，加运同衔。十一年（1861），因病归里。同治元年（1862），补直隶顺天府宛平县知县。同年，迁知府。二年（1863），赏戴花翎。三年（1864），署山东邱县知县。五年（1866），补授直隶深州直隶州知州。九年（1870），升直隶正定府知府，嗣保道员。光绪元年（1875），擢天津河间道。四年（1878），加二品衔。嗣引病归里。八年（1882），卒于籍。著有《朔风吟略》等行世。

③ 祁寯藻（1793—1866），字叔颖、淳甫、实甫、春圃，号淳浦，晚号息翁，山西寿阳县（今山西省寿阳）人。嘉庆十二年（1807），取县生员（秀才）。十五年（1810），中举。十九年（1814），中式进士，选庶吉士。二十年（1815），丁父忧，回籍守制。二十四年（1819），授翰林院编修。道光元年（1821），充南书房行走。同年，充会试同考官、广东乡试正考官。三年（1823），授湖南学政。七年（1827），补文渊阁校理。八年（1828），补翰林院侍讲、日讲起居注官。九年（1829），升詹事府右庶子。十一年（1831），调右庶子。十二年（1832），补侍讲学士，署国子监祭酒。同年，补授通政使司副使，升光禄寺卿，授内阁学士兼礼部侍郎。十四年（1834），丁母忧。十六年（1836），补授兵部右侍郎、左侍郎。十七年（1837），补授户部右侍郎兼管钱法堂事务。同年，授江苏学政。十九年（1839），调补吏部右侍郎。同年，擢都察院左都御史。二十年（1840），拜兵部尚书。二十一年（1841），调补户部尚书。同年，充军机大臣上行走。二十二年（1842），充考试汉御史阅卷大臣。二十四年（1844），充新贡士朝考阅卷大臣。二十六年（1846），充顺天乡试正考官。二十九年（1849），授上书房总师傅，拜协办大学士。三十年（1850），授实录馆总裁。同年，拜体仁阁大学士、实录馆监修总裁。咸丰元年（1851），兼管理工部、户部事务。二年（1852），加太子太保。十一年（1861），授礼部尚书。同治三年（1864），拜东阁大学士、弘德殿行走。同年，致仕。五年（1866），卒。赠太保，谥文端。著有《马首农言》《馣虪亭集》《勤学斋笔记》《皇朝谥法考》《说文解字系传》《皇朝藩部要略》《鸽亭集》等行世。

④ 详见同治二年十一月二十四日大学士礼部尚书祁寯藻奏请表扬激励循吏以振吏治缘由折（台北"故宫博物院"藏：《军机及宫中档》，文献编号：092802）。

谕：嗣后有政绩官声遗泽在人者，着奏明宣付史馆，编入《循吏列传》等因。钦此●²。刘秉琳历官政绩，久而弥彰，洵堪昭垂史册。该绅士等见闻既确，称引无私，谨胪陈事实，取具同乡京官印结，合词具呈，由兼尹臣、府尹臣咨请会奏前来。

臣查刘秉琳廉正不阿，尽心抚字，所至有声，服官顺直，几及三十年，勤政爱民，始终如一，有古循吏之风，为历任督、尹臣及僚属、绅民所共知。曾国藩、李鸿章曾以贤良频登奏牍。臣前任直隶，与该故道共事有年，知之亦稔。今该员已在籍病故，既据顺直绅士以遗爱在民沥诚吁请，自应据实上陈。合无仰恳天恩俯准将刘秉琳历官政绩宣付史馆立传，以彰循吏而顺舆情，出自圣主鸿施！

除照缮事实清单分咨吏部、科、国史馆查照外，理合会同兼管顺天府府尹臣毕道远、顺天府府尹臣周家楣，合词恭折具奏，伏乞皇太后、皇上圣鉴，训示。谨奏。光绪八年十二月初四日●³。

光绪八年十二月十一日，军机大臣奉旨：着照所请，该部知道。钦此●⁴。

【案】此奏原件查无下落，录副①现藏于中国第一历史档案馆，兹据校补。

1.【太子少保署理直隶总督两广总督臣张树声跪】刊本无此前衔，兹据录副补。

2.【案】此谕旨多有节略，《同治朝上谕档》载曰：

同治二年十一月二十四日，内阁奉上谕：祁寯藻奏，弭盗安民，必资循吏，请分别表彰录用一折。原任同知刘大绅，于乾隆年间历任山东新城等县，捕蝗办赈，深得民心，教士以"朱子""小学"为本，成就甚多。原任按察使李文耕，由山东守令荐至臬司，除奸戢暴，尽心教化，察吏安民，诚意周悉。已故大顺广道刘煦，历任直隶守令，朴诚廉敏，有守有为，民情爱戴。上年贼匪肆扰三郡，士民倚若长城。以上三员，均循声卓著，遗爱在民，着国史馆咨行直隶、山东各督抚，详摭该故员等生前政绩，编入《循吏列传》，以资观感。所保之直隶任县知县张光藻、献县知县陈崇砥、知县王兰广、山东知县蒋庆第、山西徐沟县知县程豫、汾阳县知县吴辉祖，着各该督抚给咨送部引见。至教习期满知县江南优贡端木采、候选知县山西举人秦东

---

① 中国第一历史档案馆藏：《军机录副》，档案编号：03-5172-044。

来，据祁寯藻奏称，该二员品学兼优，着吏部查明在部投供之端木采，带领引见，并咨山西巡抚查明在籍之秦东来，饬令赴部带领引见，候旨录用。军兴以来，征兵筹饷，不能不藉资民力，非得贤有司拊循化导，不足联络众志，消患无形。且兵燹之后，百姓颠沛流离，苏疾苦而起疮痍，舍循良守令，又将奚属耶！嗣后各省大吏务宜加意访查，其有政绩官声遗泽在人者，着奏明宣付史馆，编入《循吏列传》。至现任各官内实系清静不扰、恬愉无华者，并着胪列事迹，据实保奏，听候简用。其伏处之士，潜修力行，堪膺循吏之选者，亦准一体保荐，以期政平讼理，吏治蒸蒸日上，有厚望焉。钦此。①

3.【光绪八年十二月初四日】刊本无具奏日期，兹据录副及《军机处随手登记档》②之同批折件校补。

4.【光绪八年十二月十一日，军机大臣奉旨：着照所请，该部知道。钦此】此奉旨日期与内容，据录副校补。

二三　暂行销假赴津折

光绪九年二月初八日（1883 年 3 月 16 日）

太子少保署理直隶总督两广总督臣张树声跪●¹奏，为恭谢天恩，暂行销假赴津，仰祈圣鉴事。

窃昨准署北洋大臣李鸿章咨送请假回籍营葬折稿到臣，顷阅邸钞：正月二十九日，钦奉上谕：李鸿章着赏假两个月，回籍营葬，假满后即回署任，用资倚畀。办理北洋通商事务大臣，着张树声暂行署理等因。钦此。谨即恭设香案，望阙叩头谢恩。

伏念臣自去年十一月间仰蒙赏假三月调理病体，凡办治公事，接见属僚，均在内室。自冬徂春，酬酢稍简，延医求药，调摄多方。乃心亏、肺虚、胃弱、脾泄诸症既无转机，痰多气逆，咳嗽亦不减于前。今虽时序式和，风寒渐退，徐出庭户，略可勉支。而本原之衰耗已深，精神之疲荼如故。雨露已渥，枯槁靡苏。风人咏刺于伐檀，大易占符于覆𫗦。此臣所以

---

① 中国第一历史档案馆编：《咸丰同治两朝上谕档》，第 12 册（同治二年），广西师范大学出版社 1998 年版，第 576—577 页。又《穆宗毅皇帝实录（二）》，卷八十六，同治二年十一月下，第 507—808 页。

② 中国第一历史档案馆藏：《军机处随手登记档》，档案编号：03－0235－4－1208－328。

中夜彷徨不能自安者也。

瞬当假期届满，正拟再陈丹款，乞赐放归。兹复仰奉恩纶，暂权商篆，轮翩既敞，益以千钧，奉命震惊，汗惶无地！顾惟李鸿章回籍营葬，三四月间即可竣事。该大臣体国公忠，自当遵旨即回署任，综计为时不久，臣又渥荷圣慈眷养，一息尚存，若必坚辞成命，抚衷循省，罪疚逾深。适接李鸿章来函，以现在葬期已近，洋务、防务均须逐一交代，催臣早日赴津。谨即日暂行销假，赶紧料理，力疾起程前往天津，暂署北洋通商事务。一俟李鸿章回任，仍恳圣明俯念臣久病体羸，实难复胜疆寄，准予开缺回籍调理，俾免贻误地方。恳恳微诚，尤愿鸿慈预垂鉴察，不胜激切悚惧之至。

所有感激下忱，理合缮折叩谢天恩，并附陈暂行销假赴津缘由。伏乞皇太后、皇上圣鉴。再，臣赴津后，省署寻常日行事件，照章檄委藩司代行。其重要公事，仍包封递臣行辕核办。合并陈明。谨奏。光绪九年二月初八日●2。

光绪九年二月十一日，军机大臣奉旨：知道了。钦此●3。

【案】此奏原件查无下落，录副①现藏于中国第一历史档案馆，兹据校补。

1.【太子少保署理直隶总督两广总督臣张树声跪】刊本无此前衔，兹据录副补。

2.【光绪九年二月初八日】刊本无具奏日期，兹据录副及《军机处随手登记档》②之同批折件校补。

4.【光绪九年二月十一日，军机大臣奉旨：知道了。钦此】此奉旨日期与内容，据录副校补。

二四 胪陈已故道员吴毓兰功绩吁恳优恤折
光绪九年二月二十日 （1883 年 3 月 28 日）

太子太傅前大学士直隶总督署北洋大臣一等肃毅伯臣李鸿章、太子少保暂署北洋通商大臣署理直隶总督两广总督臣张树声跪●1奏，为已故道员功绩卓著，吁恳天恩优恤，准于立功地方建立专祠，将事迹宣付史馆，恭

---

① 中国第一历史档案馆藏：《军机录副》，档案编号：03－5538－012。
② 中国第一历史档案馆藏：《军机处随手登记档》，档案编号：03－0238－1－1209－038。

折仰祈圣鉴事。

窃原任直隶天津河间兵备道吴毓兰，于光绪八年四月二十七日在任病故。臣鸿章前据天津绅士胪陈政绩，禀恳建祠致祭，业经据情奏请附祀天津曾国藩专祠，以彰治行①，仰蒙俞允，感戴同深！兹据淮军统将广东水师提督吴长庆、湖南提督周盛传、直隶提督李长乐②、记名提督刘盛休③等以该员战绩甚伟，详叙事实，呈请奏恳恩施，并据江苏扬州府绅士直隶怀来县知县何承绪、调署东安县知县张钰、候补通判方观国、举人刘启彤等以该员功在江淮，呈请奏准建祠报享各等情前来。

臣等追惟往事，重念该员劳苦功高，实有未可湮没者，谨再诠次诸统将及扬绅所呈事实，为我皇太后、皇上陈之。

伏查该员吴毓兰，安徽合肥县人，家世儒素，自少读书，敦尚志节。咸丰间，皖境群贼蜂起，该员即慷慨投笔，与其兄吴毓芬等集练，助剿粤、捻二匪，解寿州城围。

同治初元，臣鸿章由安庆督师赴上海，该员兄弟随军东下，是年克复柘林、奉贤等城，击退虹桥大股悍贼。

二年，克复嘉定城，解北新泾、四江口之围，击败吴江、八坼、同里等处援贼。该员率队赴阵，所向有功。二年委带华字副营淮勇，是为该员自成一队之始。十一月，攻克浙江平望、黎里、石营。十二月，调守嘉善县城。

三年正月，前江西南赣镇总兵程学启进规嘉兴，该员率所部攻合欢桥踞贼，冒险渡河，力破坚营，遂逼嘉兴府城，与诸军环攻，拔之。嗣守溧阳，当县城新复，降贼多列屯城中，突有金坛窜匪万余骤至南渡，距城一舍而遥，人心惶骇。该员与兄毓芬念外贼初至，乘未定破之，则众志自固，立出

① 详见光绪八年十二月十八日署理北洋通商大臣李鸿章奏请将原任天津道吴毓兰附曾国藩天津专祠缘由（中国第一历史档案馆藏：《军机录副》，档案编号：03－5173－014）。

② 李长乐（1838—1889），字汉春，安徽盱眙县（今江苏省盱眙县）人。同治元年（1862），以外委投效淮军，充营官，以解松江围，复青浦等城，拔千总，擢都司，赐花翎。二年（1863），保副将，加侃勇巴图鲁名号。三年（1864），换尚勇巴图鲁勇号。四年（1865），晋提督衔。七年（1868），加博奇巴图鲁勇号。十年（1871），署理湖北提督。十一年（1872），擢湖北提督。光绪五年（1879），调补湖南提督。六年（1880），补授直隶提督。十五年（1889），卒于官。谥勤勇。

③ 刘盛休（1840—1916），字子征，安徽合肥人。初务耕读，后随族叔刘铭传兴办团练。同治元年（1862），投效淮军铭字营，随剿太平军，以功洊副将衔。旋剿办捻军，升总兵，加提督衔。光绪元年（1875），因刘铭传等辞归，接统铭军。十四年（1888），补南阳镇总兵。十五年（1889），授河南河北总兵，赏头品顶戴。二十年（1894），甲午战争，驻防辽宁虎山一带，扼守鸭绿江，兵败后辞归。晚年研究历史，研习书法。民国五年（1916），卒于籍。

队设伏，截击获胜。会伪直王约常州西路贼万余亦至南渡，贼势益盛。乃与毓芬分兵两道，该员率精锐由山腹出招仙桥，截贼正道之军，衔枚疾进，夜漏二下至南渡登山，分队围击。贼惊乱，自相蹂踏，逸至招仙桥，复毙无算。穷追至建平县界，阵斩伪直王林得英、伪林天安黄有才、愚天福李六洞、天福袁得胜等十余名，生擒伪元勋天将黄金龙。溧阳遂定，旋调守浙江长兴县。当是时，大军已克湖州，伪堵王黄文金率众逸出。该员侦知贼由林成桥达四安，与兄毓芬夜率八百人，冒雨至观音桥渡河，夺贼营，进破午山桥、林成桥之贼，追至四安，降其众千余，遂克四安镇。而梅溪窜贼适至，中夜扼桥截击●2，贼大奔溃，追，降复四千人，全浙遂以肃清。

四年，东、豫捻氛方炽，豕突狼奔。扬州襟江带淮，里下河完善之区，尤虑贼垂涎。臣鸿章令该员统所部华字一军驻防扬州，于是独当一面矣。

五年冬间，捻首赖汶光、任柱分股东窜。

六年冬，任逆歼毙。各军合力会剿，寿光一捷，赖逆悉众南趋。十二月初七夜，抢渡沭阳县六塘河。十一日，窜至扬州城东北湾头地方。追剿各军皆在后。该员闻报，即集队迎击获胜，星夜派兵，分四路追截，亲督部将由运河东岸追杀，遇贼瓦窑铺，天大风雨，昏黑混茫，咫尺莫辨。逆骑出死力抗拒，该员督战益急。至五鼓时，贼见官军四合，纵火焚屋，冀乘隙越窜。我军冒雨冲火而进，该员从火光中瞥见一骑马老贼，手黄旗指挥，知必逆首，连发数枪，贼马倒，擒之，即逆首伪遵王赖汶光也。赖逆为粤匪余党，慓悍善谋，蹂躏楚、豫、齐鲁地十数年。臣鸿章与故大学士曾国藩先后受命讨贼，惨淡经营，定计防边，自安丘、海州、寿光诸役，迭次以全力痛剿，贼氛乃熸，穷蹙南窜，虽节节追击，党羽多摧而渠魁犹在，所遗死党皆百战之余，纵横飘忽，远近震惊，大江南北皆闭城不启，藉非该员激励将士，急起力追，立收全局。设一纵即逝，死灰复燃，蔓延江淮，何可设想！彼都士庶历久不忘，争欲永以馨香之报，良有由矣。该员荐保候选道，生擒赖汶光一案，经臣鸿章以谋勇兼优，特请破格奖励，奉旨交军机处记名简放，再赏布政使衔。

十年，臣鸿章调至天津，委办海防营务，处天津机器局。

光绪五年九月，特简天津河间兵备道。其在军诚信爱士，甘苦与共。平居若粥粥无能，每遇艰险，辄以身先，故将卒皆乐为尽力。当官讲求吏治，孜孜实践，事关民生利害，苦心焦思，尤必得当乃已，而求精气之耗亦以此。臣等迹其才守，历练渐深，庶可任重，乃以积劳过甚，一病不起，年未五十，未竟厥施。省其遗囊，萧然素士，亦可伤已！

查近年监司中立功后积劳病故，如前直隶按察使丁寿昌①经臣鸿章胪陈事迹，前署甘肃西宁道张宗翰经督办新疆军务通政使臣刘锦棠②奏陈志节，均仰蒙恩准优恤、祠祀、立传在案。该员吴毓兰战功治状媲美一时，亦无愧以死勤事，合无仰恳天恩俯准将已故布政使衔天津河间兵备道吴毓兰照军营立功后积劳病故例从优议恤，并于扬州府城建立专祠，暨将该员战功及臣鸿章前奏天津绅士胪陈政绩一并宣付国使馆立传，以彰勋勤而动观感，出自逾格鸿慈！

臣等谨合词恭折吁陈。伏乞皇太后、皇上圣鉴，训示。谨奏。光绪九年二月二十日●3。

光绪九年二月二十三日，军机大臣奉旨：着照所请，该部知道。钦此●4。

【案】此折原件查无下落，录副③现藏于中国第一历史档案馆，兹

---

① 丁寿昌（1826—1880），字乐山，安徽省合肥县（今安徽省合肥市）人。咸丰初，投效军营，以功保典史。三年（1853），赏戴蓝翎。九年（1859），升县丞。十一年（1861），迁知县。同治元年（1862），晋同知，换花翎。二年（1863），保以知府留江苏补用。同年，授乍浦同知。三年（1864），升道员，加按察使衔。六年（1867），加布政使衔。七年（1868），保知察使，加西林巴图鲁勇号。八年（1869），分统铭字马步全军兼驻扎保定之八营。同年，补授天津道。十一年（1872），赏一品封典。十三年（1874），丁父忧，回籍守制。光绪三年（1877），调赴天津总理营务，充海防翼长。四年（1878），署津海关道。同年，擢直隶按察使。五年（1879），署理直隶布政使。六年（1880），卒于任。赠太常寺卿衔。

② 刘锦棠（1844—1894），字毅斋，湖南湘乡人，其父亲刘厚荣战殁于岳州，以报其父仇，随其叔父刘松山转战于江西、安徽、陕西等地。同治三年（1864），帮办老湘军营务，遵例报捐县丞。四年（1865），以军功赏戴蓝翎，擢知县，加同知衔。同年，赏换花翎。五年（1866），保同知。六年（1867），保知府、道员，加按察使、布政使衔，并赏加法福灵阿巴图鲁勇号。九年（1870），经陕甘总督左宗棠举荐，加三品卿衔，总统刘松山旧部。十年（1871），破金积堡，捕马化龙，赏穿黄马褂，封云骑尉世职。十三年（1874），署甘肃西宁兵备道。光绪元年（1875），升补甘凉道。同年，调西宁道。二年（1876），率部攻克乌鲁木齐，剿办天山北路阿古柏残部，封骑都尉世职。三年（1877），攻占达阪、托克逊等城，迫使阿古柏自杀。随后追剿阿古柏残部，攻克库车、拜城、喀什噶尔等地，赏双眼花翎，以三品京堂候补。四年（1878），晋二等男爵，擢太常寺卿。同年，授通政使司通政使。六年（1880），帮办新疆军务，旋以左宗棠奉诏晋京，署钦差大臣督办新疆军务，统哈密及镇迪道所属文武地方官。七年（1881），授钦差大臣，督办新疆军务。八年（1882），收复伊犁，议定建省方略。九年（1883），授兵部右侍郎。十年（1884），新疆建省，授新疆巡抚，加尚书衔，仍以钦差大臣督办新疆事宜。十三年（1887），署伊犁将军。十五年（1889），回籍侍养，加太子少保衔。十六年（1890），晋太子太保。二十年（1894），晋一等男。同年，卒于里。赠太子太傅，谥襄勤。有《刘襄勤公奏稿》存世。

③ 中国第一历史档案馆藏：《军机录副》，档案编号：03-5538-023。

据校补。

1.【太子太傅前大学士直隶总督署北洋大臣一等肃毅伯臣李鸿章、太子少保暂署北洋通商大臣署理直隶总督两广总督臣张树声跪】刊本无此前衔，兹据录副补。

2.【截击】刊本夺"击"，兹据录副校补。

3.【光绪九年二月二十日】刊本无具奏日期，兹据录副及《军机处随手登记档》① 之同批折件校补。

4.【光绪九年二月二十三日，军机大臣奉旨：着照所请，该部知道。钦此】此奉旨日期与内容，据录副校补。

二五　留驻朝鲜官军暂缓撤回折

光绪九年二月二十五日（1883 年 4 月 2 日）

署直隶总督两广总督臣张树声跪●1奏，为留驻朝鲜官军暂缓撤回，以顺藩情而资镇抚，恭折仰祈圣鉴事●2。

窃上年朝鲜内乱，朝廷命将出师，广东水师提督吴长庆率所部淮勇六营东渡。事定之后，遵旨饬吴长庆仍督军暂驻。嗣于十月间，经李鸿章奏明，俟今年春间令吴长庆撤回三营，仍留三营，俾资翼卫，俟倭兵●3一年期满撤尽，庆军乃酌量抽撤在案。

臣昨由省抵津，适吴长庆亦自朝鲜来会，正与李鸿章筹商该军撤留事宜，即准朝鲜国王专差参议交涉通商事务卞元圭●4赍咨文踵至，以吴长庆在该国信义彰著，军民欢欣，恃而不恐，不可暂离，咨请臣处转奏，情词极为迫切。

窃念朝鲜积弱已久，军纪荡然，变乱骤兴，宿卫为祸，故该国王当奢定●5之后，犹常怀危惧之思。吴长庆当其艰难之会，驰往援护，转危为安。近复为挑选兵士，教练洋操，开诚布公，导之更始。该国王依倚既深，一旦分兵内渡，激切●6乞留，自亦出于诚悃。且日本窥伺挟制，方百计以愚朝人，而朝鲜大难虽平，反侧之心亦尚未能遽靖，均不可无威重大员坐镇其间。李鸿章起程之先与臣熟商，应将撤回三营之举姑从缓议，仍令吴长庆统率全部六营暂行留驻，以俯顺藩服依赖之忱，即以昭国家镇抚之德●7。谨照录朝鲜国王咨文，恭呈御览●8。

① 中国第一历史档案馆藏：《军机处随手登记档》，档案编号：03-0238-1-1209-050。

所有留驻朝鲜官军暂缓撤回缘由，谨缮折由驿驰陈，伏乞皇太后、皇上圣鉴，训示●9。谨奏。光绪九年二月二十五日●10。

光绪九年二月二十七日，军机大臣奉旨：另有旨。钦此●11。

【案】此奏原件、录副现查无下落，抄件存于《清季外交史料》①，兹据校补。再，刊本无具奏日期，抄件仅署奉旨日期，未确。兹据奉旨日期查光绪九年二月二十七日《军机处随手登记档》②张树声折，署有"报三百里、二月二十五日发"等字样。据此，此折具奏日期应为"光绪九年二月二十五日"无疑，兹据校补。

1.【署直隶总督两广总督臣张树声跪】刊本无此前衔，兹据抄件校补。

2.【以顺藩情而资镇抚，恭折仰祈圣鉴事】抄本作"以顺藩情而资镇抚事"。

3.【倭兵】抄本作"日兵"。

4.【卞元圭】刊本作"卞元奎"，兹据抄本校正。

5.【奢定】刊本作"奠定"。

6.【激切】刊本作"恳切"。

7.【镇抚之德】刊本作"镇抚之惠也"。

8.【谨照录朝鲜国王咨文，恭呈御览】刊本无此句。

9.【所有留驻朝鲜官军暂缓撤回缘由，谨缮折由驿驰陈，伏乞皇太后、皇上圣鉴，训示。谨奏】刊本仅作"谨奏"。

10.【光绪九年二月二十五日】刊本、抄本均无具奏日期，兹据《军机处随手登记档》校补。

11.【光绪九年二月二十七日，军机大臣奉旨：另有旨。钦此】此奉旨日期与内容，据《军机处随手登记档》校补。

【案】此奏于是年二月二十七日得旨允行。《清实录》载曰：

戊寅，谕军机大臣等：张树声奏，留驻朝鲜官军暂缓撤回一折。提督吴长庆一军驻扎朝鲜，前经李鸿章奏明，拟于今春先行撤回三营。兹据张树声奏称，接朝鲜国王咨文，以吴长庆一军不可暂离，现拟从缓撤回等语。朝鲜大难虽平，人心未定，尚须大兵震慑，吴长庆

① 王彦成、王亮辑编，李育民、刘利民、李传斌、伍成泉点校整理：《清季外交史料2》卷三十一，光绪九年正月至二月，湖南师范大学出版社2015年版，第616页。
② 中国第一历史档案馆藏：《军机处随手登记档》，档案编号：03-0238-1-1209-053。

所部六营，即着暂留朝鲜，俾资保护，仍随时察看情形，再行酌撤，并着该署督知照朝鲜国王知悉。将此谕令知之。①

二六　朝鲜与美国议订条约届期互换折

光绪九年五月二十二日（1883 年 6 月 26 日）

前大学士署北洋通商大臣一等肃毅伯臣李鸿章、太子少保暂署北洋通商大臣署直隶总督两广总督臣张树声跪●¹奏，为朝鲜与美国上年议订条约，现已届期互换，恭折仰祈圣鉴事。

窃据朝鲜国王咨称：本年四月初七日，美国全权公使福德航到仁川。该国王特派督办交涉通商事务闵泳穆为全权大臣，于四月十三日会同该国公使，将上年仁川口所订条约批准互换。除第六款内一节另行补订外，按照原约协议施行，咨请转奏，并将原约第六款补订一节及美国国书各稿录送前来。

伏查上年春间，美国与朝鲜结约通好，经臣鸿章遵旨妥筹，代订约稿，奏派候选道马建忠前往襄助，将议定条约十四款于光绪八年四月初六日在朝鲜仁川港由该两国所派议约大员钤印画押，约内声明仍俟两国批准，总以一年为期，在朝鲜仁川府互换，亦经臣树声照抄约本奏陈在案。

朝、美二国之首定是约也，甚非日本所便。上年，臣树声接出使日本大臣黎庶昌电告，日人喧传美朝条约，美廷批驳不准，意在怂恿改议。今春，驻日本英使亦遣人赴朝煽诱，虽经臣树声迭饬中书马建常密告朝鲜君臣，务须坚持原约，拒其所请。然美约未换，簧鼓孔多，常虑朝鲜未娴交涉，易为所愚。今美国以一年届期，特派使臣前赴朝鲜，互换条约，实能守敦信修睦之义。

查原约第六款内载，并不得以土货由此口贩运彼口一节。此次补订，但不禁美国船只从朝鲜此口至彼口装出口之土货，或交卸运来洋货之意数语，核之原约，于朝鲜自有权利并无贬损。此外既称均遵行，自照原约毫无更改。朝鲜与泰西通好议约，以美国为权舆，美约换妥，续至各邦均可援据始事，以为因应，此后遵守勿坠，以维外交，保有权利，以谋内治，是在该国君臣之善其后矣。

除照录朝鲜国王咨文及补订原约第六款专条、美国国书●²恭呈御览

①《德宗景皇帝实录（三）》，卷一百六十，光绪九年二月下，第 249 页。

外，所有朝鲜与美国议订条约届期互换缘由，谨合词恭折具陈，伏乞皇太后、皇上圣鉴，训示。谨奏。光绪九年五月二十二日●3。

光绪九年五月二十五日，军机大臣奉旨：该衙门知道，单二件并发。钦此●4。

【案】此奏原件、录副及清单现查无下落，抄件存于《清代中朝关系档案史料汇编》①《李鸿章全集》②《清季外交史料》③，兹据校补。再，刊本无具奏日期，兹据抄件校补。

1.【前大学士署北洋通商大臣一等肃毅伯臣李鸿章、太子少保暂署北洋通商大臣署直隶总督两广总督臣张树声跪】刊本无此前衔，兹据《清代中朝关系档案史料汇编》《李鸿章全集》校补。

2.【朝鲜国王咨文及补订原约第六款专条、美国国书】此清单见于《李鸿章全集》《清代中朝关系档案史料汇编》，兹补录如下：

一、朝鲜国王咨文

谨将朝鲜国王来咨缮具清单，恭呈御览。

朝鲜国王为咨会事。照得本年四月初七日，美国全权公使福德航到仁川，敝邦差员迎入京城，特派督办交涉通商事务闵泳穆为全权大臣，于本月十三日会同该国公使，将上年仁川口所订条约批准互换。除第六款内一节另行补订外，按照原约协议施行。该公使仍驻京城办事。查上年原约，悉属妥善，实赖贵大臣仰体皇上绥靖之恩，俯念小邦维持之势，经画远谟，精密周到，派大员襄办，致有今日，交际公允，永远凭信。当职谨与一国臣庶北望攒颂，感戴洪庇！兹将美国原约第六款补订一节及该国国书二本照录各稿，庸备鉴裁，请烦转奏天陛，以表小邦无事不达之忱焉。为此合行移咨，请照验施行。须至咨者。右咨钦差北洋通商大臣衙门。

军机大臣奉旨：览。钦此。

二、朝美补订条款并美国国书两件

谨将朝鲜国王咨送补订原约第六款专条并美国国书二件，照录清

---

① 中国第一历史档案馆编：《清代中朝关系档案史料汇编》，国际文化出版公司1996年版，第128—131页。
② 顾廷龙、戴逸主编：《李鸿章全集·奏议（十）》，安徽教育出版社2008年版，第188—190页。
③ 王彦成、王亮辑编，李育民、刘利民、李传斌、伍成泉点校整理：《清季外交史料2》卷三十三，光绪九年五月至六月，湖南师范大学出版社2015年版，第639—641页。

单，恭呈御览。

（一）补订原约第六款专条

今将在仁川口壬午年四月初六日（西历一千八百八十二年五月二十二日）大朝鲜国与大美国所立条约，大朝鲜国大君主、大美国伯理玺天德两国特派全权大臣于本日互换，先言明以该条约第六款内载，并不得以土货由此口贩运彼口等语，但不禁美国船只从朝鲜此口至彼口装出口之土货或交卸运来洋货之意。此约缮写汉、英文字，各具二分，存照大朝鲜国京城。癸未年四月十三日，西历一千八百八十三年五月十九日立。

（二）美国国书第一件

大美国伯理玺天德阿礼图函复大朝鲜国大君主：今特派钦差大臣福德前往贵国，因上年立约之时曾接奉贵君主来书，兹特修复，着其代呈。盖朝鲜与中国往来，若无妨碍本国商民之事，此外概不与闻，亦不询及朝鲜为中国属邦。凡贵国内外等事，已知归贵君主自为主持，实深仰慕。而于通商一项，亦犹是自主之国焉。本国民会既皆允诺修好，自应批准除条约内第六款所议数语外，均即遵行。以此即作为自主之国，否则本国概未与之订交，故条约内载之言均极晓畅，兼之立约之时，有中国大官在场，不但不为阻滞，而反为助理，益足见和睦之至意焉。遥祝贵君主及臣民同登仁寿矣。西历一千八百八十三年三月十四日，癸未二月初六日，大美国伯理玺天德阿礼图画押凭首相费林辉生。

（三）美国国书第二件

大美国伯理玺天德阿礼图致书于大朝鲜国大君主：大美国民会商允，务与大朝鲜国通商，兹特派本国声名素著之员福德，作为驻贵国二等钦差大臣。该大臣深知合众国与贵君主及贵政府修好之心，庶与贵国臣邻彼此往来，永为和睦。因素悉该大臣公平明慎，料亦贵君主之所欣慰者也。后此办事，自能允洽，而两国政府必加辑睦。换约之后，两国人民必能长受其益，本国政府信该大臣既深，亦望贵君主相信之切也。是则愿责君主神明呵护，福寿攸隆焉。西历一千八百八十三年三月初九日，癸未二月初一日，大美国伯理玺天德阿礼图画押凭首相费林辉生。

军机大臣奉旨：览。钦此。

3.【光绪九年五月二十二日】此具奏日期据抄件校补。

4.【光绪九年五月二十五日，军机大臣奉旨：该衙门知道，单二件并发。钦此】此奉旨日期与内容，据抄件校补。

二七　恭谢天恩折

光绪九年六月十三日（1883 年 7 月 16 日）

太子少保署理直隶总督两广总督臣张树声跪●1奏，为恭谢天恩，仰祈圣鉴事。

窃臣于本月十三日接准军机处咨送恩赏臣六十生辰物件、佛一尊、御笔"棻戟延祺"扁额一面、御笔"福""寿"字各一张、紫檀嵌玉如意一柄、蟒袍面一件、小卷吉绸八件、汤绸八件到臣。谨即恭设香案，望阙叩头谢恩祗领。

窃念臣蒲柳易秋，桑蓬已晚。溯光阴于六十，马齿徒增；戴高厚于九重，牛毛何补！龙光乍锡，鳌抃难名！伏惟驻世长春，七宝则庄严有相；备官典午，双旌则节制兼权。际万年福禄之昌期，承列圣寿仁之雅化。仰宸章之照耀，六字流馨；奉庙算以指挥，百灵效顺。服章有采，衣披一品之荣；丝缕皆珍，锦出上方之贡。凡此隆恩之迭荷，皆臣薄植所难胜。惟有酌水自盟，戴山知重。敢忘惕厉，保晚岁之冰霜；终荷生成，沐熙朝之雨露。尊藏杰阁，窃附风云际会之名；符瑞泰阶，长献日月升恒之颂！

所有微臣感激下忱，理合缮折叩谢天恩，伏乞皇太后、皇上圣鉴。谨奏。光绪九年六月十三日●2。

光绪九年六月十八日，军机大臣奉旨：知道了。钦此●3。

【案】此折原件查无下落，录副①现藏于中国第一历史档案馆，兹据校补。

1.【太子少保署理直隶总督两广总督臣张树声跪】刊本无此前衔，兹据录副补。

2.【光绪九年六月十三日】刊本无具奏日期，兹据录副及《军机处随手登记档》②校补。

3.【光绪九年六月十八日，军机大臣奉旨：知道了。钦此】此奉旨日期与内容，据录副校补。

---

① 中国第一历史档案馆藏：《军机录副》，档案编号：03－5180－052。

② 中国第一历史档案馆藏：《军机处随手登记档》，档案编号：03－0238－2－1209－158。

二八　恭谢天恩沥陈诚悃折

光绪九年六月十六日（1883 年 7 月 19 日）

太子少保署理直隶总督两广总督臣张树声跪●1奏，为恭谢天恩，沥陈诚悃，仰祈圣鉴事。

窃臣于本月十二日准署北洋大臣李鸿章咨：准军机大臣密寄：光绪九年六月初十日，奉上谕：本日已明降谕旨，令李鸿章署理直隶总督兼署办理北洋通商事务大臣，张树声即回两广总督本任矣。广东防务紧要，廉、琼一带甚形空虚，必应整顿水陆各营，以资控扼。张树声着即迅赴本任，悉心筹办，用副委任等因●2。钦此。臣当即恭设香案，望阙叩头谢恩。

旋于十三日奉到恭报交卸通商篆务日期并恳开缺批折，军机大臣奉旨：张树声向来办事认真，朝廷深资倚任。现在两广防务紧要，着即懔遵本月初十日谕旨，迅赴本任，将一切事宜妥为筹办，毋得再行固请等因。钦此。以臣之衰庸溺职，仰蒙逾格宠任，策勉优加。闻命自天，悚感无地！臣具有天良，何敢自惜孱躯，上辜殊遇？特是筹办粤事之情形与微臣图报之诚悃，有不得不沥陈于君父之前者。

伏惟广东环海为疆，通省九府，滨海者七。不独琼州、南澳两府厅孤峙大洋，扼守不易。即计各属洋面袤延东西约三千里，港口林立，门户洞开，而且香港、澳门逼于前，各国兵船织于境，实属防不胜防。谈形势者均以虎门为省垣重地锁钥，汕头乃通商繁庶要区，必先择要布置，两口缮完备御，而后能保境以固本根，尤必有坚轮铁舰、雷艇，自成一军，而后能建威以杜窥伺。然一台一炮之费，动需巨万。至创办水师，则更非大宗饷项、常年之款，需以岁月，不能集事。粤省数十年来办理海防，苟简补苴，武备盖无足恃，岂疆吏皆甘于玩愒哉？徒以库款敝于转输，每年以入抵出，不敷之数常百有数十万，以致罗掘一空，故相率束手也。

六年夏间，臣到两广任后，曾将广东海防情形于七月初二日详细密陈，请为本省稍留余力。八年三月十一日，又以大治水师万难再缓，会同广东抚臣裕宽，于密奏筹办粤省边防折内请将京、协各饷分别停解、改拨，筹款二百万两，先办一小支水师，以应来日之变，仰蒙饬部速议。臣旋即北来，迄今亦未见施行。今法越衅生，两广防务又日亟矣。

皇太后、皇上宵旰忧勤，臣受恩深重，感念时艰，粉身莫报。既蒙谕

旨迅饬迅回本任，义不敢畏难避事，一俟李鸿章接受督篆后，即当遵旨力
疾迅速回粤，就可集之兵力，筹目前之防御，激励将士，号召绅民，竭犬
马之力，期之于致身，以稍酬高厚生成之德。仰赖圣谟广运，越事幸即就
平，则粤海南洋首冲，外接交州，内关全局，必须仰求宸断，力筹巨款，
速治水师，勿谓可缓之图，再遗后事之患。兹事体大，臣识庸力弱，病愈
之余，万不足以任此，伏乞圣明预垂听采，届时另简忠清闳毅、经纬区宇
之才，接任粤督，以固南疆而免贻误，大局幸甚！微臣幸甚！

除将臣前奏广东海防情形原折录送军机处查核●3，并俟交卸起程，即
行奏报，仍俟抵粤后再将筹办情形详晰缕陈外，所有微臣感激下忱，谨恭
折叩谢天恩，沥陈诚悃。伏乞皇太后、皇上圣鉴，训示。谨奏。光绪九年
六月十六日●4。

光绪九年六月十八日，军机大臣奉旨：知道了。钦此●5。

【案】此折原件查无下落，录副①现藏于中国第一历史档案馆，兹
据校补。

1.【太子少保署理直隶总督两广总督臣张树声跪】刊本无此前
衔，兹据录副校补。

2.【案】此谕旨节略较多，兹据《清实录》补足：

戊午，谕军机大臣等：本日已明降谕旨，令李鸿章署理直隶总督
兼署办理北洋通商事务大臣，张树声即回两广总督本任矣。李鸿章现
计已抵天津，着将筹防一切事宜预为布置，以期有备无患。现闻法国
派脱利古为全权大臣，并赍国书，商议中外交涉事宜，谅该使必将北
来，着李鸿章俟其到后，即令在津将应议之事妥慎筹商。该使此来虽
未显露寻衅之意，而恫吓要求，是其惯技，务须坚持定见，不可为其
所惑。如有应准应驳之事，随时奏明，候旨遵行。广东防务紧要，
廉、琼一带甚形空虚，必应整顿水陆各营，以资控扼，张树声着即迅
赴本任，悉心筹办，用副委任。将此由四百里各密谕知之。②

3.【案】同日，两广总督张树声将光绪六年筹办广东海防详细情
形原折咨呈军机处曰：

太子少保署理直隶总督兼理粮饷河道长芦盐政管巡抚事两广总督
部堂张，为咨呈事。窃照本署督部堂于本月十六日具奏恭谢天恩，沥

① 中国第一历史档案馆藏：《军机录副》，档案编号：03-5180-052。
② 《德宗景皇帝实录（三）》，卷一百六十四，光绪九年六月上，第309页。

陈诚悃一折，声明将光绪六年七月初二日在两广总督任内密陈筹广东海防详细情形原折录送贵处查核，相应照录折稿，咨呈贵处，谨请查核施行。须至咨呈者。计抄折稿，右咨呈军机处。光绪九年六月十六日。①

4.【光绪九年六月十六日】刊本无具奏日期，兹据录副及《军机处随手登记档》②校补。

5.【光绪九年六月十八日，军机大臣奉旨：知道了。钦此】此奉旨日期与内容，据录副校补。

二九　静海县滨海碱地试办放淤片

光绪九年七月初一日（1883 年 8 月 3 日）

再，津属滨海一带地皆斥卤，五谷不登，即闻有种植者，往往所收不敷工本，粮赋更难征纳，前经李鸿章饬淮、练各军于静海县靳官屯至天津兴农镇开挖南运减河六十余里，并于两旁各开一渠，以便农民引灌，冀可化碱为腴。旋据静海县知县陈以培拟于减河两岸南、北各建大石闸一座，另建小石闸四座，更番启闭，将该县东乡滨海碱地试办放淤，并开邢家垙新河，以泄咸水。其法预将地亩挖沟圈埝，俟伏秋汛涨，由闸引水放入埝内，南运河水浊多泥，在埝内一昼夜之久，则留泥在地，而碱气已随水而升，水乃转咸，再将咸水放出。如此层递开放数次之后，碱气已去，淤泥渐厚，即可变为膏腴，种植茂盛。经臣派令道员金福曾③会同天津道，督饬该县官绅妥为经办，并与李鸿章先后于放赈款项下匀拨开河、建闸、挖沟、圈埝等费，以工代抚。计上年伏秋汛内淤成地四十余顷，本年又圈筑碱地约二百余顷，现值汛涨，正可放淤。

---

① 中国第一历史档案馆藏：《咨呈》，档案编号：03 - 9387 - 029。
② 中国第一历史档案馆藏：《军机处随手登记档》，档案编号：03 - 0238 - 2 - 1209 - 158。
③ 金福曾（1828—1892），字苕人，浙江省秀水县（今浙江省嘉兴市）人。少以诸生从军，筹团练助城守。咸丰九年（1859），以功赏戴蓝翎。十年（1860），保训导，报捐教谕。同治三年（1864），保知县，留江苏补用。四年（1865），保直隶州知州。五年（1866），入徐州道张树声幕，兼办理行营粮台事务，加知府衔，赏换花翎。同年，丁父忧，回籍守制。七年（1868），署娄县，历署南汇、吴江县知县。光绪元年（1875），报捐知府。四年（1878），报捐道员，加三品衔。八年（1882），保道员分省补用。十三年（1887），署理永定河道，加二品衔。十五年（1889），因病乞假回籍。十八年（1892），卒。赠内阁学士。

臣查兴农镇以下先经淮军统领湖南提督周盛传创开河道，办理屯垦，颇著成效。今上游静海碱地，该县陈以培因地制宜，设法淤垦，洵于水利、民生有裨。俟将现圈之地淤成，再行察酌，逐渐推广。

除饬将用款截数汇入赈案分晰开报外，所有静海县滨海碱地试办放淤垦种缘由，理合会同现署督臣李鸿章，附片具陈，伏乞圣鉴。谨奏。

光绪九年七月初五日，军机大臣奉旨：知道了。钦此●¹。

【案】此片原件查无下落，录副①现藏于中国第一历史档案馆，兹据校补。再，刊本无具奏日期，兹据奉旨日期查《军机处随手登记档》②张树声折，据同批折件《奏报交卸直督起程赴粤回任日期折》③可知，此片具奏日期当为"光绪九年七月初一日"无疑，兹据校补。

1.【光绪九年七月初五日，军机大臣奉旨：知道了。钦此】此奉旨日期与内容，据录副校补。

三〇　人才废弃可惜折

光绪九年七月初四日（1883年8月6日）

太子少保两广总督臣张树声跪●¹奏，为广东理财最先，人才废弃可惜，谨恭折密陈，仰祈圣鉴事。

窃维广东岭南大府，自古有富庶之名，近年悉索一空，几岌岌不可终日。综其大要，实困于协拨各饷之多，而如通省厘金、两广盐务，亦皆财赋大宗，积习深重，利弊之待兴除者亦正不少。粤省官场风气觚敝，每欲熟筹整理，常苦倚任无人。臣前莅粤东，奏调道员段起、编修李用清赴粤。段起旋蒙恩简授两广运司，任事经年，整顿醝政，甫有端绪而殁。李用清派办厘金局务亦未逾年，藉其坚苦卓绝之操，先示风励，犹未暇大加整饬也。今海洋防务未有穷期，开源节流，莫为助理。日引月长，粤将何以自立哉？

① 中国第一历史档案馆藏：《军机录副》，档案编号：03-9595-001。
② 中国第一历史档案馆藏：《军机处随手登记档》，档案编号：03-0239-1-1209-173。
③ 中国第一历史档案馆藏：《军机录副》，档案编号：03-5181-009。

　　伏见已革两淮运司洪汝奎①，学识渊通，条理精密，廉正综核，冠绝一时。曾国藩、沈葆桢诸臣悉倾心委任，亟称其贤。嗣蒙特达之知，由江苏候补道员擢授两淮运司，履任未久，治薙事卓卓有声。旋因江宁三牌楼命案革职遣戍，现已钦奉恩旨释回。论者惜其因案获咎，未竟设施，尤仰见朝廷爱惜人材，敕法原情，并行不悖。广东饷源空匮，若得如洪汝奎者专其责成，或令综理厘金，或令讲求盐务，他日成效必有可观。

　　该革员现系废员，臣不敢径行请调，可否仰乞圣恩特旨赏给虚衔，发往广东差遣委用，俾微臣得收指臂之助。该革员益感弃瑕录用之恩，必当及时自效，图报生成矣。

　　臣为广东需人、弃材可惜起见，谨缮折密陈。伏乞皇太后、皇上圣鉴，采择施行。谨奏。光绪九年七月初四日●²。

　　光绪九年七月初六日，军机大臣奉旨：另有旨。钦此●³。

　　【案】此奏原件查无下落，录副②现藏于第一历史档案馆，兹据校正。

　　1.【太子少保两广总督臣张树声跪】刊本无此前衔，兹据录副校补。

　　2.【光绪九年七月初四日】刊本无具奏日期，兹据录副补。

　　3.【光绪九年七月初六日，军机大臣奉旨：另有旨。钦此】此奉旨日期与内容，据录副及《军机处随手登记档》③校补。

　　【案】此奏于是年七月初六日得旨允行。《清实录》载曰：
　　命已革两淮盐运使洪汝奎发往广东差委，从两广总督张树声请也。④

三一　请催李秉衡迅速赴粤片

光绪九年七月初四日（1883年8月6日）

　　再，广东高、廉一带外海与琼州仅隔一水，钦州西界水陆均与粤南毗

---

① 洪汝奎（1824—1886），字琴西，湖北省汉阳（今湖北省武汉市）人。道光二十四年（1844），中式举人。二十七年（1847），考取官学教习，期满以知县用。咸丰十年（1860），充正白旗觉罗官学教习。同治年间，保至江南道员，总理粮台。光绪五年（1879），擢广东盐运使，调两淮盐运使。光绪十二年（1886），发广东委用。同年，病卒。

② 中国第一历史档案馆藏：《军机录副》，档案编号：03－5181－017。

③ 中国第一历史档案馆藏：《军机处随手登记档》，档案编号：03－0239－1－1209－174。

④ 《德宗景皇帝实录（三）》，卷一百六十六，光绪九年七月上，第326页。

连，去冬高州各属曾有会匪勾结滋事，当此防务方殷，控制一路，尤亟需干济之才。查简授高廉道李秉衡①尚在山西，相应请旨饬下山西抚臣转饬该员迅速赴粤，以重职守而资臂助。

臣树声谨附片具陈，伏乞圣鉴。谨奏。

光绪九年七月初六日，军机大臣奉旨：另有旨。钦此●¹。

【案】此奏原件查无下落，录副②现藏于第一历史档案馆，兹据校正。再，刊本无具奏日期，兹据奉旨日期查《军机处随手登记档》③李鸿章、张树声折，署有"报五百里、七月初四日天津发"等字样。据此，此片具奏日期当为"光绪九年七月初四日"无疑，兹据校补。

1.【光绪九年七月初六日，军机大臣奉旨：另有旨。钦此】此奉旨日期与内容，据录副及《军机处随手登记档》校补。

【案】此奏于是年七月初六日得旨允行。《清实录》载曰：

甲申，谕内阁：张树声奏，请饬道员迅速赴任等语。新授广东高廉道李秉衡，着张之洞饬令该员迅赴新任，不得稍有迟延。④

---

① 李秉衡（1830—1900），字鉴堂，辽宁海城人，监生。同治元年（1862），署直隶完县知县，加运同衔，历任直隶冀州枣强县、大名县知县。三年（1864），赏戴蓝翎，旋晋知州。五年（1866），赏戴花翎，旋补蔚州知州。光绪二年（1876），选宁津县，转清丰县知县。三年（1877），升冀州知州。六年（1880），迁直隶永平府知府。八年（1882），调补山东平阳府知府。九年（1883），补广东高廉道。同年，升浙江按察使，调广西按察使。十一年（1885），授广西布政使。同年，护理广西巡抚，旋因病去职。二十年（1894），擢安徽巡抚。同年，调补山东巡抚。二十三年（1897），补授四川总督。二十六年（1900），授巡阅长江水师大臣，嗣以庚子战败饮金死。谥忠节。
② 中国第一历史档案馆藏：《军机录副》，档案编号：03-6018-038。
③ 中国第一历史档案馆藏：《军机处随手登记档》，档案编号：03-0239-1-1209-174。
④ 《德宗景皇帝实录（三）》，卷一百六十六，光绪九年七月上，第326页。

卷七　岭南后稿一

〇一　察看粤东海防情形折

光绪九年八月十三日（1883 年 9 月 13 日）

两广总督臣张树声跪●¹奏，为微臣到任后察看粤东海防情形，越事愈棘，大局攸关，恭折密陈，仰祈宸断事●²。

窃惟法越构衅以来，筹边恤藩，上廑宵盱。议和议战，经年而未有所定。夫法人恃其诈力，蔑我上国，凭陵我属藩，一怒兴师，义无可忍。然犹迟回审顾，不特不遽声法之罪，并不遂居助越之名者，岂非以中国沿海数万里，水师未练，防御未周？我于交州攘法，法必以内犯牵我，一处告警，全局为摇，非万全之计也●³。广东南洋首冲，海防之紧要，台垒、船炮之未备，兵力之少，财力之匮，与微臣前者待罪两年竭蹶筹办之情形，亦既罄陈蠡管，屡达圣聪矣。

臣前在天津，见前署督臣曾国荃①抄咨六月十一日会奏密地预筹海防

---

① 曾国荃（1824—1890），字沅甫，号叔纯，又名子植，湖南湘乡县人，曾国藩之弟。道光二十七年（1847），取生员。咸丰二年（1852），举优贡。六年（1856），加同知衔。七年（1857），丁父忧。八年（1858），升知府，加道衔，赏戴花翎。十一年（1861），保按察使，加布政使衔并伟勇巴图鲁勇号。同年，赏头品顶戴，赐黄马褂。同治元年（1862），补浙江按察使。同年，迁江苏布政使。二年（1863），擢浙江巡抚。三年（1864），加太子少保，封一等威毅伯，赐双眼花翎。五年（1866），调补湖北巡抚。光绪元年（1875），授河东河道总督。二年（1876），调山西巡抚。七年（1881），拜陕甘总督。八年（1882），补授两广总督。十年（1884），署礼部尚书。同年，调两江总督，兼办理通商事务大臣。十五年（1889），晋太子太保。十六年（1890），卒于官。赠太傅，谥忠襄。著有《曾忠襄公批牍》《曾忠襄公奏议》《曾文正公大事记》《宗圣志》《曾子家语》《抚鄂批札》《山西通志》《曾忠襄公抚鄂公牍》《湖南通志》《鸣原堂论文》等行世。

一疏①，备陈虎门之沙角、上横档、浮洲山、饭箩牌等处，黄埔常洲之白兔冈、白鹤山、鱼珠沙路等处，均须增筑炮台，购料并工，刻期修筑。虎门沙角、黄埔常洲两要隘，每处须屯重兵万人，省城以外亦宜团练万众，已密选能充统带、管带者数十员，能充百长、哨弁者数百员，能充队长者一千五百人，先行齐集训练，密地将各澳渔户联络编集，以杜勾结。

臣窃以曾国荃牖户绸缪，赴机奋迅，私心为之钦幸。迨入粤境，行经虎门，见沙角、上横档、浮洲山、饭箩牌均寂如也。过常洲、黄埔，见白兔冈、白鹤山、鱼珠沙路亦寂如也。地方文武来迓，询以各处修筑炮台事，则茫无以应；询以所选统带、管带、哨长、队长齐集何处，各澳渔户如何联集，则概未有闻。阅视虎门省河臣前次修竣各台，则驻台弁勇操练稍弛矣。简核省城各局库臣前次所购制枪械药弹，则有拨发而无续办，现存无几矣。盖曾国荃以重望高勋督粤年余，不难从容坐镇。及事机既紧，敷陈方略，未及举行，以遗来者，而不知臣之力不能任也。受事旬余，日与抚臣裕宽督同司道，竭虑合谋，皆束手于库储之荡然，猝办之寡术。而探报迭传，始接越南国王阮福时于六月十五日病逝之信，续接法人进兵顺化、逼立新约之信，均经曾国荃与臣先后函报总理衙门在案。

臣伏念法人处心积虑，图据越南，以通滇粤，视英取印度，倭灭琉球，狡狠相同，觊觎尤甚。方其寻衅之始，既不认越为中国属藩，而复禁中国之助越，彼固未尝不阴有所慑也。中国重虑挑衅，期与折冲樽俎之间，曾纪泽舌敝于法庭，李鸿章力争于脱使，我则空烦议论，彼则日寻干戈。今据各处电信、洋报所传，新议条约虽词意多有参差，定约与否亦无确信，而越南归法国保护、越官须听命法官、各处炮台归法兵驻守、税关归法国收掌各条，皆大致相同，当非尽不可据，果行此约，是无越矣。

越南屏藩南徼二百年来，朝贡无缺，法人明目张胆，夺地攻城，我既熟视而不能谁何●⁴。驯至劫制越王城下之盟，等于陨宗夷社。若中国仍隐忍不发，则保护之实不至，即属邦之义果虚。缅甸制于英，暹罗携于外，琉球灭于日本，中国均未能出一旅之师。昔之万国衣冠奉我正朔者，仅余朝鲜与越南两国耳。朝鲜上年内乱，曾一出师，今犹岌岌焉，为倭、俄所窥伺。越南颠危至此，苟坐视而终莫之恤，生心者岂独法兰西哉！中山固永无复国之期，高丽亦必贻东顾之患。唇亡齿寒，为忧何极！此关于大局者一也。

---

① 详见光绪九年六月十一日署理两广总督曾国荃奏报粤东筹办海防需款孔急拟办捐输缘由折（中国第一历史档案馆藏：《军机录副》，档案编号：03 - 9387 - 035）。

越南北圻，长城之恃，惟黑旗刘永福①一军近与法战，屡挫其锋，忠义奋发，颇能矢敌忾同仇之志，特兵单饷绌●5，全赖滇、粤边军潜为接济。然近日各处洋报多言黑旗得华军之助，法人亦谓内有华兵万余，声言一俟查察得实，彼必径攻广东。盖官军暗助黑旗，掩耳盗铃，只可暂用，旷日持久，行迹自彰。夫越为吾属，助越本理直气壮之事，惟我有讳莫如深之情，转授彼以借口问罪之柄，岂非弃直就曲，反壮为老！此关于大局者二也。

论今日之事，原宜调集水军，直指顺化，先出越君于水火之中；别遣偏师，北断海防，以绝其援应；南捣西贡，使误于多方。特中国水师尚无可以争雄海上之军，而越南危急存亡之际，实中国安危利害之机，又绝无可以缓为后图之势。以臣之愚，谓宜舍大洋而扼内港，置海军而用陆兵，调大小轮船以辅炮台，集整练兵勇以据要隘，彼果驶船入内，分兵登岸，则节节邀击，用我之长，乘彼之短，致人而不致于人，彼非有必胜之道也。

拟请明谕曾纪泽将法国构兵越南，宝海定义旋即翻覆，越王新亡，复乘丧逞兵，逼立新约，全据越南权利，蔑视中国，先坏邦交，中国含宏已极，万难再让各节，明语法庭，遍告各国。如法能幡然就范，仍可言归于好，会商办法。如再悖理逞强，惟有撤去巴黎使馆，并由总理衙门照会驻京各国公使，知照、饬下南北洋大臣、沿海各督抚臣，一律敛兵口内，扼要严备。如有法国兵船入境，即行奋力截击。一面谕饬云南、广西两省关外各军，合力前进，督饬刘永福及越南各军，进图东京，规取南定。法人所在，惟力是视。自来兵衅既开，利钝无定，尤望朝廷委任责成，坚持定见，勿喜于小胜，勿怵于小挫，勿动摇于一二处之得失，沉舟破釜，期以一年，彼客我主，彼劳我逸，则法人敝，各口商务常年阻碍，则各国怒，待其求成，然后与议，则刚柔操纵，自我主之。洋务转机，当在于此。

中国海疆，粤东最难守御。各省武备，粤东最为空虚。臣虽衰庸，然事势至此，不敢因一省之艰难，误国家之全局。且中国于越南之事所以委

---

① 刘永福（1837—1917），字渊亭，广东钦州（今广西钦州）人，祖籍博白东平，初任反清黑旗军将领。光绪九年（1883），率黑旗军参加中法战争，屡败法军。甲午战争期间，奉命赴台抗日，后失利。二十一年（1895），台湾割让后，拥立巡抚唐景崧为台湾民主国总统，自称大将军。是年六月，自立为大总统。二十八年（1902），任广东碣石镇总兵。辛亥革命后，曾被推为广东民团总长。旋告老还乡。民国四年（1915），请缨抗日，遭拒。六年（1917），病卒。

曲求成者，原虑与法启衅耳。臣屡接广西关外各军禀报，并阅藩司徐延旭①节次奏稿，所有解济刘永福枪械军火及主事唐景崧②调拨援助之营，络绎于途，事难隐晦。法国兵船远则泊于毗连粤境之越南洋面、桃山、快子湾等处，近者则在香港，一旦反颜相向，瞬息即至。而我犹顾虑失和，一切堵口、封港亟应筹办之事，均碍难预备。是关外已不能掩助越之迹，各省海口仍洞开门户，袖手以待其来，设有疏虞，疆臣一死岂足塞责？何如据理责问先发制人之为得计乎？

尝观前代裴度蔡州之师，寇准澶渊之役，盈廷疑议，惟断乃成。兹事体大，伏愿皇太后、皇上将臣折发交廷臣集议，断自宸衷，发纵指示，使阃外诸臣皆得遵奉庙谟，戮力从事，不至机宜坐失，因应为难。

西人所著《防海新论》一书，述南北花旗之战，南花旗处处设防，兵分力单，遂至大挫。因谆谆于人马、军械、辎重与夫人工、物力最不可散漫遍布，必聚精蓄锐保护最紧要之数处，庶可固守。其论至为深切。广州省城为全粤根本，虎门一路为粤省门户，必当首为严备，臣与各前督臣均先后奏陈。现在虎门台炮师船虽难遽臻严密，而筹防总以专顾中路为先，以力守虎门海口以内为主。臣已分派将领迅速布置，竭力图维。

至署水师提督吴全美出防廉、琼洋面，船少且小，不足自成一军。而中路师船因抽调出洋，转形单薄。东路潮州、汕头口岸繁盛，并关紧要，自署潮州镇总兵方耀带勇五营驻扎钦州，潮防亦形虚弱。当时原以钦州与越南接壤，借壮声威，今局势已变，越事非虚声所能底定。钦州迤西万山穷僻，实非彼族所必争，防守似无藉重兵。值此饷需万窘，省、潮两要地

① 徐延旭（？—1884），字晓山，山东临清人。咸丰十年（1860），中式进士。同年，选授广西知县，旋加知州衔。同治二年（1863），署理容县知县。四年（1865），署桂平县知县。同年，补授容县知县。五年（1866），署理太平府知府。同年，兼署龙州厅同知，嗣以功加道衔。九年（1870），升梧州府知府。光绪二年（1876），加盐运使衔。六年（1880），迁湖北安襄郧荆道。八年（1882），补授广西布政使。同年，调署湖北按察使。九年（1883），擢广西巡抚。十年（1884），因中法战争失利，不战而溃，革职拿问，拟斩监候，改充军新疆。同年，卒于京狱。

② 唐景崧（1841—1903），字维卿，广西灌阳人，廪生。咸丰十一年（1851），中举。同治四年（1865），中式进士，改庶吉士。七年（1868），授吏部主事。光绪八年（1882），赴越南招刘永福黑旗军。九年（1883），赏四品卿衔。十年（1884），奉命募成景字军，赴越抗法，以功赏花翎，赐号迦春巴图鲁。十一年（1885），升福建台湾道，兼按察使衔。十七年（1891），迁福建台湾布政使。二十年（1894），署台湾巡抚。二十一年（1895），充台湾民主国总统。二十五年（1899），任桂林体用学堂中文总教习。二十九年（1903），病卒。著有《请缨日记》《诗畴》《迷拾》《寄困吟馆诗存》《看棋亭杂剧》等行世。

添募为难，均请由臣相度事机缓急，随时酌量，以为进止。

此外，濒海之地，防不胜防。琼州、南澳两处孤悬大洋，非有大支水师防守，尤无把握。但外郡视省会为宗，中路能屹然可恃，人心当无涣散之虞，届时一有警报，臣即当亲赴虎门、常洲之间，择要驻扎，激励将士，奖率绅团，相继调度，凭恃皇威，必期杀敌致果，式遏寇氛。虽成败不敢逆料，要当死生以之●6，期仰慰圣主宸念岩疆之至意！

至广东海防经费支绌万分，刻当防务吃紧，查核库款，因凑解奉拨京、协各饷及应付洋债，业皆悉索无余。而添募勇粮，制办军火，赶修炮台，一切用项皆迫不可缓，臣已督饬司道就省城、香港等处行商，多方挪借，以应急需。其应如何归补之处，容俟查明筹议，再行奏请圣裁。

所有微臣到任后察看海防情形及粤事愈棘、大局攸关缘由，谨缮折由驿五百里驰陈，伏乞皇太后、皇上圣鉴，训示●7。谨奏。光绪九年八月十三日●8。

光绪九年八月二十五日，原折封存●9。

【案】此奏原件、录副现查无下落，抄件见于《清季外交史料》①，兹据校补。再，刊本无具奏日期，兹据奉旨日期查光绪九年八月二十五日《军机处随手登记档》②张树声折，署有"报五百里、八月十三日广州省城发"等字样。据此，此折具奏日期当为"光绪九年八月十三日"无疑，兹据校补。

1.【两广总督臣张树声跪】刊本无此前衔，兹据抄件校补。

2.【恭折密陈，仰祈宸断事】抄件仅作"恭折密陈事"。

3.【也】刊本作"哉"，兹据抄本校改。

4.【谁何】抄本作"如何"。

5.【兵单饷绌】刊本作"力单饷绌"，兹据抄本校改。

6.【要当死生以之】抄本作"要当死生期之"。

7.【案】此处，抄本缺。

8.【光绪九年八月十三日】此具奏日期，据《军机处随手登记档》校补。

9.【光绪九年八月二十五日，原折封存】此奉旨日期与内容，据《军机处随手登记档》校补。

---

① 王彦威、王亮辑编，李育民、刘利民、李传斌、伍成泉点校整理：《清季外交史料2》，湖南师范大学出版社2015年版，第670—673页。

② 中国第一历史档案馆藏：《军机处随手登记档》，档案编号：03－0239－1－1209－221。

○二 重大事件请由电达总理衙门转奏片

光绪九年八月十三日（1883 年 9 月 13 日）

再，泰西各国渡越重洋来入中国，恃其轮船之疾速，电报之灵通，遣将征兵，于数万里之外，遥决进止，瞬息即达。中国文报必由驿递。广东远在岭南，凡紧要奏报即由四五百里驰递，往返亦需四十余日，事关大局，疆吏非奉谕旨不敢径行。而洋情顷刻变异，因应常患失宜，一有贻误，实非浅鲜。

伏查上海、天津均设有轮船文报局，收发总理衙门、南北洋及出使各国大臣往来文件。广东现亦添设，皆由轮船寄递，变通办理，庶可不落外人后尘。臣此次折件以事机紧急，饬交文报局寄至天津交驿驰递。如蒙颁谕，可否饬下总理衙门先行摘要由电传知，俾得及时钦遵筹办，嗣后遇有洋务重大事件，并请由臣电达总理衙门先为转奏，尤可免缓不及事之虞。

是否有当？谨附片具陈，伏乞圣鉴，训示。谨奏。

光绪九年八月二十五日，军机大臣奉旨：另有旨。钦此¹。

【案】此奏原件、查无下落，录副①现藏于中国第一历史档案馆，兹据校补。再，刊本无具奏日期，录副以朱批日期为之，未确。兹据奉旨日期查光绪九年八月二十五日《军机处随手登记档》② 张树声折，署有"报五百里、八月十三日广州省城发"等字样。据此，此片具奏日期当为"光绪九年八月十三日"无疑，兹据校补。

1.【光绪九年八月二十五日，军机大臣奉旨：另有旨。钦此】此朱批日期与内容，据录副及《军机处随手登记档》校补。

○三 酌添壮勇密筹布置片

光绪九年八月十三日（1883 年 9 月 13 日）

再，广东海防以中路为先，以力守虎门海口以内为主，臣已于正折内

---

① 中国第一历史档案馆藏：《军机录副》，档案编号：03 - 9657 - 040。

② 中国第一历史档案馆藏：《军机处随手登记档》，档案编号：03 - 0239 - 1 - 1209 - 221。

缕晰陈明。现在防务方紧，亟应迅筹布置。查虎门各炮台，臣前年在粤修竣威远、下横档两处，挑募勤勇一千人，分营驻守，由署水师提督吴全美统之。该提督现已出防廉、琼洋面，虎门要地不可无人统率，已派记名提督王孝祺前往督饬驻台各营认真训练，并照前修威远、下横档章程，另挑勤勇五百人，赶紧勘修上横档一台，藉增犄角。

光绪六年，臣等原奏于沿海沙民、蛋户挑募二千人分扎虎门省河各台，其后大黄滘、中流砥柱两处大小七台仅募勇四百余名分驻，以饷项艰窘，迄未补足。台多人少，万不足用，已饬督办省河防务记名总兵邓安邦等仍照原案，募足一千人，以资分布。虎门各炮台尚未能一律修筑，扼守势难严密。常洲、黄埔一带为进省第二重门户，宜以全力设守，臣奏调江南淮军记名提督吴宏洛所部五营已陆续到齐，即饬驻扎该处，并当次第筹筑炮台。该军前以节饷裁军二成，五营实止二千余人。淮勇初来，人地亦骤难熟悉，已令添募粤勇五百人，藉资联络，亦可稍厚其力。署南韶连镇总兵郑绍忠①所部安勇二千人，本为省河各路援应之师，惟北江、西江各属伏莽未靖，向恃安勇分驻巡缉，有事之时，尤须安内，势不能尽行抽调，现令添募一千五百人，并饬记名提督杨安典②选募炮队一千人，将臣由北洋拨带各炮及新购克虏伯洋炮加紧精练，盖行阵利器洋炮最为得力，粤东向未讲求，故尤不可缓也。

至东莞、新安各县团练，臣等上年曾饬派总兵邓安邦挑练二万数千人，均经造册点验，现已仍饬该总兵前赴各县，密饬各团预备，听候调集，以辅兵力之不及。此目前酌添壮勇、密筹布置之情形也。

理合会同广东抚臣裕宽，附片具陈，伏乞圣鉴，训示。谨奏。

光绪九年八月二十五日，军机大臣奉旨：另有旨。钦此●¹。

---

① 郑绍忠（1834—1896），原名郑金星，又名郑金，字心泉，广东三水县（今广东佛山）人。咸丰四年（1854），参加三水民变。同治二年（1863），降清，赏都司衔。四年（1865），先以军功加游击衔，嗣保副将。同年，署理罗定协副将。五年（1866），晋总兵衔，加敢勇巴图鲁名号。同年，署广东肇庆协副将，换额腾伊巴图鲁。七年（1868），补授南韶连镇总兵。十二年（1873），调补潮州镇总兵。光绪二年（1876），加头品顶戴。十年（1884），署理广东陆路提督。十五年（1889），补授广东高州镇总兵。同年，擢湖南提督。十七年（1891），调补广东水师提督。二十年（1894），加尚书衔。二十二年（1896），卒于虎门防次。
② 杨安典，生卒年未详，安徽合肥人。同治初年，投效军营，在安徽、江苏、陕西、直隶等省带队打仗。四年（1865），加强勇巴图鲁名号，历保游击、副将。光绪九年（1883），调粤管带炮队，历署黄冈、肇庆协副将，保提督。十五年（1889），署广东北海镇总兵。十八年（1892），署督标中军副将。二十年（1894），补广东琼州镇总兵。同年，被参革职。

【案】此奏原件、录副现查无下落，待考。再，刊本无具奏日期，兹据奉旨日期查光绪九年八月二十五日《军机处随手登记档》①张树声折，署有"报五百里、八月十三日广州省城发"等字样。据此，此片具奏日期当为"光绪九年八月十三日"无疑，兹据校补。

1.【光绪九年八月二十五日，军机大臣奉旨：另有旨。钦此】此朱批日期与内容，据《军机处随手登记档》校补。

〇四　曾望颜有功桑梓请建专祠折

光绪九年九月十四日（1883年10月14日）

太子少保两广总督臣张树声、广东巡抚臣裕宽跪●1奏，为已故大员有功桑梓，粤民感慕，据情吁恳天恩俯准援案建立专祠，以慰舆情，恭折具陈，仰祈圣鉴事。

窃查原任内阁侍读学士前署四川总督陕西巡抚曾望颜②，籍隶广东香山县。光绪六年，经大学士陕甘督臣左宗棠以曾望颜政绩卓著奏奉谕旨，准在陕西省城建立专祠，并将政绩宣付史馆立传，以彰茂绩等因●2。钦此。仰惟朝廷劝忠彰善之意，凡有血气，钦感同深！

兹据在籍绅士内阁中书石德芬、翰林院编修史澄、前户部云南司郎中叶衍兰、前直隶大顺广道黄槐森等联名呈称：道光年间，粤东会匪猖炽，曾望颜家居香山县员峰乡，会商官绅，创设公约，缉捕以固县城门户，并商同邻县绅士设约，拨船援缉，以通省城之路。及咸丰初，红逆滋扰，复会商大吏，行保甲团练法。四年夏，贼陷东莞，即藉民团协助克复。厥后红逆蜂起，迭薄会垣，曾望颜议办联乡之法，预筹兵民之食，同心捍卫，屡挫凶锋，力保省城根本，实南海九十六乡民勇之力为多。香山为运粮出

① 中国第一历史档案馆藏：《军机处随手登记档》，档案编号：03-0239-1-1209-221。
② 曾望颜（1790—1870），字瞻孔，号卓如，广东香山县人。嘉庆二十四年（1819），中举。道光二年（1822），中式进士，选庶吉士。三年（1823），授翰林院编修。十三年（1833），补江西道监察御史。十四年（1834），调江南道监察御史。十五年（1835），升刑科给事中，兼署户科给事中。同年，授光禄寺少卿，转太常寺少卿。十六年（1836），迁顺天府府尹。二十年（1840），调补福建布政使，护理福建巡抚，代理闽浙总督。咸丰五年（1855），充通政使司参议。六年（1856），补顺天府尹。是年，擢陕西巡抚。九年（1859），署理四川总督。同治五年（1866），授内阁侍读学士，嗣以年老辞归。九年（1870），卒于里。著有《陈公临溪先生墓志铭》等行世。

入路，附省各县多仰食焉。曾望颜知贼所必争，预与诸绅筹经费，置军火，亲率子弟、乡人，运炮筑台，募练精锐，扼要严防；联络乡团，互约援应。绅民见其躬亲劳苦，指画周详，无不感奋奉约束者。未几，曾望颜蒙文宗显皇帝特旨召用，将一切战守机宜布置严密，始就道。嗣红逆迭攻香山，阅半年余，水陆大小数十战，屡濒于危，终以保全。五年春，米价腾踊，省城乏食，几内溃。赖曾望颜预行清野，得香山内地积谷，绕道运省接济，民以全活。迄今将三十年矣，父老追思，尤为感泣。他如立义仓，招洋米，增书院膏火，广育婴经费，革丁粮积弊，除学政陋规，沦浃尤广，崇报维殷，理合备具事实，呈乞据情奏恳，准在原籍捐建曾望颜专祠，由地方官春秋致祭，并请将事实一并宣付史馆，以昭矜式等情。

臣等窃惟道光、咸丰间粤事方乱，群贼如毛，其势盖岌岌矣。曾望颜矢其公忠，奖率同志，自联乡团练之法立而众志成城，自清野积谷之谋豫而人心始定。绅民守其方略，遂能芟夷群丑，保卫里闾，日久讴思，厥功良伟。而士大夫家居之日，遭会时艰，能竭诚急公，以倡忠义之气，而先牗户之谋，为尤可风也。

伏查已故四川候补道蹇阄，以在贵州原籍办理团务、宾兴社仓等事悉臻妥善，有功桑梓，于光绪四年经前贵州抚臣黎培敬①奏奉谕旨，准于本籍捐建专祠在案。曾望颜在籍宣劳，力全大局，有功桑梓，事正相同，合无仰恳天恩俯准将原任内阁侍读学士前署四川总督陕西巡抚曾望颜准予援照成案，在于本籍捐建专祠，由地方官春秋致祭，并将事实一并宣付史馆立传，以顺舆情而示风励，出自鸿慈！

除将事实册咨送军机处查核外，谨缮折具陈，伏乞皇太后、皇上圣鉴，训示。谨奏。光绪九年九月十四日●³。

光绪九年十月初六日，军机大臣奉旨：礼部议奏。钦此●⁴。

【案】此奏原件查无下落，录副②现藏于中国第一历史档案馆，兹

---

① 黎培敬（1826—1882），字简堂，一字开周，湖南湘潭人。咸丰二年（1852），充实录馆誊录。三年（1853），考取镶黄旗官学教习。十年（1860），中式进士，选庶吉士。同治元年（1862），授翰林院编修，历充国史馆协修、纂修、武英殿协修。二年（1863），充武英殿纂修、实录馆协修。三年（1864），授贵州学政。六年（1867），署贵州布政使。七年（1868），实授贵州布政使。光绪元年（1875），擢贵州巡抚。五年（1879），因奏请解除前云贵总督贺长龄处分，降调四川按察使。六年（1880），授漕运总督。七年（1881），补江苏巡抚，旋因病返湘。八年（1882），卒于里。谥文肃。著有《黎培敬文集》行世。

② 中国第一历史档案馆藏：《军机录副》，档案编号：03-5539-050。

据校补。

1.【太子少保两广总督臣张树声、广东巡抚臣裕宽跪】刊本无此前衔，兹据录副校补。

2.【案】此谕旨多有节略，兹据《光绪朝上谕档》补足，以资参考：

光绪六年十一月初十日，内阁奉上谕：左宗棠奏，已故疆臣政绩卓著，吁恳建立专祠，并将事实宣付史馆立传一折。已故内阁侍读学士曾望颜，前在陕西巡抚任内，修明军政，整饬吏治，墨吏、土豪，望风敛迹。捻回屡次窜扰，力保危城。举行社仓积谷，咸丰七年，遇旱赈抚，全活甚众，至今陕西士民追念不忘，洵属实心实政，遗爱在民。曾望颜着准其于陕西省城建立专祠，并将政绩宣付国史馆立传，以彰茂绩。钦此。①

3.【光绪九年九月十四日】刊本无具奏日期，兹据录副及《军机处随手登记档》②校补。

4.【光绪九年十月初六日，军机大臣奉旨：礼部议奏。钦此】此奉旨日期与内容，据录副校补。

○五 法越和议既成密陈愚虑折

光绪九年九月十九日（1883年10月28日）

太子少保两广总督臣张树声跪●¹奏，为法越和议既成，北圻人心将涣，谨密陈愚虑，仰祈圣鉴事●²。

窃臣昨以越事愈棘，大局攸关，渎陈圣听。近接越南国王弟阮福升来文，复以法人进兵顺化，逼立和约二十七款，业经广西抚臣倪文蔚据情奏报，臣亦照录来文约款，函达总理各国事务衙门在案。

伏查法越现订款目，越南已不可为国，而其以中国不得预及越南之政列为首条，视我蔑如，尤堪发指。无论越裳重译来朝，远在泰西所称耶稣降生之前，汉唐以后九真、交趾且列在职方，即堂堂天朝，越南守藩奉供三百年矣，环海内外孰不闻知？法兰西独悍然不顾，明目张胆，禁我与

---

① 中国第一历史档案馆编：《光绪朝上谕档》，第6册（光绪六年），广西师范大学出版社1996年版，第307页。

② 中国第一历史档案馆藏：《军机处随手登记档》，档案编号：03-0239-2-1209-262。

闻，是无厌及我之渐，已发声征色而来。此《传》所谓主忧臣辱、主辱臣死者，凡有血气之伦，所当奋不顾身，思所以纾皇太后、皇上宵旰之忧者也●3。

中国西南半壁以云南、广西为屏蔽，越南北圻，又滇、粤藩篱也。光绪八年二月间，臣与总理衙门函商越事，即陈经营北圻之议。未几，法兵先动，破越东京，幸刘永福起而拒之，每战辄胜，法兵至今未能逾山西、北宁一步。然永福越南降将，非有精诚远识，金石不渝，区区一旅，亦上恃朝廷声威，下奉越王教令，故能激励忠义，力与法抗耳。今越都新约颁行，北圻撤军驱刘，挟以国命，南官只图目前之安，永福能无孤危之虑？臣接关外将领来函，均言越人自闻和议，鲜有斗志，刘永福亦怀疑惧。若见法人禁中国不预越政，而中国仍隐忍不发，则永福亦失所恃，必将一蹶不振，而北圻藩篱尽撤矣。

交州米谷丰衍，山泽多五金之产，毗连内地，文轨皆同，非如俄占北土，犹皆沙碛荒余；倭灭中山，不过海洋孤屿。使法人得全而抚之，有财有人，饷不必远筹，兵不必外调，一举足即叩关而入，滇粤三省岂复有安枕之日哉？且此次法越构衅，时阅两年，内而总理衙门与法使辩论之，外而出使大臣与法庭辩论之，不可谓中国不知也。法国一则令宝海来议，再则遣脱利古来议，不可谓中国不与闻也。乃使命方殷，兵轮已鼓于顺化；议论未定，盟书已炳于富春。一意径行，绝不为中国稍留余地。是而可忍，何以谢越人？是而不争，何以示各国？

夫法人处心积虑，志在必得越南，度德量力，知难并御中国，而又窥见中国之重起兵端，必不愿开衅也。故彼此会议，忽迎忽距，若应若不应；或播散谣言，议我助越，震其虚声●4，无非诳误中国，使迟回不决，观望不前。而彼则既取河内，即袭南定；既得南定，即逼顺化，利权、政权兼收尽取。迨其部署已完，全越已定，中国即欲争而已无及矣。两年以来，成事可睹，驯至今日，犹冀幸折冲樽俎之间，以收就我范围之效，何可得耶？

现在北圻臣庶皇皇无依，刘永福尤有进退维谷之势，人心一离，大局即去。患以积而愈大，机一失而难追。及是时庙谟早定，速饬广西抚臣传谕刘永福及南官黄佐炎等：该国王阮福时逝世，尚未册立嗣王，顺化现逼于法，国都无主，一应颁发文牍，无非曲徇法人之意，不得据以遵行；北圻各省应同心协力，保守完善，进规河内、南定，传檄富春，纠合忠良，共图兴复，俟时局大定，再择贤能，使主国事，使法人不能挟国王以令北圻。刘永福仍得作士气以图后举，越南则举国合谋以分其势，中国则严防各口以观其变。一面明谕曾纪泽，责问法庭以逼越订约，全据权利，及首列中国不得预及越政惟恃法国之条之谬，遍告各国以越事始末缘由，使共知中国之敦守礼让、法国之悖理蔑义，撤我使馆，拒其使臣^{●5}，非法国自废新约，毋与再议越事。法人见我不惮用兵，议院或有异同，政府难持成见，穷而后变，庶有转机。

惟法人注意北圻，未便遽甘委去，必先息其兵力，以求一逞，关外军情行将吃重。昨阅邸钞，广东抚臣裕宽乞病，得请倪文蔚东来，势不能迟。广西省会无人主持，徐延旭久驻边关，殊多未便。臣近接西省僚属函告，徐延旭亦偶感瘴疠，勉强出关，尤虑致疾。

伏念广东防务，业蒙特命兵部尚书彭玉麟酌带将弁，招募勇营来粤，会筹布置。彭玉麟文武威风，勋望冠世，足以镇慑岭海。且粤东现须筹练水军^{●6}，臣虽向在兵间，凡所经历皆在陆路。彭玉麟久治水师，胸有成竹，军事最虑纷歧，若令一手经画，必能威行粤海，伏望圣恩饬催彭玉麟迅速前来，即将广东海防专任该尚书会同广东抚臣筹办，以一事权。臣以衰庸之质，忝居高位，无补涓埃，际此时艰，惟当宣力行间，捐糜顶踵，以尽犬马报主之谊。一俟彭玉麟到粤，拟商令将所带得力将弁、营勇布置各处，臣即抽带旧部将士驰赴广西，添募劲旅，挑集精锐，出关调度。但求皇上饬部月拨关外的饷七八万两，除广东地居首冲、自顾不暇外，务期指拨各省关有着之款，源源无误，并令南北洋大臣随时接济军火，毋稍缺乏。臣虽驽下，誓必亲临前敌，督饬关外诸将，奖率刘永福等，且攻且守，规复北圻之土宇，期存越社于将墟，以宏国家字小之仁，而息法族觊觎之志。

论者谓兹事一经决裂，兵连祸结，未知所届。臣愚则谓，必明示决裂之形，始有转圜之道。盖法人夺踞河内、南定等处，已扼北圻门户。今又订立新约，越政全归掌握，中国不明行保护属藩之权，法人岂肯自弃已成之局？即欲中画红江分界保护，亦虑非口舌所能办到。若再每况愈下，委曲求成^{●7}，惟有听其吞越，存而不论，厝火积薪，燎原可待。

方今直隶、山东等省河流横溢，工振繁兴，臣亦知度支竭蹶，不堪复有兵事。特以外侮之来，日甚一日，琉球坐弃，延及越南；越南不存，孰承其敝？安危利害，全局所关！臣受恩深重，职任疆圻，刍荛之言，不敢不尽，区区血诚，不胜愤激悚切之至。伏乞皇太后、皇上圣鉴，训示。谨奏^{●8}。光绪九年九月十九日^{●9}。

光绪九年十月初七日，军机大臣奉旨：另有旨。钦此^{●10}。

【案】此折原件、录副现查无下落，抄件存于《清季外交史料》①，兹据校补。再，刊本缺具奏日期，抄件署"光绪九年十月初七日"，是否具奏日期，抑或朱批日期，难以判断。兹据光绪九年十月初七日《军机处随手登记档》②张树声折，署有"报五百里、九月十九日广东省城发"等字样。据此，此折具奏日期应为"光绪九年九月十九日"无疑，兹据校补。

1.【太子少保两广总督臣张树声跪】刊本无此前衔，兹据抄件及前后文校补。

2.【谨密陈愚虑，仰祈圣鉴事】抄件仅作"谨陈愚虑事"。

3.【思所以纾皇太后、皇上宵旰之忧者也】抄件作"思所以纾宵旰之忧者也"。

4.【震其虚声】抄件作"振其虚声"。

5.【拒其使臣】抄件作"拒我使臣"。

6.【筹练水军】抄本作"筹练海军"。

7.【委曲求成】抄本作"委曲求全"。

8.【伏乞皇太后、皇上圣鉴，训示。谨奏】刊本仅作"谨奏"。

9.【光绪九年九月十九日】此具奏日期，据《军机处随手登记档》校补。

10.【光绪九年十月初七日，军机大臣奉旨：另有旨。钦此】此奉旨日期与内容，据抄件及《军机处随手登记档》校补。

【案】此奏旋于是年十月初七日得旨，《清实录》载曰：

甲寅，谕军机大臣等：张树声奏，法越和议既成，北圻人心将涣，密陈愚虑；岑毓英、唐炯奏；法越近无战事，筹商布置情形；倪文蔚奏，据深近日边情各折。法人逼越订约，全据该国权利，中国保护藩服，断非口舌所能争，张树声所筹深合机宜，与倪文蔚所请宣谕滇、粤两边各节，均与朝廷之意吻合。昨彭玉麟奏报起程，业经谕令俟到粤后，将该省防守事宜与张树声会商筹办。广东防守紧要，地方营伍及中外交涉各事，均须该督随时妥筹办理。所请驰赴广西添募劲旅、出关调度之处，着听候谕旨，现在惟以保守北圻，固我滇、粤门户，联络刘军不至涣散，最为紧要，唐炯务当懔遵迭次谕旨，迅赴前

---

① 王彦成、王亮辑编，李育民、刘利民、李传斌、伍成泉点校整理：《清季外交史料2》卷三十六，光绪六年十月，湖南师范大学出版社2015年版，第695—696页。

② 中国第一历史档案馆藏：《军机处随手登记档》，档案编号：03-0239-2-1209-263。

敌，不准稍涉迟延。徐延旭尤当宽筹接济，激励刘团，进规河内，毋任松劲。将此由六百里各密谕知之。①

○六　沥陈洪汝奎生平大端片

光绪九年九月十九日（1883 年 10 月 28 日）

再，臣接准吏部咨：七月二十四日，奉上谕：前因张树声奏调已革盐运使洪汝奎差委，当经降旨允准，旋据张之洞奏调②，仍谕令发往广东差遣。兹复据光禄寺少卿延茂③、户科给事中邬纯嘏先后奏称，废员弃瑕录用，臣下不得奏请。并据邬纯嘏奏，该革员释回后，潜赴天津，急于奔竞等语④。洪汝奎着毋庸发往广东差遣等因。钦此。臣以粤事急需材，妄有陈荐，致被纠弹，仰荷圣明曲赐优容，不加谴责，跪读之下，感悚交萦！

旋于邸报中复阅邬纯嘏原疏，所称洪汝奎居心本属险诈，作事善于逢迎，迭经保举各大臣皆不免为其所愚等语。伏查该革员于道光年间以学行受知于故大学士曾国藩，嗣即随参戎幕。及曾国藩督两江时，该革员尤见委任，厥后历任两江督臣皆以其清介绝俗，俾司均需出纳。及沈葆桢更待以师友之间，倚之如左右手。今邬纯嘏谓诸臣皆为其所愚，或该御史识见迥迈诸臣，别有见真之处。微臣自顾何人，较之曾国藩、沈葆桢诸臣不及万一，或亦为所愚，更不敢置辩。惟邬纯嘏称该革员急于奔竞，于遣成释

---

① 《德宗景皇帝实录（三）》，卷一百七十一，光绪九年十月上，第 394—395 页。
② 详见光绪九年七月山西巡抚张之洞奏请将已革两淮盐运使洪汝奎发晋办理盐务缘由（中国第一历史档案馆藏：《军机录副》，档案编号：03－6459－044）。
③ 延茂，即杜延茂（？—1900），字松岩，内务府汉军正白旗人。同治二年（1863），中式进士，嗣选户部主事。光绪五年（1879），补礼部主事。同年，升员外郎。六年（1880），迁郎中。八年（1882），晋鸿胪寺少卿。九年（1883），调补光禄寺少卿。十年（1884），充通政使司参议、内阁侍读学士。十一年（1885），补授太仆寺少卿。十三年（1887），授奉天府府丞，兼奉天学政。十七年（1891），补詹事府少詹事，转大理寺少卿。十八年（1892），加副都统衔。同年，补授驻藏帮办大臣。二十一年（1895），署理吉林将军。二十四年（1898），擢吉林将军。二十六年（1900），补授龙江将军。同年，八国联军入侵北京，与其弟延之坚守安定门，兵败城破，阖室自焚。赠太子太保，谥忠恪。
④ 详见光绪九年七月十一日光禄寺少卿延茂参劾疆吏张树声恝法任情，滥调革员，请旨惩处并撤销请调革员洪汝奎一案缘由（中国第一历史档案馆藏：《军机录副》，档案编号：03－5181－066）。又光绪九年七月十八日户科给事中邬纯嘏奏报废员洪汝奎获咎其重，请饬下毋庸发往广东差遣缘由（中国第一历史档案馆藏：《军机录副》，档案编号：03－5181－105）。

回后潜赴天津，日营营于淮军之门。此则于该革员名节有关，其是非虚实，当有共见共闻，绝非可任意颠倒者。

查该革员于春初释回后，航海南旋，天津为必由之道。臣与该革员虽曾同官江苏，有寅僚之谊，然春初臣尚驻保定，与该革员并未一面。嗣闻该革员过天津时，李鸿章念其材可惜，欲挽留之，该革员竟不顾而去。迨李鸿章夏间驻沪，复手书专小轮舟招之，该革员辞以获罪人员应闭门思过，仍不肯就约。臣综核其前后，似于立身出处尚能皎然不苟。

伏念臣猥以凡庸，谬荷圣恩，畀以岩疆重寄，常恐陨越，上负生成，故每欲得一二材品杰出者，相与同僚，藉匡不逮。窃见曩岁杨昌濬①、陈士杰②皆以大员因案诖误，旋经左宗棠、何璟先后奏调赴甘、赴闽。臣虽不材，亦忝附疆吏之末，以洪汝奎所坐之罪，持一节之谬●1，其生平大端，自有可取，因不揣冒昧，密恳特旨破格录用，冀收以人事君之效，而不料因此转滋訾议。夫以洪汝奎之半生，刻意砥行，兢兢自好，乃以微臣一言，俾冒不韪之名于天下。臣若不一为剖析，是既上负朝廷，又复下隳志士之气也。

谨据实附片沥陈。伏乞圣鉴。谨奏。

光绪九年十月初七日，军机大臣奉旨：知道了。钦此●2。

---

① 杨昌濬（1827—1897），字石泉，湖南湘乡人，附生。咸丰二年（1852），从罗泽南练乡勇，会集湘潭，出《讨粤匪檄》，后随湘军进剿太平军。四年（1854），选训导。九年（1859），充教授。十年（1860），补知县，并赏戴花翎。同治元年（1862），保同知。同年，升浙江衢州府知府。二年（1863），授浙江粮储道。三年（1864），迁浙江盐运使，加按察使衔。同年，晋浙江按察使，署浙江布政使。五年（1866），升补浙江布政使。八年（1869），署浙江巡抚。九年（1870），擢浙江巡抚。光绪二年（1876），因杨乃武案革职。四年（1878），经左宗棠奏调赴陕甘，赏四品顶戴。五年（1879），署甘肃布政使，加二品顶戴。六年（1880），晋头品顶戴，护理陕甘总督。七年（1881），补授甘肃布政使，仍护理陕甘总督。九年（1883），迁漕运总督。十年（1884），帮办福建军务。同年，补授闽浙总督。十一年（1885），兼署福建巡抚。十四年（1888），调补陕甘总督。十五年（1889），监临乡试，嗣因回民暴动革职。二十年（1894），加太子太保衔。二十三年（1897），卒于籍。著有《平浙纪略》《平定关陇纪略》《学海堂课艺》《五好山房诗稿》等存世。

② 陈士杰（1825—1893），字隽丞，湖南桂阳州（今湖南桂阳县）人。咸丰元年（1851），以拔贡取小京官。同年，丁父忧，归籍治丧。三年（1853），入曾国藩幕，赞襄军务。五年（1855），以军功升员外郎，赏戴花翎。九年（1859），以军功擢知府，晋道员。同治元年（1862），补授江苏按察使。四年（1865），加布政使衔。十年（1871），补山东按察使。十三年（1874），补山东按察使，升福建布政使。光绪元年（1875），以巡抚文格案牵连褫职。五年（1879），署理福建按察使。六年（1880），补授山西布政使。七年（1881），擢浙江巡抚，调江西巡抚。八年（1882），调补山东巡抚。十二年（1886），以病免职。十九年（1893），卒于衡州。

【案】此奏原件查无下落，录副①现藏于中国第一历史档案馆，兹据校补。再，刊本无具奏日期，兹据录副奉旨日期查《军机处随手登记档》②张树声折，署有"报五百里、九月十九日广东省城发"等字样。据此，此折具奏日期应为"光绪九年九月十九日"无疑，兹据校补。

1.【持一节之谬】录副作"特以一节之谬"。

2.【光绪九年十月初七日，军机大臣奉旨：知道了。钦此】此奉旨日期与内容，据录副校补。

【附】1.光绪九年七月十一日，光禄寺少卿延茂具折《参劾疆吏张树声滥调革员请旨惩处缘由折》，曰：

光禄寺少卿奴才延茂跪奏，为疆吏任情执法，滥调革员，据实纠弹，以维政体事。

本月初六日，奉上谕：张树声奏，请调员差委一折。已革两淮盐运使洪汝奎着发往广东，交张树声、裕宽差遣委用。钦此。命下之日，朝野骇异。察洪汝奎因江南三牌楼失入人罪斩决二命一案，经麟书、薛允升察明奏结，洪汝奎督审，此案于伤杖之是否相符，真赃之有无下落，并未详加追究，率行录供呈报，且于胡金传教供私拷毫无觉察，奏请遣戍。夫率行录供者，非草菅人命而何！毫无觉察者，非昏庸无识而何！夫以草菅人命、昏庸无识之洪汝奎即使平日小有虚声，亦不足取，而张树声遽为请调，亦不过市恩狥情，为异日开复地步。

恭读光绪八年二月奉上谕：隔省人员业经申谕，不准滥行奏调，如果委用需人，原可遵照旧章，奏请拣发，毋得纷纷指名奏调，以杜夤缘等因。钦此。夫隔省人员尚奉明谕，不准指名滥调，而谓获遣革员可以指名滥调乎？如果该革员因公诖误，法重情轻，亦应出自特恩，弃瑕录用。至若草菅人命之案，干天和而失民望，显与朝廷慎重民命之意大相违背，其罪尚可赎耶！方令朝政肃清，廷臣咸知奉法，惟疆吏执法任情，仍无忌惮，如张树声之奏调洪汝奎一事，若不严行禁止，予以处惩，则朝廷之威令不行，甚可虑也！尤恐嗣后煌煌诏旨，胥属空文，而奏调王兆兰者，不旋踵而至矣。况曾国荃、李瀚章、林肇元、任道镕咸以滥保为言事者所劾，当即予以处分，而此次

---

① 中国第一历史档案馆藏：《军机录副》，档案编号：03-5184-033。
② 中国第一历史档案馆藏：《军机处随手登记档》，档案编号：03-0239-2-1209-263。

张树声之任情骩法，滥调革员，又驾诸臣而上矣。

应请旨将张树声照例惩处，并将请调洪汝奎一案撤销，庶国体尊而诏旨不为虚设矣。是否有当？伏乞皇太后、皇上圣鉴，施行。谨奏。光绪九年七月十一日。①

【附】光绪九年七月十八日，户科给事中邹纯嘏具折《奏为废员洪汝奎毋庸发往广东差遣缘由折》，曰：

户科给事中臣邹纯嘏跪奏，为废员获咎甚重，请旨毋庸发往，以杜夤缘而肃政体，恭折仰祈圣鉴事。

本月初六日，奉上谕：张树声奏，调员差委一折。已革盐运使洪汝奎着发往广东，交张树声差遣委用等因。钦此。伏惟朝廷用人，自有权衡，原非臣下所敢妄行渎请。窃以张树声率请调员，显失政体；洪汝奎枉杀无辜，获咎綦重，不得不为皇太后、皇上陈之。恭读八年二月十二日上谕：嗣后各督抚于隔省人员，毋得藉端滥行奏调等因。钦此。又是月十六日上谕：隔省人员业经申谕不准滥行奏调，如果委用需人，原可遵照旧章，奏请拣发，毋得纷纷指名奏调等因。钦此。圣训煌煌，永宜遵守。是隔省人员之外均不得滥行奏调，岂获咎之员独不在此例乎？查三牌楼奏结案内曾奉谕旨，以洪汝奎督审此案，率行录供，于胡金传教供私拷等情毫无觉察，实属糊涂谬妄。是洪汝奎之罪在圣明洞鉴之中，仅予遣戍，已属法外之仁。乃到戍后，恃有多资，不数月间纳赎释回矣，不数月间又奏调差委矣。由是而奏请开复，由是而奏请补署，皆将不旋踵而至矣。

朝而褫职，夕而掣带，不惟无以示惩儆，亦且无以肃纪纲。夫赏罚者，天下之公。用舍者，君上之权。即有时弃瑕录用，亦必钦奉特旨，从未有臣下擅行奏调者。窃恐此端一开，近如河南镇平一案遣戍各员，以及另案内贪婪获咎遣戍之员，皆得妄生希冀，以图尝试，如国典何？且洪汝奎小有才耳，居心本属险诈，做事善于逢迎，叠经保举各大臣皆不免为其所愚，所由一朝败露，其事遂不可问，非有奇才异能，精通洋务也，亦非曾有战胜攻取之功也。闻其原籍安徽，自戍释回以来，潜赴天津，日营营于淮军之门，夫亦急于奔竞矣。

张树声身任兼圻，两广中可备任使者岂遂无人？乃率调一糊涂谬妄之员，设使偾事，咎将谁归？殊失大臣以人事君之义！应请旨饬下洪汝奎毋庸发往广东，以杜将来。张树声违例奏调，可否予以惩处之

①　中国第一历史档案馆藏：《军机录副》，档案编号：03-5181-066。

处，出自圣裁。

　　臣职司纠劾，既有所见，不敢缄默不言，是否有当？伏乞皇太后、皇上圣鉴。谨奏。光绪九年七月十八日。①

○七　遵议添练水师事宜折

光绪九年十月十三日（1883 年 11 月 12 日）

　　太子少保两广总督臣张树声、广东巡抚臣裕宽跪●¹奏，为遵旨妥议添练水师事宜，恭折复奏，仰祈圣鉴事。

　　窃臣等于光绪九年八月二十五日承准军机大臣密寄：光绪九年八月初三日，奉上谕：广东廉、琼一带形势尤为紧要，张树声前有添练水师之奏，应如何筹款整顿之处，着该督等悉心妥议，迅速奏明办理等因●²。钦此。仰见圣明垂虑海南，庙谟宏远，下怀钦服，曷可名言！

　　伏查粤洋西接越南，东连闽峤，滨海约三千里，不独琼州、南澳两府厅孤悬巨浸，非师船不能径渡。即以广州一府而论，虎门达省一路固属大河深广，余如蕉门、横门、崖门、磨刀、虎跳各门，亦皆曲畅旁通，均可直抵省会，本利用水师之地。综观大局，全省原应设一大军，置铁甲船两艘，辅以坚大兵轮、巡海快船、蚊船、雷艇两十艘，始足自成一队。然规模既大，一蹴难几。盖今之水师船艇、机轮、器械迥与中国旧日战船不同，将领之才固不易得，即管驾、管轮、舵水、炮手诸人皆须出于学堂，非可卤莽从事。中国风气初开，骤集多船，实有乏材之叹。泰西各国既立水军，必择一二紧要海口，修筑坚固不拔之炮台，深藏不漏之船池，以为兵船保护之资、休息之地，始能立于不败，进可以战，退可以守。

　　上年，臣树声在天津时，闻署广东水师提督吴全美率师船出防廉、琼，即寓书属其察勘该处沿海各口可以屯驻兵船、修治船坞者。近虽查有数处，而筑台浚坞为费不赀，亦未易程功。且购船之费一铁甲价需百余万，养船之费一铁甲岁需五六万。粤省既无预储之巨款，又无不竭之饷源，断非勉强罗掘所能集事，臣等于上年三月间所以有奏请借款二百万两先办一小支水师之议也。惟上年所请停解改拨各饷为购船之需，虽经户部议奏覆准，时臣树声已赴直隶总督署任，未及筹办，而粤库款项又为凑解

---

　　①　中国第一历史档案馆藏：《军机录副》，档案编号：03 - 5181 - 105。

京、协各饷及应付洋款，挪用无余。现在越南多故，添军设防，非复闲暇无事可以全力专治水师之时，不敢仍拘原议，惟有得尺得寸，循序绸缪，庶经费可资周转。昨蒙谕旨准借商款以济要需，臣等已钦遵筹备，另折具陈。

查李鸿章在德国定购穹面钢甲船，为近时新式，于粤东洋面、海口亦最合用，每艘连炮约银六十万两内外。现拟函属出使大臣李凤苞照式定购两艘，所需船价即在此次筹借防费银二百万两内搏节支付。粤洋有此两船，合之闽厂拨来两船，辅以本省缉捕轮船之较大者，由水师提督督饬合队操练，择要驻巡，可以为经营水军之权舆。惟外国制造兵舶，精益求精，即一钉一板一榫之做法、位置，均需绘图选料，反复讲求，故一船之成，辄至经年累岁。今定购两船，亦非旦夕所能造竣。一俟越事就平，防务较松，或节缩余力，陆续添购。或如臣树声本年六月十六日沥陈诚悃折内所陈请简贤能筹款大举，然后规度廉、琼一带，扼重上游，再当审时度势，奏请圣裁。

所有遵旨妥议添练水师缘由，臣等谨合词缮折覆陈。是否有当？伏乞皇太后、皇上圣鉴，训示。再，此案因筹款未定，是以覆奏稍迟，合并陈明。谨奏。光绪九年十月十三日●3。

光绪九年十一月初一日，军机大臣奉旨：知道了。钦此●4。

【案】此奏原件查无下落，录副①现藏于中国第一历史档案馆，兹据校补。

1.【太子少保两广总督臣张树声、广东巡抚臣裕宽跪】刊本无此前衔，兹据录副校补。

2.【案】此谕旨多有节略，兹据《清实录》补足，以资参考：

又谕：法越构兵，久未定局，现闻越南通顺化之河路两岸炮台被法兵攻克，越兵死伤甚众，越人已请法停战议和，法遣使赴越京商议。似此情形，越南近日更属岌岌可危。滇、粤防军，前经进扎越境，与刘永福一军声息相通，目前北圻地方尤形吃紧，必宜加意布置，互为声援，着岑毓英、唐炯、倪文蔚、徐延旭懔遵迭次谕旨，督饬防军，严密扼守，务须声势联络，俾法人有所顾忌，庶可折其凶锋。广东廉琼一带，形势尤为紧要，张树声前有添练水师之奏，应如何筹款整顿之处，着该督等悉心妥议，迅速奏明办理。法人既有赴越

---

① 中国第一历史档案馆藏：《军机录副》，档案编号：03－9387－053。

京商议之说，将来迫胁要挟，如何立约，正难逆料。刘永福一军，果能始终扼扎，越南尚可图存。该督抚等随时斟酌，相机应付，以顾全局。将此由五百里谕知张树声、曾国荃、岑毓英、裕宽、倪文蔚、唐炯，并传谕徐延旭知之。①

3.【光绪九年十月十三日】刊本无具奏日期，兹据录副及《军机处随手登记档》②校补。

4.【光绪九年十一月初一日，军机大臣奉旨：知道了。钦此】此奉旨日期与内容，据录副校补。

○八　更张营制端绪繁多请缓议片

光绪九年十月十三日（1883 年 11 月 12 日）

再，本年八月初一日，承准军机大臣字寄：光绪九年七月初七日，奉上谕：署左副都御使张佩纶奏，请改两广水陆提督船制、军屯一折③。据称交广形势，陆军当委重南宁，水军当委重琼、廉，请将广东水师改用兵轮，募琼廉蛋户、粤海舵工，以为管驾，驻琼、驻廉，均足牵制敌军，并请将广西提督改驻南宁，移左江镇总兵驻龙州，以与提标犄角等语。所奏各节是否可行？着张树声、裕宽、倪文蔚体察情形，妥议具奏。原折均着抄给阅看。将此各谕令知之等因。钦此。

伏查广东本为海国，廉、琼地据上游。张佩纶所陈水军当委重琼、廉，请将广东水师改用兵轮，均切中事势之论。惟谓海自廉州难行，自交州更难行，海线蜿蜒，非轻舟不能出险；礁沙起伏，非土人不能引船，似皆为前代用帆船巡海滨行者言之。今火轮鼓浪直趋大洋，廉、琼之间，往来如织。其由交州至广，取道琼州之外，海阔水深，尤无阻碍。臣博采群议，欲于廉、琼创立海军，长驾远驭，非有铁舰坚轮，简练精整，不足以建威销萌。若师船不大，入水不深，付之不习机轮之蛋户、舵工，未敢信其有济也。

至广西提镇议令徙屯，臣与广西抚臣倪文蔚往返函商，南宁郡治诚形

---

① 《德宗景皇帝实录（三）》，卷一百六十八，光绪九年八月上，第346—347 页。
② 中国第一历史档案馆藏：《军机处随手登记档》，档案编号：03－0239－2－1209－287。
③ 详见光绪九年七月初五日署理都察院左都御史张佩纶奏请改两广水陆提督船制军屯折（中国第一历史档案馆藏：《军机录副》，档案编号：03－7121－048）。

胜之区，但右江镇驻扎百色，左江镇驻扎南宁，皆地控边城，本东西犄角，以临南交，故以提督驻适中之柳州，屏蔽省会，控制苗疆，收居内御外之势。南宁南距龙州，西距百色，均止数百里，如移提督于南宁，移左江镇于龙州，则将通省三大营聚置南边不出千里之内，而后路悬隔省会，桂、平、梧、郁、柳、庆、思、浔八府州数千里之地无一重镇，于形势钩络之宜亦未尽善也。现在广西陆军悉在镇南关内外，方以全力委重边防，更张营制，端绪繁多，似非目前要图，应请暂从缓议，以免徒滋纷扰。

臣谨会同广东抚臣裕宽、广西抚臣倪文蔚，附片具陈。是否有当？伏乞圣鉴，训示。谨奏。

光绪九年十一月初一日，军机大臣奉旨：知道了。钦此●1。

【案】此奏原件查无下落，录副①现藏于中国第一历史档案馆，兹据校正。再，刊本无具奏日期，兹据奉旨日期查《军机处随手登记档》②朱批张树声、裕宽、崇光折，署有"报五百里、十月十三日广东省城发"等字样。据此，此片具奏日期当为"光绪九年十月十三日"无疑，兹据校补

1.【光绪九年十一月初一日，军机大臣奉旨：知道了。钦此】此奉旨日期与内容，据录副校补。

○九　覆陈防兵不宜胶执土客之分折

光绪九年十一月二十八日（1883 年 12 月 27 日）

钦差太子少保办理广东防务兵部尚书臣彭玉麟、太子少保两广总督臣张树声、广东巡抚臣裕宽跪●1奏，为防兵以精练为主，土、客之分不宜胶执，恭折覆陈，仰祈圣鉴事。

窃臣等于光绪九年十一月十一日承准军机大臣字寄：光绪九年十月十八日，奉上谕：国子监司业潘衍桐奏，粤省海防宜多用土兵，不宜多调客兵。现在淮、湘各军到粤，务宜区分地段，勿与土兵杂处。倘省城兵力尚单，即责令总兵郑绍忠、邓安邦添募数千百名，亦非难事，不必取材异地等语。着彭玉麟、张树声、裕宽、倪文蔚酌度情形，妥筹办理。另片奏，

① 中国第一历史档案馆藏：《军机录副》，档案编号：03－6018－038。

② 中国第一历史档案馆藏：《军机处随手登记档》，档案编号：03－0239－2－1209－287。

宜择绅士总办省团、乡团，查有黎兆棠、麦宝常二员熟悉团练事宜，若专意委任，防务必有起色等语。并着彭玉麟等酌议具奏。原折、片均着抄给阅看。将此由五百里各谕令知之。钦此。

伏查兵以卫民，量地设军，历代皆有常制。及其御大敌，平大乱，则必调各路之兵，以赴一方之急。元、明以前，两广制兵且由更戍，谓广东宜专用土兵者，此近日粤人之论也。自来乡兵义勇仓卒团集，非得训练精整之劲旅以为之主，一旦驱以临敌，胜则嚣然无纪，败则一蹶四散，有断不可深恃者。广东居南洋首冲，筹办海防，以御外侮，非内地土匪、乱民可比。臣等以粤俗强悍，尚气善斗而不娴军律，不习勤苦，难成节制之师，是以臣树声秋间回任，调带淮勇二千人；臣玉麟此次来粤，调带湘勇四千余人，原期以久练之精兵，为粤军之倡导。潘衍桐原奏所陈客兵未宜数事，湘、淮军到此以来，于水土、山川均无不习，勇营驻扎之地，与百姓亦无不相安，民间因事纠斗，且有慑于兵威而自行止息者。现在筑台守隘，部伍区分，本与土兵不相参错。至所称道光中湖南勇至广州，专杀平民邀功，自系当日带勇将领不得其人之故，未可一概而论也。

溯自道光、咸丰军兴以来，曾国藩、胡林翼诸臣倡率义故，肇立湘军，淮军从而继之，削平寇乱，征讨遍于天下，其本则在于搜阅简练，破除积习，务明孝悌忠信之义，以鼓同仇敌忾之心，故不特湘、淮沆瀣一气，即如塔齐布①、多隆阿②八旗之士，鲍超西蜀之材，亦无不与湘、淮诸将契合无间，指臂相连，用能共建大功，名垂竹帛，粤军之兴久矣。咸丰中，广勇、潮勇、红单艇船，长江南北，所在骚然，既鲜令誉，卒无成就。

臣树声初至岭南，考求其故，见粤将中如方耀、郑绍忠、邓安邦等，皆

① 塔齐布（1817—1855），字智亭，陶佳氏，满洲镶黄旗人。道光年间，投效军营，充火器营鸟枪护军，历升三等侍卫。咸丰元年（1851），署湖南抚标左营守备。三年（1853），升游击，署抚标中军参将，加副将衔。同年，升副将，加总兵衔。四年（1854），擢湖南提督，赏骑都尉。同治三年（1864），赏戴花翎，加喀屯巴图鲁勇号。四年（1865），卒于军。赠三等轻车都尉，谥忠武。

② 多隆阿（1817—1864），字礼堂，呼尔拉特氏，达斡尔族，隶属满洲正白旗。咸丰三年（1853），以骁骑校从曾格林沁出征，旋赏戴蓝翎，递补佐领。五年（1855），调湖北，充当营总。六年（1856），加副都统衔，补协领。同年，充行营翼长。七年（1857），擢副都统。十一年（1861），调补福州副都统，并帮办湖广总督官文、湖北巡抚胡林翼军务，因功赏云骑尉世职。同年，补授正红旗蒙古都统，调补荆州将军。同治元年（1862），赏骑都尉世职，督办陕西军务。同年，授钦差大臣，督办陕西军务。二年（1863），调补西安将军。三年（1864），攻战周至城，卒于军。赠太子太保、一等轻车都尉，谥勇勇。著有《易原》《易图说》《易蠡》《毛诗多识》《慧珠阁诗钞》《慧珠阁文钞》《慧珠阁诗话》《阳宅拾遗》《地理一隅》等行世。

朴诚忠勇，才略俱优，无不倾心倚任。而其余智勇虽可节取，大都将不讲纪律，士不习操练，专尚血气，一得自矜者，比比而是。往者道光季年红匪之乱、外夷之祸，以视今日西国之船炮、枪队，何啻霄壤？而粤人狃于当日之事，每与言湘、淮军训练之道，闻者辄心焉非之。其视湘、淮将卒固非我族类。即壤地相接之粤西，亦欲画分畛域，始慨然于粤东之风气高强，士习材武而局促闾里，勋业不宏者，其本在此。臣等衰庸无状，惟军旅之事阅历稍深，天下事变，未有终穷。方今海上多故，窃谓闽、广之间必应有济时之杰，深愿粤人勿足己自矜，介介于土客之辨。务广其心，取人为善，以宏远略。此又区区之私久积于中，幸藉潘衍桐之言而一发之者也。

至广州团练事宜，业经在省城设局，公举前户部云南司郎中叶衍兰、前直隶大顺广道黄槐森等分投举办。前光禄寺卿黎兆棠，才望俱隆，臣等业经延致，前因患病，未能遽出，现已调理渐痊。该员素笃忠诚，必当投袂而起。吏部主事麦宝常，敌忾情殷，现本任以九十六乡团务。此外尚有前太常寺卿龙元僖，耆年硕德，尤人望所归，臣等亦已手书敦劝入局，共济时艰，以期仰副圣主廑念南疆之至意！

所有臣等遵旨妥筹缘由，谨合词恭折覆陈。伏乞皇太后、皇上圣鉴，训示。再，调任广东抚臣倪文蔚尚未到任，是以未经会衔。合并声明。谨奏。光绪九年十一月二十八日●2。

光绪九年十二月十七日，军机大臣奉旨：知道了。既据奏称客兵与百姓相安，与土兵亦不相参错，即着该尚书等妥为驾驭，勤加约束，如有不守纪律，致滋事端，惟该尚书等是问。钦此●3。

【案】此奏原件查无下落，录副①现藏于中国第一历史档案馆，兹据校正。

1.【钦差太子少保办理广东防务兵部尚书臣彭玉麟、太子少保两广总督臣张树声、广东巡抚臣裕宽跪】刊本无此前衔，兹据录副校补。

2.【光绪九年十一月二十八日】刊本未署具奏日期，兹据录副及《军机处随手登记档》②校补。

3.【光绪九年十二月十七日，军机大臣奉旨：知道了……钦此】此奉旨日期与内容，据录副校补。

---

① 中国第一历史档案馆藏：《军机录副》，档案编号：03－6018－096。
② 中国第一历史档案馆藏：《军机处随手登记档》，档案编号：03－0239－2－1209－332。

一〇　筹款展接广州至龙州电线折

光绪九年十一月二十八日（1883 年 12 月 27 日）

太子少保两广总督臣张树声跪●[1]奏，为广西边务方殷，事机紧要，议拟筹款展接广州至龙州电线，以捷军报，恭折仰祈圣鉴事。

窃泰西各国越重洋数万里来至中土，恃其轮船、铁路之利，不啻出入户庭。至于遣将调兵，处分军事，虽悬隔山海而如指掌，则尤以电报为之枢也。中国驿递文报，羽檄交驰，人马俱敝，迟速之数，霄壤悬殊。自光绪七年北洋大臣李鸿章创设津沪陆路电线，上年夏间臣在天津，遇朝鲜内乱，调集北洋水陆各军刻日东渡，得以迅赴事机，实赖电报灵通之力，是以李鸿章复有招商接办苏、浙、闽、粤陆线之举，盖有裨军国，成效固昭昭矣。

现在法越构兵，事关全局，宫廷宵旰，南顾为劳。凡庙算指挥，传电臣处，前敌军报由臣处转电者，南北七千里，顷刻可达。而由粤东至广西镇南关外二千数百里，发递紧报，水陆兼程，急如星火，非半月不得达，非月余不得往还。法人则已自西贡赶造电线，接至海防，往往越南战事，洋报宣传，而边军文报迟之又久而始至。军事瞬息千变，似此缓不济急，常落彼族后尘，能无贻误之虑？

臣辗转熟思，非将广州电线展至龙州，不足以相前敌之事机、便朝廷之调度。惟此路均非通商繁盛之区，电报商务绝少，不能招商接办。伏查外洋各国电报，凡关系国家政务者，线由官造；凡商货稠密地方，则由商人设立。官商相维，所以四通八达，经久不废。广州至龙州电线，非由官办不可。适总办电报道员盛宣怀①因与英国大东电报公司议办香港接线事

---

① 盛宣怀（1844—1916），字杏荪，又字幼勖、荇生、杏生，号次沂，又号补楼，别署愚斋，晚年自号止叟，有思惠斋、东海、孤山居士、紫杏、愚卿等号。江苏武进人，由附监生报捐主事、直隶州知州。同治五年（1866），署天津河间兵备道。十二年（1873），创办轮船招商局，充督办。十三年（1874），襄办淮军营务。光绪六年（1880），创办中国电报局，任总办。十年（1884），署天津海关道。十二年（1886），补山东登莱青道。十八年（1892），调天津海关道。二十一年（1895），办理上海轮船招商局及机器纺织厂事务，奏设北洋大学堂、南洋公学。二十二年（1896），经理湖北铁厂，迁太常寺少卿，兼督办铁路大臣。二十三年（1897），调补大理寺少卿，创设南洋公学，任督办。二十六年（1900），补宗人府府丞，迁会办商务大臣。二十七年（1901），调办理商税事务大臣，加太子太保衔。二十八年（1902），授工部左侍郎，兼会办商约大臣。三十四年（1908），调邮传部右侍郎。宣统二年（1910），拜邮传部尚书。三年（1911），授邮传大臣。民国五年（1916），卒于沪。有《愚斋存稿》《盛宣怀未刊信稿》等存世。

来粤，臣与筹商办法。该道感念时艰，力顾大局，愿勉任其难，劝谕商人，展设广州至梧州一节，以尽报效之忱。梧州以上则由官筹款，由该道于现设闽粤电线工程内移缓就急，多调员匠，刻期赶办。计自梧至龙为程约一千六百里，照津沪陆线工费成本核算，约需费十余万两。

臣与总理衙门往复电商，必须急办，议定先在江海关道收存出使经费项下借拨银十万两，以备支用，不敷之数由粤筹备。臣已援案咨行广东、广西两省文武地方官，一体照料保护。并据盛宣怀详报，即于本月二十四日由广州开工，所有沿途分设局栈，安设巡电汛房及常年经理一切未尽事宜，容饬盛宣怀妥议核定，再行奏闻。

至此线专为传达边关军报而设，法越之事与沿海、沿江各省无不相关，此后消息灵捷，各省防务均得相度缓急，妥为布置，裨益匪轻。此次设线借用出使经费银十万两，粤省饷源艰窘，实难独任，拟恳饬下福建、浙江、江苏、山东、直隶、安徽、江西、湖北各省督抚各筹银一万两，广东、广西亦各筹银一万两，共合银十万两，归还借款，则尤事不烦而易集。是否有当？仰候圣裁。

所有臣与总理衙门商办展接广州至龙州电线以捷军报缘由，谨会同广东抚臣裕宽、广西抚臣徐延旭，缮折具陈，伏乞皇太后、皇上圣鉴，训示。谨奏。光绪九年十一月二十八日●²。

光绪九年十二月十七日，军机大臣奉旨：知道了。着准其于出使经费项下借用银十万两，暂毋庸由各省筹还。该衙门知道。钦此●³。

【案】此奏原件查无下落，录副①现藏于中国第一历史档案馆，兹据校正。

1.【太子少保两广总督臣张树声跪】刊本无此前衔，兹据录副校补。

2.【光绪九年十一月二十八日】刊本未署具奏日期，兹据录副及《军机处随手登记档》②校补。

3.【光绪九年十二月十七日，军机大臣奉旨：知道了……钦此】此奉旨日期与内容，据录副校补。

---

① 中国第一历史档案馆藏：《军机录副》，档案编号：03 - 9436 - 018。
② 中国第一历史档案馆藏：《军机处随手登记档》，档案编号：03 - 0239 - 2 - 1209 - 332。

一一　请特开殊科折

光绪九年十一月二十八日（1883 年 12 月 27 日）

太子少保两广总督臣张树声跪●[1]奏，为恭逢庆典，吁请特开殊科，以拔真材而济时变，恭折仰祈圣鉴事。

窃惟治世之大务，莫亟于人才；吁俊之宏规，莫隆于科目。我朝旧典，凡遇万寿开科，皆先期一年特颁恩诏，次第举行，典至重也。光绪十年，欣逢我皇太后五十万寿，薄海士庶，喁喁向风，谓必有以宏作人而光盛典，乃恩科之诏迟迟未下意者，我皇上大孝养志，仰体我皇太后谦让之德，故不欲铺张盛事欤。臣以为成宪不可废，德泽不可屯，变而通之，行而宜之，此其会矣。

国家三年大比，经义取士，损益元明，使天下士子皆讲明于圣贤义理之学，以视唐用词赋、宋用策论无偏而不举之弊。然犹必限以程式，严以声病。且自前明中叶以后，即有专重初场之习，空疏不学者辄揣摩袭取，以求捷获，故所得虽不乏伟人杰士，而磊落奇才不能降心抑志，俯就时趋，致抱遗珠之叹者，亦往往有之。朝廷侧席求贤，叠谕中外大臣保举人才，而搜罗不出流官，墨绶以下罕登荐牍，又安论白屋之儒隐沦仄陋者哉？

方今事故日殷，筹边筹海，皆数千年未有之变，其不能专恃数百年不变之法以应之也明矣。臣惟自汉以来，常重制举。唐代制科，天子辄自诏四方德行、才能、文学之士，或高蹈幽隐，与其不能自达者，道其所欲，问而亲策之，其为名目随人主临时所欲而列为定科。宋初因唐制设为贤良、方正等六科，厥后悉罢，司马光是以慨然有请开十科之议。本朝康熙、乾隆间，再举博学宏词科，一举经学科，黼黻升平，翕然称盛。盖以三岁一举之科罗常选之士，以制诏特举之科待非常之人，祖宗贻谋垂法远矣。我皇太后垂帘训政二十余年，拨乱反正，成圣清中兴之业，震古烁今。而环海五洲往来交错，又值殷忧启圣亘古未有之局。当此寿宇宏开，既未可使国之令典阙然不举，若仍例举乡会常科，取章句讲论之士，恐未足以上副德意宏济艰难也。

以臣之愚，谓宜上法祖制，斟酌百王特开制举，分为数科。其有文武兼资、洞达时务、堪任将帅者为一科，其有经学湛深、文章尔雅、堪备著作者为一科，其有志节坚贞、论辩敏达、堪使绝域者为一科，其有讲求吏治、居心恺悌、堪膺抚字者为一科，其有操守廉洁、条理精密、勘治财赋者为一科，其有精通图算、深明机器、堪胜营造者为一科。凡此以上六科，臣原知得之不易，知之甚难。然孔子曰："三人行，必有我师。十室之邑，必有忠信。"况我国家培养之厚，幅员之广，安见必无俊彦起而应之者？拟请饬下内官三品卿以上、外官将军、督抚、府尹、学政，各举所知。其保举咨送及考试录用之法，略视鸿词旧例而为之变通，俟奉明谕后，由部臣详议举行。抑臣尝深观古今人才，其笃实纯谨，斤斤自守之士，不免墨守旧说，不达权变。上之人以其迂拘扞格，不堪任事，往往略德行而重才能。急功近利之徒杂然并进，虽干力奔走，足以取办一时，洎乎荐当大任，未有不抉藩篱而隳国是者。

今臣所议六科，要必以立品制行为本。其根柢浮薄、操行回邪者，概不得与焉。夫于科目之中寓乡举里选之意，循名责实，保举者不敢不慎，考核者不敢不严，既可以塞幸端而励真材。以鸿词故事为例，六科所举当不及千人，所取当不过百人，而又集试于京师，无开科之繁费，因材任用，不为常例，无壅滞铨选之格碍，一举而数善备焉。从来有一代之事变，天必生一代之才以治之。上以诚求，下以实应，拔茅连茹，树人百年于以光昭旷典，仰慰圣慈，收四海名世之英，开万年太平之盛，不亦懿欤！

臣以诸生起家军旅，岂敢妄议科目？实念世变之大，需才之亟，惓惓愚诚，不能自已，用特不揣冒昧，谨因庆典罄竭管蠡。伏乞皇太后、皇上圣鉴，采择施行。不胜悚惶激切之至。谨奏。光绪九年十一月二十八日●2。

光绪九年十二月十七日，原折归籤●3。

【案】此奏原件查无下落，录副①现藏于第一历史档案馆，兹据校补。

1.【太子少保两广总督臣张树声跪】刊本无此前衔，兹据录副校补。

2.【光绪九年十一月二十八日】刊本未署具奏日期，兹据录副校补。

3.【光绪九年十二月十七日，原折归籤】此日期与内容，据录副及《军机处随手登记档》②校补。

---

① 中国第一历史档案馆藏：《军机录副》，档案编号：03－7186－089。
② 中国第一历史档案馆藏：《军机处随手登记档》，档案编号：03－0239－2－1209－332。

一二　覆陈迭奉密寄谕旨遵办折

光绪九年十二月十五日（1884 年 1 月 12 日）

太子少保两广总督臣张树声跪●¹奏，为迭奉密寄谕旨遵办情形，恭折覆陈，仰祈圣鉴事。

窃臣于光绪九年十二月初九日承准军机大臣密寄：十一月十八日，奉上谕：现闻越南民变，竟将该国嗣王戕害，祸乱方殷。该国为我朝藩服，世修职贡，当此危急之时，岂忍置之度外？着派张树声统带兵勇，迅速前赴越南，宣布天朝威德，相机戡定；一面令该国择贤嗣位，奏请册封。此次派张树声统兵赴越，专为平定乱民、绥靖越境起见，自应直达顺化，妥筹镇抚。至或由海道或由陆路前进之处，并着详筹妥办，总期迅赴事机，毋任另生他变，是为第一要义。广东兵力恐嫌单薄，着派吴大澂①驰赴该省，帮同该督商酌办理，并着李鸿章饬派丁汝昌统带师船赴粤，听候张树声调遣。广东现筹进兵，滇军亦须力为应援，前谕岑毓英统营赴防，着即迅速前进，妥筹策应。将此由六百里各密谕知之。钦此。

十二月十三日，又承准军机大臣密寄：十一月二十二日，奉上谕：前因越南嗣王被害，谕令张树声统兵前往，绥靖越境。兹据该督电寄总理各国事务衙门，据称海道难以前进，拟至广西由龙州出关等语。广州至龙州，道路辽远，目前河内等处节节梗阻，势难遽达顺化，于越事缓不济急。前有旨令岑毓英出省调度，计日当已启程。滇军驰赴越境，较为便捷，本日已改派岑毓英迅速前进，相机酌办。张树声即着毋庸赴越，仍将广东防务妥筹布置，务臻周密。吴大澂一军及丁汝昌所带师船，均着毋庸

① 吴大澂（1835—1902），又名吴大淳，字止敬、清卿，号恒轩，江苏吴县（今苏州市）人，县学生。同治三年（1864），中举。七年（1868），中式进士，选庶吉士。九年（1870），授翰林院编修。十二年（1873），充陕甘学政。光绪四年（1878），放河南河北道。六年（1880），加三品卿衔，帮办吉林军务。七年（1881），补太仆寺卿。九年（1883），署太常寺卿。同年，授通政使司通政使，会办北洋军务。十年（1884），迁都察院左副都御史，会办海防，处理朝鲜内乱。十二年（1886），擢广东巡抚。十四年（1888），署河道总督。十八年（1892），调湖南巡抚。二十一年（1895），清廷以"徒托空言，疏于调度"褫其职，旋改革职留任。二十四年（1898），复降旨革职，永不叙用。二十八年（1902），卒于籍。其一生善画山水、花卉，精于篆书，著有《愙斋诗文集》《说文古籀补》《古玉图考》《权衡度量实验考》《恒轩古今录》《吉林勘界记》《三省黄河全图》等行世。

前往。李鸿章务当督率水陆各营认真训练，并将应办事宜赶紧筹办，备御不虞。将此由六百里各密谕知之。钦此。

伏查十一月十九日承准总理各国事务衙门摘要电寄谕旨，命臣统兵赴越，臣即将钦遵部署情形于二十日电寄总理衙门代奏。二十三日，钦奉摘电谕旨，饬臣毋庸赴越，将广东防务妥筹等因，即经钦遵在案。

窃惟法人锐意图越，其与中国寻衅与否，实视越事胜败为衡。现在刘团退扎，山西不守，法气方盈，粤防益形吃重。彼族越数万里重洋而来，专恃船舰之坚、枪炮之利、将士之整练，以与人争胜，故所以应之者，亦必有精兵利器，上下一心，呼吸一气，然后可以相机因应，以逸待劳。

臣前者与总理衙门函商越事，谓须威望夙著之大员节制滇、粤各军，并谓刘团之屡胜未可深恃，职是故也。广东虎门、常洲等处添筑炮台，现在均加紧修筑，并日程功。惟前在德国先后定购大炮二十五尊，须明年正月间始能运到。水雷尤守口要物，已延定洋师于黄埔开设学堂，教习水雷，并在外洋订购配雷电线等件，亦须春初乃到，届时择要安设，布置粗完，操练炮雷，能皆精熟，黄埔、常洲一带守御事宜，庶期渐有把握。

至虎门口外大角、沙角等处，以饷项艰窘，未暇同时并举。该处为中路第一重门户，署水师提督方耀与臣熟商，威远、上、下横档三台仅有练勇一千五百人，势力实嫌单弱，现已令方耀添募一千人，稍资厚集。琼州备御空虚，昨奉电旨筹防，业经会同兵部尚书臣彭玉麟酌派勇营，调集轮船，由海驶往。

此外，濒海各口，防不胜防，惟有谆饬各属绅民将水陆团练实力整顿，以备不虞，并与彭玉麟熟商，仍守节次奏明办法，扼重中路，力守虎门、海口以内。调任广东抚臣倪文蔚现已到任，当与同心协力，随时会同彭玉麟，殚诚竭虑，共济艰难，以期仰副圣主宵旰忧勤、廑念海疆之至意！

所有迭奉谕旨遵办情形，谨缮折覆陈。伏乞皇太后、皇上圣鉴，训示。谨奏。光绪九年十二月十五日●2。

光绪十年正月初三日，军机大臣奉旨：览奏，均悉。即着该督随时会商彭玉麟、倪文蔚，督饬各军，力守虎门，并将此外各口择要严防，毋稍疏懈。钦此●3。

【案】此奏原件、录副现查无下落，待考。再，刊本未署具奏日期，查阅光绪十年正月初三日《军机处随手登记档》①张树声折栏，内即有

①　中国第一历史档案馆藏：《军机处随手登记档》，档案编号：03－0242－2－1210－002。

此折，且栏首署有"报五百里、十二月十五日广东省城发"等字样。据此，此折具奏日期当为"光绪九年十二月十五日"无疑，兹据校补。

1.【太子少保两广总督臣张树声跪】刊本无此前衔，兹据同批折件校补。

2.【光绪九年十二月十五日】此具奏日期，据同批折件及《军机处随手登记档》校补。

3.【光绪十年正月初三日，军机大臣奉旨：览奏，均悉。……钦此】此奉旨日期与内容，据《军机处随手登记档》校补。

一三　请将运司粮道开缺折

光绪九年十二月十五日（1884 年 1 月 12 日）

太子少保两广总督臣张树声跪●1 奏，为监司大员人地未宜，才力不称，恭折具陈，仰祈圣鉴事。

窃查广东称财赋之区，论者多指盐务为大宗。往者鹾政废弛，前运司段起莅任一年，殚精整顿，甫有端绪而遽殁，现任运司周星誉继之。该员事理明通，文采昭曜，曩任广西左江道，率属绥边，多可称述。惟久处瘴乡，精力销耗，自综鹾纲，虽规随未替，而欲与兴利除弊，则殊病未能矣。督粮道驻扎省城，会办善后、厘务各局，洋务一局尤有专责。现任该道李培祜①，老成循谨，年力渐衰，局务繁剧，已非所任。至于洋务交涉，益以茫然。越事艰难，至今日极矣。防务方棘，岌岌患贫，几不可终日。重以中外错居，诈虞未泯。

此内忧外患交迫之时，以臣衰庸，忝兹重寄，所赖二三僚属，理财柔

---

① 李培祜（1820—?），字汝受，号静山，云南昆明人，廪生。道光二十四年（1844），中举。二十七年（1847），中式进士，选庶吉士。二十八年（1848），丁父忧，回籍守制。三十年（1850），服满。咸丰二年（1852），补行散馆，授翰林院编修。三年（1853），充国史馆协修官。四年（1854），授实录馆纂修官。五年（1855），充顺天乡试同考官。同年，保记名御史。六年（1856），充稽察普济堂御史。同年，补授山东道监察御史。七年（1857），督理五城街道事务，转掌陕西道监察御史。八年（1858），京察一等，加一级。九年（1859），升授吏科给事中。同年，转补礼科掌印给事中。十年（1860），保道员。同年，补授直隶宣化府知府。同治七年（1868），以调办江防出力，赏加盐运使衔。九年（1870），补授保定府知府。同年，回任直隶宣化府知府。光绪五年（1872），回任保定府知府。六年（1880），升补直隶通永兵备道。七年（1881），调补广东督粮道。十年（1883），经两广总督张树声奏请开缺，修有《保定府志》存世。

远，各举其职，下辅微臣之竭蹶，上纾宵旰之忧勤。乃如周星誉、李培祜者，咸近暮年，力难任事。坐视盐务之系饷源、洋务之关全局，将伯无助，夙夜彷徨，合无仰恳圣明将两广盐运使周星誉、广东督粮道李培祜即行开缺，送部引见，另简廉正综核及通达交涉之员分别补授，俾得整饬盐务以济度支，分任洋务以善因应。粤东幸甚！微臣幸甚！

谨恭折据实具陈，伏乞皇太后、皇上圣鉴，训示。谨奏。光绪九年十二月十五日●2。

光绪十年正月初三日，军机大臣奉旨：另有旨。钦此●3。

【案】此折原件查无下落，录副①现藏于台北"故宫博物院"，兹据校补。

1.【太子少保两广总督臣张树声跪】刊本无此前衔，兹据录副校补。

2.【光绪九年十二月十五日】此具奏日期，据录副及《军机处随手登记档》②校补。

3.【光绪十年正月初三日，军机大臣奉旨：另有旨。钦此】此奉旨日期与内容，据录副及《军机处随手登记档》校补。

【案】此奏旋于光绪十年正月初四日得旨允行。《光绪朝上谕档》载曰：

光绪十年正月初四日，内阁奉上谕：张树声奏，监司大员才力不称一折。广东盐运使周星誉、督粮道李培祜，年力就衰，不能胜任，均着即行开缺。该部知道。钦此。③

一四　保荐人才折

光绪九年十二月十五日（1884 年 1 月 12 日）

太子少保两广总督臣张树声跪●1奏，为遵旨保荐人才，恭折密陈，仰

---

① 台北"故宫博物院"藏：《军机及宫中档》，文献编号：124623。
② 中国第一历史档案馆藏：《军机处随手登记档》，档案编号：03－0242－2－1210－002。
③ 中国第一历史档案馆编：《光绪朝上谕档》，第 10 册（光绪十年），广西师范大学出版社1996 年版，第 7 页。又《德宗景皇帝实录（三）》，卷一百七十七，光绪十年正月，第464 页。

祈圣鉴事。

窃光绪八年十一月二十八日，钦奉上谕：时事多艰，需才孔亟，内而部院大臣，外而督抚大员，各有以人事君之义，平时见闻所及，如有器识闳远、才守兼优之员，素所深悉者，着各举所知，出具切实考语，秉公保荐等因。钦此。仰惟圣主达聪明目，劳于求贤，洵足以兴一代之人才，动四海之观听，以国家育德树人，培植至厚，虽当野无遗贤之日，知必有搜幽达隐，以副朝廷侧席之勤者矣。臣识暗知人，储材未预，迟之又久，考察既详，始敢以见闻所及，效敬举所知之义。

伏见广西候补道蒋泽春，气宇宏整，干力优长。昔年广西贼起，全省糜烂，该员从其兄蒋益澧①，带勇剿贼，备历险艰。曾一权右江道篆，战功治状，至今西人犹称道之。

道员用前大名府知府李兴锐②，识力坚卓，操守廉正。曩随故大学士曾国藩军营，经理饷糈，辑合将士，久著名称。嗣随赴直隶，整饬吏治，不辞劳怨。近年办理上海机器局事，亦能综核名实，条理精详。惟现闻该员已丁忧回籍，服阕后，其才实堪大用。

山东候补知府全士琦，体用兼备，风力遒上，历任历城、德州等州县，勤政爱民，实事求是，卓然自立，不肯与时俯仰。臣于光绪四年服阕入都，道经德州等处，去该员牧州时多年矣，所遇父老，无不交口诵全士琦德政，谓数十年未有之好官也。

---

① 蒋益澧（1833—1874），字芗泉，湖南湘乡人，出身文童。咸丰初，投效军营。四年（1854），以功叙从九品，保县丞。五年（1855），加同知衔。同年，保知府。七年（1857），加额哲尔克巴图鲁勇号，加按察使衔。八年（1858），晋布政使衔。是年，署广西按察使。九年（1859），补授广西按察使，迁广西布政使。同年，因案以道员降补。十年（1860），保按察使。十一年（1861），补广西按察使。同年，开复布政使原官。同治元年（1862），调补浙江布政使。三年（1864），授云骑尉、骑都尉世职。四年（1865），护理浙江巡抚。五年（1866），擢广东巡抚。六年（1867），因案降二级，以按察使候补。七年（1868），再补广西按察使。同年，旋因病回籍。十三年（1874），进京陛见，病卒。谥果敏。

② 李兴锐（1827—1904），字勉林，湖南浏阳人，诸生。咸丰初，随曾国藩剿办太平军。咸丰十一年（1861），以军功保直隶州知州，赏五品封典。同治元年（1862），保知府，赏戴花翎。七年（1868），保道员。八年（1869），保知府。九年（1870），补直隶大名府知府。光绪元年（1875），总办上海机器制造局，晋二品顶戴。十五年（1889），署津海关道。二十一年（1895），调补山东登莱青道，转天津道。二十二年（1896），升长芦盐运使。同年，署直隶按察使。二十三年（1897），补授福建按察使。二十四年（1898），迁福建布政使。二十五年（1899），调广西布政使。二十六年（1900），擢江西巡抚。二十八年（1902），调广东巡抚，署两广总督。同年，署闽浙总督。三十年（1904），署两江总督。同年，卒于任。谥勤恪。

广西南宁府知府何昭然①，才识练达，卓有猷为，历任广西州县，常能于积敝之区竭诚整饬，除乱戢暴，抚绥善良，不遗余力。自擢守南宁，尤以安内御外、绥靖边城为亟，勇于任事而精力亦足以副之。

江西南昌府同知崔国榜②，卓著循声，才堪肆应。闻其在江西屡办交涉要案，皆能使民、夷悦服，洵为今日济时良材。

此五员者，或本系寅僚，或向未识面，然皆考之于实事，征之于舆论。而徇私情、采虚誉之意，不敢参焉。夫匡时之才由奖借而出，济治之略以历试而宏。仰恳圣明俯察刍荛，量才擢用，俾得及时自效，或当毋负生成！

所有保荐人才缘由，谨恭折密陈。伏乞皇太后、皇上圣鉴，训示。谨奏。光绪九年十二月十五日●2。

光绪十年正月初三日，堂谕封存。初四日，见面带上，带下缮旨●3。

【案】此折原件查无下落，录副③现藏于台北"故宫博物院"，兹据校补。

1.【太子少保两广总督臣张树声跪】刊本无此前衔，兹据录副校补。

---

① 何昭然（1845—?），四川资州人，附生。同治三年（1864），中式第二名举人。四年（1865），考取宗学汉教习。五年（1866），捐免历俸，以知县用签掣广西。七年（1868），到省，历署天宝、陆川永宁各州县。同年，补授灌阳县知县。光绪元年（1875），加一级。二年（1876），调补临桂县知县。三年（1877），以功保同知。四年（1878），举行大计，保荐卓异，调署怀集县知县。五年（1879），调署贵县知县。六年（1880），保知府，署理横忻州知州。同年，补授郁林直隶州知州，七年（1881），补授南宁府知府。八年（1882），调署浔州府知府，卸事后回任，加三品衔。十二年（1886），大计卓异，兼理左江道篆。十三年（1887），保道员，加二品顶戴。同年，丁父忧，回籍守制。十五年（1889），服阕赴部起复。十六年（1890），办理广西全省厘务。十七年（1891），丁继母忧。十九年（1893），服满起复，仍赴广西补用。二十年（1894），办理营务处，委署盐法道兼办厘金总局事务。同年，署理广西按察使，兼办洋务、营务。二十二年（1896），补授桂平梧盐法道。同年，调补太平思顺道。二十四年（1898），被参革职，经山东巡抚张汝梅奏留于山东，办理春赈。二十九年（1903），因案革职。三十年（1904），发往军台效力。
② 崔国榜（1839—?），安徽太平县人，附生。咸丰九年（1859），中举。同年，投效楚军，以功历保蓝翎知县、同知、加运同衔。同治七年（1868），中式进士，以知县即用，报捐指省，分发江西，俟补缺后以同知补用。同年，补授赣县知县。光绪四年（1878），捐换花翎。六年（1880），题补南昌府同知。九年（1883），调赴浙省台州委用。十年（1884），补授江西建昌府知府。十一年（1885），调补赣州府知府。十三年（1887），补授南昌府知府。十六年（1890），兼理吉南赣宁道。十七年（1891），保道员。十八年（1892），补授广西右江道，兼统右江水师右营防勇。十九年（1893），请假回籍修墓。
③ 台北"故宫博物院"藏：《军机及宫中档》，文献编号：124621。

2. 【光绪九年十二月十五日】此具奏日期，据录副及《军机处随手登记档》① 校补。

3. 【光绪十年正月初三日，堂谕封存。初四日，见面带上，带下缮旨】此奉旨日期与内容，据《军机处随手登记档》校补。

一五　密保何嗣焜片

光绪九年十二月十五日（1884 年 1 月 12 日）

再，分发省分前先补用直隶州知州何嗣焜，江苏武进县生员，学有本源，洞达时务。臣曩官苏省时，即访知其行谊，嗣聘入幕中，朝夕与居，勤加考察，其操志之坚、制行之卓，有迥非常人所能及者。比年臣仰荷圣恩，历任南北疆寄，凡军谋、吏治尚未遽及于颠覆者，实赖该员匡助之力。该员淡于荣利，三十岁后即不事举业，一意讲求经世之务。少与吴大澂同学里中，其才识兼到，亦吴大澂一流人物●¹。

当此需才孔亟之时，臣知之既切，不敢壅于上闻，自惭庸陋，无补时艰，窃效以人事君，藉酬高厚，断不敢稍存私意，上渎宸聪。倘荷圣明俯采刍言，将该员量加录用，臣敢保其必能卓有树立，无负委任。

谨附片密陈。伏乞圣鉴，训示。谨奏。

光绪十年正月初三日，堂谕封存。初四日，见面带上，带下归籤●²。

【案】此奏原件查无下落，录副②现藏于台北"故宫博物院"，兹据校补。再，刊本、录副均未署具奏日期，查阅光绪十年正月初三日《军机处随手登记档》③张树声折栏，内即有此片，且栏首署有"报五百里、十二月十五日广东省城发"等字样。据此，此片具奏日期当为"光绪九年十二月十五日"无疑，兹据校补。

1. 【少与吴大澂同学里中，其才识兼到，亦吴大澂一流人物】刊本无此句，兹据录副校补。

2. 【光绪十年正月初三日，堂谕封存。初四日，见面带上，带下归籤】此奉旨日期与内容，据《军机处随手登记档》校补。

---

① 中国第一历史档案馆藏：《军机处随手登记档》，档案编号：03－0242－2－1210－002。
② 台北"故宫博物院"藏：《军机及宫中档》，文献编号：124624。
③ 中国第一历史档案馆藏：《军机处随手登记档》，档案编号：03－0242－2－1210－002。

一六　遵查粤绅康国器开办捐输情形折

光绪十年正月二十一日 （1884 年 2 月 17 日）

太子少保两广总督臣张树声、广东巡抚臣倪文蔚跪●¹奏，为遵旨查明粤绅康国器开办捐输情形，据实覆陈，仰祈圣鉴事。

窃臣等承准军机大臣密寄：光绪九年十二月十四日，奉上谕：前据倪文蔚奏，王德榜军饷，左宗棠拟饬康国器①于两广地方筹捐接济。该两省情形艰窘，事属难行，亦非咄嗟可办，当谕令左宗棠将该藩司营勇口粮妥筹接济。兹据左宗棠奏，康国器等亟盼该军赴粤，力任筹饷，相需正殷等语。着张树声、裕宽、倪文蔚查明康国器开办捐输究竟是否可行？于饷需能否有济？据实具奏。师行粮随，不容稍有短缺，仍着左宗棠将该军月饷力筹接济，无稍贻误等因。钦此。臣等遵即饬行藩司钦遵确切查明具覆去后。

兹据广东藩司刚毅②详称：移准前广西藩司康国器函称：国器因病杜门十年，乃承左宗棠于光绪九年十一月初八日来缄，属办粤东捐项，以济王德榜饷需，经国器禀辞。嗣于十二月二十二日又奉左宗棠抄折行知，并缄责以勉襄王事，业即禀复，俟奉到部颁章程、执照，即督同正绅劝捐各在案。惟查贵州省俸饷、恤赏抵捐仍在粤开收，山东各省振捐亦接踵而

---

① 康国器（1811—1884），原名以泰，字交修，号友之，广东南海人。道光二十七年（1847），以吏员补江西赣州府赣县巡检。咸丰二年（1852），调补抚州府乐安县巡检。五年（1855），署南城县知县。十年（1860），升知府，加道衔。同治三年（1864），补授延建邵道，加按察使衔。同年，署福建按察使。四年（1865），晋布政使衔。五年（1866），迁福建按察使。八年（1869），擢广西布政使。十年（1871），护理广西巡抚。十一年（1872），以疾归。光绪十年（1884），卒于籍。

② 刚毅（1834—1900），字子良，满洲镶蓝旗生员。同治初，充刑部笔帖式。五年（1866），选刑部主事。八年（1869），补刑部员外郎。光绪五年（1879），升郎中。六年（1880），补授广东惠潮嘉道。七年（1881），迁江西按察使。八年（1882），调补直隶按察使。同年，升授广东布政使，转云南布政使。十一年（1885），擢山西巡抚。十四年（1888），调补江苏巡抚。十八年（1892），补授广东巡抚。二十年（1894），充军机大臣。同年，署礼部右侍郎，兼方略馆总裁。二十一年（1895），授户部右侍郎，兼管钱法堂事务。同年，充满洲翻译副考官。二十二年（1896），补授工部尚书，兼崇文门监督、会典馆正总裁。二十三年（1897），调刑部尚书。二十四年（1898），补授正红旗蒙古都统，调兵部尚书。同年，拜协办大学士，授经筵讲官。二十五年（1899），授内大臣。二十六年（1900），随慈禧西巡，卒于途。

至。若藉劝捐封典、职衔以济饷需，深恐有误。筹办海防已阅十年，筹捐非止一次，久则生懈，多则生畏，欲捐巨款，宜官为之倡，次及绅商，或者能筹等情前来。

臣等伏查左宗棠以王德榜一军饷需，属康国器捐输应用，自为就近接济起见。今据康国器所称，是左宗棠此次具奏之时，为该藩司初次禀辞之后。虽嗣经左宗棠致书责勉，该藩司已允督同劝办，而历陈粤东劝捐之难，委系实在情形，于饷需能否有济，洵无把握。

至康国器所言欲捐巨款，宜官为之倡等语，似为本省筹防而发。臣树声昨以粤事艰窘，业与尚书臣彭玉麟暨前抚臣裕宽、臣倪文蔚率同僚属捐廉为倡，并以毁家纾难、保卫桑梓大义，剀切檄行司道，广为劝谕，至今绅商中尚未有踊跃输将者，或因臣等德薄望轻，诚不足以动众。然谓行赍居送，共济巨资，远饷关外之客军，反急于身家之自卫。此亦不可必得之事也。

现据广西司道禀报：王德榜①八营已由桂林驰赴边防，诚如圣谕师行粮随，不容稍有短缺，仰蒙谕饬左宗棠力筹接济。该大臣顾念大局，当不以不可恃之捐输，指为征军之的饷，必能源源筹济，仰慰圣廑。

所有遵旨查明康国器开办捐输能否有济饷需，洵无把握情形，谨合词●²缮折，据实覆陈。伏乞皇太后、皇上圣鉴，训示。再，前抚臣裕宽现已交卸回京，未及会衔，合并声明。谨奏。光绪十年正月二十一日●³。

光绪十年二月初七日，军机大臣奉旨：另有旨。钦此●⁴。

【案】此奏原件查无下落，录副②现藏于台北"故宫博物院"，兹据校正。

1.【太子少保两广总督臣张树声、广东巡抚臣倪文蔚跪】刊本无此前衔，兹据录副补。

---

① 王德榜（1837—1893），字朗卿、朗青，号阆青，湖南省江华县（今湖南省江华瑶族自治县）人，监生。咸丰初，办乡团，抵御太平军。七年（1857），以功保府经历、州同，赏戴蓝翎。八年（1858），升知州。九年（1859），迁直隶州知州，换花翎。同年，捐道员。十一年（1861），加按察使衔，加锐勇巴图鲁勇号。同治二年（1863），保以道员留浙江补用。三年（1864），晋布政使衔。同年，署理福建按察使。四年（1865），补授福建按察使，换达冲阿巴图鲁勇号。同年，擢福建布政使。六年（1867），丁父忧，回籍守制。十年（1871），办理左宗棠军营务。十一年（1872），率军平定甘南，加头品顶戴。光绪元年（1875），丁母忧。六年（1880），赴新疆，以旧部驻张家口。七年（1881），赴都，教练火器、健锐诸营，兼兴畿辅水利。十年（1884），署广西提督。十五年（1889），补授贵州布政使。十九年（1893），卒于任。

② 台北"故宫博物院"藏：《军机及宫中档》，文献编号：125127。

2. 【合词】刊本误作"合嗣",兹据录副校正。

3. 【光绪十年正月二十一日】刊本无具奏日期,兹据录副及《军机处随手登记档》① 补。

4. 【光绪十年二月初七日,军机大臣奉旨:另有旨。钦此】此奉旨日期与内容,据录副及《军机处随手登记档》校补。

【案】此折旋于是年二月初七日得旨,《清实录》载曰:

癸丑,谕军机大臣等:张树声、倪文蔚奏,遵查康国器开办捐输情形一折。据称康国器筹捐济饷,殊无把握,系属实在情形,着该督抚饬令康国器实力劝办,以期有裨饷需,即着该部将章程、执照迅速颁发。至王德榜一军远赴关外,所需饷项关系紧要,康国器劝捐,诚不可恃,着左宗棠、曾国荃随时力筹解济,毋任稍有缺乏,致误事机。原折着抄给左宗棠、曾国荃阅看。将此谕知曾国荃,并由五百里谕令左宗棠、张树声、倪文蔚知之。②

---

① 中国第一历史档案馆藏:《军机处随手登记档》,档案编号:03 - 0242 - 1 - 1210 - 033。

② 《德宗景皇帝实录(三)》,卷一百七十八,光绪十年二月,第479页。

卷八　岭南后稿二

○一　恭谢天恩折

光绪十年二月十九日（1884年3月16日）

太子少保两广总督臣张树声跪●¹奏，为恭谢天恩，仰祈圣鉴事。

窃折弁回粤，赍奉奏事处交出御书"福"字到臣。当即恭设香案，望阙叩头谢恩祗领。恭惟我皇上道协乾元，祥昭履祉。敷锡民而立极，箕范堪征；惟稽古曰同天，尧文丕焕。金追玉琢，粲成云汉之章；璧合珠联，绚出河图之画。庆覃八表，泽被万方。堂哉皇哉，仰睹盛世升恒之象；祜也备也，愿绎先儒训诂之文。

臣忝窃兼圻，未酬寸效。际兹多事，益愧疏庸。过蒙春秋一字之荣，愈懔候人三章之惧。惟是草尺书以招赞普，虽无捺日之高才；所愿驰露布以达甘泉，长荷如天之广被。

所有微臣感激下忱，谨缮折具奏，伏乞皇太后、皇上圣鉴。谨奏。光绪十年二月十九日●²。

光绪十年三月十九日，军机大臣奉旨：知道了。钦此●³。

【案】此折原件查无下落，录副①现藏于台北"故宫博物院"，兹据校正。

1.【太子少保两广总督臣张树声跪】刊本无此前衔，兹据录副校补。

2.【光绪十年二月十九日】刊本无具奏日期，兹据录副及《军机处随手登记档》②校补。

---

① 台北"故宫博物院"藏：《军机及宫中档》，文献编号：125850。

② 中国第一历史档案馆藏：《军机处随手登记档》，档案编号：03－0242－2－1210－071。

3.【光绪十年三月十九日，军机大臣奉旨：知道了。钦此】此奉旨日期与内容，据录副校补。

○二　遵旨详查复奏折

光绪十年正月二十八日（1884年2月24日）

钦差太子少保办理广东防务兵部尚书臣彭玉麟、太子少保两广总督臣张树声、广东巡抚臣倪文蔚跪●1奏，为遵旨详查复奏，仰祈圣鉴事。

窃臣等承准总理各国事务衙门咨：光绪九年十二月十三日，奉旨：张之洞奏，法衅已成，敬陈战守事宜，暨沥陈不可罢兵各一折。着军机大臣、总理各国事务衙门王大臣会同妥议具奏。钦此。钦遵于二十四日由本衙门会同军机大臣议复具奏，本日奉旨：依议。钦此。恭录谕旨，节抄张之洞原奏防粤一条，并节录复奏咨行臣等钦遵详查复奏等因。

承准此，伏查张之洞原奏，若与各国约不得接济，则法人不能飞渡北来，战事必自粤东始，洵深识敌情之论。而王大臣等复奏所称粤民可用，要在用之者有人；粤财可捐，要在捐之者有道。片语居要，尤粤省筹防之准的也。粤民风气强勇，狎视洋人。从前三元里九十六乡团练义声素著，诚如王大臣等复奏所称均有成效。虽今日之外夷，其将才、兵力、船坚炮利迥非道光年间可比，而先事预防，主客异势，以精练之营勇为正兵，以各乡之联团为援应，未必竟不足相持。

前太常寺卿龙元僖、前光禄寺卿黎兆棠、前户部郎中叶衍兰①、前直隶大广顺道黄槐森、吏部主事麦宝常等，臣等均延请主持团事，西路高、廉、雷、琼各属团练，亦请前广西提督冯子材、广西左江镇总兵李起高②、

---

① 叶衍兰（1823—1897），字兰雪，又字南雪，号兰台，又号秋梦，广东番禺人，先祖籍隶浙江省余姚县。咸丰二年（1852），中举人。六年（1856），中式进士，选翰林院庶吉士。九年（1859），授户部主事，历官户部江西司主事、贵州司员外郎、云南司郎中，官至军机章京。晚年辞官回籍，主讲越华书院。光绪二十三年（1897），卒于里。著有《黄诗七律》《秋梦盦词》《秋梦盦词续》《旧雨联吟》《清代学者像传》等传世。

② 李起高（？—1887），字崇阶，广东省合浦县（今广西壮族自治区合浦县）人。道光年间，投效军营，以军功拔海安营外委。咸丰元年（1851），署理海安营把总。二年（1852），加六品顶戴，赏戴蓝翎。五年（1855），保升守备，换花翎。同年，补授广东崖州营把总。六年（1856），保游击。八年（1858），升参将。十一年（1861），迁副将，加总兵衔。同年，保总兵。同治元年（1862），擢江苏苏松镇总兵。三年（1864），赏力勇巴图鲁勇号，加提督衔。四年（1865），调补广西左江镇总兵。十三年（1874），换阿克敦巴图鲁勇号。光绪六年（1880），因病回籍调理。九年（1883），办理广东西路高廉雷琼团练事宜。十一年（1885），充调练分布多树旌旗各乡联络官。十三年（1887），因病出缺。

户部主事潘存等任之，均经奏明在案。臣等用粤民之望以用粤民，虚衷倚任，当可激励众志，共矢同仇。

至广东夙称富庶，议者多言此邦财力为东南之冠，诚以地极南海，向擅番舶之利。咸丰以前，各口均未通商，外洋商贩悉聚于广州一口，当时操奇计赢、坐拥厚赀者，比屋相望。如三十家洋行独操利权，丰享豫大尤天下所艳称。遇有集捐之事，巨万之款，咄嗟可办。自南、北洋各口通商，而广州商利遂散于四方，香港、澳门复为丛渊，于堂户之间物力渐匮，厘榷繁兴，补苴之计愈亟，鱼爵之殴愈甚。盖今昔通商聚散之分，即粤中地方丰耗之故矣。况军兴以来，捐输之举迭矩重规，此时已如弩末。现在奏准援照山东赈捐章程，开局劝办。而昔年各省捐输流弊，减折招徕，为捐生所习闻。今欲实收例银，能否踊跃，殊无把握。

去冬臣树声以饷源艰窘，倡捐廉银一万两，臣玉麟、臣文蔚各倡捐银五千两，前抚臣裕宽亦倡捐三千两。檄饬司道商请各绅，广为劝谕，现惟粤海关监督崇光捐二万两，广东藩司刚毅、两广运司周星誉各捐四千两，广东臬司沈镕经①捐一千两，潮州府知府朱丙寿捐五千两，均已解充海防经费。其余各道府亦陆续各捐数千百两不等，现未解齐。至于绅商殷富，已据各绅允即商劝，尚未有来者，能否集成巨款，亦难预拟。张之洞所称民间慷慨捐输已成巨款，自系传闻之误。

所有遵旨详查复奏缘由，臣等谨合词缮折具陈，伏乞皇太后、皇上圣鉴。臣玉麟入春以来旧恙、心忡、气逆、筋散、疼痛等症次第举发。正月二十四日咯血，二十六日又大咯，呕血碗余，精神疲困，不可言状。时际艰难，粤防紧要，不敢告劳，只有听之，尽此残喘，以图报效朝廷而已，合并声明。谨奏。光绪十年正月二十八日●2。

光绪十年二月十二日，军机大臣奉旨：览奏，均悉。所有筹防筹饷等事，着懔遵叠次谕旨，妥商办理，以副委任。钦此●3。

---

① 沈镕经（1834—1885），字芸阁，浙江乌程县（今浙江省湖州市）人。咸丰十一年（1861），由廪贡生报捐双月训导。同治元年（1862），以克复宁波府城赏戴蓝翎。五年（1866），以军功加盐运使衔。六年（1867），中举人。七年（1868），中式贡士，殿试二甲进士，以知县签分江西。八年（1869），署理江西长宁县知县。九年（1870），补授贵溪县知县。十二年（1873），调补上饶县知县。光绪三年（1877），署理新建县知县。四年（1878），升授安徽太平府知府。八年（1882），调补安庆府知府。九年（1883），迁安徽安庐滁和道。十年（1884），晋广东按察使。同年，兼署两广盐运使。十一年（1885），擢云南布政使，调补广东布政使。同年，因病出缺。著《慧香室集》，编《长宁县志》等行世。

【案】此折原件、录副均查无下落，待考。查《彭刚直公奏稿》①亦存此折，兹据校补。

1.【钦差太子少保办理广东防务兵部尚书臣彭玉麟、太子少保两广总督臣张树声、广东巡抚臣倪文蔚跪】刊本无此前衔，兹据前后折件及《军机处随手登记档》② 校补。

2.【光绪十年正月二十八日】此具奏日期据《彭刚直公奏稿》校补。

3.【光绪十年二月十二日，军机大臣奉旨：览奏，均悉。所有筹防筹饷等事，着懔遵叠次谕旨，妥商办理，以副委任。钦此】此奉旨日期与内容，据《军机处随手登记档》校补。

【案】此奏旋于是年二月十二日得旨，《清实录》载曰：

办理广东防务兵部尚书彭玉麟等奏，遵复张之洞条陈广东防务。得旨：所有筹防筹饷等事，着懔遵叠次谕旨，妥商办理，以副委任。③

○三 方长华一军碍难由钦灵前进折
光绪十年二月十四日（1884年3月11日）

钦差太子少保办理广东防务兵部尚书臣彭玉麟、太子少保两广总督臣张树声、广东巡抚臣倪文蔚跪●¹奏，为遵旨酌度方长华一军已由南宁迅赴关外，碍难由钦、灵前进，恭折复陈，仰祈圣鉴事●²。

窃于光绪十年二月初三日承准军机大臣密寄：正月十三日●³上谕：徐延旭奏，布置北宁各路防军严加扼守各折、片。览奏，均悉。方长华一军，着张树声催令迅即到防。钦州一带路僻难行，据奏请饬广东官军由钦、灵进攻海阳，是否可行？仍着张树声酌度办理等因。钦此。二月初四日，承准军机大臣密寄：正月十六日上谕：岑毓英、徐延旭先后奏陈调拨轮船由水路进击，现在广东、福建防务吃紧，且无大号得力兵轮，无可征调。前据徐延旭奏，请饬广东由钦、灵进规海阳，仍着张树声遵照前旨，酌度办理等因。钦此。二月初七日，承准军机大臣密寄：正月十八日上

---

① 《清代诗文集汇编》编纂委员会编：《清代诗文集汇编》，第666册，上海古籍出版社2009年版，第490—492页。

② 中国第一历史档案馆藏：《军机处随手登记档》，档案编号：03－0242－1－1210－038。

③ 《德宗景皇帝实录（三）》，卷一百七十八，光绪十年二月，第481页。

谕：方长华一军可否由钦、灵一带前进，着彭玉麟、张树声斟酌地势，催令迅速到防，毋得迟延等因。钦此。仰见朝廷出师维藩，博征群策，庙谟深远，钦服曷胜！●4

伏查道员方长华一军，据报由南宁迅赴关外，业经另折奏报。北宁军情方紧，势不便折回粤东，迂道钦、灵，以致缓不及事。惟钦、灵进兵之策，臣等始筹越事，议者亦谓滇军临其上，西军当其中，东军牵其后，三省合谋，计当出此。嗣经考核地势，审察敌情，乃知其有未易行者，盖灵山境界广西，与越南并非接壤。钦州出境至越南海阳之路迤逦由东北而指西南，其右皆崇山峻岭，鸟道崎岖，"省志"所谓十万山也。其左一径斜通，悉濒大海。广安一省棋峙中道，法人并守之，以为犄角。

至于海阳境内支河汊港，百道纷歧，尤非陆师所能径达。法人久踞河内，嗣又袭取南定、兴安、宁平，并攻夺山西各省。海阳为后路门户，设守极坚，兵轮铁舰环泊海口内外。我军沿海南行，彼可以水师沿海相薄，节节阻击，势不能前。就令先下广安，渡江越河，直抵海阳城下，彼以坚轮、大炮截我归路，环而击我，则进不足以牵掣山西、河内之法兵，退反蹈顿兵坚城之危道。去冬北宁官军三袭海阳，虽入其外郭而不能得手，实由于此。然犹幸西军以北宁陆地为后路，河道无多，可以从容撤去，无取道广安沿海之险也。若由钦州迤西寻陆路进兵，必越十万山中，缘崖穿谷，辗转而前，仍须先抵达谅山一带乃达海阳，非复间道出奇之意，而转输之吃力则百倍于镇南关一路矣。

且迭奉谕旨，法如侵我驻军之地，即与开仗，已明谕法人，布告各国。北宁、兴化两路官军与法军相持日久，兵刃相接，亦无启衅内地之嫌。钦州界外广安、海阳等处，东省向未驻军，近来廉、琼等处渔船偶入越洋海界，辄为法军杀伤、焚毁，在粤洋则彼此相安，是彼族不遽犯中国之意，界限犹明。若东军鼓行而出，彼或借口败盟，亦鼓轮而东，各口骚然，似非计之得者。至广东兵力、饷力之不逮，水陆转运之艰难，犹其后焉者也。

徐延旭节次奏请调拨轮船严扼顺化、海防各口，果使力能及此，则东军由钦州前进，水陆徂征，原为胜算，方今闽粤筹防均当吃紧，且无大号得力兵轮可以征调，久为圣明所洞烛。臣等再三酌度，钦、灵一路似未便以偏师尝试，转致有损无益。

所有方长华一军碍难由钦、灵进攻缘由，臣等谨合词据实复陈，伏乞皇太后、皇上圣鉴，训示。谨奏●5。光绪十年二月十四日●6。

光绪十年二月二十七日，军机大臣奉旨：知道了。钦此●7。

　　【案】此折原件、录副均查无下落，抄件存于《清季外交史料》①，又刊本《彭刚直公奏稿》②亦载此折，兹据校勘。再，刊本、《清季外交史料》均未署具奏日期，而《彭刚直公奏稿》署"光绪十年三月十四日"，存疑。兹据抄件奉旨日期查光绪十年二月二十七日《军机处随手登记档》③彭玉麟、张树声、倪文蔚折，署有"报四百里、二月十四日发"等字样。据此，此折具奏日期当为"光绪十年二月十四日"，《彭刚直公奏稿》讹误无疑，兹据校补。

　　1.【钦差太子少保办理广东防务兵部尚书臣彭玉麟、太子少保两广总督臣张树声、广东巡抚臣倪文蔚跪】刊本无此前衔，兹据抄件及前后文校补。

　　2.【为遵旨酌度方长华一军已由南宁迅赴关外，碍难由钦、灵前进，恭折复陈，仰祈圣鉴事】抄件仅作"为遵旨酌度方长华一军已由南宁迅赴关外，碍难由钦、灵前进事"。

　　3.【正月十三日】《彭刚直公奏稿》作"二月十三日"，显误。

　　4.【案】刊本无此部分，兹据抄件校补。

　　5.【所有方长华一军碍难由钦、灵进攻缘由，臣等谨合词据实复陈，伏乞皇太后、皇上圣鉴，训示。谨奏】此句抄件只作"谨奏"。

　　6.【光绪十年二月十四日】此具奏日期据《军机处随手登记档》校补。

　　7.【光绪十年二月二十七日，军机大臣奉旨：知道了。钦此】此奉旨日期与内容，据抄件及《军机处随手登记档》校补。

　　【案】清廷又于光绪十年二月二十八日电谕张树声等派兵援越并固琼防，曰：

　　彭玉麟等奏，遵旨派将添营，迅赴前敌，暨筹防琼、廉各折片，览奏，均悉。北宁失守，粤西防营退扎，正须收拾整顿。方长华一军现已募齐，着彭玉麟饬令克日拔队出关，驰赴前敌，以厚兵力。琼州防务紧急，着彭玉麟、张树声、倪文蔚懔遵前旨，督饬吴全美、王之春严密布置，不得稍涉疏虞。西路团练并令冯子材等实力筹办，俾壮声威。惠州会匪由稔山分股窜扰，业经官军击败，现在已否扑灭？务

①　王彦威、王亮辑编，李育民、刘利民、李传斌、伍成泉点校整理：《清季外交史料2》，湖南师范大学出版社2015年版，第758页。

②　《清代诗文集汇编》编纂委员会编：《清代诗文集汇编》，第666册，上海古籍出版社2009年版，第494—495页。

③　中国第一历史档案馆藏：《军机处随手登记档》，档案编号：03 - 0242 - 1 - 1210 - 051。

当迅速歼除，以清内患，免致牵掣防军，是为至要。将此由五百里各密谕知之。①

【案】清廷又于光绪十年二月二十九日谕令张树声等速筹防御，曰：

乙亥，谕军机大臣等：昨据李鸿章电报，法兵已攻取太原，华兵死伤甚众，又有拟索兵费之说。法人猖獗至此，殊堪发指！粤西防军，布置经年，乃一经遇敌，不能固守，以致北宁、太原相继被陷。徐延旭屡次奏报，一味粉饰，近接其二月初一日折奏，尚称北宁可以无虞，实属昏愦已极！本日已谕令潘鼎新速赴广西筹办一切。刻下黄桂兰、赵沃等军退扎何处？着张树声查明具奏。冯子材于广西边外情形较熟，着张树声传知该提督，速即赴镇南关外，接统黄桂兰所部各营，认真整顿，力筹战守，毋稍迟延。法人逞兵未已，且有索费之说，琼州防务愈形吃重，着彭玉麟、张树声、倪文蔚速筹备御。如兵力不敷，即行添调前往，以资厚集，并将各路团防加意联络，藉壮声威，以佐兵力之不及。将此有六百里各密谕知之。②

○四　奏报越南北宁不守折

光绪十年二月二十九日（1884 年 3 月 26 日）

太子少保两广总督臣张树声跪●1奏，为据报越南北宁不守，请将带兵各员分别治罪，并请旨将臣交部严议，恭折驰奏，仰祈圣鉴事。

窃二月中旬越南法军进攻北宁，迭据各处电报，十五日北宁失守，当以未接前敌来报，即经先行电达总理各国事务衙门在案。嗣准总理衙门摘要电寄二月十九日谕旨：昨据李鸿章电报北宁已失，官军退至太原，曷胜愤懑！着岑毓英激励诸军，设法进取。徐延旭株守谅山，毫无布置，殊堪痛恨！着收集败军，尽力抵御，已有旨将该抚先行摘去顶戴，革职留任。如再退缩不前，从重治罪。琼防愈急，若有疏虞，办理更行棘手。彭玉麟、张树声等务当认真筹备，惠州会匪迅即扑灭，以靖内患等因。钦此。

---

① 《德宗景皇帝实录（三）》，卷一百七十八，光绪十年二月，第489—490页。又，王彦威、王亮辑编，李育民、刘利民、李传斌、伍成泉点校整理：《清季外交史料2》，湖南师范大学出版社2015年版，第759页。

② 《德宗景皇帝实录（三）》，卷一百七十八，光绪十年二月，第490页。又，王彦威、王亮辑编，李育民、刘利民、李传斌、伍成泉点校整理：《清季外交史料2》，湖南师范大学出版社2015年版，第759页。

仰见宫廷宵旰，庙算周详，疆场之臣治军无状，惶悚同深！当即分饬琼州、惠州文武地方官钦遵，认真筹办。

顷接广西抚臣徐延旭驰报：本月十一日辰刻，法驶兵轮四艘、板艇十余只，由六头江直上扶良墟登岸，扑犯已革总兵陈得贵等防营，各营出队堵御，枪炮互施。日中，陈得贵营盘被船炮轰破，登即败退。总兵韦和礼等各营奋勇驰至，敌炮如雨，副将李极光、参将翟世祥均受重伤，各村教匪响应，力敌至晚，扶良炮台竟为法兵所踞，我军伤亡不少，退扎桂阳县。副将党敏宣奉调出队堵御落后。十五日黎明，法军又由河内添来悍卒数千、兵轮九艘，合力由扶良上犯涌球，并分攻新河三江口各处。我军分投抵御，提督陈朝纲御敌于涌球，天明出队，战至申刻，被法军夺踞涌球各土山炮台，各营败退至河北，分扎安勇县、琼山府等处。其各处御敌之营亦多鏖战竟日，营哨官伤亡十数员。是日，刘永福战于左河获胜，闻涌球不守，率死士来援，夜半袭攻炮台，杀毙法兵多名，夺获开花炮三尊。十六日，永福复出队与战，以众寡不敌，各处教民复鸣角四起，遮其去路，永福敛全军冲阵而退。两路统领广西提督黄桂兰正在督队，防营互相惊溃，旋即败走，绕道渡江。至黄云社屯牙一路，道员赵沃带兵出战，不知退至何处。琼江以北防军仅有七营，恐亦难支，北宁势必不守。现在飞催王德榜、方长华两军作速出关等情前来。

伏惟两年以来，法人于越之北圻锐意力图，志在必得，往岁攻取河内后，臣即深虑广西将卒不足以当此大敌。八年四月，臣至天津，曾密疏请令岑毓英驻扎滇边，经营北圻。上年回粤，见法越之衅愈亟，自请出关效力，未奉恩俞。复念中国交涉全局得失在此一举，刘永福虽属屡胜而未可深恃。若永福不支，北圻全去，法必挟全胜之势以与中国为难，宜举北圻之事专任一人，使得收拾人心，联滇、桂为一气，于十月三十、十一月初九等日，迭以函电缕陈总理衙门采择。十二月中，又以桂军将帅不一心、兵勇不精练、前敌可虑各情形密致李鸿章转达总理衙门察核。臣本无远略，重以衰庸，去年以广东防务紧要，拜命回任，专力东防，已形竭蹶。其时唐炯[①]、徐延旭

---

① 唐炯（1829—1909），贵州遵义人，字鄂生，晚号成山老人。道光二十九年（1849），中式举人。咸丰四年（1854），在家乡举办团练，报捐知县，分发四川。六年（1856），署南溪县知县。同治元年（1862），统安定营，御太平军石达开部。六年（1867），奉川督崇实之命，率军入黔，经其保奏，擢升道员，旋为川督吴棠所劾，还川。光绪八年（1882），迁云南布政使。九年（1883），擢云南巡抚，率滇军与中法战争，以擅自逃回云南，革职拿问，拟斩监候，经左宗棠解救获释，戍云南。十三年（1887），督办云南矿务。三十二年（1906），褫职。宣统元年（1909），卒于籍。著有《成山庐稿》《成山老人年谱》《援黔录》《成山庐诗录》《成山堂公牍》《丁文诚公年谱》《四川官运盐案类编》《续云南通志稿》等行世。

出关督师，交州窵远，本非臣之暗浅所能借筹，祇以大局攸关，不能自已，屡陈其愚。

不谓山西一失，岑毓英遵旨赴越，已为法军阻隔，不能鼓行东下，部勒桂军。法人大举而来，北宁遽至溃败。自闻警报，痛愤填膺。广西抚臣徐延旭业经奉旨处分，广西提督黄桂兰、广西尽先题奏道赵沃分统大军，既不能备御于几先，复不能坚守于临事，贻忧君父，实负生成，现在尚无实在下落，请饬下广西抚臣查明该提督等，如果奔避偷生，即行从重治罪。已革总兵陈得贵以革员留营，仍不知愧愤，防守扶良，首被攻破。副将党敏宣素行奸欺，光绪六年经臣严饬回籍，不准逗留防营。此次徐延旭因该将为赵沃信任之员，复令统带勇营，出队落后，畏缩不前，尤皆罪无可逭，应请将陈得贵、党敏宣二员即在军前正法，以肃戎行。

臣忝任兼圻，无能补助百一，相应请旨将臣一并交部严加议处，以为疆吏不职者戒。广西关内各营现经徐延旭飞调出关，后路空虚，臣已飞饬广西臬司李秉衡调带营勇，驰赴南宁一带驻扎，以资镇抚。

所有越南北宁不守，请将带兵各员分别治罪，并臣自请严议缘由，谨缮折由驿六百里驰奏，伏乞皇太后、皇上圣鉴，训示。再，惠州会匪经署陆路提臣蔡金章等在归善县属白茫墟、老鼠坑两处击败与署水师提臣方耀合军稔山等处，搜剿擒斩甚多，余匪均已逃散，百姓亦皆安堵。现在督饬搜捕首要，办理善后，务绝根株，俟查办就绪，再行详晰奏陈，合并声明。谨奏。光绪十年二月二十九日●²。

光绪十年三月十七日，军机大臣奉旨：另有旨。钦此●³。

【案】此折原件、录副均查无下落，待考。再，刊本未署具奏日期，兹查光绪十年三月十七日《军机处随手登记档》① 张树声折，署有"报六百里、二月二十九日发"等字样。据此，此折具奏日期当为"光绪十年二月二十九日"无疑，兹据校补。

1. 【太子少保两广总督臣张树声跪】刊本无此前衔，兹据前后折件推补。

2. 【光绪十年二月二十九日】此具奏日期据《军机处随手登记档》校补。

3. 【光绪十年三月十七日，军机大臣奉旨：另有旨。钦此】此奉旨日期与内容，据《军机处随手登记档》校补。

---

① 中国第一历史档案馆藏：《军机处随手登记档》，档案编号：03－0242－1－1210－069。

【案】此案清廷于光绪十年三月十七日颁布谕旨，《清实录》载曰：

又谕：前因法国越南构衅交兵，广西边防紧要，谕令徐延旭出关，督率防军，严密扼守，以固边疆门户，乃该抚迁延不进，株守谅山，仅令提督黄桂兰、道员赵沃等带兵驻守越南之北宁。乃于法人扑犯，该提督等防御不力，竟行溃退，以致北宁失守，实堪痛恨！兹据徐延旭、张树声先后奏到失守情形，并据徐延旭自请从重治罪，张树声自请严加议处。前已有密旨，令潘鼎新驰赴广西镇南关外，传旨将徐延旭革职拿问，现计潘鼎新应已行抵广西，着该抚派员将徐延旭解京交刑部治罪，并着潘鼎新会同王德榜将黄桂兰、赵沃溃退情形切实查明。如系弃地奔逃，即行具奏，请旨惩办，毋庸解交刑部。已革职总兵陈得贵，防守扶良炮台，首被攻破；副将党敏宣带队落后，退缩不前，均着即在军前正法。其余溃败将弁，一并查明，分别定拟，请旨办理，毋稍徇隐。张树声职任兼圻，咎有应得，究属鞭长莫及，加恩着改为交部议处。广西巡抚着潘鼎新补授，湖南巡抚着庞际云署理，广西提督着王德榜署理。①

○五　筹备琼州防务情形折

光绪十年三月二十二日（1884 年 4 月 17 日）

钦差太子少保办理广东防务兵部尚书臣彭玉麟、太子少保两广总督臣张树声、广东巡抚臣倪文蔚跪●¹奏，为遵旨筹备琼州防务情形，恭折复陈，仰祈圣鉴事。

窃臣等于光绪十年三月十七日承准军机大臣密寄：二月二十九日，奉上谕：昨据李鸿章电报，法兵已攻取太原，华兵死伤甚众，法人逞兵未已，且有索费之说，琼州防务愈形吃重。着彭玉麟、张树声、倪文蔚速筹备御，如兵力不敷，即行添调前往，以资厚集，并将各路团防加意联络，藉壮声威，以佐兵力所不及等因。钦此。仰惟圣主廑怀粤海，训示周详，曷胜悚感！当即钦遵密饬琼州镇道，妥速筹备。

伏查去年十二月钦奉谕旨，以琼州备御空虚，饬臣玉麟前往扼守，即

---

① 《德宗景皇帝实录（三）》，卷一百八十，光绪十年三月下，第504—505页。

经臣等奏派臣玉麟总理营务处现署雷琼道王之春①，率所部毅字湘勇二营，并抽调署南韶连镇总兵郑绍忠所部安勇二营，并归该道统带赴琼，力筹防堵。嗣据王之春到琼后会同署琼州镇总兵吴全美，周历察勘。该府所属十县三州，除定安一县外，余皆濒海，港口纷歧，大兵轮之可泊、小兵轮之可登岸者，屈指难数。若处处设防，非一二万雄师不足以资分布。该镇道等以府城为根本重地，择要布置，以扼其冲，禀请添募红单船水师两营，分泊各港，严加备御，臣等立即批饬照办。吴全美所部原驻钦州东安勇一营，亦经该镇调赴琼州，复禀经臣等饬令添募一营，与王之春所部各营合力分防。至前署雷琼道刘镇楚②原募镇字营湘勇一千二百五十人，现已令王之春一并接统。琼州镇标额兵一千数百名，亦经吴全美简汰训练。各属团练先经臣等奏派绅士户部主事潘存③倡率办理，现又照会前福建汀延邵

---

① 王之春（1842—1906），字芍棠、爵棠，号椒生、芍唐居士，湖南清泉县（衡州市）人，文童。同治元年（1862），投效曾国藩军营，办理文案。二年（1863），投效贵州军营，保从九品。四年（1865），调赴直隶差委。五年（1866），捐县丞，递捐同知，报捐州同。七年（1868），保知州。九年（1870），加知府衔。十年（1871），赴陕西行营办理山陕前敌军粮。是年，保知府，捐三品衔。光绪元年（1875），调赴两江差遣，统带毅字营，兼办两江营务处。四年（1878），捐道员。五年（1879），赴日本国密探东洋情形。六年（1880），会办两江营务处。八年（1882），晋二品衔。九年（1883），奏调赴粤统带毅春等军十余营。同年，统领毅安等军赴琼州办理防务。十年（1884），捐花翎，署广东雷琼道。同年，补广东督粮道。十一年（1885），派往广西随同邓承修勘办界务。十二年（1886），署广东高廉道，覆勘钦州一带界务，加克勇巴图鲁勇号。十四年（1888），升浙江按察使，调补广东按察使。同年，署广东布政使。十六年（1890），迁湖北布政使。十七年（1891），稽查云南运铜，加头品顶戴。二十年（1894），奉派进京随同祝嘏。二十一年（1895），充专使俄国大臣，受佩戴俄国所赠宝星。二十三年（1897），调四川布政使。二十五年（1899），擢山西巡抚，调补安徽巡抚。二十八年（1902），补授广西巡抚。三十二年（1906），卒于里。著有《防海纪略》《国朝柔远记》《先船山公年谱》《使俄草》《椒生随笔》《谈瀛录》《王大中丞椒生奏议》《中国通商史》，修《光绪高州府志》等行世。
② 刘镇楚（1841—?），湖南湘乡县人，原云贵总督刘岳昭之子。咸丰年间，投效军营。十一年（1861），因克复湖南宜章等城出力，经湖南巡抚毛鸿宾奏保从九品，并戴蓝翎。同治元年（1862），随同援蜀。三年（1864），因军功经四川总督骆秉章保奏，俟选缺后，以应升之缺升用。五年（1866），保升县丞。七年（1868），随同入滇，捐升同知。八年（1869），以功经云南巡抚岑毓英保加知府衔，并赏换花翎。九年（1870），保知府，加道衔。十二年（1873），保道员，加盐运使衔。同年，晋二品顶戴，遵例报捐分发广东。光绪元年（1875），到粤候补。三年（1877），署理雷琼道篆务。
③ 潘存（1817—1893），字仲模，别字存之，号孺初，海南文昌县人。咸丰元年（1851），中举人，遵例捐主事，分户部员外郎，转户部主事。研究经史，工诗、古文辞、书法。光绪十年（1884），经粤督张树声知荐办雷、琼两郡团练。十四年（1888），应两广总督张之洞聘请，主讲惠州丰湖书院。十六年（1890），病缠回籍充苏泉书院、文昌蔚文书院掌教。十九年（1893），卒于家，著有《楷法溯源》《潘孺初先生遗集》存世。

镇总兵林宜华①、户部主事陈乔森②，帮同潘存筹办，皆能踊跃从事。

窃惟琼州孤悬巨浸，为水师制胜之地，非有坚轮铁甲立大支海军于雷琼之间，防守殊无把握。臣树声已节次奏陈，仰邀天鉴。今越南北宁等省相继不守，法人志气愈盈，骎骎有逞兵内犯、踞地索费之计。琼州距越之海防仅六百余里，东道首要，固彼族所为垂涎。我既无水师雄视海上，销其窥伺之谋，惟有截之港口，扼其登岸之一法，已令多备水雷，安设各口，以阻小轮船、舢板近岸之路；并虑备多力分，又饬王之春添募壮勇二营，以资分扼。统计琼防，除额兵外，共有湘、粤水陆练勇六千数百人。

琼州产米不多，平时皆仰给于北海之贩运，即柴薪亦多购自邻封，万一有警，敌船横海，接济尤难，业经宽筹饷银，多拨军火，以备缓急。并令该镇道多购米薪，预为储积；密备快艇，以通文报。虽成败利钝非所敢期，而心所能及，力所能为，不敢不督饬该镇道竭力图惟，以期同仇敌忾，上纾宵旰南顾之忧。

所有遵旨筹备琼州防务情形，臣等谨合词恭折具奏，伏乞皇太后、皇上圣鉴，训示。谨奏。光绪十年三月二十二日●²。

光绪十年四月二十九日，军机大臣奉旨：知道了。着即饬令王之春、吴全美，督率水陆各军，严密布置，毋稍疏懈。钦此●³。

【案】此折原件、录副均查无下落，待考。刊本《彭刚直公奏稿》③亦载此折，兹据校勘。再，刊本未署具奏日期，而《彭刚直公奏稿》署"光绪十年三月十二日"，因早于文中所叙日期，显属讹误。

---

① 林宜华（1831—?），字德甫，号桃溪，海南琼山县人。道光末年，投效军营。三十年（1850），充海口营守兵。同年，拔补战兵，加外委顶戴。咸丰元年（1851），补占州营水师外委。二年（1852），保把总。五年（1855），补崖州协水师二司把总。同年，以军功保千总，加六品顶戴。八年（1858），保守备，赏戴蓝翎。同年，保都司。十年（1860），保升游击，换花翎。十一年（1861），保参将，赏加副将衔。同治元年（1862），保副将，加总兵衔。二年（1863），加协勇巴图鲁名号。三年（1864），保总兵。同年，丁父忧，回籍守制。八年（1869），署理福建海坛镇总兵。九年（1870），署理浙江黄岩镇总兵。同治十年（1871），调署台湾镇总兵。光绪三年（1877），署理福建漳州镇总兵，后因案革职。三十二年（1906），开复处分。

② 陈乔森（1833—1905），原名桂林，广东省遂溪县人，书画家。咸丰十一年（1861），中式举人，选户部主事，后辞官回籍，主讲雷阳书院。光绪三十一年（1905），卒于籍，有《玉河秋泛图》《猪归纵饮图》《芦蟹图》《亭榕诗钞》《海客诗文杂存》等存世。

③ 《清代诗文集汇编》编纂委员会编：《清代诗文集汇编》，第666册，上海古籍出版社2009年版，第496—497页。

兹查光绪十年四月二十九日《军机处随手登记档》①彭玉麟、张树声、倪文蔚折，未署呈递日期。据同批折件判断，此折具奏日期当为"光绪十年三月二十二日"，《彭刚直公奏稿》所署日期讹误无疑，兹据校正。

1.【钦差太子少保办理广东防务兵部尚书臣彭玉麟、太子少保两广总督臣张树声、广东巡抚臣倪文蔚跪】刊本无此前衔，兹据同批折件及前后文校补。

2.【光绪十年三月二十二日】刊本无具奏日期，兹据《军机处随手登记档·彭玉麟、张树声、倪文蔚折》之同批折件校补。

3.【光绪十年四月二十九日，军机大臣奉旨：知道了。着即饬令王之春、吴全美，督率水陆各军，严密布置，毋稍疏懈。钦此】此奉旨日期与内容，据《军机处随手登记档》校补。

【案】此案于是年四月二十九日得旨，《清实录》载曰：

办理广东防务兵部尚书彭玉麟等奏，琼州孤悬巨浸，为彼族所垂涎，已多备水雷，添募壮勇。得旨：着即饬令王之春、吴全美，督率水陆各军，严密布置，毋稍疏懈。②

○六　恭谢天恩折

光绪十年三月二十五日（1884 年 4 月 20 日）

太子少保两广总督臣张树声跪●¹奏，为恭谢天恩，仰祈圣鉴事。

窃臣前因越南北宁失守，陈请交部严加议处，兹阅邸抄，钦奉上谕：张树声职任兼圻，咎有应得，究因鞭长莫及，加恩着改为交部议处。钦此。伏读之下，感悚莫名！

伏念臣知识庸疏，规为暗昧，志虽殷于敌忾，才实愧于干城。好水失机，敢让韩琦之罪；司州不守，宜膺任昉之弹。乃蒙圣恩原其遥领，薄示蹙疆之罚，仍宽失律之刑。定功过而法本无私，荷覆帱而臣尤独厚。仰高天之垂鉴，誓皎日以盟心。匈奴未灭，何必家为？永矢汉臣之志；猃狁孔棘，岂不日戒？愿赓周雅之篇！

所有微臣感激下忱，理合恭折具奏，伏乞皇太后、皇上圣鉴。谨奏。

---

① 中国第一历史档案馆藏：《军机处随手登记档》，档案编号：03－0242－2－1210－110。
② 《德宗景皇帝实录（三）》，卷一百八十二，光绪十年四月下，第550—5551页。

光绪十年三月二十五日●2。

光绪十年四月二十六日，军机大臣奉旨：知道了。钦此●3。

【案】此奏原件查无下落，录副①现藏于台北"故宫博物院"，兹据校正。

1.【太子少保两广总督臣张树声跪】刊本无此前衔，兹据录副校补。

2.【光绪十年三月二十五日】刊本无具奏日期，兹据录副及《军机处随手登记档》②校补。

3.【光绪十年四月二十六日，军机大臣奉旨：知道了。钦此】此奉旨日期与内容，据录副校补。

○七　吁恳开缺专治军事折

光绪十年三月二十五日（1884年4月20日）

太子少保两广总督臣张树声跪●1奏，为防务日棘，两广事殷，微臣病躯万难兼顾，吁恳天恩俯准开缺，专治军事，以图报效而免旷官，恭折沥陈，仰祈圣鉴事。

窃臣前在直隶总督署任，屡以衰病尘渎圣聪，辄蒙训勉之优，未遂放归之请。上年夏间奉命回粤，时以广东防务深系宸廑，臣顾念时艰，不敢辞避，回任受事。八月于兹，筹款于万窘，增兵于各路，购大炮于德国，运水雷于英厂，添筑台垒于虎门、长洲、鱼珠、沙路，无日不与抚臣及省中司道竭蹶经营，虽脾泻、胃弱、咳逆、畏风、不寐、眩晕等症稍感辄发，有增无减。入春以来，复咯血数次，精神委顿，尤异常时，终未敢请一日之假，偷一息之安也。现在越南北宁、太原相继不守，广西边军失律，边防、海防益形吃紧。微臣区区下忱，有不得不再陈于圣主之前者。

总督一官兼辖两省，一切整饬地方，安民察吏，皆与抚臣均其职任。每日同官、绅士酬酢往来，僚属白事，随时接见，大率黎明而起，日昃不休，兼以洋务为总督专责，近来粤东交涉之事不独较之沿海、沿江各省尤

---

① 台北"故宫博物院"藏：《军机及宫中档》，文献编号：126616。

② 中国第一历史档案馆藏：《军机处随手登记档》，档案编号：03－0242－2－1210－107。

为繁剧，即较之粤东昔年各案亦日多一日。各国洋官或会晤论说，或函牍辩驳，事无巨细，缪辗百端。洋人性情大都躁急，偏于刚则动辄决裂，将贻大局之忧；偏于柔则民氛难平，又虑酿成变故。时局多艰，不能不委曲调驭，期于上尊国体，下顺民心。每办一案，往往苦思力索，至于连朝，极少亦日需数刻。

至披阅日行公牍，常须待至深宵。钱谷、刑名杂焉并进，略观大意，已苦不遑。复欲推究吏疵，深求治理，精力衰耗，实愧未能，是以言路诸臣屡有弹章指斥粤事，臣亦未尝不自咎旷职之多也。

伏惟治兵之道，必须身历行间，亲督训练，随宜布置，于将士之孰勇孰怯，地利之孰要孰害，枪炮之孰良孰楛，曲折纤屑，了然于中，缓急进退，然后能应机调度。北宁之事固由各营用命者少，亦由徐延旭远在琼山，未尝亲临前敌，故各军涣散无纪，一蹶不振，亦可为前鉴矣。

臣病惫之余，断不堪经纬南服，但以书生起家军旅，受恩深重，疆场有事，义无畏难，前在畿辅业已屡陈天听。今防务如此其急，臣顾牵绁官事，于地方无丝毫之裨，于军事无专力之日，若复不以实陈，坐致陨越，既辜生成之厚，亦乖效命之心。

广东岭外大府，民物殷繁，人习洋情，风气骁劲，诚得如唐臣韩愈所言，有文武威风者镇抚其间，洵可建威消萌，固此南国。且外患方亟，尤赖官绅一气，众志成城。以臣之德薄望浅，既无以餍粤人之心，而久病竭蹶，阙失日多，隳坏无形，重速官谤，多事之际，将何以鼓舞群情，共御外侮？一旦贻误大局，臣虽捐糜顶踵，亦何足以赎偾事之愆哉？

窃念各处防营现已扎定，各台炮位现已到齐，塞河、水雷各事现已次第筹布，虎门外沙角、大角两处亦经兵部尚书臣彭玉麟拨派湘军，筑台驻守。琼州最为孤危，近已陆续添调水陆练勇六千余人，湘、粤两军各居其半，亦不宜再以他军相错。统计广东防务，均已粗有规模。彭玉麟伟略忠诚，士庶畏爱，坐镇岩疆，其威望风采足以詟栗水陆，固结人心。仰恳圣慈俯念粤东南洋首冲，两广事繁任重，恩准将臣两广总督缺开去，另简大臣前来接任，以免旷误。

臣去年吁请出关，未蒙俞允，自闻北宁不守，知广西各军人无固志，虽收集败亡，均难复用，愤懑之余，即拟奖率所部，仍乞前驱，虽已具疏自请严议，恭候朝廷处分，未敢率请。顷读邸抄，仰荷圣恩逾格，仅予议处，感激涕零，莫知图报！适接新授广西抚臣潘鼎新①来函，以徒手临边，无济时局，殷殷于将伯之助。臣所部淮军及淮将所统先后调募不过十余营，粤省盛称团练数万之众一日可集，常以广东不宜用客勇为言，如由臣将所部抽带赴西，出扎关外，亲当一路，必与潘鼎新共矢同仇，力固残局，抽出淮军原防地段，自可立时招集填扎。倘朝廷以东防吃重，毋庸西去，亦必督率所部，帮同彭玉麟及督抚臣，殚竭愚诚，实力筹备。

臣虽孱弱，苟得专事戎行，讲求战守，尚能竭其驽钝，期于杀敌致果，死生不渝。若仍羁于官职，则从政、治军，将欲兼营，必归两误。臣开缺之疏，先后已四上矣。委卸之心既非微臣所敢出，退让之节亦非此时所敢居，实外观时局，内顾衰庸，不得不再行吁恳。倘仍不蒙鉴察，他日朝廷悔委任之失，微臣一身不足惜，其如全局何！偻偻血诚，惟乞圣明即加垂纳，迅赐指挥，粤事幸甚，微臣幸甚！不胜激切屏营之至。

谨恭折披沥具奏，伏乞皇太后、皇上圣鉴，训示。谨奏。光绪十年三月二十五日●2。

光绪十年四月二十七日，军机大臣奉旨：另有旨。钦此●3。

【案】此折原件、录副均查无下落，待考。查光绪十年四月二十七日《军机处随手登记档》②张树声折，然未署具奏日期。据同批折件可断，此折具奏日期当为"光绪十年三月二十五日"，兹据校补。

1.【太子少保两广总督臣张树声跪】刊本无此前衔，兹据前后折件及《军机处随手登记档》校补。

2.【光绪十年三月二十五日】此具奏日期据《军机处随手登记档》之同批折件校补。

3.【光绪十年四月二十七日，军机大臣奉旨：另有旨。钦此】此奉旨日期与内容，据《军机处随手登记档》校补。

---

① 潘鼎新（1831—1888），字琴轩，安徽省庐江县人。道光二十九年（1849），中式举人。三十年（1850），考取誊录。咸丰七年（1857），投效安徽军营，以功叙知县。八年（1858），保知府。同治元年（1862），保知府留江苏补用，赏戴花翎。同年，升补道员。二年（1863），署理江苏常镇通海道，加按察使衔。三年（1864），晋布政使衔。四年（1865），补授常镇通海道。同年，升补山东按察使。六年（1867），迁山东布政使。七年（1868），封云骑尉、一等轻车都尉。九年（1870），丁母忧，回籍守制。十一年（1872），办理津沽冬防。十二年（1873），随办日本换约事宜。十三年（1874），补授云南布政使。光绪二年（1876），擢云南巡抚。十年（1884），调署湖南巡抚。同年，补授广西巡抚。十一年（1885），以镇南关失守解职。十四年（1888），卒于籍。

② 中国第一历史档案馆藏：《军机处随手登记档》，档案编号：03－0242－2－1210－108。

【案】此奏旋于是年四月二十八日得旨允行。《清实录》载曰：

壬申，谕内阁：张树声奏，因病吁恳开缺，专治军事一折。据称该督患病未痊，两广事繁任重，现在办理防务，恐难兼顾等语。张树声着准开两广总督之缺，仍着督率所部，办理广东防务，两广总督着张之洞署理。张树声俟张之洞到任后，再行交卸总督篆务。山西巡抚着奎斌暂行署理。①

○八 补足淮勇二成队伍并添募炮队两营片

光绪十年三月二十五日（1884 年 4 月 20 日）

再，臣上年奏调来粤之江南旧部记名提督吴宏洛所统淮勇五营前因驻防无事，经李鸿章裁勇二成。现在该军驻扎长洲、黄埔，分筑炮台守御，为海口进省中权扼要之地，最为吃重，已饬补足五营二成队伍，稍资厚集。今之海防以御外侮，非洋炮不足以当大敌，前饬记名提督杨安典招募粤西勇丁两营，倡练炮队，已渐有规模，昨曾派往惠州剿办会匪，颇能得力。两营兵力尚单，未足制胜，现饬杨安典添募两营，合成一队。惟淮军操练专尚严整，西勇习于宽大，畏苦殊甚。且方音侏儷，于操炮口令迄难通晓，原募西勇半已陆续更换淮人。此次吴宏洛、杨安典补添之勇，均令派员前赴江北淮、徐及安徽蒙、亳各属选募，由海道雇轮船运载来粤。

窃惟粤人多言土勇，而臣犹岌岌添募淮勇者，非谓粤勇不可用也。方耀、郑绍忠、邓安邦等，臣以其为粤中良将，既令各领粤勇，委以要地矣。至于一二旧日部将，皆乡里义故，必须将识士心，士知将意，然后驱以赴敌，缓急可恃。自曾国藩、胡林翼起于湘而有湘军，李鸿章起于皖而有淮军，自时厥后，左宗棠虽远逾秦陇，外穷沙漠，而不能不用湘部；李鸿章虽南援台湾，东镇朝鲜，而不能不用淮部。即彭玉麟在粤添募各营，大抵亦皆湘勇。若轻言兵事，杂凑成军，就地取材，兵将不习，一旦遇敌，鲜不偾事，闻北宁黄桂兰等失律之故，亦半由于此。此廉颇所以思用赵人也。

臣夙领淮军，既蒙圣主畀以治军之任，实不敢舍其所习，姑徇物情，区区之愚，谨会同广东巡抚臣倪文蔚，附片奏明。伏乞圣鉴。再，吴宏洛

---

① 《德宗景皇帝实录（三）》，卷一百八十二，光绪十年四月下，第549—550页。

所统淮勇五营月饷系由李鸿章于淮军饷项内筹拨解济。现补二成队伍，月饷系由粤省照淮军章程支发，分别造报。除咨明户部、兵部外，合并声明。谨奏。

光绪十年四月二十七日，军机大臣奉旨：该部知道。钦此●¹。

【案】此片原件、录副均查无下落，待考。查光绪十年四月二十七日《军机处随手登记档》①张树声折，然未署具奏日期。据同批折件可断，此片具奏日期当为"光绪十年三月二十五日"，兹据校补。

1.【光绪十年四月二十七日，军机大臣奉旨：该部知道。钦此】此奉旨日期与内容，据《军机处随手登记档》校补。

〇九　提督感愤自尽折

光绪十年四月初四日（1884年4月28日）

太子少保两广总督臣张树声跪●¹奏，为已故提督感愤自尽情形，谨据情代奏，恭折仰祈圣鉴事。

窃臣昨准广西抚臣徐延旭电报，广西提督黄桂兰于三月十六日中恶出缺，业经附片奏报在案。先是三月初十日接黄桂兰来咨，以官军在北宁打仗，该提督躬亲督战，刘永福观望不前，赵沃所统右路各营屡征弗至，以致众寡不敌，力战一日，遂不能支，徐延旭原奏失实各节，咨请代奏。

本月初二日，复接黄桂兰上月十五日咨称：提督自光绪五年调办左江边防，统领各营，迭将关外匪首陆之平、李亚生、杨大加伙、覃四娣等或剿或抚，奸除净尽。七年八月，督队出关，密筹布置，于今三年。及越南之河内、南定两省先后为法所陷，提督因南官之请，进驻谅江，并分营扎北宁、涌球一带。其时仅所部一军，未尝稍有畏怯。

上年五月，抚臣徐延旭奉命出关，右路统领道员赵沃亦奉派至北宁，协同驻守。方幸指臂之助，岂意竟有本年二月十五日之败。维时，提督于重围内闻报北宁已陷，为统带陈朝纲、周炳林等拥护而出，所以缓死须臾者，窃意谅江一带尚有抚臣派防重兵，苟能固守，恢复不难。迨闻谅江、郎甲相继亦为法踞，大局已坏，尚冀收集各军，再图一决。讵于二月二十

---

①　中国第一历史档案馆藏：《军机处随手登记档》，档案编号：03－0242－2－1210－108。

九日连接抚臣咨函，请回谅山商办紧急军务，并将提督所部各营概行拨归主事唐景崧节制调遣。提督迭商，愿仍任前敌，以拼一死，迄不允从。言之再四，始佯许给五营，而军火、粮饷及接应之师均无从出。抚臣之心，固早默识，独恨提督未能在北宁立时授命，迁延一月，实负鸿慈！

今当兵权尽撤，力竭计穷，目击时艰，一筹莫展。自念受恩深重，既不能向疆场努力赎罪，又曷若一死明志，沥血披诚，遗咨恳请哀矜，据情代奏，以表寸心，广西提督札付一道呈请代缴等情。并据黄桂兰之子黄家猷禀称，该提督于三月十六日在谅山行营仰药自尽，遗有历述当日情形清折一扣、亲笔遗书二纸，及徐延旭于黄桂兰殁后亲至营次，手交作为伤发身故报单底稿一纸，饬伴当陈万胜画押持去者，一并照录呈送前来。

伏查已故革职广西提督黄桂兰，向在李鸿章军营带勇，转战江、淮、皖、鄂、直东、陕西各省，险阻艰难，屡建奇绩。其平日颇明大义，尚非不能效死尽命者。惟粤西勇饷素薄，一切营规因仍苟且。黄桂兰以淮将统之，意在羁縻，究未能严加整顿。此次北宁之役，所部左路各营将士大半伤亡，其督军力战，亦尚非无据，卒以右路各营屡调不至，众寡不敌，以至于败，忍死经月，冀得一当，空拳莫张，乃以身殉，其时尚未闻革职拿问之严旨也。

虽治军失律，坐蹙藩封，该提督于九原之下愧负国恩，而其致败之由与毕命之故，其实亦有不容没者。徐延旭奏报北宁失陷折内所报前敌之事，当时仓促，传闻容有未确。即臣前次奏报，亦以北宁之失，朝廷宵旰垂虑，不及详查，悉据徐延旭函牍声叙。今边军挫衄，防务方殷，经武整军，首在察核虚实，赏必当功，罚必当罪，始足以激扬士气。现在黄桂兰、赵沃两员业经奉旨交潘鼎新、王德榜查讯奏办，黄桂兰两次咨报各情，相应请旨一并饬下潘鼎新等秉公确查，以昭核实。

除将黄桂兰咨文、清折、遗书及报单底稿各原件咨送军机处察核，并抄录咨明潘鼎新查照，暨将缴到广西提督札付一道咨送兵部查销外，谨缮折具陈，伏乞皇太后、皇上圣鉴，训示。谨奏。光绪十年四月初四日●2。

光绪十年四月二十一日，军机大臣奉旨：另有旨。钦此●3。

【案】此奏原件查无下落，录副①现藏于台北"故宫博物院"，兹据校正。

1.【太子少保两广总督臣张树声跪】刊本无此前衔，兹据录副

① 台北"故宫博物院"藏：《军机及宫中档》，文献编号：126521。

校补。

2.【光绪十年四月初四日】刊本无具奏日期，兹据录副及《军机处随手登记档》① 校补。

【案】同日，两广总督张树声为此案致军机处咨文曰：

太子少保兵部尚书兼都察院右都御史总督两广等处地方军务兼理粮饷张，为咨呈事。窃照本部堂于光绪十年四月初四日恭折具奏一件：奏为（以下全文与本文同，故从略）等因。除具奏外，相应咨呈。为此咨呈军机处，谨请查照施行。须至咨呈者。计呈送黄桂兰咨文贰件并清折一扣、遗书贰纸、报单底稿壹件、黄家猷禀壹件。右咨呈军机处。光绪十年四月初四日。

● 呈送光绪十年二月二十五日广西提督黄桂兰咨送总督之本文：

提督广西全省军门统领左江左路防军懋勇巴图鲁黄，为咨请代奏事。

窃照北宁一省本为法人必争之地，况自山西被陷，犄角之势已失。上年冬腊月间，实时有并力来攻之谣。本提督与右路统领赵道沃商酌，分派各营严扼扶朗、榄山、新河、慈山、涌球、谅江等处要害，用资守御，曾经送将布置情形具报在案。迨至本年正月，彼族消息日紧，六头江一带法船愈聚愈多。正月十六日，右路将官党敏宣率带所部一军及招纳狗头山匪之应良润岳等字营，由扶朗拔队前往堵御，久无报至。二十七日，赵道复亲往督率袭攻，未能得手。至二月十一日辰刻，法人竟以大兵轮五艘、板艇十余只，合教匪约五六千人，分四路围扑扶朗防营。自辰至申，接仗五时之久，该匪等愈战愈众，枪炮密如雨点，适由北宁派去大队，恰到接应，于是管带翟世祥、李极光、陈得贵、叶逢春等遂各率队奋力冲击，内外夹攻，破出重围。时已昏暮，翟世祥、李极光各受炮伤，哨弁勇丁均有伤损。法兵亦有伤亡。遂收队，暂退六里，以图次日复战。然是役，扶朗炮台已失，匪势愈盛。往调党敏宣一军前来接应，数日未到。

十二、三、四等日，法、教等匪分道进犯我军，各路时与交绥，未能全胜。十四晚间，敌势愈紧，民心惊惶，外间讹传纷纷，情形甚急，当与赵道传集越将刘永福及统带陈朝纲、韦和礼、周炳林到营，商定是夜四更造饭，黎明出队，并于涌球要害先安地营。本提督与赵道亲自督阵，往当法兵最重要之处，以陈朝纲统带各营力御涌球

---

① 中国第一历史档案馆藏：《军机处随手登记档》，档案编号：03－0242－2－1210－102。

一路。

十五日卯刻，彼族带同客匪、教匪约数万人，由新河、慈山、左河、榄山、桂阳、扶朗等处水陆并进，来犯北宁，每路约有三四千人之多，并以小队每股数百分袭可通北宁各处小路，抄截我军前敌之后，势更猖獗。本提督与赵道亲往督战，自卯至申，连将扶朗、桂阳两路大股法匪击退三次。韦和礼奋力死战，将法匪击退出村。已受重伤，亟望接应之际，而刘永福后队不至，嗣经勉强调上口①围，永福犹然袖手旁观，徘徊不进。该部将黄守忠见我军势得手，带队冲下，永福反喝骂黄守忠不听号令，勒令撤回。

先是十四晚，本与刘永福商定，我为前敌冲锋，彼为后军接应。至是复与赵道议给花红万金，冀资鼓励，永福仍不应允。商调右路各营来援，亦复不至。而法匪一面敌韦和礼一军，一面即分队至涌球之塞河处所，与周炳林、黄云高、李逢桢等营接仗。两下正在相持，后面教堂向我轰炮，教民四起，我军腹背受敌，皆困重围之中，各营将弁中炮伤亡，时已不知凡几，然犹并力混战，死拒不退。讵法人已由陆路窜踞涌球土岭，以开花大炮四面轰击，且分队径袭北宁省城。本提督闻报，急偕赵道率队透围而出，驰回以坚城守。不料南官张登懂带领女眷及南兵多名，开城奔走，城厢内外人民纷纷逃避，附近四方教民穿戴鬼衣、鬼帽，群起应敌。法兵业已入城，各营力拒莫支，军心已乱，刘永福带队先已溃逃。

本提督与赵道半途得此警报，回救无及，因思谅江乃北宁后路，如能固守，尚可以望恢复，当与赵道分两路退扎。本提督即连夜绕出大道，乃于十九日行抵桃关总地方，适闻谅江、朗甲一带相继业为法踞，敝部原派驻扎谅江之李定胜一营，该管带已受重伤，随同抚标防勇于德富、甘乃斌两营及提督王洪顺之绥南四营，皆先败回屯梅。本提督亦遂于二十三日移至长庆府屯扎，以便招集各营溃勇，重整军容，杜彼乘势长驱之患。时赵道已抵太原，亦经专函飞催带队前来，合军再图进取。

惟是此番丧师玩寇，大损军威，律以失机之罪，夫复何言？乃昨准西抚院徐咨送本年二月二十一日具奏折稿，内叙越将刘永福会合参将翟世祥、都司李逢桢等及原驻各防营，力御敌于新河、江口一带，正在得手，因涌球危急，刘永福率勇来援，将塞后路教民奋勇冲开，

---

① 口，此字"左土又几"。

于十五夜三更将涌球炮台夺回，并获开花炮二尊；李逢桢等仍在新
河、江口各处力战至晚，阵亡帮办一员、哨长十余员；韦和礼、周炳
林、李逢桢等并受重伤。刘永福与敌相持战至十六日未刻，毙法匪多
人，因闻两路统领先于十五夜戌刻往太原一路而去，北宁业已失陷，
遂莫能支；又谓黄桂兰、赵沃历经前任抚臣委办边防多年，必皆诸可
信任。臣惟遇事推诚，力求共济，而于各路防营布置尤莫不随时谆
嘱，以广侦探、安地营、禁扰民、严冒饷为要。初原不意其粉饰欺
朦，乃贼踪甫至，战守一无可恃，弃地先逃，一败不救等语。接阅之
下，曷胜惶悚！

　　伏念本提督受国恩重，洊膺专阃，具有天良，何遂丧心至此！若
如徐抚院所奏，则惟静待处分，何敢复申辩论，致增咎戾！但谅山相
距北宁三百余里，徐抚院多以道路传闻摭拾入告，有不得不为贵部堂
一详陈者。查本提督一军实共十六营半，除经徐抚院调拨晋文治一营
驻扎朗甲协守军装并分派金英、慈山、涌球、谅江各处堵御外，其防
守北宁者，仅余韦和礼、周炳林、黄玉贤、尚国瑞、贾文贵暨抚标防
勇蒋大彰等六营，如军情吃紧，尚有数营可以就近抽调，往来接应。
实计左路队伍只有九营，本觉兵分力薄，嗣得刘永福带队前来，方幸
可资臂助。讵意十五日之战，永福观望不前，右路各营屡征弗至，以
致众寡不敌，力战一日，军火亦匮，遂不能支。本提督暨赵道是日均
在行间，躬亲督战，一切情形是所目睹。敝军统带韦和礼受伤最重，
旋即身毙；管带贾文贵、尚国瑞，哨官冯骅、王潞猷、刁近曾、帮带
郭涌泉均各受伤，哨官刘国勋、陶成德、黄效忠、差弁刘辅贵、姚立
德皆当时中炮阵亡，其他伤亡弁勇尚不知数。维时北宁城垣业已被
陷，四方教匪导引法兵蜂拥而来，各营疲败之余，势再不能支拄。本
提督与赵道回救无及，身殉亦属无济，是不得不思回谅江，徐图后
举。此实十五日申末酉初之事也。

　　如徐抚院原奏内称刘永福于十五夜三更夺回涌球炮台，与敌战至
十六日未刻等语。查十五日涌球失守、北宁被陷之后，刘永福业已带
队先逃，并无夺回炮台及十六日交绥之事。又称周炳林、李逢桢并受
重伤等语。查周炳林、李逢桢均属敝部，当日本提督躬亲督战，该员
等虽力战终日，实未受伤。又称本提督与赵道沃粉饰欺朦，贼踪甫
至，战守一无可恃，弃地先逃，一败不救等语。查十五日法匪四路攻
扑北宁，本提督与赵道自卯刻亲往督战一日，凡在军间将士莫不共
见。如果涌球前敌尚在相持，本提督与赵道纵极庸懦畏死，亦何乐于

先逃？窃意愚不至此。倘实有弃地先逃情事，又岂能以掩人耳目？

总之，本提督与赵道手握重兵，不能运谋制胜，力保孤城，一旦兵败莫支，致失重地，抚躬自问，实属咎无可辞。惟徐抚院原奏既多失实，本提督情难安于缄默，所有二月十五日我军与法匪在北宁接仗详细实在情形，相应据实咨请贵部堂，俯赐据情代奏，恭候天恩从严治罪，以儆玩泄。如蒙逾格恩施，仍准戴罪效力，以赎前愆，则非愚料所敢期及，尤必勉竭驽骀，图报高厚鸿慈于万一！

为此合咨贵部堂，请赐察核，务祈俯准代奏，施行。须至咨者。右咨太子少保兵部尚书两广总督部堂张。光绪十年二月二十五日。①

●呈送光绪十年三月十五日黄桂兰咨两广总督之本文：

提督广西全省军门统领左江左路防军懋勇巴图鲁黄，为咨明兵权尽撤，力竭计穷，尽以一死报国，稍图补过，并呈缴部札，恳请据情代奏事。

窃照官军与法开仗，北宁被陷情形，前经本提督据实咨呈贵部堂察核，并请代奏在案。嗣查明敝部各营阵亡、受伤员弁勇丁衔名，又经列折咨报。继准西抚院徐咨请本提督驰回谅山商办紧急军务，及将敝部各营拨归主事唐景崧节制调遣各等因，亦经咨明贵部堂在案。

伏思本提督自光绪五年蒙贵部堂在广西巡抚任内奏调至粤，于是年十一月内派办左江边防，统领各营，五载于兹，迭将关外匪首陆之平、李亚生、杨大加伙、覃四娣等，或剿或抚，歼除净尽，差免法人勾结之虞。而溯查法与越南构衅之初、中国与法未启兵端之始，本提督于光绪七年八月初接贵部堂函示，当即力请督队出关，先除土匪，凡驻扎越南，密筹布置，盖于三年矣。及越之河内、南定两省先后为法所陷，本提督因南官黄佐炎、张登懂之请，随即进驻谅江，并分营往扎北宁、涌沐一带。其时固仅敝部一军，而未尝稍有畏怯之心趑趄勿进也。

上年五月，徐抚院奉命出关，右路统领道员赵沃亦奉派至北宁协同驻守，方幸指臂有助，可以固我藩篱，岂意竟有本年二月十五日之败。维时，本提督于重围之内闻报北宁已陷，虽为统带陈朝纲、周炳林等拥护而出，又何难即以身殉，以存国体？所以缓死须臾者，窃意谅江一带尚有徐抚院派防抚标重兵，苟能固守恢复，当亦不难。迨闻谅江、郎甲相继亦为法踞，而后叹大局已坏，不可复为，然尚冀收集

① 台北"故宫博物院"藏：《军机及宫中档》，文献编号：126554-0-A。

各军，再图一决。讵于二月二十九日连接徐抚院咨函，请回谅山商办紧急军务，并将敝部各营概行拨归主事唐景崧节制调遣。本提督迭与商议，愿仍身任前敌，以拼一死，言之再四，徐抚院迄不允从。及至数数言之，始佯许给五营，而军火、粮饷及接应之师均无从出。呜呼！徐抚院之心，本提督固早于其截留我军火、停止我军饷之时默识之矣！独恨本提督不能与北宁城共存亡、立时授命，而迁延一月，苟且偷生，实不足仰答朝廷高厚鸿慈暨各旧帅提携至意！

今当兵权尽撤，力竭计穷，目击时艰，一筹莫展。自念受恩深重，未报涓埃，倘再惜死贪生，更何颜上对朝廷，下对天下！且既不能生向疆场努力赎罪，又曷若一死明志，以为厉鬼，图报天恩！相应沥血披诚遗咨，恳请贵部堂俯赐哀矜，据情代奏，以表寸心，则本提督虽死犹生，毫无遗憾矣！

再，越将刘永福于二月十五日之战，实未与敌开仗，人所共知，务祈俯赐查明，不胜衔感！所有兵部给发提督广西等处总兵官札付一道，谨一并赍呈贵部堂察核代缴。至提督印一颗，初因欲赴前敌，恐陷于贼，已先日送回龙州，交龙凭营都司管收，是以咨内仍盖用统领木质关防，合并咨明。

除将详细情形另列清折咨送外，为此咨呈贵部堂，请赐察核，立予代奏，施行。须至咨呈者。计咨缴兵部札付一道并清折一扣。右咨呈兵部尚书两广总督部堂张。光绪十年三月十五日。"统领左江边防右营关防"篆字印①

●呈军机处故广西提督黄桂兰电呈：

谨将一切详细情形，列折呈电：一、二月十五日，与右路赵统领亲赴前敌督战，自卯至酉，我军勇丁伤亡七百余人，将弁伤亡二十余人。越将刘永福按兵不动，人所共知。当面屡催出兵相助，又许获胜后酬给花红二万两，永福终不肯战，竟于午后先行溃逃。我军见贼势愈众，四面围扑，又见刘军不助，军火将完，知己难支。然初虽四面受敌，并未败衄，旋因涌涑不守，被困重围，不能相顾，军心始散。加之北宁官民尽变，城已陷失，欲战欲守，两不可得。而统带陈朝纲、周炳林等左右拥护以行，不容求死。不得已始与赵统领熟商，分道回顾谅江、郎甲一带后路，以图恢复。

不料十九日行至桃关总地方，采闻谅江、郎甲两处均失，镇南中

---

① 台北"故宫博物院"藏：《军机及宫中档》，文献编号：126553 - 0 - A。

军右营营官李定胜、靖边后营帮带郭涌泉皆受重伤。而徐中丞奏派之提督王洪顺所部一军，先本驻守谅江之狼山地方，十五日之战，因事迫往调，而伊竟不来，反行退下。及十八日法攻谅江，彼先退郎甲。及十九日法攻郎甲，彼遂径退屯梅。尤可恨者，右路将官党敏宣统带八营驻芹驿关对河，十二、三、四等日敌攻北宁，消息已紧，履经征调，至十五日晚间，犹不见到。此事权不一之所以遗误也。及抵屯梅后，收集各营队伍，分派驻扎观音桥、怀勒一带前敌，以杜法人窥伺谅山。

乃正在整顿之际，连接徐中丞咨函，敦请速回谅山商办紧急军务，并以主事唐景崧为总理前敌营务处，所有我军各营概行拨归节制统带，咨文内并叙明以一事权云云。是兵权已尽撤矣。迨至谅山，一切事务并不与闻，屡次与之商议请赴前敌，实因受国恩重，问心抱愧，欲与法一决以赎前愆，纵不能即复北宁，亦不肯甘心让贼，惟有血战沙场一死以报皇上。而徐中丞反将各营撤销，停止我军饷，扣留我军装，以致有志莫成，死不瞑目！

一、谅山至北宁计程三百四十余里，徐中丞所奏刘永福夺回涌浗炮台、与法接仗等事，不知从何听来，惟望皇上简派钦差，彻底查明是谁粉饰欺蒙，虽死九泉，感当不朽。

一、北宁自去年十一月十七日山西陷后，犄角之势已失，曾将布置一切函商徐中丞，并专信函请其进驻郎甲，以资荣应。伊虽函复应允，而屡次订期不至。

一、八年三月，河内被陷，南官请兵，我军即进扎谅江。及九年二月，南定复陷，遂亲自进扎谅江，而分营至北宁、涌浗一带。其时中国正恐与法开衅，尚且不肯退避，岂今日畏怯不战，弃地先逃乎？

一、敝部陈朝纲、周炳林、黄云高、叶逢春等营所用旗帜均属黑色，或他人不知而误以为黑旗刘军，与法开仗，亦未可定，请饬查明，便知真伪。

以上各节，如查有一字不实，虽死犹甘领罪，合并注明。①
●呈送黄桂兰亲笔遗书二纸：

1. 我此局一坏，即打胜仗，一是要死，以明畏死之心，负国大恩。即有人言外国不比内地，过严洋务无人敢办。天恩不死，亦无颜对四旧帅（李、张、刘、倪），亦无颜立于天下。况前、去二年两破

---

① 台北"故宫博物院"藏：《军机及宫中档》，文献编号：126552－0－C。

河内，一破南定，我军均赴北宁防堵。是未开兵端之时，便不怕得罪，去年亲往谅江，人多劝不来。只知朝廷体统，岂今日不报国恩耳！只恨不能再与法虏决战。人言去打，郎甲亦不能守。只此五营，法人乘势而来，死亦有何牵？已焚一纸，表我心业已达死，书此以示从容而不畏死。①

2. 何人看见刘永福打一枪？永福自到北宁，并未到涌球一步，是否我与赵统领亲自督战，自卯至未？张登憻借劝永福出队接应，开城带家眷逃走，城内外男妇数万一齐奔溃，刘永福之军亦溃。洋人已有南门绕至东北门，我军收队，桂兰打仗途中亦惊溃，涌球之兵败走。方赵统领不能入城，城根之民出村应贼，只恨不死，不能说未打仗，只望出来整我军队伍，再与此虏决一死战。今兵权已去，诸事口（以下缺）②。

●呈送伴当陈万胜呈报单底稿：

谨将报单底稿照录呈电：伴当陈万胜，为报明事。窃统领左路全军广西提督黄桂兰，于上月十五日洋人带同天主教数千人攻破北宁之涌㳟，卑统宪督同各营与洋人力战，教匪又从旁斜抄攻击，军士伤亡甚多。黄提督困于重围，被营官韦和礼背负脱围，二月二十一日至屯梅，三十余年所有打仗内外旧伤俱行发作，迭经函告帅宪大人，准回谅山面议军情，就医养病，实望病痊即赴前敌，力堵寇氛，讵于本月十六日服药罔效，因病出缺，理合报明帅宪大人麾下，做主，施行。③

●呈送黄桂兰之子黄家献禀文一件：

广西提督黄桂兰之子家献泣禀官保大人阁下：

哀禀者：窃故父自二月十五日在北宁兵败，因营官陈朝纲、周炳林等拥护以行，不能立时授命。出围之后，深恨为彼二人所误，但事已至此，不得不权且偷生，希图练兵前进，以决一战，胜固邀天之福，不胜再以身殉，似尚可图补过。此乃故父未白之苦衷，抑亦平生之素志也。讵意行抵屯梅，甫将各军收集，布置粗定，而徐中丞咨函并至，请回谅山，名为商办军务，实则解其兵权。呜呼！故父至此而求死之心愈速矣。

迨至，商请亲赴前敌，屡言不应。知此事已不可为，而一误不堪再

---

①　台北"故宫博物院"藏：《军机及宫中档》，文献编号：126552 - 0 - A。
②　台北"故宫博物院"藏：《军机及宫中档》，文献编号：126552 - 0 - B。
③　台北"故宫博物院"藏：《军机及宫中档》，文献编号：126552 - 0 - D。

误，莫若早日就死，或可以维大局，仰报天恩，遂于三月十六日在谅山行营仰药自尽。呜呼痛哉！不孝远在龙州，猝闻凶耗，恸不欲生！

伏念故父从戎二十余年，转战江、淮、皖、鄂、直、东、陕西各省，历著战功，夙蒙列宪格外垂青，许以深明大义。而故父亦素以气节自矜，不肯随俗波靡。每言洋务，辄慷慨激昂，眦裂发指。不孝微窥意旨，心窃忧之，而不意竟为忌者中伤，含冤以死也。

呜呼痛哉！在故父视死如归，别无遗憾，祗以徐中丞奏报北宁失陷一疏所叙越将刘永福与法接仗及故父弃地先逃等事，不能瞑目九泉，遗有公牍一通及历述当日情形清折一扣，命不孝泣呈官保大人俯垂矜恤，必转奏朝廷，俾一片苦心上达天听，则殁存均感顶祝无涯矣。另有故父遗书二纸，并求垂察。

再，徐中丞于故父殁后，亲至营次，云须作为伤发身故具奏，手交报单底稿一纸，索伴当陈万胜画押以去，兹特一并抄录，交副将方大春亲赍上。泣血哀陈，伏祈矜鉴。棘人家猷泣血稽颡。①

3.【光绪十年四月二十一日，军机大臣奉旨：知道了。钦此】此奉旨日期与内容，据录副及《军机处随手登记档》校补。

【案】此案旋于是年四月二十一日得旨，饬令潘鼎新确查具奏。《清实录》载曰：

乙丑，谕军机大臣等：张树声奏，已革提督黄桂兰感愤自尽情形，据情代奏一折。据称接黄桂兰两次来咨，声称官军在北宁打仗，该提督躬亲督战，刘永福观望不前，赵沃所统右路各营屡征弗至，以致败退，尚冀收集溃军，再图决战，徐延旭将各营概行拨归主事唐景崧调遣，该提督迭商仍任前敌，迄不允从，以死明志等语。黄桂兰服药身死，难保非畏罪自尽，其咨文所称各节是否属实？着潘鼎新秉公确查，据实具奏。原折着抄给阅看。将此谕令知之。②

一〇　广州九龙陆路电线归并电报官局承受折

光绪十年四月二十六日（1884年5月20日）

太子少保两广总督臣张树声、广东巡抚臣倪文蔚跪●¹奏，为粤省官助

① 台北"故宫博物院"藏：《军机及宫中档》，文献编号：126552－0－E。
② 《德宗景皇帝实录（三）》，卷一百八十二，光绪十年四月下，第543页。

商办陆路电线告成，现经电报局归并承受，所有粤省官项暨将来报资拟请分别支销造报，恭折具陈，仰祈圣鉴事。

窃维电报之法，昉于泰西，近始行于中国。光绪七年间，直隶总督李鸿章议设津沪陆路电线，由天津以达上海，与上海洋商旧日造成海线直达香港者，得以接续，维时尚未议有浙闽至粤陆路电线之举也。

臣树声以天津至香港六千余里，电线传报，仅需数时，而由香港以至粤东省城仅数百里，尚未设有电线，每值寄电天津，必须专人前往香港电局，辗转传达，未免耽延，是以前在粤督任内即经饬令司局设法招商，凑集资本，援照津沪成案，造设省城以至香港对岸之九龙地方陆路电线，俾与香港洋商水线相接，转达上海，以迄天津，庶几一气贯通，声息愈臻灵速。复恐商人以民间私家传报无多，得利有限，或致吝于捐集，并许官为量助，以期易底于成。

旋据司详，招得华合公司商人李濬等情愿承办，即于光绪八年春间由省兴工，迤逦前进，工次增城县属新塘村地方。该处村民因事属创办，意存疑虑，群起阻挠，又经委员会同地方官前赴该处详为开导，民间知其无碍，浮言始息，遂又接续兴工。迨至九龙地方，将与香港水线相接，英商又不肯应允。该商李濬等与之据理辩争，先后停工凡逾数月之久。至九年冬月间，津沪浙闽粤电报总局委员直隶候补道盛宣怀在上海与英商议定，吴淞口陆线与彼海线相接，彼之香港海线亦与粤省九龙陆线相接，爰与李濬等议将粤线让归津沪电报总局承受，将华合公司改为广州电报分局，始克与英国香港水线彼此接连。此粤省招商设立电线，续经归并津沪电报总局承受之原委也。

此起电线商人设立之时，节节停阻，因而工费一切未免增多，计共支用洋银四万三千二百两。除该商李濬等凑合股份银一万七千二百八十两已由津沪总局如数给还外，尚有官项拨助银二万五千九百二十两，系由粤省司局筹款借支，原议汇同商款，按本起息，计自兴工起至让归津沪电报总局之日止，时阅年余，应得息银一千四百四十两，共本息银二万七千三百六十两。现据司局议详：此起电线既归津沪总局承受，应请查照津沪事例，不收息银。如寄总理衙门、各省督抚、出使各国大臣洋务、军务电报，于信纸上盖印，验明转发，是谓头等官报，应收信资，另册存记，即将前项本息银二万七千三百六十两陆续划抵，按年汇报，以扣清之日为止。

至粤省电寄出使各国大臣电报，须经由洋人海线，现在闽粤陆线尚未连接，所寄沿海各省电报亦须暂经洋人海线，均应另给报费。此项报资银两应请作正开销，归入善后案内按年造报，以期核实。据广东布、按二司会同善后总局、营务处各司道详请奏咨立案，以便报销前来。

除分咨户、兵、工部暨总理各国事务衙门查照外，臣等谨合词恭折具陈，伏乞皇太后、皇上圣鉴，饬部查照施行。谨奏。光绪十年四月二十六日●2。

光绪十年五月初十日，军机大臣奉旨：该衙门知道，片并发。钦此●3。

【案】此奏原件查无下落，录副①藏于中国第一历史档案馆，兹据校正。

1.【太子少保两广总督臣张树声、广东巡抚臣倪文蔚跪】刊本无此前衔，兹据录副校补。

2.【光绪十年四月二十六日】刊本无具奏日期，兹据录副及《军机处随手登记档》②校补。

3.【光绪十年五月初十日，军机大臣奉旨：该衙门知道，片并发。钦此】此奉旨日期与内容，据录副校补。

一一　自设省港陆路电线实在情形片

光绪十年四月二十六日（1884年5月20日）

再，案查同治九年间承准总理各国事务衙门来函，以英国驻京公使拟于中国海道暗设电线，经总理衙门力与辩论，其线只准设于沿海洋面水底，线端只准在船只内安放，不得牵引上岸等因，密切知照在案。光绪八年春间，复准总理衙门来函：英人欲于香港设立水线，直达粤东省河，应准其将线端引至省城西面附郭之沙面上岸，属由粤酌量办理。

臣树声以洋人水线深入省城内河，且将线端牵引上岸，于海疆防御之宜既多窒碍，且粤民耕三渔七，省河帆樯如织，设于彼族水线一有损坏，势必日滋口舌，而于自主权利所损尤多，但总理衙门已允通融在先，断无径行阻止之法，当与总理衙门往复函商，惟有由粤商自设陆路电线，相为抵制。水线工巨费繁，彼知事分利薄，或可不阻自止，随即密饬广东藩、臬两司暨善后总局各司道议招商人，设立华合公司，克期举办。自省至港陆线，复因英商急欲兴工，事机甚迫，商力骤难充裕，势不能不量筹官项

①　中国第一历史档案馆藏：《军机录副》，档案编号：03 – 9442 – 017。

②　中国第一历史档案馆藏：《军机处随手登记档》，档案编号：03 – 0242 – 2 – 1210 – 121。

拨助，庶官商合力易于告成，嗣后英商水线之议果即中止。

惟此次仓猝创办，线路经过之地，民间以事非习见，疑议群兴，迭次委员劝谕开导，动辄经旬，停工以待。及做至九龙，又以英商不允接线，华商与之辩论多时，未能就绪，节节稽阻，工费倍于寻常。去年议将此线并归津沪电报总局承受，该局华商亦以成本太重，不愿接收，而华合公司商人实因沿途阻挠，为时过久，工费加多，做成之后并未获有利益，又难责令赔垫，不得不谕令津沪电局华商接收，援照北洋奏定成案，准将所助官款留于该局，存抵报资，藉敷周转，维持南北陆线全局，潜挽先允通融上岸，原议以收中国自主之权，而杜英线引入内河之谲计。此粤东安设省港陆线缘起及成本较重官款存抵报资之实在情形也。据该司局等将设线拨项缘由详请奏明立案，以便报销，前来。

臣等现经恭折具奏，惟暗阻英人省河水线之谋，补救通融线端上岸之举。此中用意机械，似未便率行宣露。现在臣等正折既请饬部查照，将来报销册籍繁多，势又未能隐密，是以正折内只以省港内无电线、恐致文报稽缓为言，以密事机而昭慎重。

所有其中实在情形，臣等谨附片密陈，伏乞圣鉴。谨奏。

光绪十年五月初十日，原片归籍●[1]。

【案】此奏原件查无下落，录副①藏于中国第一历史档案馆，兹据校正。再，刊本无具奏日期，录副仅署"光绪朝"，存疑。兹查光绪十年五月初十日《军机处随手登记档》②张树声、倪文蔚折，署有"报四百里、四月二十六日发"等字样。据此，此片具奏日期当为"光绪十年四月二十六日"无疑，兹据校正。

1.【光绪十年五月初十日，原片归籍】此日期与内容，据《军机处随手登记档》校补。

一二　添设虎门白土冈陆路支线片

光绪十年四月二十六日（1884 年 5 月 20 日）

再，电报之用，本以用兵为先。粤东办理海防，添募营勇，分扎虎门

---

① 中国第一历史档案馆藏：《军机录副》，档案编号：03 – 9442 – 019。
② 中国第一历史档案馆藏：《军机处随手登记档》，档案编号：03 – 0242 – 2 – 1210 – 121。

暨白土冈两处炮台。该二处为省城门户，设遇事机紧要之时，军报尤须迅速。臣等督同司道，议于虎门、白土冈两处添设陆路分支电线各一道，俾与省线相接，庶期声息灵通，号令捷速，因饬广州电报分局加工赶造，现已一律告成。计支线两道，共用过工料实银一千六百六十三两二钱，已于海防经费项下如数支给。

至于设立报房，派充报生，以及将来电线或有损坏，随时修补，其工料、薪水等项银两，均属创设、创支，并无成例。此项支线既属官办，应请核实支给，作正报销。据广东善后总局、营务处、各司道详请具奏前来。

理合附片陈明。伏候圣鉴，训示。谨奏。

光绪十年五月初十日，军机大臣奉旨：览。钦此●1。

【案】此奏原件查无下落，录副①藏于中国第一历史档案馆，兹据校正。再，刊本无具奏日期，录副以奉旨日期为之，存疑。兹查光绪十年五月初十日《军机处随手登记档》②张树声、倪文蔚折，署有"报四百里、四月二十六日发"等字样。据此，此片具奏日期当为"光绪十年四月二十六日"无疑，兹据校正。

1.【光绪十年五月初十日，军机大臣奉旨：览。钦此】此奉旨日期与内容，据录副校补。

一三　复陈粤西官军毫无纪律情形片

光绪十年四月二十六日（1884 年 5 月 20 日）

再，臣树声承准军机大臣字寄：光绪十年四月初四日，奉上谕：前据吴大澂奏滇军宜申明纪律，当谕令岑毓英、徐延旭严饬统领约束兵丁，不准骚扰越境。兹据潘鼎新奏，探报谅山军情一折。粤西五十余营，携带妇女，临敌退败，四出抢掠，其归伍者仅十余营，逃散情形殊堪痛恨！张树声身任兼圻，有统辖营伍之责，粤西各军毫无纪律，一至于此，该督何以漫无觉察？张树声着传旨申饬，并着该督会商潘鼎新，将广西各营大加整顿。新募各营到粤后，即将溃退各营严行裁汰，分别撤留，督饬统带各官

---

① 中国第一历史档案馆藏：《军机录副》，档案编号：03 - 9442 - 018。
② 中国第一历史档案馆藏：《军机处随手登记档》，档案编号：03 - 0242 - 2 - 1210 - 121。

严申纪律，随时认真训练，毋再稍形疏懈。将此由六百里谕令知之。钦
此。臣以非材深忝重寄，仰蒙圣慈逾格优容，不加严谴，犹复曲垂训诫，
责效将来，感激涕零，惶悚无地！

伏查广西边军自光绪五年剿平李扬才后，经臣在广西巡抚任内分别裁
并，分扎关内各要隘，其时仅有十二营耳，连年在越南北圻各省剿捕积
匪，历著劳绩，越中官民尚未有以官军骚扰为言者。前年徐延旭奉旨筹办
边防，续增至五十余营，所用管带各员，臣多不知其由来，甚有如臣所斥
逐回籍之党敏宣而任为统将者，饷薄兵多，良莠糅杂，越民始渐闻怨
讟矣。

广西招募营勇，向系巡抚专政，况徐延旭素为清望所归，奉命专征，
假以阃外之权，臣处二千数百里之外，势不能为之遥制。然臣于去岁秋间
回粤后，始则有自请出关之奏，继复以北圻之事专任威望素著之大臣一
人，联滇、桂为一气，与总理衙门函电往复，请采择上闻。盖私忧过计，
亦以边军难恃，法越事关重大，徐延旭初任军旅，恐其事不逮志，故鳃鳃
一再陈说。此实微臣欲补救于先事之愚忧也。

桂军携带妇女等弊，臣前经探闻，立即飞饬黄桂兰等查办，一面将所
闻情形商之李鸿章，密告总理各国事务衙门察核。嗣接该衙门复函，谓山
西小挫，众志散涣，宣示以镇静，宽严操纵，将帅须有微权。吾辈识力断
不能明见万里，谆谆以水清无鱼、人察无徒相戒，以荡佚简易、录长覆短
相勉。臣惟总理衙门诸臣深识远谋，自是审几驭将之道。其时防务正紧，
故未敢过事督责，亦冀徐延旭亲临前敌，必可目睹情形，随时整饬，或能
竭力支持，以待岑毓英东下，合力经营，初不料遽至决裂。此又微臣欲辗
转斡旋而未能而抱憾虑事之未周也。

北宁不守后，惟臣惟诸将中平日纪律之不肃。此次失律之原委，以党
敏宣、陈德贵之罪为尤甚，故首请立置重典。至粤西五十余营溃退后，初
不尽在谅山至长庆一路。现接潘鼎新电报，徐延旭移交尚有五十营，则潘
鼎新原奏所称仅有十余营归伍者，亦第据王德榜当日传闻之词。臣已遵旨
咨商潘鼎新，于到关后将广西各营大加整顿。

惟现在思恩县革生莫梦弼纠匪滋事，势颇猖獗。准潘鼎新咨会，饬派
广西臬司李秉衡驰赴思恩，调集各营，督同剿办。新募各营一时尚难到
粤，裁汰关外营勇，若操之过急，流入内地，与思恩匪党勾结为患，益难

措手。臣并函商潘鼎新，俟匪势稍平，仿照曩岁李鸿章在上海办理薛焕[①]溃军旧例，愿留者严定录用之格，愿归者宽给遣放之资，庶留者不致虚糜，归者无伤流落，期于内外之事均免疏虞，以副圣主再三训饬经武整军之至意！

谨附片复陈，伏乞圣鉴。谨奏。

光绪十年五月初十日，军机大臣奉旨：另有旨。钦此[●1]。

【案】此奏原件、录副均查无下落，待考。再，刊本无具奏日期，兹查光绪十年五月初十日《军机处随手登记档》[②]张树声、倪文蔚折，署有"报四百里、四月二十六日发"等字样。据此，此片具奏日期当为"光绪十年四月二十六日"无疑，兹据校补。

1.【光绪十年五月初十日，军机大臣奉旨：另有旨。钦此】此奉旨日期与内容，据《军机处随手登记档》校补。

一四 恭谢天恩沥陈粤事大略情形折

光绪十年五月十二日（1884年6月5日）

太子少保降二级留任两广总督臣张树声跪[●1]奏，为恭谢天恩，沥陈粤事大略情形，吁恳饬催新署督臣早日南来，俾微臣免以病躯久居，益滋贻误，恭折仰祈圣鉴事。

窃臣前以两广事殷，万难兼顾，奏恳开缺，专治军事。顷阅邸抄：四月二十八日，钦奉上谕，准开缺两广总督之缺，仍督所部办理广东防务，

---

① 薛焕（1815—1880），字觐唐、觐堂，号鹤侪，四川兴文县人。道光二十四年（1844），中式举人，报捐知县。二十九年（1849），补江苏金山县知县。咸丰三年（1853），报捐知府。四年（1854），补授松江府知府。五年（1855），调补苏州府知府。六年（1856），捐盐运使衔，赏戴花翎。七年（1857），升苏松粮储道。同年，转苏松太道。八年（1858），迁江苏按察使。九年（1859），晋江宁布政使，十年（1860），补授江苏布政使，加巡抚衔，署两江总督。同年，擢江苏巡抚，加头品顶戴。同治元年（1862），兼充办理通商事务大臣。二年（1863），以江苏巡抚署理礼部左侍郎，充总理各国事务衙门行走。同年，调补工部右侍郎，兼管钱法堂事务。三年（1864），补授通政使司通政使，署都察院左副都御史。同年，授内阁侍读学士。四年（1865），回籍终养。七年（1868），丁外艰，回籍守制。九年（1870），继丁内艰，在籍办尊经书院，并充首任山长。光绪元年（1875），赴云南办理"马嘉理案"。六年（1880），卒于籍。

② 中国第一历史档案馆藏：《军机处随手登记档》，档案编号：03－0242－2－1210－121。

两广总督着张之洞署理等因。钦此。臣以衰庸，仰蒙慈鉴，许释兼圻之重，获亲戎马之劳，高厚生成，沦肌浃髓！当即恭设香案，望阙叩谢天恩。

窃念臣两次督粤，几及三年，空怀报国之诚，曾乏济时之略，涓埃靡效，抱疚难名！特粤事利弊，臣竭蹶讲求，粗悉原委，凡所规画，或甫引其端，或有志未逮，比当去位，往来于中，葵藿微忱，不能自已，谨撮举大略，为皇太后、皇上陈之。

岭南自古以繁富称，官斯土者，明珠翡翠，舞榭歌台，习俗移人，往往不免。属员伺应上官，向多繁费，而摊捐之赔垫，寅僚之酬酢，游客之取求，官绅势要之荐幕友、荐家丁、荐干修者，尤无纪极。自前抚臣蒋益澧裁减米羡，各州县入款骤少而出款如故，势不得不挪亏正项，朘削小民。且炎洲阻远，官幕两途，流寓尤众，往者捐输广开，此辈常有一家子姓诡分名籍，捐指到省，虽在服官，略同土著，某差某缺，揣瘠量肥，交结营求，无所不至。

臣于光绪六年到任后，首以崇俭约绝馈遗，倡示同官。署中巡捕等官皆自给薪水，不准向属员需索丝毫。并通饬各属将所用幕友、家丁造册开报，注明推荐之人，严禁上司及上司幕友荐人之弊。其贪劣之尤、钻营之甚者，司道以下分别劾治，一时仕途风气稍稍澄清。惟日久懈生，恐所不免。此次回任，防务方殷，日不暇给，实未能究心吏事。至摊捐一项，款目繁多，虽议择要裁禁，饬司筹款津贴，尚未能彻底清厘。此臣之疚心●2于吏治者一也。

粤东水陆额兵，前督臣刘坤一成营挑练用践更之意，轮年调换，期以一兵之饷练成两兵。历年偶遇地方有事，虽有练兵，仍不足恃。臣惟练兵之制莫善于故大学士曾国藩在直隶所定章程，以湘、淮勇营之法，练经制之兵。前次在任，即拟仿办，因筹议加饷，迄未就绪。现署臣标中军副将王世清，前在广西随臣筹办练兵，情形熟悉，已令就督标练兵一营，参酌直隶章程，先行试办，俟有成效，再拟推广。但粤东环海为疆，又有琼州南澳孤悬大洋，非创练大支水师，未易固圉制敌。现有官轮船二十余号，大半皆行驶内河之小船，以供各段之缉捕、各厘厂之缉私、海防各军之差遣，及解运云南、广西之饷械、军火，其可以出洋者仅六七号，亦只胜巡缉之需，难备折冲之用，必须购制铁舰坚轮，始能自成一队。臣已迭次拟议奏准，以防饷万紧，尚未及经营。至绿营武职养廉，军兴以来，半皆欠发，各员弁办公无资，庇赌窝娼，百弊俱作，尤营伍废弛之源。现已筹定，自本年起，均按季发足养廉，通饬各营严禁私收陋规，以为整齐绿营张本。

从前补署员弁，或有营谋请托之弊。臣到任后，遇有缺出，必调集应补、应署之人，考试弓马、洋枪，一以优劣为去取，无幸获者。臣尝谓海洋多故，欲应来日之变，必练闽粤之兵，粤人勇敢善斗，所短者扎营训练向未讲求，故臣上年调带淮军，亦冀相与倡率，共成节制之师，诚信未孚，至今粤军犹多循故步。此臣之疚心于军政者二也。

自古粤东有富庶之名，军兴以来，罗掘一空，艰窘乃甚于各省。今日欲求开源，以盐务、厘金为大端；欲求节流，以善后局为总汇。而舆论指为积弊所丛者，亦于此。臣惟兴利除弊，首在得人。光绪六年，臣初次到任，运司为何兆瀛，管理善后局者为臬司张铣，均以不职经臣劾去，奏调道员段起、编修李用清来粤，分任善后、厘金两局。段起旋蒙简授两广运司，任事经年，整顿瘅政，甫有端绪而殁。李用清办厘金局务，以其廉正艰苦树之表的，尚未暇大加整饬而去。然光绪七年一年货厘收数，已较上年多十数万两。未几，臣亦遂有直隶之行矣。去年由天津回粤，奏陈已革两淮运司洪汝奎废弃可惜，亦拟以厘金、盐务委任之，仰蒙俞允调粤差遣，旋以言路奏参，收回成命，臣于是不敢再为破格求才之请。回任后，查看●3 运司周星誉、管理厘务之督粮道李培祜，皆才力已衰，不足任事，又经据实奏陈。现在新任运司甫经抵任，督粮道王之春委署雷琼道篆，未能回省，善后局事亦苦综核乏人。此臣之疚心于理财者三也。

粤中山海奥区，文物声明，彪炳南服。其士大夫多才智颖异，留心世事，下至商贾之贸迁，百工之艺巧，皆天下莫及也。而赌风、盗风、斗风之盛，亦甲于天下焉。赌之名目，其多至不可胜纪。花会、白鸽等票比户有之，虽经部议加重罪名，而嗜赌成为风俗，几以禁令为违众拂民之事。闱姓一项，臣于光绪六年会同前抚臣裕宽察看复陈，请严禁投买，以肃政体而杜漏卮，言之已详。比以海防经费支绌，屡有藉军需之说巧请开禁者。臣坚持理财正辞、禁民为非之义，未敢为所摇也。广东之盗，尤与他省不同，其人不必俱无恒业，迫于饥寒，觊觎发财，起而攘夺，随地可以纠党，随时可以入伙，劫罢即散，不相闻问，尤以香港、澳门为渊薮，不可究诘，故首拿之例、鞫审之法，均有时而穷。械斗之风，推原祸始，未尝不因地方官遇事不能秉公持平，迅速断结，驯致两造仇怨愈深，不复求直于公庭，迫为私斗以泄愤，积久日甚。乡有大小之别，族有强弱之分，各有祖尝，各积巨款，各养凶徒，睚眦细故，绅者互为祖庇，铳手从而挟持，云合雾集，掳杀相寻。近年，臣与抚臣督饬各属力行保甲，求清斗盗之源，复严禁讳盗，彻办纠斗之主谋、帮斗之铳手，以警其后，比之昔年稍为衰息。惟积重之病既深，实心之吏尤少，变易浇俗，深愧未能。至此邦绅士率好往来官场，关说公事，其贤者敬恭桑梓，固为地方利害、民生休戚起见。而流弊所至，亦遂有假公济私者错出其间，稍不遂意，则妄造黑白，遍腾谤书，以掣地方官之肘。臣之凉德，更不足以息此纷纭。此臣之疚心于民风者四也。

此四端者，综粤事之大纲，皆兴革之先务。臣受国厚恩，殚诚竭虑，窃期立内治之本，为御外之谋，才不副志，望不厌时，加以疾病侵寻，虽无一日之偷安，终鲜寸效之可纪，重速官谤，惭负初心，披沥陈情，幸荷圣明垂察！

现在，广东抚臣倪文蔚到任未久，求治甚勤；张之洞忠清闳毅，有经纬区宇之才，必能同心共济，巩南土于金汤，纾朝廷之宵旰。臣衰病缠绵，迟去一日，则增一日之丛脞；张之洞早来一日，则多一日之设施。该署督臣计已抵京，仰乞饬催迅即来粤接任，以慰众望，粤事幸甚，微臣幸甚！

所有微臣感激下忱并沥陈粤事大略情形，吁恳饬催新署督臣早日南来缘由，理合恭折具陈，伏乞皇太后、皇上圣鉴，训示。谨奏。光绪十年五月十二日●4。

光绪十年五月二十八日，军机大臣奉旨：另有旨。钦此●5。

【案】此奏原件查无下落，录副①现藏于台北"故宫博物院"，兹据校正。

1.【太子少保降二级留任两广总督臣张树声跪】刊本无此前衔，兹据录副校补。

2.【疚心】录副作"疾心"，未确，兹从刊本。

3.【查看】刊本作"察看"，兹从录副校改。

4.【光绪十年五月十二日】刊本无具奏日期，兹据录副及《军机处随手登记档》校补。

5.【光绪十年五月二十八日，军机大臣奉旨：另有旨。钦此】此奉旨日期与内容，据录副及《军机处随手登记档》② 校补。

【案】此奏旋于是年五月二十八日得旨，《光绪朝上谕档》载曰：

光绪十年五月二十八日，内阁奉上谕：张树声奏，沥陈粤事大略

①　台北"故宫博物院"藏：《军机及宫中档》，文献编号：126951。
②　中国第一历史档案馆藏：《军机处随手登记档》，档案编号：03-0242-2-1210-138。

情形一折，所称吏治、军政、财用、民风各端。该省积弊至此，张树声在任数年，何以不早为整顿，直至交替在即，始行陈奏，实属意存诿卸！着张之洞于到任后，将一切应办事宜认真经理，总期有利必兴，无弊不革，以资治理而重地方。钦此。①

一五　复陈整顿防军力筹备御折

光绪十年五月十二日（1884 年 6 月 5 日）

钦差办理广东防务兵部尚书臣彭玉麟、太子少保降二级留任两广总督臣张树声、广东巡抚臣倪文蔚跪●¹奏，为遵旨整顿防军，力筹备御，恭折复陈，仰祈圣鉴事。

窃臣等于光绪十年四月二十五日承准军机大臣字寄：四月初八日，奉上谕：署都察院左副都御史张佩纶奏，请饬边海各军严防备战以杜要盟之计一折。自来能战而后能和，所陈尚为切要。迭据李鸿章电报，该国兵船先后来华，沿海各口岸防务吃重，着彭玉麟、张树声、倪文蔚懔遵迭次谕旨，整顿防军，严申儆备，务臻周密，仍宜持以镇静，不得稍涉张皇。滇、粤边境，着张树声、岑毓英、潘鼎新督饬各营，实力扼守，毋稍松懈。滇、粤各营需用军火，着责成张树声悉心经理，俾资接济。琼州等处非通商口岸，尤为彼族所窥伺，彭玉麟并该督、抚等倍宜严密防守。广东为南洋首冲，由粤抵琼尤瞬息可至，彭玉麟、张树声务当和衷共济，力筹备御。广西系张树声兼辖，该省防务不得稍存漠视，并着会商潘鼎新，妥筹兼顾，毋稍疏懈，致干重咎。总之，和战现无定形，其间缓急，操纵机宜，全在该大臣、督抚等精心酌核，实力办理，期无贻误。懔之！慎之！原折着分别摘抄给与阅看。将此由六百里各密谕知之。钦此。

臣等前奉三月二十六、四月初一等日谕旨，饬令力筹守御，业经缕晰复陈。臣玉麟并将不可款而可战缘由披沥附奏，仰渎圣聪。兹复钦奉训言，伏见圣谟广运，能战为先，以天地容物之心，寓神武应机之用，下怀钦服，莫可名言！

窃惟有备无患，御敌常经。况法人犬羊之性，不可深恃，尤不宜置于

---

① 中国第一历史档案馆编：《光绪朝上谕档》，第 10 册（光绪十年），广西师范大学出版社1996 年版，第 146 页。又《德宗景皇帝实录（三）》，卷一百八十四，光绪十年五月下，第 574—575 页。

戈而专言玉帛。张佩纶所陈料敌审机，诚为至计。臣等惟当奖率将士，实力严防，共矢杀敌致果之忱，勿参议和弛备之见，使彼得乘我松懈，肆其诈谋。琼州南洋首要，臣玉麟、臣树声督饬该镇、道筹添兵勇，筹备军火，尤无不协力同心，和衷商办，决不致稍存意见，上系宸衷。广西抚臣潘鼎新现已驰赴南关，臣树声节次以函牍商请该抚臣整顿各营，妥为部勒，严申儆备。凡思虑之所及，见闻之所得，必与潘鼎新随事妥筹，断不敢稍存漠视，重负生成。

至张佩纶原奏谓该署副都御史上年夏间请移广西提标在南宁简练，臣树声不善也。边儆既开，教民萌动，则饬枭司驰赴南宁，卒无以易其说。然事先预备与败后仓皇情事不侔一节。查上年八月钦奉七月初七日谕旨，以张佩纶奏请将广西提督改驻南宁，移左江镇总兵于龙州以与提标犄角，是否可行，饬臣树声、臣文蔚妥议。其时臣文蔚在广西巡抚任内，臣树声往复函商，当以右江镇驻扎百色，左江镇驻扎南宁，本东西犄角以临南、交，故以提督驻适中之柳州，屏蔽省会，控制苗疆，收居内御外之势。南宁距龙州、百色均止数百里，如移提督于南宁，移左江镇于龙州，则将通省三大营聚置南边不出千里之内，而后路桂、平、柳、庆等府界连湘、黔，错壤苗、猺土司，数千里之地无一重镇，于形势钩络之宜亦未尽善。且更张营制，端绪繁多，非目前要图，是以会同奏请暂从缓议。及北宁不守，边军新挫，臣树声以广西枭司李秉衡本奉旨经理后路事宜，故令出驻南宁一带，以便筹商布置。嗣因思恩县革生莫梦弼纠匪滋事，恐致牵动苗疆，即经潘鼎新饬令李秉衡中道改赴北路思恩，督营剿办，已罢南宁之行矣。

夫欲移提督大员驻南宁，谓为事平以后久远控制边疆起见尚可，若以目前越南战守缓急机宜即争于此，则上年抚臣、提臣均已统军出关，曾无救于北宁之失，毋论一提、一镇事关更制，非旦夕所可办理就绪，就令将柳州提标各营汛弁兵刻期移在南宁，与左江标兵亦复相等，未必遂能远靖属藩，则原折所称事先预备与事后仓皇情势不侔等语，有当事实与否，不待辨也。

滇、粤各营军火大宗由南北洋拨解，其岑毓英、徐延旭指名请拨之枪炮子弹、火箭等件，均经臣树声或电商南北洋饬拨，或由粤东通融筹解，随时转运，尚无贻误。桂军所存军火，储积郎甲。迨郎甲被法人夺踞，时闻遗弃军火尚属不少，张佩纶原奏军火责臣树声经理，乃仅能自顾东防，经总理衙门一面考察，一面代筹，究属缓不济急。

臣树声体病才庸，常以渥荷天恩、无补时艰为恨，即经理东防，已形竭蹶，则谓能自顾一语，实已为逾量之词。惟此次北宁之失，究非因军火缺乏之故，且所称滇军需用军火以在梧州者留待潘鼎新，而以在广州者应解滇军一节，则尤非事实也。去冬，李鸿章奏拨过山炮十尊、林明敦士乃得后膛枪四千枝，配足子弹等件，由天津分三批陆续运至粤东，转解边军供用。当时臣树声曾电商李鸿章，酌定此项军火分作三分，按桂二滇一拨济。

本年二月二十四日，头批军火到粤，正在转解赴西。二十七日，接李鸿章电报，总理衙门属筹潘鼎新军火，望将近日三批所解全数留付等因，并续准李鸿章奏明知照。臣树声是以连后到二、三两批一并解存梧州，候潘鼎新提用。是时岑毓英来函商借来福兵枪一千枝、子弹一百万颗，臣树声即由广东军装局购存项下如数拨出，亦于二月二十七日委员运解。不特岑毓英所需枪弹与李鸿章拨解者式样、名目均不相同，且同时解赴梧州，并无先后迟速之别。张佩纶谓略一转移，岂不直捷，百思不得其解等语，盖亦悬揣臆度，不知端委，故不能明也。

现在滇军退扎关外，道路不通，运解军火由南宁取道内地百色较为稳便。但百色以上路径烟瘴荒凉，须由滇省勘明。臣树声于三月中旬已飞咨岑毓英派员勘办，尚未接复，总求运道妥便，源源接济，以期仰慰垂廑。

所有遵旨整顿防军，力筹备御缘由，臣等谨合词缮折复陈，伏乞皇太后、皇上圣鉴，训示。谨奏。光绪十年五月十二日●2。

光绪十年五月二十九日，军机大臣奉旨：知道了。钦此●3。

【案】此奏原件查无下落，录副①现藏于台北"故宫博物院"，兹据校正。

1.【钦差办理广东防务兵部尚书臣彭玉麟、太子少保降二级留任两广总督臣张树声、广东巡抚臣倪文蔚跪】刊本无此前衔，兹据录副校补。

2.【光绪十年五月十二日】刊本无具奏日期，兹据录副及《军机处随手登记档》②校补。

3.【光绪十年五月二十九日，军机大臣奉旨：知道了。钦此】此奉旨日期与内容，据录副校补。

---

① 台北"故宫博物院"藏：《军机及宫中档》，文献编号：127256。
② 中国第一历史档案馆藏：《军机处随手登记档》，档案编号：03-0242-2-1210-139。

一六　运解滇桂各营军械片

光绪十年五月十二日（1884 年 6 月 5 日）

再，臣树声于上年十二月钦奉谕旨，饬令将前敌滇、桂各营军械经理转运，当即咨商南北洋大臣迅速拨济。其时滇军驻扎越南兴化等处，所有由东分拨军火皆派小轮船运至广西梧州府，交该处转运局陆续接运至南宁府暂行存储。自南宁至滇军防所有二道，一出镇南关，经越南宣光等省；一由百色厅入滇，经开化、广南等处取道保胜入越，究竟宜由何路为便，未能悬揣，经即于十二月二十三日飞咨岑毓英酌定派员接运。

本年二月初七日，接准岑毓英咨复：分拨滇军枪炮、军火，应由滇营委员驰往梧州转运局解领，由南宁、太平至龙州出关等因。嗣以滇营军火无从转运，恐难接济，是以又咨请岑毓英派员勘办百色至保胜一路。

臣正在具奏间，接岑毓英四月十四日咨复，已由开化、广南、剥碍一带设立台站，通至百色，并函属臣饬滇省委员分起管解军火由百色行走，以济要需，业经臣分饬遵照，迅速趱运，并饬南宁至百色沿途地方官，将滇营军火船只妥速护送，以免稽延。

臣树声谨附片陈明。伏乞圣鉴。谨奏。

光绪十年五月二十九日，军机大臣奉旨：该部知道。钦此●1。

【案】此奏原件查无下落，录副①现藏于台北"故宫博物院"，兹据校正。再，此片具奏日期，刊本未署，录副亦未确。兹据奉旨日期查光绪十年五月二十九日《军机处随手登记档》②彭玉麟、张树声、倪文蔚、海绪折，署有"报五百里、五月十二日发"等字样，并此片等前署有"以下张单衔"字样。据此，此片具奏日期当为"光绪十年五月十二日"无疑，兹据校补。

1.【光绪十年五月二十九日，军机大臣奉旨：该部知道。钦此】此奉旨日期与内容，据录副校补。

【案】此奉旨内容《军机处随手登记档》录为"该衙门知道"，显误。

① 台北"故宫博物院"藏：《军机及宫中档》，文献编号：127274。
② 中国第一历史档案馆藏：《军机处随手登记档》，档案编号：03－0242－2－1210－139。

一七 遗折

光绪十年九月初七日（1884年10月25日）

太子少保办理广东防务革职留任前两广总督臣张树声跪[1]奏，为微臣病势垂危，谨伏枕口授遗折，望阙叩头，恭谢天恩，仰祈圣鉴事。

窃臣昨因病剧暂回省城医治，业经恭折奏报在案。发折以后，遍征医药，无如求效愈急，病势愈深，上念君恩之高厚，下惟时事之艰难，焦灼五中，阳虚阴铄，延至本年九月初七日，肝风旋动，痰壅气微，自审沉疴，危在旦夕。

伏念臣以寒素起自兵间，荷列圣拔于庸众之中，由监司洊膺疆寄，更历南北，久玷大藩，遭会乘时，频邀异数。如臣之遭遇之隆，夫复何憾！然而惓惓愚诚，尚有不能恝然者，则以外患日亟，寰海骚然，皇太后、皇上宵旰忧劳，而臣犬马余生竟先填沟壑，报效无期也。

溯自五洲万国通市款关，泰西之人负英鸷之性，扩富强之图，由制器而通商，由通商而练兵，挟其轮船、枪炮之坚利，以与我中国从事。数十年来，俄罗斯侵轶于北方，日本窥伺于东海，英吉利由印度、缅甸以规滇、藏，法兰西据西贡海防而谋滇、粤，睢盱狃忕，日益难制。而中国蹈常习故，衣冠而救焚，揖让而拯溺，其何以济耶！近岁以来，士大夫渐明外交，言洋务，筹海防，中外同声矣。夫西人立国自有本末，虽礼乐教化远逊中华，然驯致富强，具有体用，育才于学堂，论政于议院，军民一体，上下一心，务实而戒虚，谋定而后动，此其体也。轮船、大炮、洋枪、水雷、铁路、电线，此其用也。

中国遗其体而求其用，无论竭蹶步趋，常不相及。就今铁舰成行，铁路四达，果足恃欤？福州马江之役，聚兵船与敌相持。彼此皆木壳船也，一旦炮发，我船尽毁。此亦已事之鉴矣。今台湾告急，援济无方，窃虑琼州将踵其后。若敌得志台、琼，祸患之殷，何可推测！此微臣所以终夜感愤，虽与世长辞，终难瞑目者也。

所冀天佑我朝，赫濯声灵，法人悔祸，然后及时间暇，断自宸衷，通筹全局，取琴瑟不调甚者而改弦更张之。圣人万物为师，采西人之体以行其用，中外臣工同心图治，勿以游移而误事，勿以浮议而踬功，尽穷变通久之宜，以奠国家灵长之业，则微臣虽死之日，犹生之年矣。

至广东当南洋首要，山海奥区，民物殷繁，风气强悍，哲人、贤士大抵有奇节伟行，才智颖异，洵可以有为之地也。惟华洋错居，其风气多浮动而嗜利，其官吏多觳觫而纵弛，其将士多骄纵而不讲纪律，因循而狃于成见。臣每惟岭南一隅之安危，实关天下之利害，常以简将练兵为先务之急，悬湘、淮军之节制以为准的，而地方一切罔民鹜利之事，亦稍稍裁之以义，未敢违道以纵匪彝。奈积重未回，众矢交集，区区维持粤事之苦心，转以不孚物望，违众拂民，群相谤议。德凉力薄，愧负朝廷！循是不变，治粤难言，十年之后，将劳圣虑。幸现任督臣张之洞、抚臣倪文蔚经纬文武，和衷共济，当必能力挽积习，绥定严疆。

凡此情形，臣节年私忧窃叹，累次沥陈。臣虽以此为粤人所嫉，然鸟死鸣哀，终不敢不尽，恋阙瞻天，尽于此日，垂死涕泣，不知所云！

谨伏枕口授遗折，叩谢天恩，伏乞皇太后、皇上圣鉴。再，臣前于交卸两广督篆后奏明刊用木质关防，现即自行销毁，合并陈明。谨奏。光绪十年九月初七日 ●2。

光绪十年十月二十三日 ●3，（内容空白）。

【案】此遗折原件、录副均查无下落，待考。再，此片具奏日期，刊本未署，兹查光绪十年十月二十三日《军机处随手登记档》① 即载有《张树声遗折》一折，然未署具奏日期，兹据刊本内容所指，此折具奏日期当为"光绪十年九月初七日"无疑，兹据校补。

1. 【太子少保办理广东防务革职留任前两广总督臣张树声跪】刊本无此前衔，兹据前后折件及《军机处随手登记档》校补。

【案】清廷于光绪十年闰五月十六日给予张树声革职留任处分：

闰五月己未，又谕：吏部奏，遵议大员处分一折。前两广总督张树声应得革职处分，着加恩改为革职留任，仍遵前旨，督率所部，办理广东防务，力图自赎。广东巡抚倪文蔚应得降二级调用处分，着加恩改为革职留任。②

2. 【光绪十年九月初七日】此具奏日期，据本折内容及《军机处随手登记档》校补。

3. 【光绪十年十月二十三日】此日期据《军机处随手登记档》校补。

---

① 中国第一历史档案馆藏：《军机处随手登记档》，档案编号：03－0243－2－1210－306。
② 《德宗景皇帝实录（三）》，卷一百八十六，光绪十年闰五月下，第592页。

附录一　卷首

○一　御碑文

光绪十年十月（1884 年 11 月）

朕惟荩臣宣力，彰骏烈于兼圻；竹册铭勋，播鸿名于百世。宜镌琬玉，特锡丝纶。尔原任两广总督张树声，品植端方，才优干济。巾箱积学，早驰黉序之名；玉帐从征，更展戎行之略。殊勋屡建，勇号荣褒。冠锡雀翎，缀朱缨而焕彩；服披豸绣，巡赤县以宣猷。始陈臬于京畿，风清柏府；嗣开藩于晋省，星映薇垣。由是持漕节则转输著其勤能，抚吴疆则疮痍需其绥戢。建牙摄两江之任，方面跻八座之荣。

朕眷念成劳，仍资倚畀。阙廷展觐，黔粤量移。甫授南国旌牦，旋作北门锁钥。勇呼爪士，定奇策于藩封；捷奏肤公，晋升衔于宫保。属以海氛不静，岭峤遄归，重畀师干，再持节钺。念治军之旁午，克矢勤劬；偶分过于同寅，还从原宥。乃抱微疴之染，乞解总制之权。暂息仔肩，仍需使臂。方望玉关露布，迅奏凯歌；何期珠海星沈，遽悲溘逝！爰颁典礼，悉免愆尤。综厥生平，谥为靖达。

于戏！松楸在望，千年怀麟阁之勋；金石不磨，万里焕螭文之色。钦兹巽命，峙尔丰碑。

【案】此文原件查无下落，其写作日期仅据内容推定，待考。

○二　谕祭文

光绪十年十月（1884 年 11 月）

朕惟岩疆作镇，鞠躬彰节钺之勋；彝典酬庸，椒馤展馨香之祀。爰颁凤綍，式启雕筵。尔原任两广总督张树声，恪谨持躬，笃诚秉性。青年食饩，芹泮蜚声。黄授分符，棠封发轫。值东南之多事，乃慷慨而从戎，佐奇策以立功，头衔迭畀；锡嘉名而褒勇，心简荣膺。淮徐着察吏之猷，畿甸进提刑之秩。甫开藩于三晋，绩懋句宣；旋督运于千艘，勋成飞挽。抚绥江左，奠万里之河山；保障天南，摄中权之旌钺。

泊乎阕服来都，入朝展觐。黔中岭右，仍除开府之尊；象郡羊城，遂擢总师之任。未几畿疆移节，靖东藩而荣晋宫阶；既因岭海需才，返南土而重开戎阃。鸿归方歌夫遵渚，豕突忽警于边庭。念荒服之迢遥，长鞭莫及；赖元戎之坐镇，安堵无惊。既尽瘁以筹师，偶因劳而遘疾。疆符暂卸，兵柄专司，期卿月至长辉，胡将星之遽陨。遗章披览，轸悼良深！用沛丹纶，俾光青史。

于戏！听鼓鼙而思将帅，犹缅怀貔虎之勋；治馨香而感神人，尚默助鲸鲵之埽。尔灵不昧，式克歆承。

【案】此文原件查无下落，写作日期仅据内容推定，待考。

○三　会奏积劳病故胪陈事迹折

光绪十年九月十六日（1884 年 11 月 3 日）

钦差办理广东防务兵部尚书臣彭玉麟①、广州将军臣长善、两广总督

---

① 彭玉麟（1816—1890），又名玉鹰，字雪琴、雪岑，号退省散人，湖南省衡阳县人，县学附生。道光末年，充协标书识。咸丰四年（1854），保以同知选用，戴蓝翎，同年，保知府，换花翎，加同知衔。五年（1855），保道员，同年，补浙江金华府知府。六年（1856），升广东惠潮嘉道。七年（1857），加按察使衔。八年（1858），晋布政使衔。十一年（1861），迁广东按察使。同年，擢安徽巡抚。同治元年（1862），补兵部右侍郎。三年（1864），封一等轻车都尉，加太子少保衔。四年（1865），兼署漕运总督。十一年（1872），充宫门弹压大臣，赏紫禁城骑马。光绪七年（1881），署两江总督，兼署通商大臣。九年（1883），擢兵部尚书。十二年（1886），捐建船山书院。十四年（1888），巡阅长江水师，旋开缺回籍。十六年（1890）卒于籍。赠太子太保，谥刚直。著有《彭刚直公奏稿》《彭刚直公诗集》等行世。

臣张之洞①、广东巡抚臣倪文蔚跪●¹奏，为办理防务大臣积劳在营病故，谨胪陈事迹，请旨优恤，恭折仰祈圣鉴事。

窃前两广督臣张树声于交卸督篆后出驻黄埔，亲督各军，筹备战守。日前患病增剧，暂回省城医治，均经该前督奏报在案。臣等连日前往问疾●²，见其病势愈笃，窃以为忧。兹据该前督家属具报，张树声于九月初八日申刻病故等情前来。

臣等伏查张树声，安徽合肥县廪膳生，家世儒素。树声少负志节，读书好为深沉之思，尤究心经世之学。咸丰初年，粤逆方张，皖北盗贼蜂起。树声率其弟已故广西右江镇总兵树珊团乡兵，筑土堡拒贼，远近豪俊奉约束惟谨。大股悍贼来扰，屡挫其锋。淮军宿将如前直隶提督刘铭传②、前广西右江镇总兵周盛波③、湖南提督周盛传等，皆树声所与联团御侮者。

---

① 张之洞（1837—1909），字孝达，号香涛、香岩、壹公，晚年自号抱冰，直隶南皮（今河北南皮）人。道光十七年（1837），生于贵州。二十九年（1849），考中秀才。咸丰二年（1852），中顺天府解元。同治二年（1863年），中式进士（探花），授翰林院编修。六年（1867），充浙江乡试主考官，提督湖北学政。十一年（1872），加侍读。十二年（1873），授四川学政。同年，充四川乡试主考官。光绪二年（1876），补文渊阁校理，兼国子监司业。五年（1879），改詹事府左春坊左中允、司经局洗马。六年（1880），升翰林院侍讲，历充侍读、詹事府左春坊右庶子、日讲起居注官。七年（1881），补翰林院侍讲学士，擢内阁学士兼礼部侍郎衔。同年，补授山西巡抚。十年（1884），升调两广总督，起用退休老将冯子材，于广西边境击败法军，设广东水陆师学堂，立广雅书院。十二年（1886），兼署广东巡抚。十五年（1889），调补湖广总督。十六年（1890），创建两湖书院。十九年（1893），兼署湖北巡抚，创办自强学堂（武汉大学前身）。二十年（1894），署两江总督。二十二年（1896），调湖广总督，仿德国制改湖北旧军为新式陆军，并创办湖北武备学堂。二十六年（1900），兼署湖北提督。二十七年（1901），加太子少保衔。二十八年（1902），授督办商务大臣。二十九年（1903），充经济特科阅卷大臣。三十三年（1907），补湖广总督。同年，擢协办大学士，拜体仁阁大学士，兼管学部。三十四年（1908），授督办粤汉铁路大臣，晋太子太保。宣统元年（1909），充实录馆总裁官。同年，卒于任。追谥文襄。著有《张文襄公全集》等行世。

② 刘铭传（1836—1896），字省三，安徽合肥人。咸丰四年（1854），在籍办团，后参军。九年（1859），充千总。十年（1860），加都司衔。同治元年（1862），升都司，加游击衔。同年，迁副将，加骠勇巴图鲁勇号。三年（1864），擢直隶提督。六年（1867），封三等轻车都尉。七年（1868），奉命督办陕西军务，封一等男。光绪十年（1884），督办台湾军务，加巡抚衔。十一年（1885），补授福建台湾巡抚。十五年（1889），加太子少保。十六年（1890），加兵部尚书衔，帮办海军事务，旋因病回籍。二十一年十一月二十八日（1896年1月12日），卒于籍。赠太子太保，谥壮肃。有《大潜山房诗集》《刘壮肃公奏议》行世。

③ 周盛波（1830—1888），字海舲，谥刚敏，安徽合肥县（今安徽省合肥市）人。咸丰三年（1853），投效军营，以功加六品顶戴。十年（1860），赏戴蓝翎，以把总拔补，同年，换花翎，升守备。同治元年（1862），擢游击，加卓勇巴图鲁勇号。二年（1863），保副将，以总兵记名。三年（1864），保提督。四年（1865），补授甘肃凉州镇总兵。七年（1868），换法福龄阿巴图鲁勇号。光绪十一年（1885），署理湖南提督。同年，丁母忧，回籍守制。十三年（1887），擢湖南提督。十四年（1888），卒于任。谥刚敏。

同治元年，今大学士直隶督臣李鸿章①督师赴上海，令树声募勇从。树声为言，刘铭传及周氏兄弟才武，左提右挈，各建旗鼓。淮军之兴，实树声为之倡也。李鸿章克平江南，先后数百战，树声靡役不与。

三年，苏、浙肃清。

四年，树声补江南徐海道。铜沛镜内湖团客民与土民日寻斗争，几肇兵端。适捻众东窜，湖团谋勾贼。时故大学士曾国藩②驻军徐州，檄饬查办。树声督同府县，分别良莠，随宜留遣，酌定善后事宜，安辑已乱，徐人至今颂之。

---

① 李鸿章（1823—1901），字少荃，安徽合肥人，优贡生。道光二十四年（1844），中举人。二十七年（1847），中式进士，改庶吉士。三十年（1850），授武英殿编修，补国史馆协修；从曾国藩游，讲求经世之学。咸丰三年（1853），回籍办理团练。五年（1855），以军功赏知府衔，并戴花翎。六年（1856），保道员，并加按察使衔。九年（1859），授福建延建邵道。同治元年（1862），擢江苏巡抚，署办理通商事务钦差大臣兼南洋通商大臣。二年（1863），署五口通商大臣，晋太子少保衔。三年（1864），赏骑都尉，戴双眼花翎，封一等肃毅伯。四年（1865），署两江总督。五年（1866），授钦差大臣。六年（1867），调补湖广总督，赏骑都尉世职。七年（1868），总统北路军务，加太子太保衔。同年，拜协办大学士。八年（1869），兼署湖北巡抚，督办军务。九年（1870），督办陕西军务，调直隶总督，摄长芦盐政，兼北洋通商事务大臣。十二年（1873），授武英殿大学士。十三年（1874），改文华殿大学士。光绪五年（1879），加太子太傅衔。六年（1880），巴西通商，任全权订约大臣。八年（1882），丁母忧，服满，驻天津督练各军，并署通商大臣。九年（1883），署直隶总督兼通商大臣。十年（1884），补直隶总督，兼北洋通商事务大臣。同年，拜文华殿大学士。十一年（1885），授全权大臣，与法修约。二十年（1894），赏三眼花翎。二十一年（1895），与日订《马关条约》。同年，任致贺俄国加冕头等专使大臣。二十二年（1896），直总理各国事务衙门，兼经筵讲官。二十三年（1897），授武英殿总裁。二十五年（1899），调商务大臣，署两广总督。二十六年（1900），充议和全权大臣，调补总督直隶兼北洋通商大臣，权长芦盐政。二十七年（1901），充政务处督办大臣，旋署总理外务部事。是年，卒于任。赠太傅，晋封一等侯，谥文忠。著有《李文忠公全集》，修《钦定大清会典事例》，重修《畿辅通志》，监修《保定府志》《畿辅通志》等行世。

② 曾国藩（1811—1872），初名子城、子成、子诚，字居武、伯涵，号涤生，湖南长沙府湘乡县人。道光十四年（1834），中举人。十八年（1838），中式进士，改庶吉士。二十年（1840），授检讨。二十三年（1843），补侍讲。同年，充四川乡试正考官，补文渊阁校理。二十四年（1844），授侍读。二十五年（1845），任左、右庶子，充会试同考官，历充侍讲学士、日讲起居注官。二十六年（1846），任文渊阁直阁事。二十七年（1847），授内阁学士兼礼部侍郎衔。二十八年（1848），稽察中书科事务。二十九年（1849），调礼部右侍郎，署兵部左侍郎。三十年（1850），兼署工部左侍郎。咸丰元年（1851），署刑部右侍郎。同年，充顺天乡试正考官。二年（1852），兼署吏部左侍郎，充江西乡试正考官。是年，丁母忧。四年（1854），赏三品顶戴。同年，加二品顶戴，并赏戴花翎，以兵部右侍郎署湖北巡抚。七年（1857），丁父忧。八年（1858），办理浙江军务。十年（1860），署两江总督。同年，授钦差大臣两江总督。十一年（1861），加太子少保。同治元年（1862），擢协办大学士。三年（1864），晋太子太保，封一等毅勇侯。五年（1866），补授两江总督。六年（1867），拜大学士。同年，转体仁阁大学士，赏云骑尉。七年（1868），授武英殿大学士。同年，补授直隶总督。九年（1870），调补两江总督兼办理南洋通商事务大臣。十一年（1872），薨于位。赠太傅，谥文正。著有《曾文正公全集》等行世。

是年十一月，擢直隶按察使，五年五月到任。先是，捻首张总愚在运河东路窜扰连月。树声督办省南河防，躬劝督各乡设团筑寨，为守望计。民感其诚，凡官令修墙浚壕之事，得树声一檄，妇子皆荷畚锸恐后，缘河堡寨千里屹然，遇警，悉持械，昼夜登堆。贼屡扑运河不得渡，遂歼焉。直隶讼案积压万余件，吏治之疲，民生之困均由于此。曾国藩时为总督，与树声筹清厘之法，撰清讼事宜限期、功过章程。树声实力奉行，积案全数清结。量移山西，旋擢布政使。

十年十二月，简授漕运总督，调署江苏巡抚。甫两月，复署两江总督，遂补授江苏巡抚。所至孜孜求治，吏畏民怀，望实益隆矣。

十三年，丁忧回籍。

光绪四年冬，服阕赴都。

五年正月，奉旨补授贵州巡抚，未至黔，调抚广西。值粤将李扬才出边扰越，南越之北圻夙多土匪，勾结各股，蔓延四出，势益张。西省出兵剿办，师久无功。树声至，激励军心，考核地势，与提督冯子材计画方略，数月之间，元恶授首，余党悉平。是年十一月，补两广总督。广东岭海奥区，二十年来，治粤者习为宽弛，纪纲淆紊，庶事堕废，吏疵军敝，胶固难理。树声正己率属，首劾监司、镇将之不职者，调李用清、段起诸人，任以整军、理财各事，表朱次琦、陈澧之学行，以示风厉，风气翕然一变。

八年春，调署直隶总督，兼办理通商事务大臣。朝鲜忽内乱，毁日本使馆，日本兵舰连樯向仁川。内讧外逼，李氏宗社几危。树声得报，先遣两兵轮东渡观变。广东水师提督吴长庆统军驻防登州，树声知其可任，飞函令部署出师，调集兵、商各轮，由登州横海而东。一日夜，吴长庆率所部三千人齐达仁川，直入朝鲜国都，取李昰应送天津。先后十日，国中大定。日本大将海军卿顿兵海口，相顾错愕，狡谋不敢发，皆树声策也。于时树声方病，累疏乞退，皆蒙温旨慰留，给假调理。

九年秋，法兰西用兵越南，粤防日亟。树声奉命迅速回任，力疾销假。七月，杭海抵粤，察看海防，则兵、饷俱缺，炮台、枪炮、水雷一切备御之具荡焉无有，警报且日夜数至。树声由津南来时，即购带哈乞开司、毛瑟各兵枪，克房伯、过山各炮，并奏带江南旧部提督吴宏洛淮勇五营，令驻长洲，并力扼险，筑新式炮台，益遣将募兵训练，分布要害。复电致外洋，订购克房伯大炮二十余尊、毛瑟精枪数千杆及虎门、长洲应用水雷、电线、炸药、棉药之属，刻期运到。

是年冬，臣玉麟至粤，复与树声及臣长善①、臣文蔚②通力合作。臣之洞到任以来，措置一切，得有所凭借者，树声经营先事之力为多。树声既以病开缺，遵旨督所部办理粤防。交卸后，即亲驻黄埔行营，督率诸将备战守，日夜登山涉海，相度形势，讲求炮准及拦河、阻船、安雷、发雷、截击、援应各事。炎暑郁蒸，海风尤厉，病体中之，遂不支。臣等以营中医药均艰，力劝暂至省城调治，终以积劳过甚，受病已深，服药亦不效。臣等间日走视，萧然布被，伏枕支离，惟以外患未平，圣恩未报，流涕呜咽，无一语及私。昏瞀谵语，率皆部勒防务语，或大呼开炮击贼，闻者悲之。

树声忠伟诚恳，识量过人，平时治事，纤悉缜密，若拘谨已甚；遇大利害，当机立断，无稍回惑。即如朝鲜之役，非树声赴机神速，其不为越南前事者仅矣。臣玉麟老病日甚，臣之洞、臣文蔚未娴军旅，方藉张树声相与共济，是以出关援闽，树声一再奉命，慷慨治行，均经臣等吁留。不谓其一病不起，赍志长逝。臣等检阅其书疏稿草，所言经营海疆诸策，类多深识苦心。时事方艰，一时封疆旧臣如树声之文武兼资、通达中外机要

---

① 长善（1829—1889），字乐初，满洲镶红旗人，例贡生。道光二十年（1840），报捐员外郎。二十七年（1847），选盛京刑部员外郎。咸丰元年（1851），补京师户部员外郎，充二等侍卫在大门上行走。五年（1855），补云南参将。六年（1856），署抚标右营游击。十年（1860），加副将衔。十一年（1861），充总理各国事务衙门行走。同治元年（1862），补授本旗参领。二年（1863），升镶黄旗蒙古副都统，兼署正白旗蒙古副都统。同年，署理山海关副都统。四年（1865），调补山海关副都统。七年（1868），擢广州将军。光绪十一年（1885），授正蓝旗蒙古都统。十二年（1886），充搜检大臣。十四年（1888），调补杭州将军。十五年（1889），卒于任。

② 倪文蔚（1823—1890），字豹岑，号茂甫，安徽望江县人，县学优廪生。道光二十九年（1849），拔贡。咸丰元年（1851），中举。二年（1852），中式进士，选庶吉士。三年（1853），授刑部湖广司主事。四年（1854），丁父忧，回籍守制。八年（1858），丁母忧，回籍。十年（1860），总理河南营务。十一年（1861），加郎中衔，赏戴花翎。同治元年（1862），发往湖北总理营务。三年（1864），请假回籍修墓。同年，充金陵凤池书院主讲。六年（1867），经李鸿章调赴军营效力。七年（1868），保升刑部郎中。十年（1871），补刑部江苏司郎中，兼秋审处行走。同年，保知府，并捐免历俸。十一年（1872），放湖北荆州府知府。十三年（1874），加盐运使衔。光绪四年（1878），捐升道员。五年（1879），充湖北乡试内帘监试。六年（1880），补河南开归陈许道。同年，迁广东按察使。七年（1881），授广西布政使。八年（1882），擢广西巡抚。九年（1883），调补广东巡抚。十二年（1886），兼理广东学政。十二年（1886），因病开缺。十三年（1887），补授河南巡抚，兼提督衔。十五年（1889），兼理河南学政。十六年（1890），兼署河东河道总督。同年，充河南阅兵大臣。卒于籍。著有《江监潜沔水利指掌图》《奏议》《尺牍》，修《荆州府志》《万城堤志》《两强勉斋文集》《诗赋》《古今体诗》《南条伍说》《禹贡说》，撰《黄河全图》等行世。

者已不多有。今乃俄焉凋谢，不独臣等痛失同志之助，尤不能不为国家惜此人也。

合无仰恳天恩饬部照总督军营积劳病故例从优议恤，并将该前督事迹宣付国史馆立传，以彰忠荩！张树声受列圣知遇，为国大臣，以死勤事，予谥、建祠诸旷典，圣明自有权衡，非臣下所敢擅请。而该前督生平志事勋绩，臣等谊属同官，知之既稔，不敢不撮其荦荦大者，胪举上闻。

张树声长子，举人、户部员外郎张华奎。次子，附生张云霖。三子张云鹄，年未及岁。

所有办理防务大臣在营积劳病故缘由，臣等谨合词恭折具陈，伏乞皇太后、皇上圣鉴，训示。再，张树声遗折现据该前督家属呈请代奏，合并声明。谨奏。光绪十年九月十六日●³。

光绪十年十月二十三日，军机大臣奉旨：另有旨。钦此●⁴。

【案】　此折原件查无下落，录副①现藏于中国第一历史档案馆，兹据校正。再，刊本标题稍显累赘，兹据录副酌拟，俾资观览。

1.【钦差办理广东防务兵部尚书臣彭玉麟、广州将军臣长善、两广总督臣张之洞、广东巡抚臣倪文蔚跪】刊本无此前衔，兹据录副校补。

2.【问疾】刊本作"问病"，兹据录副校正。

3.【光绪十年九月十六日】刊本无具奏日期，兹据录副及《军机处随手登记档》②校补。

4.【光绪十年十月二十三日，军机大臣奉旨：另有旨。钦此】此奉旨日期与内容，据录副及《军机处随手登记档》③校补。

【案】　光绪十年十月二十三日，清廷颁布赐恤谕旨曰：

光绪十年十月二十三日，内阁奉上谕：前两广总督张树声，才识优长，勤能练达。咸丰、同治年间从事戎行，战功卓著，由道员洊擢封圻，于吏治、营伍、驭远、筹防诸务，均能实心规画。前因患病，准其开缺，仍留办广东防务，正资倚畀，兹闻溘逝，悼惜殊深！加恩着照总督例赐恤，并将事迹宣付史馆立传；任内一切处分，悉予开

---

①　中国第一历史档案馆藏：《军机录副》，档案编号：03－5189－066。
②　中国第一历史档案馆藏：《军机处随手登记档》，档案编号：03－0243－2－1210－306。
③　中国第一历史档案馆藏：《军机处随手登记档》，档案编号：03－0243－2－1210－306。

复。应得恤典，该衙门查例具奏。钦此。① 寻予谥靖达。②

○四　大学士直隶总督李鸿章奏请
在原籍建立专祠片

光绪十二年六月十七日（1886 年 7 月 18 日）

再，前因已故两广总督张树声勋劳卓著，遗爱在民，臣据直隶绅士公呈，并撮举吴中战绩，奏奉谕旨，准于直隶、江苏立功地方建立专祠，咨行钦遵在案。

兹据安徽庐州府合郡绅士江苏题补道吴毓芬等三十人联名禀称：咸丰三年以后，粤逆窜扰皖北，庐郡一带土匪蜂起，内外交讧，几致不可收拾，经张树声与其弟原任广西右江镇总兵张树珊③毁家纾难，倡办乡团，擒治土寇。后率练勇出境剿贼，迭克含山、六安、英山、霍山、潜山、太湖、无为等州县●1。太湖一役●2，以五百人当前敌，破逆酋陈玉成数万之众。嗣桐城官军溃退，庐郡失守，粤贼到处裹胁焚杀，捻逆龚、张、孙、苗诸大股往来肆扰。张树声严申禁令，不准乡民从贼，先平肥西匪寨，继败捻酋张洛刑于官亭，就周公山下坚筑堡寨，阻河为险。陈玉成又率悍贼两次围攻，皆设计败之。远近襁负来归之民咸知其制寇有方，相依为命，力行坚壁清野之法。张树声与诸团长讲信修睦，联络援应，如刘铭传、周盛波、周盛传、唐定奎等，皆同时筑堡御贼，百数十里间，寨垒相望，耕战相资，屹立贼薮中六七年，南仇粤逆，北拒捻氛，大小数百战，斩馘无算。厥后练成淮军，剿平粤、捻，实由此立其基。张树声以一诸生倡率忠义，支拄艰危，罕有其匹，迄今父老追思，往往陨涕。惟原籍祀典尚缺，请一体建立专祠，以资报享等情前来。

---

① 中国第一历史档案馆编：《光绪朝上谕档》，第 10 册（光绪十年），广西师范大学出版社 1996 年版，第 352 页。

② 《德宗景皇帝实录（三）》，卷一百九十六，光绪十年十月下，第 787 页。

③ 张树珊（1826—1866），字海柯，安徽省合肥县（今安徽省合肥市）人。咸丰三年（1853），与其兄树声练乡兵，自卫家园，淮军遂兴。五年（1855），以军功选外委，保把总。六年（1856），升千总。九年（1859），赏戴蓝翎。十年（1860），保守备。十一年（1861），换花翎。同治元年（1862），保都司，升游击，晋参将。同年，加悍勇巴图鲁勇号。二年（1863），保副将，升总兵。同年，保记名提督。三年（1864），补授广西右江镇总兵。五年（1866），卒于军。谥勇烈，赠骑都尉兼一云骑尉世职。七年（1868），加赠太子少保衔。

　　臣查军兴以后有功桑梓诸臣，皆蒙恩准于原籍建祠，近如已故将军富明阿①，经吉林绅士呈请入奏，亦蒙谕准●3。张树声于咸丰年间在原籍号召乡人，倡办团练，劝筑堡寨，迭挫凶焰方张之寇，使六七年中百余里间贼不敢逼。其保全桑梓，捍卫地方，厥功甚伟。其时臣在皖楚军营襄事，习闻亲见，知之较详。今该绅士等联名吁请，出于爱戴至诚，未忍听其湮没，相应仰恳天恩俯准，将已故两广总督张树声在原籍合肥县一体建立专祠，由地方官春秋致祭，以彰茂绩而顺舆情，出自逾格隆恩●4！

　　理合附片具陈，伏乞圣鉴，训示，施行。谨奏。

　　光绪十二年六月二十日，军机大臣奉旨：另有旨。钦此●5。

　　【案】此折原件查无下落，录副②现藏于中国第一历史档案馆，兹据校正。再，刊本无具奏日期，而录副以奉旨日期为之，未确。兹查光绪十二年六月二十日《军机处随手登记档》③李鸿章折，未署具体日期。据同批折件《查明本年麦收分数折》④可断，此片具奏日期当为"光绪十二年六月十七日"无疑，兹据校补。

　　1.【无为等州县】刊本作"无为州"，兹据录副校正。

　　2.【太湖一役】刊本作"太湖县一役"，兹据校正。

　　3.【谕准】刊本作"俞允"，兹据校正。

　　4.【逾格隆施】刊本作"逾格隆恩"，兹据校正。

　　5.【光绪十二年六月二十日，军机大臣奉旨：另有旨。钦此】此奉旨日期与内容，据录副及《军机处随手登记档》校补。

---

① 富明阿（1805—1882），字治安，初名袁世福，汉军正白旗人，明兵部尚书袁崇焕裔孙。道光初，投效军营，充前锋委笔帖式。十二年（1832），充无品级笔帖式。十三年（1833），授七品屯官。二十一年（1841），补授骁骑校。二十五年（1845），升黑龙江驻防正白旗汉军佐领。咸丰二年（1852），委署参领、营总。四年（1854），补吉林宁古塔协领，并赏戴花翎。五年（1855），加副都统衔。六年（1856），补齐齐哈尔火器营参领。同年，加齐车博巴图鲁名号。八年（1858），充总理营务翼长，升宁古塔副都统，晋头品顶戴。九年（1859），署正红旗汉军都统。同治元年（1862），擢正红旗汉军都统，管理神机营事务大臣。同年，帮办都兴阿江北军务。二年（1863），补授荆州将军，帮办僧格林沁军务。三年（1864），调补江宁将军，兼署漕运总督。同年，授钦差大臣督办江北军务，加骑都尉世职。四年（1865），授管理神机营事务大臣。五年（1866），补授吉林将军。九年（1870），以伤病休致。光绪八年（1882），卒。谥威勤。

② 中国第一历史档案馆藏：《军机录副》，档案编号：03-5210-092。

③ 中国第一历史档案馆藏：《军机处随手登记档》，档案编号：03-0250-2-1212-163。

④ 顾廷龙、戴逸主编：《李鸿章全集·奏议十一》，安徽教育出版社、安徽出版集团2008年版，第447页。

【案】此奏旋于是年六月二十日得旨允行。《光绪朝上谕档》载曰：

光绪十二年六月二十日，内阁奉上谕：李鸿章奏，已故督臣张树声请准于原籍建祠等语。已故两广总督张树声，于咸丰年间在安徽庐州府一带办团剿贼，迭克各城，实属有功桑梓，加恩着照所请，准于原籍合肥县建立专祠，由地方官春秋致祭。该部知道。钦此。①

○五　敕建张靖达公天津专祠碑文

光绪二十四年（1898 年）

光绪十有一年夏五月，天子用大臣言，诏直隶特建专祠，祀前署北洋大臣直隶总督张靖达公，以表遗爱。既二十有四年，公子湖北候补道煜林②卜建天津府城北郊三条石后街告成，堂庑、仪器一依会典而具。入主之吉，合绅耆、士庶、文武官寮，奔走后先凡数百人，一时推为盛事。

维公由两广总督调任畿辅，时在八年，值朝鲜内乱，假奉大院君为名，日本乃乘隙而起议出兵，轮向仁川，以逼国都。公得报，以为东藩若蹈琉球覆辙，则北洋三口无以自立，腹心疾也，亟檄驻防登州广东水师提督吴长庆统所部横海而东，入据朝鲜都城，取大院君以归，内外遂定。而日本兵轮后一日始至海口，相顾错愕，成谋大沮。自是朝鲜列封贡如旧者又十数年。当是时，朝廷盖深韪之，特加太子少保衔。

先是，公由江苏徐海道擢直隶按察使，值东、西二捻贼纵横窜扰，勤王诸军环四境驰逐，凡逾数月。公出入行间，力赞堤防圈制之议，卒以勘定而扼守黄河北岸，申严兵律，诸军因之敛戢。感民尤深，竞作歌颂，传播千里。

公尝谓中兴善后，在勤恤民隐，尽心狱讼，以培元气，弭乱源。会曾文正公移督直隶，与公意合，撰清讼诸事宜，严定功过，凡积案万有余牍，一扫括绝。公旋调山西，文正公留竟其功，迄今奉为成法。

公讳树声，安徽合肥人。初以县学廪膳生家居，遭粤寇之乱，团结乡民，保卫闾里，遂立淮军始基，卒领树字全军，与平江苏全省。历官

① 中国第一历史档案馆编：《光绪朝上谕档》，第 12 册（光绪十二年），广西师范大学出版社 1996 年版，第 233 页。

② 煜林，当为张树声次子张云霖之误。

山西布政使、漕运总督、两江总督、江苏、贵州、广西巡抚、两广总督。以越南军兴，卒广东防营。诏予谥优恤，并于江苏省城、合肥县城建立专祠，事详国史。今天津祠成，例得刻石著辞，昭示方来，谨具圣世旌功之典，下永斯民怀德之忱焉。直隶总督始雍正三年，驻保定为省会。同治十年，乃兼领北洋大臣，移驻天津。公祠在天津，以此爱缀之诗。诗曰：

公为儒宗，首戡大乱。卒起民衰，道惟一贯。严严畿甸，俯视万千。藩维不守，蔑经与权。公有先知，当机立决。灵爽九天，遗恨谁雪？舆诵在兹，万夫一口。骏奔祠下，晋以椒酒。惟民有心，远迩不忘。惟帝有恩，褒显无量。缅思眷睐，勖以多文。抚今追昔，不述何闻？东海滔滔，逝曰罔复。名从德劭，代征史祝。

候选主事世袭骑都尉桐城徐宗亮①撰文。

【案】此文日期仅据内容推定，待考。

○六　张靖达公奏议叙目

光绪二十五年八月（1899 年 9 月）

合肥张靖达公，以光绪十年九月薨于广东。越五年，长公子霭青②观察之官四川，始举公奏草付武进何嗣焜③，属为编次，未及卒业而索回。

---

① 徐宗亮（1828—1904），字晦甫，晚号菽岑，桐城派作家，少袭骑都尉世职，守志不仕，历参胡林翼、李续宜、李鸿章诸幕，以文章交游公卿。光绪十三年（1887），入黑龙江将军恭镗幕，考察边情。十六年（1890），撰成《黑龙江述略》。三十年（1904），卒。著有《善思斋诗文钞》《归庐谈往录》等存世。

② 张华奎（？—1896），字霭青，安徽省合肥县（今安徽省合肥市）人，附生。光绪八年（1882），由员外郎应顺天乡试，中式举人。十三年（1887），加捐道员，分发四川。十五年（1889），中式进士。十六年（1890），署理四川川东道篆。十七年（1891），署理建昌道篆。十八年（1892），回川东道署任，兼充重庆关监督。十九年（1893），调署四川按察使。同年，署成绵龙茂道。二十一年（1895），回建昌道署任。二十二年（1896），卒于任。

③ 何嗣焜（1843—1901），字梅生，又字眉孙，号定庵。江苏省武进人。初入张树声幕，任文案，历保知县、知州、知府、盐运使，加三品衔。光绪八年（1882），朝鲜内乱，力主进兵，率军赴朝。十年（1884），辞官归里。二十二年（1896），充南洋公学总理。二十三年（1897），随盛宣怀办铁路工程事宜。二十七年（1901），卒于任。著有《中西政治纲要》《悔斋文稿》等行世。

二十一年，霭青遽殁于川东道任。又三年，其弟次青观察仍检寄焉。

公历官南北垂二十年，惟抚吴时，嗣焜未从。厥后建节所至，常厕府僚，吏政、军谋，咸所睹记。绵愦之际，尤恳恳以身后千秋相属。追惟畴昔，悲从中来。发箧陈书，厘为八卷，都一百四十三篇。其寻常吏牍，近于胥史所为者，皆不列于此。浼江阴缪艺风①编修、贵池刘葱石②观察订正付梓。二十五年八月，工竟。

嗣焜乃叙其后曰：公以诸生值世乱，与乡里豪俊用忠义相劝勉，联团御侮，即受知于湘乡曾文正公，其后分巡徐海，提刑直隶，亲炙于曾公尤久。故公虽起家淮军，而冲然深远之思，欿然不足之意，好学不倦，折节下士，风采可惠爱，皆有湘乡之流风余韵焉。

戊寅③、壬午④之间，主圣臣贤，眷倚日重。公益感激奋厉，累建经营越南，大治海军之策，卒用是有所抵触，难端蜂起。天子知公深，辄保全之。公亦不以是委曲贬节以求容悦，然任事艰苦，感愤抑塞，臣精销亡，未始不由于此。

后世读公奏议，或见公建树之伟，遭际之隆，而疑其常有临深履薄之意，为不可测识者，故特揭之以谂知人论世之士，而其生平行谊勋业之具可考见者，不复赘云。

【案】此文原件查无下落，其写作日期仅据内容推定，待考。

---

① 缪荃孙（1844—1919），字炎之，又字筱珊，晚号艺风老人，江苏江阴人。同治七年（1868），取乡试举人。光绪二年（1876），中式进士，授翰林院编修。十四年（1888），充南菁书院山长。十七年（1891），掌泺源书院。二十年（1894），充南京钟山书院山长，兼掌常州龙城书院。二十七年（1901），授江楚编译局总纂。二十八年（1902），办理淮郡学堂事务，充总教习。同年，出洋考察学务。三十三年（1907），充江南图书馆总办。三十四年（1908），加四品卿衔。宣统元年（1909），督办京师图书馆。三年（1911），办理江南高等学堂事务。民国三年（1914），授清史总纂。八年（1919），卒于沪。著有《艺风堂文集》《续集》《辛壬稿》《乙丁稿》《金石目》《读书记》《藏书记》《续藏书记》《辽文存》《续国朝碑传集》《常州词录》，编有《云自在龛丛书》《对雨楼丛书》《藕香零拾》《烟画东堂小品》等行世。
② 刘世珩（1874—1926），字奎元，又字聚卿、葱石，号楄庵、聚卿，别号楚园，安徽贵池人，著名藏书家、刻书家、文学家。光绪七年（1881），选县诸生。二十年（1894），应甲午江南乡试，中式举人。二十七年（1901），以道员指分湖北，历官江苏候补道、江宁商会总理、湖北及天津造币厂监督，充任直隶财政监理官、度志部左参议等官。民国十五年（1926），病卒于沪。著有《贵池二妙集》《贵池唐人集》《临春阁曲谱》《重编会真杂录》《贵池先哲遗书待访目》《秋浦双忠录》《大小忽雷曲谱》《梦风词》《曲品》等传世。
③ 戊寅，即光绪四年。
④ 壬午，即光绪八年。

附录二　疆臣请祀折件

○一　请为张树声请建专祠缘由折

光绪十一年五月二十五日（1885 年 7 月 7 日）

大学士直隶总督一等伯臣李鸿章跪奏，为已故督臣勋劳卓著，遗爱在民，请建专祠，以隆报享，恭折仰祈圣鉴事。

据署布政使松椿详称：据保定府知府朱靖旬详：据绅士张清元等联名呈称：前署直隶总督张树声以诸生从戎，积功洊擢监司，由江苏徐海道升任直隶按察使，清理庶狱，勤政爱民，群情翕服。同治五年秋，捻逆赖汶洸北犯，张树声督队出驻大名，扼守黄河，击退贼众。六年夏，捻复北扰，是时直省兵单，马贼勾结盐枭，乘虚窃发，内外交讧。树声奉旨驻扎直、东交界之张秋镇，防剿兼施，寝食俱废。冬间赖逆就擒，方一意专办内贼，西捻张总愚寻越太行而东，涉冰渡河，震惊畿辅。总督官文飞檄促树声回省，比抵保阳，贼已至清苑之大汲店，众号二十万，省垣戒严。树声以保阳为京师屏蔽，密迩西陵，不可纵贼北窜，夜缒出城，商令勤王诸军，绕由满城易州，依山而北，迎头邀截，复出奇兵，缀贼南旋，从而尾击之。贼由河、献、饶、武遁去，陵寝不惊，燕郊安堵，树声之力也。七年春，贼窜运东，树声创协守运河之议，督饬民团沿河筑长墙，分段固守。张总愚率众猛扑，景州、德州之交不得渡，逆势日蹙，遂为官军所歼。直隶讼案之繁，甲于他省，素多积压，自张树声创立清讼册式，编定限期、功过章程，案无淹留，狱无瘐毙，至今踵行之，民受其赐。光绪八年，树声在署督任内，奏拨巨款，修筑河堤，沿河州县虽大水，皆获有秋。其积潦之区，如文、大、安、雄各属，工赈兼施，全活尤众。迹其生平宦辙，由直而晋、而吴、而粤，所至有声，第就绅等所目击而身受者胪举大端，丰功美政，深入人心，三辅士民同声顶祝，允宜建祠报享，以伸去思，乞转详入奏等情前来。

臣查张树声一介书生，起家军旅，荷累朝特达之知，由道员洊领封圻。去秋在广东防次病殁，仰蒙优诏轸惜，恤谥有加，凡属臣工，同深钦感。该督臣政迹久在圣明洞鉴之中，无俟赘述，而微臣怆念同袍，追忆患难相从，出入行阵，万死一生之境，终有不能已于言者。

张树声自为诸生，即以忠义倡率乡团，屡挫发逆，百折不回。同治元年，臣督师赴沪，树声号召同里敢战之士，如刘铭传、潘鼎新、周盛波、周盛传等，慷慨请从。臣令树声募树字三营，相随东下，其后增至六营。泗泾之役，树声星夜赴敌，督队血战，击退巨寇，松沪肃清，是为该督臣立功之始。福山一口，由海外入常熟门户也。得福山而后常熟可守，得常熟而后苏、常可图，故在所必争。先是常、昭降将杀贼献城，旋被围困福山，亦得而复失，四面皆贼，援绝势孤。臣令张树声会同各军航海入援，背水为营，出贼不意，尤为险着。树声列队于毛家山，紧逼贼垒，肉薄相持，与各军轮番攻打，遂克福山石城，乘夜纵兵四击，立解常昭之围，由是克复江阴，规取无锡。树声督率偏师，且战且进，节节滚扎，势如破竹。无锡既复，诸军乘胜攻常州，而宜兴、溧阳、丹阳各贼，冒雨疾趋，绕窜腹地，分扑江阴、常熟、无锡各城，冀撤常州之围。臣飞檄张树声抽调劲旅三千，横扎江阴之焦垫、青阳，以截归路。贼攻各城不克，遂分屯杨库、周庄等处，屡夺路而西，辄为树军截击，不得出，渐饥窘，乃夜驰三河口，设浮桥六道，为归窜计。树声偕诸军蹙之，横尸遍野，涧水皆赤。是役也，俘贼二万人，淹毙、杀毙无算。而树声一军堵扎要隘，断贼归路，擒斩逾万，功为最多。

江阴东南窜贼歼除既尽，时常州城西贼营犹二十里。树声与各军次第扫荡，径薄城下，昼夜环攻。臣亲督将士分段猛扑，树军由东城一鼓而上，诸将亦奋勇先登，遂克常州府城，留树声六营守之。江苏肃清，复移师赴浙，进剿湖州之大钱口，攻克湖州府城。计自臣治兵江南，先后三年，张树声身在行间，大小数百战，迭克名城。

厥后臣督剿赖、张两股捻众于直、东之交，张树声实左右之，临敌辄居人先，论功常居人后，盖其天性谦逊而又泽以诗书，文武兼资，外和内介，求之近世功名之士尤为难得。该督臣年尚少臣一岁，方期共济时艰，勉副恩遇，不意先填沟壑。采直北之奥评，思征南之旧事，俯仰陈迹，弥用怆怀，未便任其湮没。

张树声服官数省，其治行廉正精核，人所共知。臣第据直隶绅士公呈，并撮举吴中战绩之大者颁缕上闻，以备采择。查近日吉林绅士呈请为富明阿建祠，经吉林将军希元奏蒙恩准。今该绅等联名呈请，同系爱戴至诚，合无仰恳天恩，俯准将前署直隶总督张树声在于直隶地方建立专祠，以顺舆情而隆报享。至江苏系该督臣剿贼立功省份，应有祀典，以劝劳臣，可否准其一体建祠，出自逾格恩施。

所有已故督臣请建专祠缘由，理合恭折具陈，伏乞皇太后、皇上圣鉴，训示，施行。谨奏。五月二十五日。

光绪十一年五月二十八日，军机大臣奉旨：另有旨。钦此。①

【案】此奏旋于是年五月二十八日得旨允行。《光绪朝上谕档》载曰：

光绪十一年五月二十八日，内阁奉上谕：李鸿章奏，已故督臣遗爱在民，请准建立专祠一折。已故两广总督张树声，前在江苏地方剿贼，大小数百战，迭克名城，嗣官直隶，政绩卓著，并随同李鸿章各军，剿平大股捻逆，懋著勤劳，前经降旨赐恤，着再加恩，准其于直隶、江苏立功地方一体建立专祠，以彰忠荩。钦此。②

○二　奏报已故督臣张树声天津专祠落成片
光绪二十五年正月二十四日（1899 年 5 月 5 日）

再，已故署直隶总督原任两广总督张树声、湖南提督周盛传、周盛波，勋劳卓著，遗爱在民，经前督臣李鸿章胪陈战功事绩，先后奏奉谕旨准于原籍及立功地方建立专祠，咨行钦遵在案。兹据天津县绅士浙江候补道张鸿翰等联名禀称：现于天津河北窑洼地方为张树声建立专祠，并为周盛传、周盛波合建一祠，均已落成入祀，请由地方官春秋致祭，俾伸报享等情，禀由天津县呈经府道转移藩司详奏前来。

奴才复核无异，合无仰恳天恩俯准将张树声、周盛传、周盛波专祠由地方官春秋致祭，以顺舆情。理合附片具陈，伏乞圣鉴，训示。谨奏。

---

① 中国第一历史档案馆藏：《军机录副》，档号：03-5541-057。又，顾廷龙、戴逸主编：《李鸿章全集·奏议十一》，安徽教育出版社、安徽出版集团 2008 年版，第 111—113 页。
② 中国第一历史档案馆编：《光绪朝上谕档》，第 11 册（光绪十一年），广西师范大学出版社 1996 年版，第 126 页。

（朱批）：着照所请，礼部知道。①

光绪二十五年正月二十七日，奉朱批：着照所请，礼部知道。钦此。②

○三　两江总督魏光焘请准张树声专祠入祀片

光绪二十九年十月二十一日（1903 年 12 月 9 日）

再，查前署两江总督原任两广总督张树声，于光绪十年在广东办理海防，因病身故，经前直隶督臣李鸿章胪列事实，奏蒙恩准于江苏立功地方一体建立专祠等因，钦遵在案。

兹据该故总督之子分省试用道张华斗禀称：江苏为故父张树声立功之地，经旧部前署广东水师提督王孝祺等捐助银三千两，并由该员出资添补，在于江宁省城上元县地方建立专祠，现已落成，恳请奏明列入祀典，由地方官春秋致祭等情前来。

臣复核无异，合无仰恳天恩俯准将该故总督张树声专祠，敕部列入祀典，由地方官春秋致祭，以彰荩绩！

除咨部查照外，谨会同江苏巡抚臣恩寿，附片具陈，伏乞圣鉴，训示。谨奏。

（朱批）：着照所请，礼部知道。③

光绪二十九年十二月初一日，奉朱批：着照所请，礼部知道。钦此。④

○清史稿·张树声传

张树声，字振轩，安徽合肥人。粤寇扰皖北，以禀生与其弟树珊、树屏治团杀贼。复越境出击，连下含山、六安、英山、霍山、潜山、无为；而太湖一役，以五百人陷阵，击退陈玉成众数万，功尤盛，复力行坚壁清野法。其时刘铭传、周盛波、潘鼎新辈皆相继筑堡，联为一气，皖北破

---

① 中国第一历史档案馆藏：《朱批原件》，档号：04 - 01 - 14 - 0094 - 082。
② 中国第一历史档案馆藏：《军机录副》，档号：03 - 5564 - 009。
③ 台北"故宫博物院"藏：《军机及宫中档》，文献编号：408007312 - 0 - A。
④ 中国第一历史档案馆藏：《军机录副》，档号：03 - 7165 - 049。

碎，独合肥西乡差全。曾国藩檄守芜湖，调无为，迁知府。

同治元年，从李鸿章援上海。鸿章立淮军，与铭传等分领其众，从克江阴，晋道员。鸿章亲视娄门程学启军，遣树声援荡口，破谢家桥，逐北至齐门，又败之黄埭，学启遂逼城而军，于是娄门寇道始绝。

二年，攻无锡、金匮，击寇芙蓉山，大破之，夺获战舰器械不可称计，赐号卓勇巴图鲁，予三品服。树声乘胜趋常州。逾岁，攻河干二十余营，尽破之。城拔，进复浙江湖州，诏以按察使记名。

四年，署江苏徐海道。寻授直隶按察使，赴大名督防务。

九年，调补山西。越二年，擢漕运总督，署江苏巡抚。

十三年，实授。遭继母忧，归。

光绪三年，起授贵州巡抚。适广东总兵李扬才据灵山，构匪扰越南，朝旨调树声抚广西治之。事宁，擢总督，先后剿平西林苗匪、武宣积匪。

八年，鸿章丧母归葬，树声摄直督任。值朝鲜乱作，日使花房义质将兵五百入王京，迫朝议约，树声飞檄吴长庆等赴之，遂成约，寻盟而还。于是长庆等宵攻乱党，悉歼其渠，乱乃定，树声奏令长庆暂戍朝，上嘉其能，加太子少保。

明年，还督两广。会法越构兵，即以法人侵逼状上闻。逮北宁陷，自请解总督职专治军，报可。复坐按事不实，革职留任。未几，病卒，谥靖达，予直隶、江苏及本籍建祠。①

---

① 赵尔巽等撰：《清史稿》（卷447，列传234），第12496—12497 页。

参考文献

中国第一历史档案馆藏：《朱批奏折》《朱批奏片》。

中国第一历史档案馆藏：《录副奏折》《录副奏片》。

中国第一历史档案馆藏：《谕旨》。

中国第一历史档案馆藏：《咨文》。

中国第一历史档案馆藏：《清单》。

中国第一历史档案馆藏：《呈文》。

中国第一历史档案馆藏：《户科题本》。

中国第一历史档案馆藏：《刑科题本》。

中国第一历史档案馆藏：《呈状》。

中国第一历史档案馆藏：《禀文》。

台北"故宫博物院"藏：《宫中档朱批折件》。

台北"故宫博物院"藏：《军机处录副折件》。

台北"故宫博物院"藏：《清单》。

台北"故宫博物院"藏：《廷寄》。

台北"中央研究院"近代史所档案馆藏：《外交档案》。

中国第一历史档案馆编：《乾隆朝上谕档》，广西师范大学出版社 1999
年版。

中国第一历史档案馆编：《嘉庆朝上谕档》，广西师范大学出版社 1998
年版。

中国第一历史档案馆编：《道光朝上谕档》，广西师范大学出版社 1999
年版。

中国第一历史档案馆编：《咸丰朝上谕档》，广西师范大学出版社 1998
年版。

中国第一历史档案馆编：《同治朝上谕档》，广西师范大学出版社 1998
年版。

中国第一历史档案馆编：《光绪朝上谕档》，广西师范大学出版社 1996

年版。

中华书局影印：《清实录·仁宗睿皇帝（嘉庆）实录》，中华书局 1986 年版。

中华书局影印：《清实录·宣宗成皇帝（道光）实录》，中华书局 1986 年版。

中华书局影印：《清实录·文宗显皇帝（咸丰）实录》，中华书局 1986 年版。

中华书局影印：《清实录·穆宗毅皇帝（同治）实录》，中华书局 1987 年版。

中华书局影印：《清实录·德宗景皇帝（光绪）实录》，中华书局 1987 年版。

中国第一历史档案馆编：《光绪朝朱批奏折》，中华书局 1995 年版。

"国立故宫博物院"编：《宫中档光绪朝奏折》，台北东亚制本所 1973—1975 年版。

台湾史料集成编辑委员会编：《明清台湾档案汇编》，台北远流出版有限公司 2009 年版。

中国第一历史档案馆编：《清代军机处电报档》，中国人民大学出版社 2005 年版。

中国第一历史档案馆编：《清代军机处随手登记档》，国家图书馆出版社 2013 年版。

顾廷龙、戴逸主编：《李鸿章全集》，安徽出版集团 2008 年版。

顾廷龙主编：《清代朱卷集成》，台北成文出版社 1992 年版。

郭嵩焘：《郭嵩焘日记》，湖南人民出版社 1982 年版。

郭廷以、尹仲容等：《郭嵩焘先生年谱》，台北"中央研究院"近史所 1971 年版。

蒋良骐编：《东华录》，中华书局 1980 年版。

来新夏撰：《近三百年人物年谱知见录》，上海人民出版社 1983 年版。

李翰章编纂，李鸿章校勘：《足本曾文正公全集》，吉林人民出版社 1995 年版。

李侃等：《中国近代史》，中华书局 2004 年版。

李林年、杨忠编：《清人别集总目》，安徽教育出版社 2000 年版。

刘锦藻：《清朝续文献通考》，浙江古籍出版社 1988 年版。

戚其章、王如绘编：《晚清教案纪事》，东方出版社 1990 年版。

秦国经主编：《清代官员履历档案全编》，华东师范大学出版社 2008 年版。

清高宗敕撰:《清朝文献通考》,浙江古籍出版社 1988 年版。

沈云龙主编,宝鋆等修:《筹办夷务始末(同治朝)》,台北文海出版社 1966 年版。

沈云龙主编,蔡冠洛编:《清代七百名人传》,台北文海出版社 1971 年版。

沈云龙主编,岑毓英著:《岑襄勤公遗集》,台北文海出版社 1966 年版。

沈云龙主编,窦宗一著:《李鸿章年谱》,台北文海出版社 1977 年版。

沈云龙主编,何嗣焜编:《张靖达公(树声)奏议》,台北文海出版社 1966 年版。

沈云龙主编,何嗣焜编:《张靖达公(树声)奏议》,台北文海出版社 1966 年版。

沈云龙主编,金梁著:《近世人物志》,台北文海出版社 1977 年版。

沈云龙主编,黎成礼编:《黎文肃公(培敬)遗书》,台北文海出版社 1966 年版。

沈云龙主编,刘锦棠著:《刘襄勤公(毅斋)奏稿》,台北文海出版社 1966 年版。

沈云龙主编,欧阳辅之编:《刘忠诚公(坤一)遗集》,台北文海出版社 1968 年版。

沈云龙主编,沈桐生著:《光绪政要》,台北文海出版社 1971 年版。

沈云龙主编,谭宝箴等编:《谭文勤公(钟麟)奏稿》,台北文海出版社 1966 年版。

沈云龙主编,汪兆镛编:《碑传集三编》,台北文海出版社 1980 年版。

沈云龙主编,王树枏编:《张文襄公(之洞)全集》,台北文海出版社 1970 年版。

沈云龙主编,王延熙、王树敏编:《皇清道咸同光奏议》,台北文海出版社 1969 年版。

沈云龙主编,萧荣爵编:《曾忠襄公(国荃)奏议》,台北文海出版社 1966 年版。

沈云龙主编,许景澄著:《许文肃公(景澄)遗集》,台北文海出版社 1966 年版。

沈云龙主编,曾国荃著:《曾惠敏公(劼刚)遗集》,台北文海出版社 1966 年版。

台北中研院近史所编:《教务教案档》,台北"中央研究院"近代史所 1974 年版。

王彦威、王亮、王敬立编:《清季外交史料》,书目文献出版社 1987 年版。

王钟翰点校：《清史列传》，中华书局 1987 年版。

章伯锋、顾亚：《近代稗海》，四川人民出版社 1989 年版。

赵尔巽等撰：《清史稿》，中华书局 1976 年版。

中国第一历史档案馆编：《清代军机处电报档汇编》，中国人民大学出版社 2005 年版。

中国第一历史档案馆、福建师范大学历史系编：《清末教案》，中华书局 1996 年版。

中国社会科学院近代史研究所编：《曾国藩未刊往来函稿》，岳麓书社 1986 年版。

朱寿朋编：《光绪朝东华录》，中华书局 1958 年版。

左宗棠著，刘泱泱点校：《左宗棠全集》，岳麓书社 2014 年版。

左宗棠：《左文襄公全集》，上海书店出版社 1986 年版。

跋

本书自 2017 年开始收集材料，2019 年进行整理与研究，2020 年基本完成，同年入选国家社科基金后期资助项目。

在此过程中，山东大学文学院院长杜泽逊教授，滁州学院文学院院长孔刘辉教授，时加策励，鼎力赞襄；滁州学院科研处束亚弟老师，克尽厥职，辛劳不辞；中国社会科学出版社历史与考古出版中心常务副主任郭鹏编审，往复函商，补苴良多；石河子大学历史系郑峰同学，聊城大学研究生李静、田昭煜、彭欣雨、江惠诸君，输入列印，不遑暇顾；拙荆张从华，排比理董，昕夕不辍，鞍前马后，助克蒇功，谨此一并致谢。

由于本人学识浅陋，才智庸愚，舛讹之处，实所难免，尚祈海内外方家不吝赐正。

杜宏春

2022 年 6 月